高等法律职业教育系列教材
审定委员会

高等法律职业教育系列教材

大学生心理与生理健康教育

DAXUESHENG XINLI YU SHENGLI JIANKANG JIAOYU

主　编○李伟兰　张玉亚
副主编○车今知
撰稿人○李伟兰　张玉亚　车今知　王彦杰

中国政法大学出版社
2016・北京

图书在版编目（CIP）数据

大学生心理与生理健康教育/李伟兰，张玉亚主编. —北京：中国政法大学出版社，2016.12
ISBN 978-7-5620-6905-8

Ⅰ.①大… Ⅱ.①李… ②张… Ⅲ.①大学生－心理健康－健康教育②大学生－生理卫生－健康教育 Ⅳ.①G444②R167

中国版本图书馆CIP数据核字(2016)第296888号

出版者　中国政法大学出版社
地　址　北京市海淀区西土城路25号
邮　箱　fadapress@163.com
网　址　http://www.cuplpress.com（网络实名：中国政法大学出版社）
电　话　010-58908435(第一编辑部)　58908334(邮购部)
承　印　固安华明印业有限公司
开　本　787mm×1092mm　1/16
印　张　21.5
字　数　445千字
版　次　2016年12月第1版
印　次　2016年12月第1次印刷
印　数　1～4000册
定　价　46.00元

总序

高等法律职业化教育已成为社会的广泛共识。2008年，由中央政法委等15部委联合启动的全国政法干警招录体制改革试点工作，更成为中国法律职业化教育发展的里程碑。这也必将带来高等法律职业教育人才培养机制的深层次变革。顺应时代法治发展需要，培养高素质、高技能型的法律职业人才，是高等法律职业教育亟待破解的重大实践课题。

目前，受高等职业教育大趋势的牵引、拉动，我国高等法律职业教育开始了教育观念和人才培养模式的重塑。改革传统的理论灌输型学科教学模式，吸收、内化"校企合作、工学结合"的高等职业教育办学理念，从专业建设、课程设置上"颠覆"传统的教学模式："校警合作"办专业，以"工作过程导向"为基点，设计开发课程，探索出了富有成效的法律职业化教学之路。为积累教学经验、深化教学改革、凝塑教育成果，我们着手推出"基于工作过程导向系统化"的法律职业系列教材。

《国家中长期教育改革和发展规划纲要（2010～2020年）》明确指出，高等教育要注重知行统一，坚持教育教学与生产劳动、社会实践相结合。该系列教材的一个重要出发点就是尝试为高等法律职业教育在"知"与"行"之间搭建平台，努力对法律教育如何职业化这一教育课题进行研究、破解。在编排形式上，打破了传统篇、章、节的体例，以司法行政工作的法律应用过程为学习单元设计体例，以职业岗位的真实任务为基础，突出职业核心技能的培养；在内容设计上，改变传统历史、原则、概念的理论型解读，采取"教、学、练、训"一体化的编写模式。以案例等导出问题，根据内容设计相应的情境训练，将相关原理与实操训练有机地结合，围绕关键知识点引入相关实例，归纳总结理论，分析判断解决问题的途径，充分展现法律职业活动的演进过程和应用法律的流程。

法律的生命不在于逻辑，而在于实践。法律职业化教育之舟只有驶入法律实践的海洋当中，才能激发出勃勃生机。在以高等职业教育实践性教学改革为平台进行法律职业化教育改革的路径探索过程中，有一个不容忽视的现实问题：高等职业教育人才培养模式主要适用于机械工程制造等以“物”作为工作对象的职业领域，而法律职业教育主要针对的是司法机关、行政机关等以“人”作为工作对象的职业领域，这就要求在法律职业教育中对高等职业教育人才培养模式进行“辩证”地吸纳与深化，而不是简单、盲目地照搬照抄。我们所培养的人才不应是“无生命”的执法机器，而是有法律智慧、正义良知且训练有素的有生命的法律职业人员。但愿这套系列教材能为我国高等法律职业化教育改革作出有益的探索，为法律职业人才的培养提供宝贵的经验、借鉴。

2016 年 6 月

前言 Foreword

加强大学生身心健康教育是全面推进素质教育的重要内容，是培养高素质人才的重要环节，因此大力推进大学生身心健康教育工作具有重要意义。

大学生正处于青年中期阶段，身体形态的发育已进入稳定阶段，体格机能素质和适应能力也已达到较高水平，心理的发展则处于迅速走向成熟但又未真正完全成熟的阶段，这些构成了大学生特有的生理和心理特征。大学生正处于自我意识发展的新阶段，表现为从着重认识外部世界转向内部认识自己，经常强烈地意识到内心的各种困惑与冲突。

我们在对大学生的临床诊疗与心理辅导中发现，很多学生都曾为身体发育与心理发展过程中存在的种种身心问题苦恼过、忧虑过，并感受到由此带来的身体不适与内心压力。正确引导和帮助大学生认识和解决日常生活中出现的各种身心问题，对于提高自我保健意识、各种应急能力和健康素质水平，具有重要的意义。

因此，为了更好地服务于大学生身心健康教育与辅导工作，我们在不断总结多年来健康教育工作经验的基础上，吸收接纳国内外相关的教材、书籍及研究文献，组织编写这本教材。但限于篇幅，只列出部分主要参考书目，对未能列出的参考文献资料，编者深表歉意！

本教材编写成员既有具有健康教育与应用心理学专业背景、教学能力及心理咨询实践经验丰富、多年从事大学生心理健康辅导的专职心理教师，又有拥有几十年丰富医学临床经验的医生。

全书共分为三编十六章，第一编为健康教育总论，第二编为心理健康教育，第三编为生理健康教育。由李伟兰（广东司法警官职业学院）、张玉亚（广东司法警官职业学院）担任主编，车今知（广东水利电力职业技术学院）担任副主编。第一、二、十三、十四章由张玉亚编写；第三、四、五、六、七、八、九、十章由李伟兰编写；第十一、十二章由车今知编写；第十五、十六章由王彦杰（广东外语艺术职业学院）编写。全书由李伟兰统稿、校对与审查。

本书的编写得到了学院领导的大力支持，书中引用了不少前人的成果，在此一并致谢！

由于编者的水平及能力有限，编写经验不足，书中疏漏在所难免，恳请专家、同仁和广大读者不吝赐教。

编者

2016 年春于广州

第一编　健康教育总论

第二编　心理健康教育

第三编 生理健康教育

第一篇

健康教育总论

第一章

健康概论

引 例

健康、财富与成功

有一年冬天，居住在深山村的一个农妇，在中午时分发现自家门口坐着三位胡子、头发花白的老者，感到惊诧。心想，自己居住在此几十年从未有过此类事情，他们是不是遇到什么难题了，或许中餐无着落吧。便问三位长者："各位长老，你们是不是还没吃午饭？如果不嫌弃的话，就请进屋吃些东西吧！"那三位老者却答非所问道："你家男主人在家吗?"该农妇一听便气不打一处来，心想我好心好意地请你们吃饭，却要问我男人在不在家，你们安的是什么心啊。便气嘟嘟地说："他不在家!"老者们深知女主人误会了他们的问意，便笑呵呵地答道："那我们不进去了，你请便吧。"农妇头也不回地关上了大门，做起了家务。

傍晚时分，丈夫回家了。农妇将中午时发生在家门口的事向他讲述了一遍。丈夫听后感到事情有点蹊跷，说："老婆，你快去告诉我在家，请他们进来吧"。妻子出去请三位老者进屋。可那三位长者说："我们不一起进屋。"其中一位长者介绍说，我叫健康，并指着身旁的两位说："这是我的两位兄弟，一位叫财富，一位叫成功"。接着，他又说："你回去与你丈夫商量一下，愿意我们当中的哪一个进屋"。农妇回屋后将此话告诉了丈夫。丈夫想了想说："让财富进来吧，这样我们就可以黄金满屋啦!"妻子却不同意，说："老公，我们还是请成功进来吧，这样做一切事情都可以成功"。由于夫妻俩意见不一，便争持起来。他们的女儿在一旁听后，建议说："依我之见还是请健康进来，这样一来我们一家人身体健康，就可以幸福地享受生活、享受人生了"！丈夫听后觉得女儿的建议不错，便对妻子说："还是听我们女儿的吧！请健康进屋做客"。于是，农妇出门请健康进屋做客，健康起身向农妇屋内走去。让人没有想到的是，财富和成功也站起身来紧随其后。她吃惊地问他俩："我只邀请了健康，为什么两位也随同而来?"两位老者答道："健康走到哪里，我们就会陪伴他到哪里，我们都离不开他。如果你没请他进来，我们两个不论是谁进来，都很快就会失去活力和生命，因为我们无论到哪里都会与他在一起的啊！”

点 评

人生的幸福之基，就是保持一个健康的身体。

第一节 健康的概念

有一次，美国商人约翰·巴布森乘飞机到以色列参加一项商务谈判，到达的那天刚好是周六。在美国，巴布森倍受交通堵塞之苦，因而看到这里街上汽车稀少、交通顺畅，他感到很奇怪。他问他的犹太商人朋友谢文利：“你们首都的车辆就这么多吗？”

谢文利解释道：“你可能不了解犹太人的习惯，我们从每一周的周五晚上开始，一直到周六的傍晚为止，是禁烟、禁酒、禁欲的时间，一切杂念都要抛开，一心一意地休息和向神祈祷，人们一般都待在家里，所以街上往来的汽车比平时少了很多。从周六的晚上起，才是我们真正的周末，我们可以尽情地享受。”

巴布森羡慕地说：“你们犹太人真懂得休息与享受。”

谢文利不无得意地说道：“因为我们明白只有健康的身体，才能享受快乐的人生。要想有健康的身体就必须吃好、睡好、玩好，健康是犹太商人最大的本钱。我们犹太人虽然立国已经有2000年了，并且长期在外流浪，遭人歧视和迫害，但并没有因此而绝种，这与我们注重养身之术是分不开的。”

健康是人类生存和发展的最基本条件之一，又被称为人生的“第一财富”。有句名言说得好：“有了健康不等于有了一切，但失去健康必定失去一切。”可见健康是一切价值的源泉，是人们最关心和最珍惜的生活需要。德国评论家伯尔尼说：“疾病有千百种，而健康却只有一种。”拥有健康是我们学习、工作和幸福的先决条件。健康地度过一生的人是幸福的。

一、健康的概念

健康的概念随着社会生产力、科学技术的发展及医学模式的转变而不断地演变和完善。远古时代，社会生产力水平十分低下，与医学相关的科学技术知识非常贫乏，加之人类的认知能力和实践能力非常有限，对人体的结构、生命活动、疾病现象的认识是非常肤浅、粗糙的。人们根据直观的医疗经验，辅之以神话、宗教及巫术，认为生命是神所赐，健康由神主宰，把疾病和灾祸看成鬼神作祟、天谴神罚，对疾病的治疗方法是有限的药物与祈求神灵的巫术混杂交错。这是原始、粗糙的健康观，但它是人类早期的医学产物，是早期人类艰难探索和智慧的结晶，它体现了人类的探索精神及与疾病做斗争的精神。

欧洲文艺复兴后，随着科学技术的发展，生物科学得到迅速发展，形成了疾病细菌学理论，该理论认为疾病主要是由生物因素造成的，认为健康就是“身体无病、无残，体格健壮不虚弱”。这是生物医学模式时期的健康观，是建立在科学基础上的健康观。生物医学模式引导医学家注重观察和试验，从科学事实出发来认识人体的生命和疾病，使其对人体的结构、生理、病理及致病因素都进行了深入的探究。关于疾病的诊断和治疗，也形成一套行之有效的方法和技术。然而，生物医学模式只注重人的生物属性而忽视人的社会属性；只注重生理功能，而忽视心理因素；只注重外界环境中的致病因素，而忽视生活方式和行为习惯的作用；只从局部的病灶出发，而忽视了有机整体的相互制约。因此，这一阶段人们对健康的认识是“只见树木，不见森林”，是不全面的。

随着人们对健康内涵认识的不断深化，1948 年，世界卫生组织（WHO）在制定的章程序言中指出，“健康不仅是没有疾病和病痛，而是个体在身体上、精神上、社会上完全安好的状态”。1978 年 9 月《阿拉木图宣言》重申：“健康不仅是疾病与体弱的匿迹，而且是身心健康、社会幸福的完好状态。”1990 年 WH0 在有关文件中论述健康时又提出“健康包括躯体健康、心理健康、社会适应良好、道德健康”。WHO 的健康定义不仅是一个医学定义，而且是一个社会学定义。这一健康概念的内涵大大超出了生物学的范围，把人体的健康与生物的、心理的、社会的关系紧密地联系了起来，这是人类在总结了近代医学成就的基础上，对健康认识的一次飞跃。

二、现代健康观

现代健康观是一个“三维”健康观，对健康的认识要从以下三个方面入手。

（一）躯体健康

基本标志是躯体形态结构正常，发育良好，功能活动正常。机体的各个脏器、各个系统能正常发挥其功能作用，保持机体的稳态，具有进行日常生活和社会活动的能力和充沛的精力。人是完整统一的机体，全身所有组织、器官、系统发育状况良好，是健康的基础条件。各器官、系统的功能活动处于良好状态则是健康的具体表现。

（二）心理健康

在一般意义上，心理健康表现为人的心理现象及其活动处于良好的状态。心理健康的内容具有社会历史性。在不同的社会条件下，在不同的历史时期，心理健康的评判标准是不同的。心理健康的基本表现可归纳为：世界观科学，人生积极向上；思维不偏执，认知功能正常；反应适度，情绪稳定，具有精神创伤康复能力；个性无畸形发展，意志品质健全；自我意识正确，自我评价适当。

（三）社会适应良好，道德健康

任何人都生存在一定的社会环境中，都与社会其他人发生各种关系，而对社会环境的适应能力强，以及对与他人的关系处理协调，是健康的主要内容之一。一般而言，社会适应良好、道德健康表现为：人际关系协调，有社会责任感，社会角色扮演尽职，行为合乎社会规范。健康具有连续性，从健康、疾病到生命终结，是个逐渐变化的连续过程。健康与疾病之间，并没有一个“非此即彼”的绝对界限。健康与疾病的区别是相对确定的，它们之间还存在一个“中间状态”，即“亚健康”。亚健康状态是指健康状态与疾病界限很不清楚，在一个相当长的时间内，各种仪器和生化检查很难发现阳性结果，人仅仅感到躯体和精神上的不适。其后既可以发展为某种疾病，但也可以仅有种种不适而不发病。在这种状态下人既不属于健康，又难于发现有疾病，是处于健康和疾病的临界状态，即所谓亚健康状态。亚健康状态是健康和疾病相联系的中介环节。一个外表健康的人不一定真正健康，他可能正处于既不属于健康状态也不属于患病状态的亚健康或亚临床状态，包括疾病的潜伏期、慢性病的病前期和恢复期。如艾滋病患者，在平均长达7年的潜伏期内，外表看起来和健康人几乎无差别；又如肝癌、肺癌等，在相当长的时期内并无症状，一旦出现临床表现，已是病入膏肓。由此启示人们应该定期体检，认识早发现、早治疗的重要性。健康是一个动态的概念，健康的概念随着人类社会的发展而不断深化，世界卫生组织提出了健康的10项标准：①精力充沛，能从容不迫地应对日常生活和工作而不感到过分紧张；②处事乐观，态度积极，勇于承担责任；③善于休息，睡眠良好；④应变能力强，能适应环境的各种变化；⑤能抵抗普通感冒和传染病；⑥体重得当，身材匀称；⑦眼睛明亮，反应敏捷；⑧牙齿清洁无空洞，无痛感，牙龈颜色正常无出血；⑨头发有光泽，无头屑；⑩肌肉、皮肤有弹性，走路轻松有力。

世界上不存在“绝对健康的完人”，任何健康的标准都是相对的、人为的，大学生应以发展的观点加以对照。

亚健康

一、何谓亚健康状态？

世界卫生组织指出：21世纪威胁人类的头号杀手是不良的生活方式及其所引起的疾病前奏——亚健康。

亚健康这一概念在20世纪80年代中期由苏联的布赫曼教授提出。他指出，人类在健康状态和疾病状态之间，还存在一种非健康非患病的中间状态，也称为第三状态、病前状态、亚临床期等，又称“世纪病”。迄今为止，全世界还没有一个具体的标准化诊断参数，它的定义还是比较笼统的。目前，将其定义为“介于健康与疾病之间的一种生理功能低下状态”，亦即是“介于健康与疾病之间，机体处于虽无疾病但并不健康”的一种状态，也是指人们在身心情感方面处于健康与疾病之间的一种状态或自我感觉，包括某些疾病前期或潜伏期。此时，机体在仍未发现器质性病变的情况下发生了一些功能性的改变，通常包括人体活力下降、适应能力降低、免疫功能紊乱等。

近年也有一些学者对亚健康的说法提出异议，认为亚健康只是个体在某个时间暂时的现象，无须特别划出。但人们对出现不适的症状还是必须予以重视的。

二、亚健康状态的表现

亚健康状态包含一组慢性持久或反复发作的以脑力和体力疲劳为主要特征的症候群。主要表现为身心疲劳、食欲不振、头痛失眠、烦躁不安、萎靡不振、焦虑恐惧、容易感冒等，但通过常规的检查却找不到病因。根据症状的轻重，可将亚健康状态划分为三个阶段：①轻度身心失调。以疲乏无力、失眠、胃口不好、情绪不稳定等为主要表现。②潜临床状态。潜伏着向某些疾病发展的倾向，表现为活力减退、反应能力减退和适应能力减退。③前临床状态。前临床状态是指已经有病了，但指征还不太明显，医生尚不能确诊。根据亚健康主要症状的不同，又可分为生理性亚健康、心理性亚健康、社会适应性亚健康、情感亚健康、思想亚健康和行为亚健康等。

健康、亚健康和疾病三者之间处于一个连续可逆的动态，可以互相转化。对亚健康状态加以重视，给予适当的调整便可向健康转化，反之则转向疾病。这取决于自我保护意识和自我保健措施以及自身的免疫力水平等因素。

三、引发亚健康状态的原因

引发亚健康状态的原因是多方面的，它包括社会的、生理的、环境的因素等。现代生活节奏加快、不良的生活方式和嗜好、长期的精神压力和身心超负荷的运转、人际关系的复杂化、自然环境的污染等都影响了人们的身心健康。世界卫生组织的一项全球性调查显示，真正健康的人仅占5%，患病的人占20%，而75%的人处于亚健康状态。我国处于亚健康状态的人超过7亿，占全国总人口的60%~70%。

四、怎样预防和消除亚健康状态?

我们了解了亚健康状态的成因与社会环境、经济文化、心理因素、自身体质等因素有关，因此，亚健康也可针对个人的成因来预防与消除。

（一）提高健商水平

2000年国际传统医学研讨会上，有专家提出“健商”的新概念。总的说健商是指一个人已具备和应具备的健康意识、健康知识和健康能力。因此，要提高健商就要加强自我保健意识，学习有关健康知识和锻炼健康能力。马克思说过：“健康是人的第一权利，是人类生存的第一条件，也是一切历史的第一前提。”出现了亚健康状态，首先要找出原因，从原因解决问题。要科学地投医问药，不可盲目滥用“补品”，耽误了时机。亚健康康复应是积极性的康复，是在人体未患疾病之前的提前性康复工作。

（二）保证合理的膳食和均衡的营养

维生素和矿物质是人体所必需的营养素。养成正确的饮食生活习惯：少食多餐，少主多菜，少盐多醋，少欲多施，少忧多眠，少愤多笑，忌烟酒、油炸、熏烤以及发霉的食品，粗细搭配多样化，多吃水果、蔬菜、豆制品，少吃猪肉，适当吃些牛、羊、鸡、鱼肉等。

（三）及时调整生活规律，劳逸结合，保证充足睡眠

适度劳逸是健康之母，人体生物钟正常运转是健康保证，而生物钟“错点”便是亚健康的开始。人体在进化过程中形成了固有的生命运动规律——即“生物钟”，它维持着生命运动过程中气血运行和新陈代谢的规律。逆时而作，就会破坏这种规律，影响人体正常的新陈代谢。

（四）增加户外体育锻炼活动，每天保证一定运动量

现代人热衷于都市生活，忙于事业，身体锻炼的时间越来越少。加强自我运动可以提高人体对疾病的抵抗能力。人体在生命运动过程中有很多共性，但是也存在着个体差异。因此，练体强身应该是个体性很强的学问。

（五）调整心理状态并保持积极、乐观

广泛的兴趣爱好会使人受益无穷，不仅可以修身养性，而且能够辅助治疗一些心理疾病。善待压力，把压力看作是生活不可分割的一部分，学会适度减压，以保证健康、良好的心境。

第二节　影响健康的因素

人类的健康受各种因素的影响，20 世纪 70 年代加拿大学者从预防保健角度提出的影响健康的四大因素（行为与生活方式、环境、生物和卫生服务），得到国内外学者的一致认可。WHO 指出，对于个人的健康和寿命来说，生活方式和行为因素占 60%，环境因素占 17%，遗传因素占 15%，医疗服务占 8%。由此可见，预防慢性病，生活方式和行为是关键。

一、行为与生活方式因素

行为与生活方式因素是指由于人们自身的不良行为和生活方式而给个人、群体乃至社会的健康带来直接或间接的影响。据报道，在排名前 10 位的死因疾病中，不良行

为和生活方式在致病因素中的比例，美国占 70%，中国占 44.7%。由此可见，健康的行为和生活方式在预防疾病、促进健康方面具有很重要的作用。不良行为和生活方式涉及的范围十分广泛，如不合理饮食、吸烟、酗酒、吸毒、药物依赖、久坐而不锻炼等，其中对健康影响最严重的莫过于吸烟、酗酒和滥用成瘾性物质。行为和生活方式对健康的影响可概括为以下公式：

健康程度 = 平衡膳食 + 情绪稳定 + 运动/懒惰 + 烟 + 酒

行为和生活方式受社会、家庭、经济、文化、民族、风俗等影响，因此不同国家、不同民族，健康生活方式的具体内容不尽相同。世界卫生组织提出了 5 项健康生活方式：①不吸烟；②不酗酒；③平衡膳食；④锻炼身体；⑤心理平衡。

我国专家提倡的健康生活方式有：①不吸烟，不酗酒；②营养适当，防止肥胖；③坚持锻炼，劳逸结合；④生活规律，善用闲暇；⑤心胸豁达，情绪乐观；⑥与人为善，自尊自重；⑦家庭和谐，适应环境；⑧爱好清洁，注意安全。

二、环境因素

环境包括自然环境和社会环境。

（一）自然环境

自然环境是人类和一切生物生存的物质基础。自然环境又称为地球环境，人类与自然环境相互制约、相互依赖，自然环境质量直接影响着人类的健康和生活质量。清新优美的环境给人带来安全丰富的物质享受和舒适愉悦的精神感受，促进人们健康长寿。而环境污染和生态环境的急剧破坏，导致人类的生存条件恶化，严重威胁着人类和其他生物的生存和发展。如绿洲和净水的锐减给人类的健康和生存带来越来越多的不利因素和潜在的危害。

（二）社会环境

包括政治、经济、文化教育等因素，也包括工作环境、家庭环境、人际关系等。人类不仅需要空气、阳光和适宜的温度，而且需要和睦的社会环境、优化的家庭结构、融洽的人际关系等。疾病的发生和转化直接或间接地受社会因素的影响和制约。优越的社会制度、发达的国家经济、较高的文化素养、充裕的社会福利及健全的保健设施，都是有利于健康的因素。反之，贫困和愚昧给健康带来消极和负面影响。改革开放以来，随着生活水平的提高和公共卫生事业的进步，我国人口总体健康状况有了极大改善，婴儿死亡率持续下降。历年人口普查数据显示，1981 年我国婴儿死亡率为 37.6‰，1990 年下降到 32.9‰，2000 年又下降到 28.4‰，平均每 10 年下降 4.6 个千分点。2005 年我国婴儿死亡率为 24.3‰，比 2000 年下降了 4.1 个千分点，下降速度明显，人均预期寿命显著提高。1981 年我国人口平均预期寿命为 67.8 岁，2005 年提高到 73.0 岁。其中男性平均预期寿命从 1981 年的 66.3 岁提高到 2005 年的 70.8 岁，女性从

69.3岁提高到75.3岁。2005年世界人口的平均预期寿命为67岁，发展中国家及地区为65岁．我国人口预期寿命不仅明显高于发展中国家及地区，也高于世界平均水平。到了2012年，世界各国人民的平均寿命为70岁，中国总体预期寿命达到75岁。中国男性预期寿命平均达到74岁；女性预期寿命达到77岁。2016年报道：我国平均寿命为76.3岁。

三、生物学因素

（一）遗传学因素

遗传是生物的共同属性，也是人们熟悉的生命现象。子女的体型、长相、血型等方面都与父母十分相似，这就是生物遗传的结果。决定遗传的物质基础是基因，如果基因在某种条件下发生突变，就可能导致畸形或疾病，并且代代相传。遗传性疾病，是指父母的生殖细胞，也就是精子或卵子里携带缺陷基因，然后传给子女并引起疾病，而且这些子女结婚后还会把病传给下一代。这种代代相传的疾病，医学上称之为遗传病。遗传性是影响健康与疾病发生的重要的机体内部因素之一，有时甚至是决定性因素。目前已知的遗传病有四千多种，如血友病、色盲、先天愚型、蚕豆病等。现已查明除了明确的遗传病外，许多疾病如高血压、糖尿病等的发生，也有一定的遗传倾向。

提倡科学婚姻，避免近亲结婚，避免接触导致基因突变的一切危险因素，是预防和减少遗传病的必要措施。

（二）病原微生物

病原微生物（简称病原体）种类繁多，有：细菌、病毒、立克次体、支原体、螺旋体、霉菌（又称真菌）、寄生虫等。它们分布广泛，可以通过空气、水、食物、血液、物品及其他附着体而侵入人体，引起各种传染性疾病和感染性疾病。多数细菌性病原体所致疾病病因比较明确，防治措施也较为有效，发病率呈下降趋势；而病毒感染则与此相反，研究和治疗比较落后，最突出的是艾滋病，虽已知道其病原体，却缺乏有效的治疗手段。病原体对人类健康的危害很大，有效地保护自己，减少病原体入侵是预防疾病的关键。适时预防接种、养成良好的卫生习惯对预防传染性疾病和感染性疾病至关重要。

四、卫生服务

卫生服务是指卫生机构和卫生专业人员为了防治疾病、促进群众健康，运用卫生资源和各种手段，有计划、有目的地向个人、群体和社会提供必要服务的活动过程。卫生服务利用的合理与否，对人们的健康影响较大。发达国家与发展中国家的卫生状况差异明显，多数国家城市好于农村。健全的医疗卫生机构、完备的服务网络、一定的卫生经济投入以及合理的卫生资源配置，均对人群健康有促进作用。相反，则不可能有效地防治疾病，促进人群健康。

第三节 健康教育与健康促进

一、健康教育

“人人为健康，健康为人人”是世界卫生组织（WHO）的全球战略目标。健康是基本人权之一，是社会和经济发展的基础，是人类发展的中心。发达国家的政府和卫生部门已普遍认识到健康教育和健康促进是当今社会防治因不良的行为和生活方式所引起的慢性非传染性疾病的最有力手段，是一项投入少、效益高的活动，是降低国家巨额医疗费用的最有效措施。我国卫生部颁发的《社区慢性非传染性疾病的综合防治方案》也明确指出，要“努力推动以社区为基础，以健康教育和健康促进为主要手段的慢性非传染性疾病的综合防治，提高社区居民的健康水平和生活质量”。

（一）健康教育的含义

健康教育是通过信息传播和行为干预，帮助个人和群体掌握卫生保健知识，树立健康观念，自愿选择有利于健康的行为和生活方式的教育活动与过程。其目的包括：①消除或减轻影响健康的危险因素；②预防疾病；③促进健康；④提高生活质量。

（二）健康教育的特点

健康教育有如下特点：①以预防为主，以促进健康为目标，强调自我保健；②核心是教育人们树立健康意识，养成良好的行为习惯；③实质是一种行为干预，它提供人们改变行为所必需的知识、技术与服务等，使人们面临促进健康、疾病预防、治疗、康复等各个层次的健康问题时，有能力做出行为选择；④它是一个系统工程，有计划、有组织、有评价，与传统意义上的卫生宣传不同。传统的卫生宣传通常只指知识的单向传播，不注重宣传结果的评价和反馈。

健康教育的着眼点是促进个人或群体改变不良的行为和生活方式。行为改变、习惯养成和生活方式的进步形成了健康教育的重要目标。为此，首先要使个体或群体掌握卫生保健知识，提高认识水平，建立起追求健康的理念，并为此自觉自愿地而不是勉强地来改善自己的行为与生活方式。

（三）健康教育的意义

1. 健康教育是卫生事业发展的必然趋势。随着疾病谱的改变，传染性疾病和营养不良已不再是人类的主要死因，取而代之的是慢性非传染性疾病。研究表明，不良的行为和生活方式是慢性非传染性疾病的主要诱因。解决行为和生活方式问题，不可能期望医药，而是通过健康教育来促使人们建立新的行为和生活方式，减少危险因素，预防各种“生活方式病”，从而促进健康。因此 WHO 把健康教育列为初级卫生保健八项任务之首，并指出健康教育是所有卫生问题、预防方法及控制措施中最为重要的。由此可见，健康教育是卫生保健事业发展的必然趋势。

2. 健康教育是一项低投入、高产出、高效益的保健措施。当今社会，冠心病、肿瘤、中风等慢性非传染性疾病已替代传染性疾病和营养不良而成为人类的主要死因。慢性非传染性疾病是由不健康的行为和生活方式、严重污染的自然环境和有害的社会因素所致，而不是生物因素所致。对这类疾病，采用控制传染病的防治方法显得十分无力。然而，通过健康教育，引导人们摒弃陋习，自愿采纳科学、健康的行为和生活方式，消除危险因素，促进健康已取得明显成效。美国疾病控制中心（CDC）研究指出：如果美国男性公民不吸烟、不过量饮酒、采纳合理饮食和进行经常锻炼，其预期寿命可望延长 10 年。而美国每年花费数以千亿的临床医疗投资，却难以使人口预期寿命增加 1 年。实践证明，健康教育是一项投入少、产出高、效益高的重要保健措施。

3. 健康教育是提高人们自我保健意识的重要渠道。自我保健是指人们为维护和增进健康，为预防、发现和治疗疾病，自己采取的卫生行为以及做出的与健康有关的决定。自我保健意识和能力不能自发产生和拥有，只能通过健康教育才能掌握和提高。健康教育能增强人们自我保健的自觉性和主动性，促使人们实行躯体上的自我保护、心理上的自我调节、行为与生活方式上的自我控制和人际关系上的自我调整，提高整体医学文化水平，提高人口健康素质。

（四）大学生健康教育基本要求

国家教委于 1993 年 1 月 18 日颁布《大学生健康教育基本要求（试行）》作为高等学校对大学生开展健康教育的指导法规，有以下五项要求：

1. 帮助大学生树立现代的健康意识，使他们真正认识到健康不仅是躯体无病、体格健壮，还应有良好的心理素质和社会适应能力。

2. 使大学生掌握必要的卫生防病知识和急救知识，养成用脑卫生、起居卫生、运动卫生、环境卫生、心理卫生、性卫生、营养和饮食卫生等良好的习惯，并督促他们身体力行，以增进自我保健的能力。

3. 使大学生认识到不健康的行为和生活方式（最突出的表现为吸烟、酗酒、膳食结构不合理，缺乏体育运动和心理应激）给自身健康带来的危害，帮助他们改变不健康的行为和不良的生活方式。

4. 使大学生强烈地意识到健康是当代人才的重要素质。并进一步认识到增进健康是历史赋予大学生的使命，这不仅是对自己负责，也是对社会负责，从而增强他们维护健康的责任感和自觉性。

5. 针对大学生健康方面存在的问题进行教育，并从大学生卫生知识的掌握、良好卫生习惯和生活方式的形成以及体质健康状况的改善等方面来检验健康教育课的效果。不断充实教育内容，改进教育方法，提高教育效果，总结和交流教育方法，探索具有中国特色的大学生健康教育模式和体系。

《全国健康教育与健康促进工作规划纲要（2005～2010）》对学校健康教育与健康促进的具体要求是开设健康教育课，开展多种形式的健康教育活动，加强健康行为养成教育，重点做好心理健康、控制吸烟、环境保护、远离毒品、预防艾滋病、意外伤害等健康教育工作。

二、健康促进

（一）健康促进的含义

健康促进（Health Promotion）一词最早出现于20世纪20年代，20世纪70年代后越来越受到世界各国的重视，特别是近十年来得到迅速发展，但至今仍没有一个世界公认的标准定义。世界卫生组织曾给健康促进作如下定义："健康促进是促进人们维护和提高他们自身健康的过程，是协调人类与环境之间的战略，规定个人与社会对健康各自所负的责任。"1995年WHO西太区办事处发表《健康新视野》指出："健康促进是指个人与其家庭、社区和国家一起采取措施，鼓励健康的行为，增强人们改进和处理自身健康问题的能力。"

（二）健康促进的内容

健康促进是一个综合的教育，是调动社会、经济和政治的广泛力量，是改善人群健康的活动过程，它不仅包括旨在增强个体和群体知识技能的健康教育活动，更包括直接改变社会、经济和环境条件的活动。健康促进包括五个方面的内容。

1. 制定健康促进的公共政策：健康促进的含义已超出了卫生保健的范畴，它涉及多个方面，包括立法、财政、组织、社会开发等。这就要求非卫生行政部门建立和实行健康促进政策，目的是使人们更容易做出有利于健康的选择。

2. 创造支持健康的环境：健康促进必须为人们创造舒适、安全、愉快、满意的生活和工作环境。创造支持健康的环境要求系统地评估变化的环境对健康的影响，以保证社会和自然环境有利于健康的发展。

3. 加强社区行为：健康促进工作是通过具体有效的社区活动来实现的，应充分发挥社区力量，挖掘社区资源，让居民积极有效地参与卫生保健计划的制定和执行，以有效地促进健康。

4. 发展个人技能：通过提供健康信息，教育并提高人们做出健康选择的技能，以支持个人和社会的发展，使人们能更好地控制自己的健康和环境，不断地从生活中学习健康知识，有准备地应对人生各个阶段可能出现的健康问题，并很好地应付慢性病和外伤。学校、家庭、工作单位和社区都要帮助人们做到这一点。

5. 调整卫生服务方向：健康促进中的卫生服务责任由个人、社会团体、卫生工作人员、卫生部门、工商机构和政府等共同分担。各机构必须共同努力，建立一个有利于健康的卫生保健系统，优化资源配置，调整卫生服务类型和方向，让最广大的人群受益。

健康教育与健康促进互为依存，但二者不可替代。健康教育是健康促进的基础，健康促进如不以健康教育为先导，则是无源之水；而健康教育如不向健康促进发展，其作用就会受到极大限制。与健康教育相比，健康促进融健康教育、行政措施、环境支持于一体，它不仅涵盖了健康教育信息传播和行为干预的内容，还强调了行为改变所需要的组织支持、政策支持、经济支持等环境改变的各项策略。

第二章
大学生心身健康特点

引例

敬畏痛苦

印度有一青年王丹，他从小得了麻风病。幸运的是他结识了一位来自家乡的医生布兰迪，两人成了忘年交。从此医生布兰迪便把王丹带在身边。几年后的一个夏天，王丹想回家过个周末，一是探望家人，二是想看看自己独立生活的可能性。由于麻风病的原因，王丹的神经末梢对外界的刺激没有感觉，无法感到疼痛。医生告诉他，对陌生环境要格外小心。一切准备就绪，王丹登上回家的火车。星期六晚上，在和亲戚朋友尽兴而散后，王丹回到自己曾住过的房间，一头倒铺便睡着了。第二天一觉醒来，他要做的第一件事就是检查全身，随时检查自己是判断危险、保护自己的办法。检查结果让他大吃一惊，他发现自己左手食指血肉模糊，原来在他熟睡时，老鼠把他的手指当成了夜宵。由于他感觉不到疼痛，王丹连一只小老鼠都抵御不了。周末晚上，他再也不敢掉以轻心，整夜盘腿坐在桌旁，背靠着墙，借油灯的光看书。破晓时分，他眼皮越来越沉重，终于头一歪睡着了。几个小时后王丹被家人的叫声惊醒。原来他的右手滑到盛油的灯碗里，手背上皮肉都被烧焦了。幸亏灯油所剩不多又被家人及时发现，否则连他本人也会葬身火海。看到这一切，王丹失意地告别亲人，双手缠着绷带离开了自己的家乡。王丹回来后，布兰迪医生为他清理了伤口，他忍不住失声痛哭。因为没有感知痛苦的能力，王丹最渴望的自由被剥夺了。

点评

事情就是这样，当我们在痛苦中挣扎，抱怨上苍不公，甚至指天叫骂时，我们可曾想过，没有痛苦就没有自由；没有痛苦面对伤害麻木不仁，就无法知道危险的存在，就难以趋利避害；没有痛苦就不能自我保护，就会失去安康和幸福，由此我们要敬畏痛苦。

第一节 大学生心身健康特点概述

大学生是一个特殊群体，有人称当代大学生是心理健康方面的“高危人群”。此话不一定准确，但有一点是肯定的，即大学生们作为有较高智力、较高文化和较高自尊的群体，通常有着不同于一般青年的更高的抱负和追求，也面临着更多的机遇和挑战，因而也要承受更大的心理压力和冲突。从这个意义上说，大学生们出现更多心理问题正是他们想要更有所作为所必须付出的“代价”。在当代，面对市场经济，面对网络时代，面对日益多元化的社会，面对从中学到大学的环境变迁，各种矛盾纷至沓来：学业上的优势不再、感情上的纠葛丛生、自我角色的迷失、人际关系的不适应，直至生活、学习、工作等都感到无所适从，从而产生各种心理问题，这是正常的、无法逃避的，关键在于心理上要勇敢而坦然地面对现实。

一、大学生的生理心理特点

（一）生理发展特点

我国大学生多数处于青年中期（18～24 岁）这一年龄阶段。在这个阶段，个体已具备了成年人的体格及种种生理功能。

1. 形体特点。低年级大学生已经经历了人生最后一个生长发育的高峰期，体重、胸围、肩宽、头围、骨盆等外部形态已逐渐转入缓慢发展阶段。体格体型等已近似成年人，骨骼已基本骨化并坚固。

2. 神经系统特点。大学生正处在脑细胞建立联系的上升期，经过教学训练，特别是专业学习，皮层细胞活动迅速增加，神经元联系扩大，大脑皮层活动的数量增加，大脑发育逐渐成熟。

3. 性机能日趋成熟。青春期是个体生理发展的第二次比较大的飞跃，个体的形体和神经系统高速发展的同时，更重要的是性器官和性机能的逐渐成熟和完善，这时，男、女都出现了比较明显的性别特征。在这一时期，无论男性、女性都开始对异性产生好奇、爱慕、关注和吸引的情感。

（二）心理发展特点

1. 自我意识的增强与认知能力发展的不协调。自我意识是指人对自身的认识及对周围事物关系的各种体验。它是认识、情感、意志的综合体，是人心理发展过程中一个极为重要的方面。

自我意识，从童年期就开始产生并逐步发展，青少年时期是自我意识发展最快的时期，它使人心理的各个方面都发生着深刻而广泛的变化。它使一个人能反省自身，有明确的自我存在感，从而以一个独立的个体来看待周围世界，它使人的心理内容得到极大的扩展与丰富。

自我意识的发展不仅与年龄有关，而且与人的知识水平有关。一个人的文化素质越高，其自我意识就越强。从这两点来看，大学时代是真正自我认识的时期。大学生所处的年龄阶段及所具备的文化水准，决定了他们不再像中学生那样眼光向外，对外界事物感兴趣，急于去了解世界，把握外部环境，急于显示自己的独立，想做环境的主人，而是眼光内向，注重对自己进行体察和分析，把自我分化为主体的我和客体的我、理想的我和现实的我，注重内省，注重探求自己微妙的内心世界，力图理解自己的情感、心理变化，自觉地从各方面了解自己，塑造自己的形象，设计自我的模式。大学校园这种特殊的环境，又是十分强调独立、注重自我确立的地方，允许大学生在较大程度上按自己的方式安排自己的生活，有一种宽容自由的氛围；同时，由于大学生所处的独特的社会层次以及具有较高的文化素质，他们对社会上的事有着自己的见解，他们看问题的视野可能较一般人有所不同，有一种以天下为己任的心愿和抱负。一方面，他们关心社会发展，这种关心是抛开切身利益，从大视角来进行的，注重的是整个社会的提高与进步。他们热衷于融入社会，对社会舆论愿意进行独立思考，然而另一方面，由于生活阅历有限，与社会有一定的距离，社会实践能力不强，他们在谈论、评价、思考社会问题时，往往带上幻想的色彩，不能十分切合实际。他们对事物的认识，表现出一定程度的片面和幼稚，还不能深入、准确、全面地认识问题。这种不足，与他们极强的自我意识不相协调，这种不协调可能会一直困扰着他们。这是大学生十分重要的一个心理特点。

2. 情感丰富而不稳定。有人说，人实际上生活在自己的情感世界中。如果把这句话理解为人是以自己的主观态度去体验客观世界，从而使任何事物都有一种情绪色彩的话，这种说法是有一定道理的。大学生是一群正在成长的青年，是一个极其敏感的群体，其内心体验极其细腻微妙。他们对与自身有关的事物往往体察得细致入微。随着文化层次的提高、生活空间的扩大，他们的思维空间急剧延伸，必然导致其情感越来越丰富而深刻。

人的情绪、情感是与其需要和价值观相联系的。由于大学生的心理需求发生变化，追求有其独特性，价值观念尚不稳定，时常处于波动、迷惘、抉择之中，其心理成熟又落后于生理成熟，因而大学生的情感是不稳定的。情绪变化起伏较大，易受周围环境变化的影响，心境变化快，学业、生活、人际关系等都会引起情绪的波动，容易偏激、冲动，情绪冲突也比较多。

3. 性意识的发展。性意识是个体心理发展极为重要的一个方面，对青年来说，性意识更是影响心理健康的重要方面。大学生正处于青年中期，生理发育基本完成，所以性意识的明朗化与进一步发展都是正常的。又由于大学校园是年轻人的世界，每个大学生都有充分的机会与同龄异性接触，因而性意识的发展以及与之相伴而来的恋爱问题是大学生心理发展过程中的一个重要内容。一方面，每个大学生都会在心里产生一种愿望，即成为什么样的男子、女子；另一方面，性意识的发展也带来了对异性的倾慕与追求，这是每一个青春萌动的大学生都会遭遇的。而这种愿望，是与大学生不善于处理异性之间的关系、不独立的经济地位及心理上还不足以应付这种问题相矛盾的，从而带来种种烦恼和不安。这是大学生成长过程中的一个敏感问题，也是大学生十分突出的心理特点之一。

4. 智力发展达到高峰。青年时代，由于大脑已充分发育成熟，因而智力也发展到高峰。大学生一般思维敏捷，接受力强，通过专业训练、系统学习，抽象逻辑思维能力得到充分的发展，智力水平大大提高，分析问题解决问题的能力增强，其智力层次含有较多的社会性和理论色彩，这一显著特点，使大学生心理活动的内容得到极大丰富。

5. 社会需求迫切。为了接受系统严格的专业训练，大学生在校园里的生活期限比同龄人长，这使得他们与社会有一定的距离。也正因如此，他们渴望加入社会的愿望更为迫切。在校园里，他们关注社会，评判各种社会现象，并希望自己能加入进去，按照自己的想法去改变各种令人不满的现象，把自己的专业知识服务于社会，体现自己的力量，实现自身的价值。这种迫切的社会需求与大学生正在形成的价值观相互作用，是他们将来走向社会重要的心理依据。这一心理特点支配、决定着大学生的学习态度，从而对大学时代的生活质量产生重要的影响。

二、大学生心理健康标准

什么是心理健康？所谓心理健康，就是个体在心理和社会功能方面处于完好的状态。但一般是指个体在本身及环境条件许可范围内，心理所能达到的最佳状态，而不是指绝对的十全十美。

人的心理怎样才算是健康的，以什么作为心理健康的标准？这是一个复杂的问题，因为心理健康和不健康之间并没有一个绝对的界限，不像躯体的生理活动，如体温、脉搏、血压、肝功能等那样明显，把结果综合一下就可以知道。心理健康与不健康并没有一个公认的、一致的标准。国外的许多心理学家都从不同的角度进行了探索，提出了各种观点。我国学者根据我国的国情、民情和东方人的心理特点，提出了适合中国人特点的心理健康标准。综合各家之长，提出以下大学生心理健康标准：

（一）了解自我，悦纳自我

俗话说："人贵有自知之明"，即人要有正确的自我意识。能够体验到自己的存在价值，既能正确的了解自我、评价自我，又能够接受自我。对自己的能力、性格和优缺点都能做出恰当、客观的评价；在努力发掘自我的同时，对自己无法补救的缺陷，也能泰然处之；自己给自己定的生活目标和理想目标切合实际，从不产生非分的期望，也从不苛刻地要求自己。因而不会同自己过不去，不会因为理想和现实的差距过大，而产生自责、自怨和自卑等不健康的心态，也不会产生心理危机。比如有一个抑郁病人，是一个非常内向的人，他来的目的是想改变自己不善于交际、不善于公关的状态，他认为在社会上没有这个优势是不能立足的。他的想法无可非议，但他内心的问题是：内向性格不好，外向性格好，外向性格的人善于交际，无所不能。他无法接受内向的自己，不喜欢自己，甚至憎恨自己的弱点。这就是一种心理不健康的表现。正确的心理应该是认识到，性格的内向与外向无好坏之分，都各有优势和不足，对自己应该正确评价自己，努力完善自己，而不是否定自己，彻底改变自己。

（二）接受他人，善与人处

人际交往活动能反映人的心理健康状态。人与人之间正常、友好的交往不仅是维持心理健康的一个必不可少的条件，也是获得心理健康的重要途径。

心理健康的人乐于与人交往，即不仅能够接受自己，也能接受他人，悦纳他人，并为他人和集体所理解和接受。能与他人相互沟通和交往，人际关系协调和谐。既能和朋友同聚之时是愉快的，也能在独处沉思之时而无孤独感；在与别人相处时，往往积极的态度（如同情、关心、友善、尊敬、信任）多于消极的态度（嫉妒、猜疑、畏惧、敌视等，这种消极态度实际是在伤害自己）。因此，在社会生活中有较强的适应能力和较充足的安全感。在社会环境中，人与人的关系最为微妙，最为复杂，相处不好，最易造成心理负担，心理健康的人表现在能处理好人际关系。

（三）正视现实，接受现实

不但能够面对现实，接受现实，并且能够适应现实和改造现实，而不是逃避现实。能客观地看待周围的事物和环境，并能与现实环境保持良好的接触；既有高于现实的理想，又不会沉溺于不切实际的幻想和奢望中；同时，对自己的力量充满信心，面对生活、学习和工作中的各种困难和挑战都能妥善处理。心理不健康的人往往以幻想代替现实，不敢面对现实，也不敢接受现实的挑战，总是抱怨自己“生不逢时”或者责备社会环境对自己太不公平而怨天尤人，无法适应现实环境。

（四）热爱生活，乐于工作

珍惜和热爱生活，在生活中享受人生的乐趣，在学习和工作中尽可能发挥自己的个性和聪明才智，并从工作的成果中获得激励和满足。把工作作为一种快乐，而不是一种负担。

（五）能适当地表现情绪

人生活在社会环境中，人有七情六欲，各种情绪的出现是正常的，快乐或不快乐等。但积极的情绪体验（愉快、乐观、开朗）往往占优势，消极的情绪（悲伤、忧愁、焦虑、愤怒等）不会持久。情绪稳定，心情开朗乐观，能够适度表达和调控自己的情绪。

（六）人格完整和谐

人格，最初的含义是面具，即表现出来的示人的脸谱。从某个角度说，就是人的个性，是一个人所具有的稳定的心理特质的独特综合。在人格结构中的气质、能力、性格等方面和理想、信念、动机、兴趣、人生观等方面能够平衡发展。完善的人格能够完整、协调、和谐地表现出来；思考问题的方式是适中和合理的；待人接物能采取恰当灵活的态度；对外界刺激不会有偏颇的情绪和行为反应；能够与社会合拍；能够与社会的步调合拍，也能和集体融为一体。

（七）心理行为符合年龄与性别特征

人的心理和行为是随着年龄的增长而不断发展、变化的，不同年龄有着不同的心理行为特征，每一个人都应具有与年龄相符的心理行为特征，如果偏离与自己的年龄相符合的心理行为特征就是不健康的，比如十多岁的少年总需要父母的陪伴，或是已是成人还不成熟思考问题，心理行为仍然是停留在儿童时期。这都是与年龄不相符合的心理行为特征。

男女之间心理行为也有性别不同的特征。如果女人过分的男性化，或者男人过分的女性化，就会造成社会性别角色的反差和冲突，这种人就难于适应社会和群体，造成心理失衡和痛苦。

（八）智力发展正常

智力是人的认识能力与活动能力所达到的水平。是人的生活、学习、工作最基本的条件也是与自然环境、社会环境保持动态平衡的心理保证，因此，智力是心理健康的重要标准之一。智商低于70者为智力低下。

第二节　大学生的心理发展的阶段与心理冲突

一、大学生心理发展阶段

（一）适应准备阶段

新生步入大学，从高考成功的喜悦中冷静下来，首先面临的就是从中学生活到大学生活的急剧转折。生活环境的变迁，人际关系的变化，学习方式的改变，等等，都可能使他们感到不适应，他们的整个身心处于动荡不安之中。原有的、习惯化了的心理结构被一下子破坏，心理平衡被扰乱，周围全是陌生的面孔和事物。在陌生的环境中，需要逐步开始新的生活；在克服各种不适应的同时，力图建立新的心理结构，以达到新的心理平衡，从而开始真正的大学生活。大学新生对大学生活从不适应到适应的过程，称为适应准备阶段。

适应准备阶段是整个大学时代的困难期，很多问题解决不好，会影响到以后几年大学生活乃至毕业之后的生活。适应准备阶段持续时间的长短因人而异，这与个人适应能力的强弱有关。对多数学生来说，需要一个学期左右就可以度过这个阶段了。

（二）稳定发展阶段

这一阶段是大学生活全面深化和发展的时期。入学时的不适应已基本消除，新的心理平衡已初步建立起来，各方面的关系已趋于熟悉、稳定，新的生活秩序开始形成，大学生活进入相对稳定的阶段。这一阶段是大学生活最主要、最持久的阶段，将一直延续到大学毕业前夕，一般有两三年的时间。

在这一看似平静的阶段，大学生会遇到许多新问题、新现象，要求大学生做出抉择和回答。大学生极强的可塑性在这一阶段得到充分展示，每个人都按自身独特的方式塑造着自己。他们可能会遇到许多锻炼提高自己的机遇，可能会有克服困难取得成功的欣喜，也可能会遇到困惑、苦恼，这正是大学生的成长过程，大学教育的主要目标将在此期间完成。

（三）走向成熟阶段

这个阶段是大学生从学生生活向职业生活过渡的阶段。又一次面对环境变迁、角色变化，学生心理上将又起波澜。不过，此时的大学生已接受了严格的专业训练和独特的校园生活的陶冶，自主感较强，自我意识也有了很大的提高，对未来的生活道路产生种种设想。这些设想多数与现实有一定距离。大学生在此阶段必须开始做走向社会的心理准备。进一步深入地了解社会，把握好自己在生活中的位置，是所有大学生面临的任务。何去何从，如何处理与恋人的关系等，使大多数大学生感到茫然，心理冲突很多。这个阶段往往是对大学生各方面素质进行综合考验的阶段，同时又是进一步促进大学生心理成熟的阶段。

二、大学生的心理冲突

从大学生的心理特点可以看出，大学生的心理发展正在迅速走向成熟，而又未达到真正的成熟，既存在积极面，又存在消极面。因而在心理发展过程中，矛盾和冲突是在所难免的。正是在解决这些矛盾、冲突的过程中，大学生的心理才进一步成熟起来的。

大学生所面临的心理冲突主要有以下几种类型。

（一）独立性与依赖性的冲突随着自我意识而增强

特别是离开家庭进入了拥有一定社会氛围的大学校园之后，大学生的成人感迅速增强。他们渴望走向独立生活，强烈要求社会承认他们的成人资格，自信心、自尊心、独立意识都有很大提高。同时，大学校园的环境也比他们以往的生活环境赋予个人更多的独立与自由空间，然而由于各种主客观因素的限制，大学生往往有要求独立的想法而没有独立的现实。他们尚无法完全依靠自己的力量来处理好一系列复杂的实际问题，仍处于一靠家庭、二靠学校的状况，这种状况的产生主要是他们经济上的非独立性造成的。同时，我国的文化传统也习惯于给尚未独立工作的大学生以周全的呵护。因此，在大学生身上，一方面有着强烈的独立意识；另一方面又有着显著的依赖行为。这种依赖性与迅速发展的独立性之间，产生了一种现实的矛盾冲突。

（二）理想性与现实性的冲突

每一个成长着的年轻人都会有自己的理想，大学生由于文化层次较高，其悟性和智能都是同龄人中的佼佼者，较之一般年轻人，更富有理想性。然而，理想与现实是有距离的，当理想受挫，不能转化为现实时，必然产生强烈的心理冲突。大学生们跨入大学校门之前都是各地的学习尖子，成长过程比较顺利，因此容易为自己设立较高的理想。而进入大学后，可能会发现现实并非如此，对大学生而言，最常困扰他们的是理想我与现实我、理想社会与现实社会之间所产生的矛盾。由于社会经验的缺乏，自我评价能力的不足，他们往往会发现现实远非自己所想象的、所追求的那样完美，自己也远非想象的那样出色。由此可能引发许多心理上、情感上的苦恼。具体而言，理想与现实的冲突主要表现在以下三个方面：

1. 在学习上对自己成绩的期望与自己的实际情况的冲突，这种冲突在大学生中是相当普遍的。

2. 在职业选择方面，理想与现实的冲突可能更严峻、更突出。如果这种冲突得不到妥善解决，对个体的影响将是长期的。它不仅对大学生的心理健康有害，而且会对其社会适应和事业产生不良影响。

3. 理想与现实的冲突还表现为对自己的行为过分苛求，即个体所追求的“理想”是常人难以达到的，因而个体常常会因为自己的行为达不到要求而感到内疚。这种过分苛求的理想与现实之间的尖锐冲突，往往会使个体陷入极大的困境中。

我们应该看到，大学生感受到一定程度的现实与理想之间的差距，这种现象是健康的、正常的。现实与理想的差距虽然给大学生带来苦恼和心理冲突，但也正是这种差距，才能唤起他们自我奋进的精神。

（三）心理闭锁与寻求理解的冲突

大学时代，是个既渴望友情又追求孤独的时代。一方面，由于自我意识的发展，大学生常常对自己的内心世界进行细致而全面的探索、反省，希望有一方完全属于自己的自由空间，这是青年期最显著的心理特征之一。这种心理闭锁与真正的自我确立有着一定的关系。另一方面，大学生又害怕孤独，希望自己的情感有一个宣泄的对象，希望自己有一个可以共鸣的知己。这种心理特征上的二重性，使大学生的情感生活更为复杂。

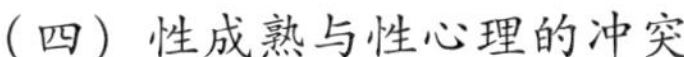

（四）性成熟与性心理的冲突

大学生就其生理和心理发展过程而言，已进入了性生理成熟和性心理趋向成熟的阶段。但是，由于大学生是一个十分特殊的群体，他们在校学习时间的延长导致了他们社会化过程的滞后。在经济上尚未独立，还生活在半社会化的校园中，同时还有比较艰巨的专业学习与专业训练的任务，他们的未来还有许多不确定因素，这一切导致了他们的性心理的成熟落后于性生理的成熟，使得他们处于早熟与晚自立的峡谷之中，由此而产生种种与性心理有关的心理冲突。大学生对这类冲突往往敏感而多焦虑，这对其心理发展与成熟有着重要的影响。

（五）情绪冲突

情绪冲突是大学生心理冲突最重要的表现形式，上述几种冲突都可表现为情绪冲突。从生理角度看，青春期高级神经系统的兴奋与抑制活动尚不平衡，往往兴奋活动占有优势。从心理角度看，进入大学后，社会角色的变更引起了诸多的心理矛盾，而大学生的社会经验及认识水平尚未达到真正能独立、正确地调解自身行为的程度，这就使得他们独立支配自己行为的强烈要求与其行为的结果相悖，从而使内心产生痛苦和不安。从社会角度看，当前社会的变革也对大学生的情绪有很大影响。在各种社会价值取向面前，大学生可能会对自己以往的价值观产生怀疑，从而导致迷茫和消沉。同时，青年期的情绪又是极为丰富而不稳定的，因而各种矛盾冲突都可能在情绪冲突中得到多种多样的反映。

除了上述几种心理冲突之外，大学生求知欲强而鉴别力相对弱，也构成了一种心理冲突，并主要反映在学习心理上。总之，大学时代是心理断乳的关键期。心理断乳，意味着个人离开父母家庭的监护，彻底切断个人与父母家庭在心理上联系的“脐带”，摆脱对成人的依赖，成为独立的个体，建立自己独立的心理世界。在这一过程中，种种矛盾冲突交织在一起，成为大学生应认真对待的重要课题。如果处理不当，就可能加剧心理矛盾与冲突，导致心理障碍。

案例分析

我这是怎么了？

患者：女性，19 岁，某重点综合大学学生。

病史：自幼学习上进，记忆力较强，深受老师的器重，每逢市里的一些学科竞赛，学校都推荐她参加，这对她的精神压力很大，她本人对数学兴趣不浓，但是教师仍然很看重她，自己认为这是一种荣誉，是学校和老师对自己的器重，也不好违抗。考前一夜没睡，在考场上脑子很乱，原来复习过的内容也想不起来了，急得浑身出汗，心慌意乱，勉强交了试卷，考试成绩失败。从此以后出现了睡眠障碍。

考上大学以后，第一学期期末考试数学不及格，在中学学习时数学就不是强项，对数学不感兴趣，因而报考了社会科学专业，没想到这个系也要学习数理统计，数学和统计学在大一、大二两个学年都要学，这就给她带来了沉重的心理负担，每到期末复习考试临近期间就紧张焦虑，还伴有严重的睡眠障碍。

请分析这是什么症状，可以从哪些方面对患者进行帮助和指导。

点 评

该例是以考试焦虑为中心的心理障碍，伴有睡眠障碍，主要是由于心理负担太重，使她的情绪一直不能平静，反而影响了复习的效果。

可以从以下几个方便进行帮助和指导：①首先从认知入手。消除对考试的不必要顾虑，通过谈话、回忆、分析，寻找致病的根源，过去的考试成绩一般都较好，考前也无畏惧心理，虽然数学成绩较差，是学习中的薄弱环节，因此对数学应加强平时的复习和练习，对成绩的期望值不要过高，退一步讲，万一没考好也不必惧怕，补考及格同样升班毕业。②改善睡眠要从多方面入手。首先加强体育锻炼，通过体育锻炼增强体质，调节神经功能的紊乱，有助于睡眠的改善，同时要有意识放松情绪，在考前不要人为地增加紧张。③帮助其分析自己个性中的优点与缺点，通过心理测查，进一步了解自己在个性特征上的强项和弱项，有意识地克服敏感多疑、顾虑重重、情绪不稳定等弱点，培养和训练豁达大度的个性。④在心理治疗中进行生物反馈治疗，失眠严重辅以药物治疗。经过长达 1 年的心理咨询与治疗，该生睡眠有改善，对考试的紧张焦虑明显减弱，考试焦虑的心理问题得到了及时的帮助和解决。

第二篇

心理健康教育

第三章

走进象牙塔，你准备好了吗？

——大学新生心理适应与调试

引　例

心中的顽石

从前有一户人家的菜园摆着一颗大石头，宽度大约有40厘米，高度有10厘米。到菜园的人，不小心就会踢到那一颗大石头，不是跌倒就是擦伤。

儿子问："爸爸，那颗讨厌的石头，为什么不把它挖走？"

爸爸这么回答："你说那颗石头喔？从你爷爷时代，就一直放到现在了，它的体积那么大，不知道要挖到什么时候，没事无聊挖石头，不如走路小心一点，还可以训练你的反应能力。"

过了几年，这颗大石头留到下一代，当时的儿子娶了媳妇，当了爸爸。

有一天媳妇气愤地说："爸爸，菜园那颗大石头，我越看越不顺眼，改天请人搬走好了。"爸爸回答说："算了吧！那颗大石头很重的，可以搬走的话在我小时候就搬走了，哪会让它留到现在啊？"

媳妇心底非常不是滋味，那颗大石头不知道让她跌倒多少次了。

有一天早上，媳妇带着锄头和一桶水，将整桶水倒在大石头的四周。十几分钟以后，媳妇用锄头把大石头四周的泥土搅松。媳妇早有心理准备，可能要挖一天吧，谁都没想到几分钟就把石头挖起来，看看大小，这颗石头没有想象的那么大，都是被那个巨大的外表蒙骗了。

点　评

你抱着下坡的想法爬山，便无从爬上山去。如果你的世界沉闷而无望，那是因为你自己沉闷无望。改变你的世界，必先改变你自己的心态。阻碍我们去发现、去创造的，仅仅是我们心理上的障碍和思想中的顽石。

第一节 大学新生心理转型与适应

心理学家斯普兰格将我们大学生称为“第二次诞生”，第一次的诞生是为了生存而诞生，而第二次是为了生活、独立而诞生。进入大学，我们的人生开始了一个新的历程。大学生活给大家的感觉怎么样呢？是否跟你梦想中的校园有很大的差距呢？

大学生活虽然是中学生活的延续，但我们也已经感受到了很大的差异了。你们觉得大学生生活最大的改变是什么呢？

来到大学之后，同学们要学会自己洗衣服，自己叠被子，自己管理自己的财物。你的周围都是新的面孔，许多事物都在瞬间发生了变化，这些差异无疑会给每一个大学新生带来新的要求和压力。能否适应这种变化是我们大学生对新生活适应的关键。

与中学相比，大学是一个全新的环境，了解其中变化，才能实现心理上的平稳过渡。

第一，学习方式变化。中学学的是基础知识，大学学的是专业知识。中学几年一直学习的仅仅是有数的几门科目，中学有老师天天辅导，日日相随；而大学学习需要有较强的自学能力来独立思考和解决问题。大学新生往往不适应这种变化的学习生活，感觉大学老师不如中学老师负责，其实是学习方式改变的原因。

第二，生活环境变化部分新生在中学有寄读经历，但多数新生仍然是上学到学校、放学同家人居住在一起。进入大学后，班集体成为主要生活环境，宿舍成了主要的生活区，日常生活全要自理，这对那些平时习惯依靠父母、家庭的人来说，确实是个难题。这种变化也给大学新生带来了一定的精神压力。

第三，人际关系复杂。大部分新生从小学到中学，都有一些从小在一块儿的伙伴；班主任一任数年，天天相见。熟悉的面孔，相似的语言、习俗，构成自己熟悉的生活环境。跨进大学，周围的人来自不同地区，素昧平生，语言、习俗各不相同；同学间由原来的热热闹闹、亲密无间变得陌生，有想法也难以启齿。这对年龄仅有十七八岁的新生来说，是极不习惯的，因此，每逢节假日就会想家、想同学，会产生孤独感。其实，只要认识到：任何熟悉都是从陌生开始的，就可以很好地调整自己的心态了。

第四，社会活动增多。中学的工作和活动多是在老师指导下开展，由少数同学承担的。大学强调学生的自我管理能力，班里事情多，社团活动多，学生除了要搞好自身的学习外，还要担负一定的社会工作，关心班集体建设。新生往往不大适应这种较大工作量的生活，缺乏工作主动性，在其位又不知如何谋其政，从而感到压力大。

一、新生心理适应期

新生活所带来的变化，对于每一个大学新生来说，都有一个“适应期”，而不适应大学生活的现象非常普遍，我们把新生中较为典型的一系列适应不良现象概括为“新生适应期心理综合征”。“新生适应期综合征”最为普遍的表现是失落感，引起的原因主要有以下几个方面：

1. 高考结束后松懈所带来的失落感。
2. 对大学生活失望引起的失落感。
3. 因角色地位变化而出现的失落感。
4. 因失去压力而引起的失落感。
5. 因目标不明或目标过多实现不了造成的失落感。
6. 因对现实缺乏认同所带来的失落感。

除了失落感以外，不少同学还有其他一些适应不良的心理体验：如由管理方式变化带来的无所适从心理、由独立生活能力不足所引起的茫然苦恼心理、由学习方法不适应而产生的紧张焦虑心理、由人际关系失调而造成的孤独抑郁心理和由家庭困难而感到的自卑苦恼心理等。

当大学生活初步安顿下来，开始了正常的学习生活之后，最初的惊奇与激情逐渐逝去，大学新生要面临的是一段艰难的心理适应期。对于缺乏心理准备的大学新生来说，在这个心理转型与重塑的过程中，可能会产生不同程度的适应困难。

“刚上大学时远离了父母，远离了昔日的朋友，我的心底非常迷惘、非常伤感。新同学的陌生更增加了我心底那份化不开的孤独。每天背着书包奔波在校园中，独自品味着生活的白开水。”一位大学新生在接受心理辅导时如是说。

其实，类似的例子在大学校园里并不鲜见：

某女大学生在考入理想的大学后，从小城市到大城市，从温暖、充满母爱的小家庭到校园中的大家庭，完全不能适应。她说：“洗澡要排队，衣服要自己洗，食堂的饭菜又难以下咽……”为此天天给家里打长途电话诉苦。电话里的哭声让母亲揪心，于是母亲只好请假租房陪女儿读书……有一位男大学生，在家乡中学里以第一名的成绩考上了北京某名牌大学。可是在这所大学里，所有的学生都是来自全国各地的学习尖子。相比之下，他的第一学期成绩排名顶多算是中下，还有一科不及格，在严重的失落感和自卑感下，最后竟跳楼自杀了。

广州某大学一名入学仅一周的新生，因“不能忍受这种生活”，从学校的7楼纵身跳下，当场殒命。其时，他的父母正特意从家里赶往学校，准备在附近租房子陪读一段时间。

大学新生心理适应期有一个过渡转换的过程，在这个过程中，心理和思想发展大致要经历三个阶段：兴奋期、消沉期和思考定位期。

第一阶段：兴奋期。新的同学、新的环境会引起新生强烈的好奇心。兴奋期从入学开始一直持续一个月左右。

第二阶段：消沉期。现实与理想的差距会使新生产生一种失落感，经过一两个月后，沉静便代替了兴奋，进入适应期的第二阶段。在这一阶段，新生的心理和行为发生了迥然的变化，失落感体验强烈的学生，还会出现诸如想家等心理。

第三阶段：思考定位期。从第三个月开始新生会对自我、对环境进行重新的认识和评价，进而对大学学习有了新的认识和思考，同时对自己的发展和前途进行思考，对自己原有的目标体系进行重新调整。

大学新生能否在入学期间做好充分的心理准备，能否在心理转型与重塑的过程中成功进行“大学生”角色的转换，将直接影响到大学期间学习、生活的质量。新生对大学生活的适应不良，既是客观环境变化的反映，也与以往学校教育、家庭教育的缺陷有关，更说明大学生的自身素质有待进一步提高。

二、大学新生面临的主要心理问题

1. 人际关系引起的心理问题。对于大学新生来说，进入大学，人际交往面拓宽了，复杂的人际关系往往使学生不知所措。很多学生在进入大学的最初阶段，都有人际交往方面的心理困惑。

很多学生上大学都是首次离开家庭独自生活，离开父母，离开原来熟悉的环境，又与原有的伙伴分离，在新的人际环境中，失去了处于既往人际关系中的安全感和稳定感，增加了不安感和无意识的恐惧感。

因此在一段时间内，很多人总是沉浸在对旧的环境的情感依恋中，思念家乡，想念父母平日对自己的关怀（有些时候，一到吃饭时间，看到人头攒动的饭堂，可能便会开始怀念在家里吃饭那种情境，想念家里妈妈做的饭菜），因为在新的环境中，大家都还没有互相熟悉，都还没有找到知心的朋友，所以，很多人也会非常怀念自己原来的朋友，总是觉得，还是原来的朋友好，往往在一开始的阶段，我们都通过这样的方式，来缓和人际方面的焦虑，获得一种安全感。

在大学，来自五湖四海的学生汇集成一个社会的群体，由于大家原来各自的生活习惯、性格、兴趣等方面的不同，在这个大家庭的人际交往过程中，不可避免地会发生一些摩擦和冲突，而对于一些初次体验集体生活的学生来说，往往不能妥善处理，在心理上就会产生对新的人际关系的敏感、不安的情绪。本来我们远离父母就有一种孤独感，一旦出现人际关系不和谐发生其他冲突，这种孤独感就会进一步加剧，从而产生压抑和焦虑。

随着大家相处时间的增加，同学之间也基本了解，各自的性格完全暴露出来，特别是同寝室之间的矛盾冲突开始明显。如有的同学只知接受别人的服务，而从不为他人服务，如寝室的公共卫生，有人只知享受却从来不知清扫；有的同学花钱大手大脚，借钱不还；有的同学晚上打电话一打就是几个小时，只知道在电话里大声兴奋地煲粥，却没有顾及宿舍同学的休息。

大学的活动是多姿多彩的，但部分同学同样也会有融入不到集体中去的体验。大家都在热闹地搞活动，自己很想加入，却找不到话题，找不到共同点。渴望交流，而又不知道如何与他人交流，这同样是我们的学生会遇到的一个问题。

2. 期望值过高引起的失落心理。中学时，教师为了激励学生刻苦学习，总爱把大学描绘成一个“人间天堂”，学生也将考大学作为唯一的和最终的目标来激励自己在高中埋首苦读。但学生跨入大学校园后，突然发现事实并非如此，一部分学生还发觉在高手如云的新的集体里，昔日那种“鹤立鸡群”的优越感荡然无存，无形中产生一种失落感；另一部分学生还表现出对专业学习的困惑心理。

有些同学高中的时候一直担任班干部，但是进入大学以后，由于彼此都不了解，竞选班干部的时候落选了，或者是老师安排的职位不中意，就产生了失落的心理。

解决这个问题的方案就是要让“心”归位，接受现实，再积极向上努力争取。所以，清楚地认识自己，把自己放在一个合适的位置，保持平常心，是首先要给新生上的一课。无论过去是高考状元，还是高考中发挥失利的考生，心里都要明白，新一页开始了，大家又站到同一起跑线上，无论过去荣誉也好、失意也罢，全都得放下，轻装上阵才可能取得好的成绩。

3. 环境生疏造成防范心理。进入大学，对大多数学生来说，是第一次远离父母来到一个陌生的环境，面对的是一些口音不同、性格不同、生活习惯不同、兴趣爱好也不尽相同的新同学。在这种情况下，就要学习如何与人相处。有些同学入校没多久，就想换一个宿舍，理由是现在的宿舍太吵了，同宿舍的同学都不自觉，搞得自己没办法睡觉，每天晚上休息不好，结果第二天没有精力听课。

解决这个问题的最简单方法的是换一个宿舍。可是想一想，如果将来你到了一个新的单位，你的同事都不自觉，你是否准备换一个单位呢？现在对你来说是一个机会，一个锻炼与人相处的机会。如果现在面对 18 岁的青年人你都无能为力，将来你如何与社会打交道。任何经验都是实践中得来的，你要学会说“不”，但你要明白，这是商量不是下通牒。对方可能同意，也可能不同意。你想一想用什么方法才能达到双方的同意，在这个过程中，你就学会了如何表述自己，我们也学会了理解对方，为什么别的同学不睡觉，莫非他们都是“铁人”不成吗？为什么自己是那样的与众不同。我们试着从对方的角度来考虑问题，因为站在不同的角度上，人的心理都是不一样的。

4. 目标失去后导致的迷惘心理。一般来说，小学的目标是上中学，中学的目标就是考上大学。由于有明确的目标，再苦再累也能忍受，一旦进了大学，好比船到码头火车到站，多年的愿望终于实现了。对不少同学来说，大学梦的实现就意味着理想和目标的失落，失去了努力的方向。我的老师曾对我说过，“到大学里来是学习的，不是来享受的，大学里还有好多目标值得你去追求和实现”。有一些学生从小就由父母安排好了所有的一切，“一心只读圣贤书”，缺少独立生活的能力，而到了大学什么都要自己安排，结果就如同刚出笼的小鸟，再加上大学的管理主要是自我约束，这类学生常常凭自己的兴趣把时间安排得满满的，结果考试的时候才发现自己的书看得太少了，发现自己“应该做的基本都没做，不应该做的倒是做了许多”。

大学是知识储备的阶段，你要搞清楚你将来做什么，你要问自己，我的目标在哪里？为达到这个目标，在大学中我要做哪几件事？今年我要做哪几件事？本学期我要做哪几件事？本周我要做哪几件事？今天我要做什么？把眼睛慢慢地转到现实中来，踏踏实实地学习，会让你的生活充实而快乐。

5. 盲目乐观造成心理受挫。高考的胜利和对大学的知之甚少，使一些同学盲目乐观；又由于思想准备不足，一旦遇到不如意，就感到遭受了很大的挫折和打击。有些同学因此一蹶不振，产生消极情绪，甚至感到前途无望，心灰意冷。

有一个学生曾对我说自己是一个自卑的人，我问他何以见得？他说："我做什么事都对自己没信心，总是和别人比，总觉得别人比自己出色。"我说："这哪是自卑呀？这是自信过头了！""为什么这样说呀！"我给他分析说，如果一个人不是太自信，而是太自卑，他会觉得自己本来就是不如人的。那么别人考试考了100分，他自己考了60分，他就会非常满足了，因为他本来就不能和别人比。只有自信过头的人，才会把他的目标定得越来越高，现实中如果有暂时做不到的事，他就订一个更高的目标来证明自己，可是结果只能是越来越糟，就像一个人怎么能不上第一层楼就上第二层楼呢？可是他却被自己的自信迷住了双眼，现实中"眼高手低"，越来越觉得：别人做什么都那么出色，心想事成，可自己做什么事都似乎有劲使不出，越来越觉得：自己是一个没能力的人！所以，我们应该正确认识我们的新环境，就像之前所提到的：我们都在同一个起跑线上。

6. 校园文化活动不同引发的矛盾心理。相当一部分新生认为学习好则一切都好，除了休息和日常饮食，其他时间都应用来学习。还有一些人认为，不管什么活动都想参加，不管什么干部都想争当，其结果将是徒劳无益、适得其反。也有些人为人处事好高骛远，不热心于参加宿舍、班级的活动，总希望能在院、系活动中展现自己，不愿意做宿舍长、班干部，一心只想当校、系学生组织的主要干部等。

这些都是错误的思想，都是不健康的心态。现在我们鼓励大学生积极参加校园文化活动，因为有很多知识是书本上学不到的，只有通过真实的参与才能成长。另外，活动也没有什么高低贵贱之分，所谓365行，行行都能出状元。但这并不意味着全部的校园活动都要参加，越多越好，相反地，我们主张参加校园文化活动要适可而止。大学生的主要任务是学习，掌握好科学文化知识是大学生将来服务于社会，实现自我价值的最重要"资本"。大学生应该以"学"为本，把主要精力放在学习上，在这一前提下再用一定时间和精力参加校园文化活动。既要求积极主动地参加校园文化活动，从中提高自身的综合素质，又要做到适可而止，真正"以学为主"，把主要精力放在学习上，在学习好的前提下再去参加一定的校园活动。

7. 自控能力差引起的厌学心理。一些同学容易受到高年级同学的影响，你玩我也玩，你谈恋爱我也谈恋爱；还有一些大学生受到社会不良因素的影响，所谓的"搞导弹的不如卖鸡蛋的，拿手术刀的不如拿剃头刀的"，即"知识贬值"论的观点；还有一些同学认为反正我家里有钱，以后找不到工作也没关系；有些同学的家长自己就是开公司搞企业的，因此认为毕业后在父母的企业安排一个位置就可以了，觉得读书无用而且辛苦，使学生产生厌学的情绪，学习动力不足。

那么，要解决这样的问题，只有明确了"我到底应该成为什么样的人""为什么要上大学"等根本问题，学习动力不足才能彻底解决。"不能自立，就不能成长"。每一位大学生的成长，都要经过中小学时代在家庭生活中的依附成员，到大学生活成为半独立的成员，再到毕业后走上社会岗位，成为合格的、完全独立的社会成员，这是人生发展的一个必然的转化过程。西方一位学者这样说过："在中学阶段，学生伏案学习；在大学里，他需要站起来，四面观望的学习。"所以请你们站起来，向社会、向生活、向历史、向未来的各个方面放眼展望，"我应干什么？社会需要什么？我能干什么？我将怎样去干？"在展望中给自己一个恰当的定位，树立一个合适的目标，并为此而努力奋斗，实现自我价值吧。

8. 务实型学习风格带来的急于求成心理。一般来说，这类学生都想知道学习一段时间之后的效果，一旦学习的效果不如人意，就很容易对学习失去兴趣，缺乏学习动力，甚至产生厌学的情绪。事实上，学习是需要很长一段时间的，比如英语的学习，就不是一天两天就能见到效果的。希望能与人用英语交流，如果学习技能比较优秀的话，可能就在3个月之后有一定的效果，但是过了这一段时间之后，可能又会觉得收效甚微。这是一个循环的过程。但是，当自己的知识积累到一定阶段的时候，效果就会逐步地显现出来。这是因为，我们的记忆是有遗忘的，而且遗忘的进程是先快后慢，然后趋于平稳。比如说：第一天，我记住了10个单词，第二天我就只记住4个了，到第三天就只剩3了，但到第六天可能还是3个。这就说明了我们在学习中及时复习的重要性。

第二节　增进和维护大学新生心理适应的方法与途径

据统计，绝大多数新生从"陷入迷茫，不适应大学生活"到"走出困境，逐渐适应"这段时间，少则3~5月，多则1年：极少数的学生甚至需要更长的时间。俗话说"早起的鸟儿有虫吃"，因此尽快适应大学生活，尽快进入大学生的角色对于新生能否抢得发展先机，赢在起跑线上显得至关重要。

一、如何才能有效地缩短适应期

（一）主动学习心理知识，寻求心理咨询的帮助，迅速适应新环境

自己有意识地学习一些有关心理方面的知识，阅读一些书籍，调整自己的心态，尽快适应大学生活。现在我们学校图书馆就有很多关于心理学的书籍，并且你们也可

以到购书中心寻找相关书籍阅读。

当然，当你们觉得自己解决不了问题时，也可以寻求帮助。我想问问大家，当你们遇到心理困扰的时候，你们会不会去找心理咨询老师呢?

目前，社会上仍存在一种错误的看法，认为只有心理有病的人才需要心理咨询。这其实是一种误解。因为每一个人都会碰到困难，都会有一些自己解决不了的问题。特别是大学新生，其身心都处于转型时期，客观上会出现一些心理问题和困扰。心理咨询可以帮助大学新生顺利度过心理适应期，同时也是提高大学生心理素质的重要途径和有效手段。

（二）疏导不良情绪，培养乐观情绪

两个人看到水壶里还有半壶水。一个人说：“哎，只剩下半壶水。”另一个人说“不错，还有半壶呢!”还有一个故事，说的是一位旅客在火车上欣赏自己刚买的新鞋时，不小心从窗口掉了一只，大伙都替他惋惜，岂料这位旅客果断地把另一只鞋也从窗口扔了下去。这位旅客的解释是，一只鞋，搁谁手里都是废品，但两只鞋一旦被同一个人捡到，它的价值就重获新生。想到能给另外一个人带来意外的惊喜，自己的遗憾就变得不值一提了。可见，同样的遭遇，有无乐观精神的人却持有截然不同的态度。一个悲观沮丧，一个乐观满足。教育家说过：“生活的快乐与否，完全取决于个人对人、事、物的看法如何，因为生活是由思想造成的。”乐观固然与人的天性有关，但主要还是后天培养出来的。同学们，我们的情绪应该由我们自己控制。既然生活的快乐与否完全取决于个人的看法，那我们可以试着改变自己的看法，我们可以选择，使自己处于一种积极、乐观的情绪状态。请你告诉你自己：我要做乐观的、积极的、快乐的人！只要你有了这种追求，你离快乐就不再遥远。

（三）学会主动，结识新同学，建立和谐的人际关系

和谐的人际关系的建立，可以帮助大学新生顺利地度过心理适应期，使自己对新的集体具有归属感。

良好的人际关系首先来自于交往双方的真诚、相互尊重、相互理解、相互信任。此外还要把握交往的时机，学会沟通技巧，主动交往。首先，要处理好与室友之间的关系。经常参加集体活动，尤其是选择一些个性开朗、乐观的人做朋友。面对来自各地性格习惯各异的同学，应本着求大同、存“小异”的原则，善于发现别人的优点，包容别人的缺点，设身处地地为他人着想，多理解别人。其次，要主动与教师与队长交往。大学的教师被形容为“来也匆匆，去也匆匆”，一些不善于与老师交往的同学，由于不主动与教师联系，感到大学教师缺乏亲切感，在学习上有问题也不敢向老师请教。由于大学教育的特殊性，任课教师除了上课外，很少有机会和同学一起交流，同学们应主动与教师交往，一方面请教学习中的问题，另一方面可以解决生活中的困惑。最后，要学会与学校内各部门工作人员交往。大学是浓缩的社会，在这个社会中有各

种机构，有各种不同身份的工作人员，对大学生而言他们都是应被尊重的人。在人际交往中，最重要的是对人的尊重，只有做到对人的尊重，自然也会被他人尊重和信任。

（四）正确评价自己、接纳自己

有一则老掉牙的伊索寓言：有父子俩赶一头驴到集市上去卖，正走着，路上就有人说："瞧那两个傻瓜，明明有头驴不骑，却自己走路"。父子俩觉得有理，于是便舒舒服服地骑驴而行。可过一会儿，又有人议论："看那两个懒家伙，驴快给压坏了，到了集市还有谁买"。父子也觉得有理，于是把驴的四条腿绑在一起，倒挂在扁担上抬着走。

同学们，你们是否也是这样？一味接受外界刺激，频繁更改自己的目标走向，为他人的议论、指责而烦恼，为学习、人际的竞争而焦虑，使自己的心理压力增大且疲惫万分。还有些同学不能正确认识自己，不能正确刻画自我形象，或消极自卑，或自负自傲，使自己滋生不良心态。常听有人感叹"太累了""太苦了"，不能正确悦纳自己，怎能不苦、不累？我们应该正确认识自己，发掘自己的优势、长处，肯定自己，鼓励自己，自信待人，笑对周围的评价，这样，我们就会有一个好心情，我们也会做得更好。

（五）正确对待挫折

在我们的现实生活中，或多或少总会遇到不顺心的事：某次考试失败，亲人有难，和同学闹别扭，和家长怄气等，它们可能令你消沉、痛苦，但是，你就是痛苦得卧床不起，也还是改变不了这些客观现实。聪明的办法就是承认它、接受它，然后再想办法对付它、解决它。鲁迅曾说过这样一句话："伟大的心胸，应该表现出这样的气概——用笑脸来迎接悲惨的厄运，用百倍的勇气来应付一切的不幸。"让我们用笑脸来迎接挫折，用百倍的勇气来应付一切的困难吧！当困难、挫折或失败来临，我们不能仅仅是忧虑，还应不放弃努力，请原谅自己的过失，吸取失败的教训，再去尝试！同时，我们也要学会放弃，有选择地放弃。常听有人说，"别人能做到的事情，我也一定要做到。"请你问一问自己，有些事情，就算我投入最大的努力，我能做到吗？我们应该尽量做到最好，我们可以尽可能靠近"十全十美"，但不要强求，有些事实不可避免又令人不快，我们得勇于承认、接受。坦然地面对自己的短处，也是一种风度，可以排解自己的心理压力，带给自己一个好心情，让自己在轻轻松松的心境下投入学习和生活中。不愉快的情绪困扰我们时，我们还可以选择合理宣泄——将不愉快情绪表达出来，就是宣泄。宣泄必须合理，以不伤害别人为前提。方法：投入地哭一次，忘了自己。告诉父母或好友或你信得过能帮助你的人："我今天很难过。"

（六）摸索适应大学的学习方法

一是向有经验的高年级的师兄师姐请教，接受任课教师的指导与队长的帮助，制定读书计划。进入大学后，学与不学完全在于学生自己，不能再像高中那样等、靠、要了，要做到主动向老师请教，可以请老师开出专业方面的参考书目，制定自己的读书计划；二是自身要根据大学的学习特点，从个人实际出发逐步摸索与自己水平基本相适应的学习方法；三是注重自学能力的培养；四是学会科学管理和支配时间。

二、学会自我心理调适的方法

大学新生在身心发展过程中，应有意识地掌握一些常用的自我心理调适方法，如自我暗示法等，对自我心理放松、消除心理压力是非常有帮助的。

自我暗示是靠思想、词语，对自己施加影响以达到心理卫生、心理预防和心理治疗目的的方法。通过自我暗示，可以调理自己的心境、感情、爱好、意志乃至工作能力，起到非常积极的作用。比如，面临紧张的考场，反复告诫自己“沉着、沉着”；在荣誉面前，自敲警钟“谦虚、谦虚”；在遭遇挫折时，安慰自己“要看到光明，要提高勇气”；等等。

学习自我暗示，需要坚强刚毅的意志，要对自我及自我暗示有坚定不移的信心，并在实践中进行锻炼，使自我暗示得到恰如其分的应用。下面介绍两种具体的自我暗示的方法：

1. 冥想放松法。你可以用一件真实的物件，如某种球类，某种水果，或者手头可以找到的小块物体，来发挥自我想象的能力，具体做法是：

（1）凝视手中的橘子（或其他物体），反复、仔细地观察它的形状、颜色、纹理脉络；然后用手触摸它的表面质地，看是光滑还是粗糙，再闻闻它有什么气味。

（2）闭上眼睛，回忆这个橘子都留给你哪些印象。

（3）放松肌肉，排除杂念，想象自己钻进了橘子里。那么，想象一下，里面是什么样子？你感觉到了什么？里面的颜色和外边的颜色一样吗？然后再假想你尝了这个橘子，记住它的滋味。

（4）想象自己走出了橘子的内部，恢复了原样，记住刚才在橘子里面所看到的、尝到的和感觉到的一切，然后做 5 遍深呼吸，慢慢数 5 下，睁开眼睛，你会感觉到头脑清爽，心情轻松。

2. 自主训练法。又叫适应训练法，其中较简单的一种方法如下：

（1）取坐姿，把背部轻轻靠在椅子上，头部挺直，稍稍前倾，两脚摆放与肩同宽，脚心贴地。

（2）两手平放在大腿上，闭目静静地深呼吸 3 次，；排除杂念，把注意力引向两手和大腿的边缘部位，把意念排导在手心。

（3）不久，你会感到注意力最先指向的部位慢慢地产生温暖感，然后逐渐地扩散到手心全部。这时，你心里可以反复默念：“静下心来，静下心来，两手就会暖和起来”。

（4）做 5 遍深呼吸，慢慢数 5 下，睁开眼睛。

案例分析

不必为城乡差异而自卑

张某，男，18岁，某大学一年级学生。主诉内容为："我来自农村。农村孩子上学不易，我自幼勤奋刻苦，学习成绩很好，好不容易考上了大学，全家人、全村人都为我高兴。可是来到学校以后，我并不高兴，总觉得自己处处不如人，心里很不是滋味。我满口的家乡话常引同学们发笑；穿着、举止动作都显得土里土气；我上中学时学校不重视体育，现在上体育课时自己的动作显得很笨拙，我觉得很难堪；又没什么业余爱好和文艺才能；在宿舍聊起天来城市同学侃侃而谈，人家见多识广知道的很多，自己没见过什么世面说起话来笨嘴拙舌，常常惹得同学们哄堂大笑，自己觉得很丢脸。我有一种先天不如人的感觉，很自卑。但我又不甘心如此，于是拼命学习，想以优异的学习成绩来显示自己的才能，补偿其他方面的不足。我生怕考试失败，那就证明了自己真是先天不如人。我每天拼命地学习，但有时并不学得进去，总是惶惶不可终日，学习时注意力也不集中，生怕考不好。现在我晚上很难入睡，白天又看不进去书，我该怎么办呢？"

点　评

张某的主要问题是对生活环境的变化以及在新集体中位置与角色的变化不适应，引起自我评价降低，强烈的自尊心与自卑感的尖锐矛盾冲突，导致心理失衡。他为了维护自尊心，对自己提出了不切实际的要求，自我期望值过高，使得目标实现的可能性降低，于是出现了紧张、焦虑的情绪体验。他应当正确认识自我，看到自己的优势，提高自信心；正确地对待由于城乡生活环境所造成的同学之间的差别，既要承认农村学生由于生活环境的限制存在一些不如城市学生的地方，如知识面窄等，但又应看到这些差距是可以通过学习来弥补的，更应看到农村学生勤奋刻苦、吃苦耐劳、生活自理能力强等长处。既要通过进一步地学习来拓宽自己的知识面，培养自己多方面的兴趣爱好，更应客观地分析自己的学习能力，坦然地接受自己尽了最大努力而取得的成绩，这样才能消除心理上的紧张焦虑，在良好的心境中从容地参加考试，发挥出自己的最佳水平，去争取理想的成绩。

心理自测

大学生心理适应能力自测问卷

指导语：下面的问题能帮助你进行心理适应能力的自我判断。请认真阅读，并决定其与你实际情况的符合程度，然后从每个项目后面所附的三种备选答案中选出一个来。

(1) 我最怕转学或是转班级，每到一个新环境，我总要经过很长一段时间适应。( )

A. 是　　B. 无法肯定　　C. 不是

(2) 每到一个新的地方，我很容易同别人接近。( )

A. 是　　B. 无法肯定　　C. 不是

(3) 在陌生人面前，我常常无话可说，以致感到尴尬。( )

A. 是　　B. 无法肯定　　C. 不是

(4) 我最喜欢学习新知识或新学科，它给我一种新鲜感，能调动我的积极性。( )

A. 是　　B. 无法肯定　　C. 不是

(5) 每到一个新地方，我第一天总是睡不好，就是在家里，只要换一张床，有时也会失眠。( )

A. 是　　B. 无法肯定　　C. 不是

(6) 不管生活条件有多大的变化，我也能很快习惯。( )

A. 是　　B. 无法肯定　　C. 不是

(7) 越是人多的地方，我越感到紧张。( )

A. 是　　B. 无法肯定　　C. 不是

(8) 我的成绩多半不会比平时练习差。( )

A. 是　　B. 无法肯定　　C. 不是

(9) 全班同学都看着我，心都快跳出来了。( )

A. 是　　B. 无法肯定　　C. 不是

(10) 对他（她）有什么看法，我仍能同他（她）交往。( )

A. 是　　B. 无法肯定　　C. 不是

(11) 我做事情总是有些不自在。( )

A. 是　　B. 无法肯定　　C. 不是

(12) 我很少固执己见，常常乐于采纳别人的意见。( )

A. 是　　B. 无法肯定　　C. 不是

(13) 同别人争论时，我常常感到语塞，事后才想起该怎样反驳对方，可惜已经太迟了。( )

A. 是　　B. 无法肯定　　C. 不是

(14) 我对生活条件要求不高，即使生活条件很艰苦，我也能过得很愉快。( )

A. 是　　B. 无法肯定　　C. 不是

(15) 有时自己明明把课文背得滚瓜烂熟,可在课堂上背的时候,还是会出差错。( )

A. 是　　B. 无法肯定　　C. 不是

(16) 在决定胜负成败的关键时刻，我虽然很紧张，但总能很快地使自己镇定下来。(　)

A. 是　　B. 无法肯定　　C. 不是

(17) 我不喜欢的东西，不管怎么学我也学不会。(　)

A. 是　　B. 无法肯定　　C. 不是

(18) 在嘈杂混乱的环境里，我仍然能集中精神学习，并且效率较高。(　)

A. 是　　B. 无法肯定　　C. 不是

(19) 我不喜欢陌生人来家里作客，每逢这个时刻，我就有意回避。(　)

A. 是　　B. 无法肯定　　C. 不是

(20) 我很喜欢参加社交活动，我感到这是交朋友的好机会。(　)

A. 是　　B. 无法肯定　　C. 不是

[评分规则]

(1) 凡是单数号题（1、3、5……），选“是”扣2分，选“无法肯定”得0分，选“不是”得2分。

(2) 凡是双数号题（2、4、6……），选“是”得2分，选“无法肯定”得0分，选“不是”扣2分。将各题的得分相加，即得总分。

[结果解释]

35～40分：心理适应能力很强。能很快地适应新的学习、生活环境，与人交往轻松、大方。给人的印象极好，无论进入什么样的环境，都能应付自如，左右逢源。

29～34分：心理适应能力良好。

17～28分：心理适应能力一般，当进入一个新的环境，经过一段时间的努力，基本上能适应。

6～16分：心理适应能力较差，依赖于较好的学习、生活环境，一旦遇到困难则易怨天尤人，甚至消沉。

5分以下：心理适应能力很差，在各种新环境中，即使经过一段相当长时间的努力，也不一定能够适应，常常困惑，因与周围事物格格不入而十分苦恼。在与他人的交往中，总是显得拘谨、羞怯、手足无措。

如果你在这个测查中得分较高，说明你的心理适应能力较强。但是，如果你得分较低，也不必忧心忡忡，因为一个人的心理适应能力是随着年龄的增长、知识经验的丰富而不断增强的。只要你充满信心，刻苦学习，虚心求教，加以锻炼，你的心理适应能力一定会增强的。

第四章

我是谁？
——大学生健康自我意识培养与人格完善

引 例

漂亮的蝴蝶结

珍妮是个总爱低着头的小女孩，她一直觉得自己长得不够漂亮。有一天，她到饰物店去买了一只绿色的蝴蝶结，店主不断赞美她戴上蝴蝶结挺漂亮。珍妮虽不信，但是挺高兴，不由抬起了头，急于让大家看看，出门与人撞了一下都没在意。

珍妮走进教室，她得到了许多人的赞美。她想一定是蝴蝶结的功劳，可往镜前一照，头上根本就没有蝴蝶结，一定是在出饰物店时与人相撞后丢了。

点 评

珍妮的不自信源于她在意外表，觉得自己长得不够漂亮。可当她以为她的蝴蝶结给她增添了美丽，昂起头的时候，她得到了许多人的赞美，而事实上，她的头上根本没有蝴蝶结。无论是贫穷还是富有，无论是貌若天仙，还是相貌平平，只要你昂起头来，快乐会使你变得可爱——人人都喜欢的那种可爱，请记住，自信原本就是一种美丽。

“人是什么?”这是一个古老而又永恒的命题，也是每一个人毕生都在探讨和不断获得不同答案的问题。斯芬克斯最为得意的一个谜语是：“在早晨用四只脚走路，当午用两只脚走路，晚间用三只脚走路，在一切生物中这是唯一的用不同数目的脚走路的生物。脚最多的时候，正是速度和力量最小的时候。”俄狄浦斯一字中底，谜底是“人”，因为“在生命的早晨，人是软弱无助的孩子，他用两脚两手爬行；在生命的当午，他成为壮年，用两脚走路；但到了老年，临到生命的迟暮，他需要扶持，因此拄着拐杖，作为第三只脚”。斯芬克斯之谜、写在太阳神阿波罗神殿上的箴言“认识你自己”和中国熟知的那句“人贵有自知之明”，都表明人类在认识自然的同时，提出了认识人本身的要求。从某种意义上讲，人认为自己是怎样一个人，比他真正是怎样一个人更重要，因为每个人都是按照他自己认为是怎样一个人而行动的。而一个人只有对自己各方面都有比较明确的了解，才能在环境的适应、个体的发展上，获得较满意的结果。所以正确的自我意识是心理健康的首要条件。

人的自我意识常常受到社会评价的影响，在每个人身边可以轻而易举地搜索出大量的事例佐证自己的观点。因此，帮助大学生形成正确的自我意识，对大学生心理健康的发展有着尤为重要的意义。

第一节　培养健康的自我意识

一、自我意识的涵义（自我）

（一）定义

自我意识是意识的核心部分，就是自己对自己的认知，其内容包括自己的生理状况（生理自我）、心理特征（心理自我）及自己与他人的关系（社会自我）。它包含自我认知、自我体验和自我调节。自我意识中的自我，包括主观的“我”和客观的“我”及I和me。它通常表现为三种形式：自我认知（我是个什么样的人）、自我体验（我喜欢自己吗）和自我控制（我应该成为什么样的人）。

（二）结构：自我认知、自我体验、自我控制

1. 自我认知。认识自己不是一个简单的问题。自我认知是主观自我（I）对客观自我（me）的认知与评价，包括自我感觉、自我观察、自我印象、自我分析、自我评价等。自我认知回答的问题是：“我是谁?”“我是个什么样的人”。希腊一座古老的神殿上，镌刻着这样一句话：“认识你自己”。中国古语也教导我们：“人贵有自知之明”，研究发现：对自我认识不清晰、不精确，自知力不强，易导致误判自我，或自负，或自卑，从而导致诸多心理问题或人格障碍。正确的自我认知，对人们的心理会产生重大影响。

2. 自我体验。自我体验是主观自我对客观自我产生的情绪体验，是在自我认知基础之上产生的。自我认知决定自我体验，而自我体验又强化着自我认知，要回答的问题是：“我是否喜欢自己”，“我是否满意自己”等，主要是一种自我的感受。自我体验的内容十分丰富，包括自尊心、自信心、义务感、责任感、优越感、荣誉感、羞耻感等。特别是自尊心、自信心对人的影响很大。有自尊心的人，总是不甘落后，力争上游，具有不达目的不罢休的好胜心，是一种动力。自信心是人们成长与成才不可缺少的重要心理品质。一个人如果自卑，看不到自己的力量，总认为自己不行，久而久之形成一种固定的信心定势，从而对学习带来不良影响；如果一个人对自己有自信心，

坚信自己能够成功，他就会积极努力，取得成功。自我体验对个体成长具有不可替代的重要作用。有时，同样的事件，他人的体验与自身的体验截然不同。很多从体验中获得的自我远远高于从理性获得的体验。

3. 自我控制。自我控制是自我意识的意志成分，是对自己行为、思想和言语的控制，以达到自我期望的目标。自我控制表现在两个方面：发动和制止。如几点钟起床，不随地吐痰。自我控制对个体的学习、工作具有推动作用，使个体为了获得优秀成绩、社会赞誉，达到自己的目标而作出不懈的努力。包括自我激励、自我暗示、自强自律，核心内容是“我将如何规划自己的人生”。“我应该做什么?”“我应该成为什么样的人?”“我可以选择如何做?”自我控制是自我意识的关键环节，“知”与“行”之间有很长的路，大学生常常“心动而不行动”，事实上心动是一件容易的事，而真正历练意志则需要更多的自我控制。我们不妨打一个比方：早晨起床，应当是一件最简单不过的事，但对懒惰者而言，也是需要意志的，特别是寒冷冬天的早晨，想想被窝里的温暖，再面对起床的痛苦，都要进行思想斗争，而当意志成为一种习惯时，自我控制便转变为“自动化”。成功的人都有较高的自我控制。

二、大学生的自我意识的特点

大学生的自我意识发展的特点主要体现在自我认识、自我体验、自我调控三个方面，具体来说表现为以下特点：

（一）自我认识的内容更加深刻和丰富（强烈关心自己的发展）

心理学家斯普兰格指出：青年期是开始“自我发现”的新时期。表现在以下几个方面：

1. 关于自己是否是成人的自我意识。如我是个成人吗？我的行为符合成人要求吗？

2. 关于自己美丽的自我意识。如常在镜子面前评价自己。

3. 关于自己能力、性格的自我意识。如我聪明吗？我温柔吗？我是一个诚实的人吗？

4. 关于性的自我意识。如我的男性特征明显吗？男生喜欢我吗？怎样才招异性喜欢？

5. 关于社会归属与社会地位的自我意识。如我被重视吗？我在班上名气大吗？

6. 关于对人生价值的自我意识。如人为什么活着？人生的价值与意义是什么？我要成为一个怎样的人？

（二）自我体验丰富复杂

大学阶段是一生中“最善感”的年龄阶段，大多数学生喜欢自己，满意自己，独立、自信、好胜。表现在以下几个方面：

1. 敏感性。大学生对于外部世界和自己的内心世界的许多方面都比较敏感，尤其是与他们相关的事物，很容易迅速引起情感情绪上的反应，凡是涉及“我”的及“与我相关的事物或事情”都很敏感。学生开始重视自己在集体中的地位和威信，对他人的言行和态度十分敏感，对涉及自己的名誉、地位、前途、理想及异性交往等方面的问题，更易引起强烈的自我情绪体验。

2. 丰富性。大学生的自我体验是既丰富又复杂，大学多彩的学习生活为他们发展自我体验的丰富性提供了有利条件。随着自我认识的发展，大学生意识到自身的成长而产生成人感；意识到自己是一名当代的大学生而产生义务感及爱国主义和集体主义的体验；意识到自己的能力和品德状况，而产生自豪或自卑等的体验。

3. 波动性。大学生的情绪具有波动性，如可能因一时的成功而产生积极的、愉快的情感体验，甚至骄傲自满、忘乎所以，对自我的肯定多些，充满了自信；可能因一时的挫折而低估自我，从而丧失自信心，灰心丧气甚至悲观失望，对自我的否定就多些，容易产生自卑、内疚等情绪。受到老师或领导的表扬，就觉得自己满是优点，若受到教师或领导的批评，就觉得自己处处不行。男生自我体验的基调倾向于热情、憧憬、自信、紧张、急躁；女生则倾向于热情、舒畅、憧憬、愁闷、急躁。

4. 内隐性。内隐性是指人们的心理活动具有某种含蓄、内隐的特点，心理活动开始指向自己的内部世界，逐渐失去了儿童期的外露、直爽、天真、单纯。大学阶段，大学生有了自己的秘密，愿意有属于自己的小房间，在无人的时候将自己的内心世界写入日记，不愿把自己的内心世界轻易向人敞开，十分注重自己的面子，会有意无意地掩盖自己的缺点和短处。内隐心理在当代大学生中带有一定的普遍性，妨碍了同学之间新的友谊关系的建立，这样就会产生一种莫名的孤独感。但此时的大学生，内心却强烈地想与人交往，不但交往得多，也想交往得深，希望能向自己的朋友敞开心扉进行交流。

5. 不稳定性。大学生、特别是大学一年级的学生的自我体验还表现出，感到对自己无法进行确认，弄不清自己究竟是一个什么样的人，有的学生说：“我相信自己最了解自己，但实际上我并不真正了解自己。我有时觉得自己是这样的，有时又觉得自己并非这样，常常自己推翻给自己下的结论。”这说明自我体验并未趋于成熟，一般到了大三、大四，才形成了比较稳定的自我体验。

（三）自我评价的不平衡性

大学生自我评价有不平衡性、多样化和不成熟性。如大学生中有这样一种说法：“大一觉得自己是天之骄子，大三发现自己什么都不是。”即大学生的自我评价存在两极性：一是“高估自我”，有着很强的优越感、自尊心和自信心，二是“低估自我”产生自卑心理，使自己想躲藏起来，不敢向前进取。

（四）自我控制的自觉性和独立性显著增强

自我控制的水平明显提高，有强烈的自我设计和自我规划的愿望，大部分同学都奋发向上、力争成才，并且根据自我设计目标自觉调节行为。力图摆脱社会传统的束缚，按照自己的意愿行事；他们也能够自觉地根据社会的要求来调节自己不合实际的目标和动机。但大学生自我控制的水平还不够，有时自己想做什么就做什么，不顾环境的要求，随意性大。常常是刚捶胸跺脚地下了决心，转身就忘得一干二净。有一部分学生每天要下同样的决心，同样每天都可以找到可以原谅自己没做到的理由。大学生的打架斗殴、违反校规校纪等现象就是不善于控制自我的结果。

三、大学生自我意识发展的冲突

（一）主观我与客观我的矛盾

作为同龄人中能够接受高等教育的人，大学生对自我有较高的积极评价，但由于他们远离社会缺乏社会经验，在校园浓郁的学术与文化氛围中生存成长，对社会缺乏客观与实际的了解。另一方面，社会上对当今大学生“重理论轻实践，重专业轻基础，重科学轻人文”的评价及“本科生不专，硕士不研，博士不博”的看法，特别是随着高等教育大众化进程的推进，适龄青年接受高等教育机会的增加，社会对大学生的评价更趋客观。大学生回归本位，身上光环的消失使他们产生失落感。

（二）理想我与现实我的矛盾

理想我是指个人想要达到的完美的形象，是个人追求的目标，它引导个体实现理想中的个人自我。现实我是个人从自己的立场出发，对现实中自我的各种特征的认识。在现实生活中，理想自我与现实自我总是存在着一定差距，这是正常的，它可以激励大学生奋发图强、积极向上，向着梦中的方向飞奔；但当现实我距离理想我太过遥远时，大学生会产生各种各样心理不适甚至自暴自弃，变得平庸无为，变得无所事事，变得没有动力，导致一系列心理问题。

（三）独立与依附的矛盾

大学生正处在人生中第二次飞跃的“心理断乳期”，生理与心理的成熟使他们渴望独立，以独立的个体面对生活、学习与工作中遇到的问题，他们希望自立自强，成为一个有独立见解、能决定自己命运的人，但由于长期的校园生活使他们应有的社会阅历与经验相对匮乏，当应激事件出现时，却又盼望亲人、老师、同学能够替自己分忧，无法做到人格上的真正独立。另一方面，大学生心理上的独立与经济上的不独立也形成了明显的反差。事实上，任何心理成熟的独立的现代人，都需要他人的帮助，广泛的社会支持是个体心理健康不可或缺的。

（四）渴望交往与心灵闭锁的矛盾（渴望关爱与缺乏知音的矛盾）

没有哪个时期比青少年时期更加渴望友情与爱情的滋养，更加渴望同辈群体的认同与归属感。在这个时期，每个人都渴望着爱与友谊，渴望着交往与分享，渴望着自我价值得到实现，渴望着探讨人生的真谛，寻找人生的知己，希望成为群体中受尊敬受欢迎的人；另一方面，大学生的自我表露又受着心灵闭锁的影响，总是不经意地将自己的心灵深藏起来，与同学有意无意地保持着一定的距离，存在着戒备心理，不能完全敞开心扉地交流与沟通思想，时常感到没有人理解自己，缺乏知音。

（五）自负与自卑的矛盾

由于大学生自我意识处在发展过程中，心理尚未完全成熟，不能对自己有正确的认知，因而对自己的认知会出现自信的偏差：自卑或自负，两者都不符合心理健康标准的。自负就是过高地评估自己的长处和优点的结果。自卑是一种自我否定，表现为对自己缺乏信心，对自己不满和否定，拥有这种心理的人总以为自己存在着缺乏、不足与失误，因而遇事总会胆怯、心虚、逃避、退缩，缺乏独立主见。自卑的人对别人的评价特别敏感，胆小怕事，把自己封闭起来，这种人由于瞧不起自己，也必然会引起别人的轻视，让人瞧不起。

自负与自卑总是紧密相联的，自负表现强烈的人往往也是极度自卑的人。大学生体现出较高的自尊与自信，他们渴望成功，不甘落后，对成功的渴望比预期高，特别是当小小的成就来到身边时，很容易表现出骄傲自大、唯我独尊、自我中心，相当自负。当遭遇失败与挫折时，有时甚至是小小的失利如考试失败、恋爱失败等，他们便开始怀疑自己的能力，进而产生自我否定、自我怀疑甚至自暴自弃，陷入强烈的自卑之中。这些都与大学生自我认知不良、自我定位不准确有关。自我意识良好的核心是自知与自爱，能了解自己的实际情况，意识到自己的优点和弱点，容忍并认可它们，这样的心理才健康。

（六）理智与情感的矛盾

大学生情绪的一个显著特点是容易两极分化、或高或低、波动性大、易冲动、不易控制。但随着身心的发展，认知水平的提高，大学生渐渐成熟，在遇到客观问题时，既想满足自己情感的要求，又想服从于社会及他人的需求。特别是当遇到失恋等人生打击时，尽管理智上能够理解，却在感情上难以接受。

四、大学生自我意识发展困扰的影响因素

自我意识作为意识的一部分，是在其发展过程中逐步形成和发展起来的，是主客观因素相互作用的结果。人首先是对外部世界、对他人的认识，然后才逐步认识自己。这个过程在我们一生中一直进行着。因此，探讨影响自我意识发展的因素，有利于促进当代大学生自我意识的健全发展。

大学生出现自我意识困扰的心理是多种多样的，产生这种心理的原因也是多种多样的，是生理、学校、家庭、社会和个体倾向性等诸因素相互作用的结果。

（一）生理因素

自我意识的萌芽从小时候就有，对于一个发育正常、健康的人来说，别人不会认为有什么特殊，他也不会发现自己与别人有什么不同，也就不会有积极或消极的评价和体验。而对于一个发育异常和有残疾的孩子来说，他会从自己与他人的比较中发现不同。有的学生觉得自己太胖，不愿参加文体活动；有的学生觉得自己长得太丑，不愿与同学交往，这都是生理因素的作用。

大学生一般都处在 17 ~ 22 岁的年龄阶段上，男生特别重视自己的身高，女生也更加重视自己的相貌。一位大学二年级学生在答卷中写道："在许多场合下，我都不想出头露面，因为我的个子低，我总避免与高个子的同学在一起，以防衬托我更低"。女生有 28% 不满意自己的长相，希望自己再漂亮一点。一位女生说："我每天都照镜子，我的第一个念头是'我能再漂亮一点就好了'。每当看到我那淡而短的眉和翘起的两颗黄牙，我总感到不是滋味，尤其是对我那漂亮（至少比我漂亮）的同桌，我更有一种难以言状的妒意。"因此，生理因素是形成自我意识的最初因素，也是影响一生各个阶段的因素。

（二）学校因素

在高手云集的大学，中学时代学习优秀的优越感被成为芸芸众生的普通学生的感受所替代，比如生活方面，中学时父母照顾多，而大学要培养自理能力；心理适应方面，中学时代的好学生周围充满了赞扬声，优越感强，但到大学，尖子荟萃，自己原有的优势不明显了，有的学生认为："我不是老师和同学眼中拔尖的学生了"，"在这个地方，我得不到我原来所得到的特别的关注和爱护了"。有的学生因为种种原因，出现不及格现象，往往把原因归为"我不是学这个专业的材料"，"我的其他方面搞不好"，"我缺乏创造性"，等等。

另外，由于大学生思想的不成熟，总觉得学校严格的管理制度，校规、校纪与他们所追求的个性的张扬相矛盾，从而在内心产生了激烈的冲突。这种困扰使很多学生难以接受，严重的还可能出现伤害自己或他人的行为。

（三）社会因素

当代社会发生了巨大的改变，随着市场经济体制的确立，竞争机制的导入，新的社会刺激的冲击，当代大学生的人生观、价值观等发生了重大变化，这直接影响到大学生对自我的认知。即使在同一社会中，由于每个人所处的社会地位不同，所从事的社会实践不同，具体的社会关系不同，因而对自我的认识、评价也会有所差异。大学生在现实的社会实践中，从我与事的关系认识自我，即我从做事的经验中了解自己。任何一种活动都是一种学习，不经一事，不长一智，成败得失，其经验的价值也因人而异。

另外，随着科学技术的发展，大众传播手段越来越丰富。随着电视的普及、广播电视节目播放时间的延长、报纸杂志的增多、信息高速公路的建设，互联网的普遍应用，这些使大学生不但受到教师、家庭的影响，受到电视、电影等单向传播的影响，而且受到电脑互联网络交流信息的影响。当操纵电脑，接受信息、处理信息和公布信息时，犹如“运筹帷幄之中”，发挥着自己的主动性和创造性，以一种前所未有的方式促进自我意识的发展。

（四）家庭影响

现代心理学研究表明，家庭环境对人一生的发展会产生重要的影响。无论是积极或消极的影响，一个人的早期经验对他的自我意识的形成有非常重要的意义。每个人来到这个世上，首先接触的第一个学习场所是家庭，第一任老师是家庭成员尤其是父亲和母亲。她们早期的教养方式、教养态度和家庭的经济地位直接影响了后来孩子的自我意识的发展。

现在随着独生子女的增多，越来越多过分溺爱的家庭教养类型出现，这些家长的过分保护、过分顺从，使孩子过分依赖，且自我意识长期处于幼稚水平。另外，社会经济地位高的家庭，子女容易产生优越感，家庭成员社会地位的急剧变化，易使自我意识的发展出现混乱。

（五）个体倾向性

个体倾向性包括需要、动机、兴趣、理想、信念、世界观和人生观。青少年时期是一个人理想、信念和世界观形成到成熟的时期。理想、信念和世界观一旦形成，决定了青少年成为怎样的人，准备如何实施，从而及时调整自我理想，深化自我认识，实现和超越自我。

一个人年轻时候的自我要求将影响到他的一生，如雷锋已家喻户晓，在他短暂而又光辉的生命历程中，处处严格要求自己，把自己比作一颗小小的螺丝钉，正确地解决了自己的世界观、人生观这个根本问题，用他自己的话说，就是懂得了“怎样做人，为谁活着”。几十年来，雷锋精神一直被人们传诵、学习，已经深深地镌刻在亿万人民的心碑上。所以，一个人要想以后有好的发展，从年轻时就应严于律己，从小事做起，从自我做起。

（六）他人的影响

俗话说：“旁观者清，当局者迷。”他人的评价是客观认识自己的一面镜子，可以帮助自己了解“现实自我”的形象，知道自己在别人心目中所处的地位。学生可以通过竞赛评比、表扬与批评、学习成绩报告单等途径获得他人正式的评价，也可以通过相互交谈等获得别人非正式的评价，这些评价都可能对大学生的自我意识产生影响。

自我成为一个什么样的人，总是离不开社会生活中各种人物尤其是自己心目中榜样的影响。中国有句俗语：“近朱者赤，近墨者黑”。中国古代十分重视树立良好的社会楷模，“孟母三迁”就是一个很好的例子。不同的时代有不同的楷模，通过学校教育或阅读文艺作品，知道历史上和现实生活中有各种各样的英雄模范人物。于是，在自我意识中便产生了“我要像他们一样”等观念。

我们应该看到，大学生在自我意识发展过程中出现的这样那样的困扰，是其心理发展还不成熟的表现，是由他们的身心发展状况、家庭、学校等种种原因所决定的，这些因素既可以促进大学生心理迅速成熟，也可能成为自我健康发展的阻力。因此，需要重视、引导和调适，只有这样，才能促进大学生心理的发展和成熟，达到自我的统一和发展。

五、大学生健康自我意识的培养

心理学中有个真理：自我不是发现出来的，而是我们创造出来的。认识自己并不容易，知人难，知己更难。但每个人又必须正确认识自己，否则，就无法很好的处理自己与他人、自己与现实之间的相互关系，不利于心理健康。

（一）健康自我意识的标准

1. 自知之明：自我意识健全的人，应该是一个有自知之明的人，既知道自己的优势，也知道自己的劣势，能正确评价自我和自我发展。

2. 整合的自我意识：自我意识健全的人，应是自我认识、自我体验和自我控制协调一致的人。

3. 自我肯定：自我意识健全的人，应该是积极自我肯定的、独立的并与外界保持一致的人。

4. 理想我与现实我统一：自我意识健全的人，应该是理想自我与现实自我统一的人，有积极的目标意识和内省意识，积极进取、永无止境。

（二）培养健康自我意识的方法

1. 树立正确的自我观。问：你认识你自己吗？事实上很多人并不真正了解自己。“不识庐山真面目，只缘身在此山中”，要完全了解自己真的很难。

（1）正确地认知自我。“人贵有自知之明”，全面而正确的自我认知是培养健全的自我意识的基础。只有正确认识自己，才能科学对待自己的过去，恰当地确立自我发展的方向，实实在在地把握现在；才能在社会情境中找到自己恰当的位置，才能理解他人，尊重他人，和谐相处，被社会所接纳。

（2）多角度地评价自我。通过自我评价和听取他人对自己的评价，来正确认识自己。我们不妨自己认真仔细地想一想，用尽量多的形容词描述自己，要忠实自己的内心。在此基础上，进行第二步，他观自我的描述，描述父母眼中的我、同学眼中的我、老师眼中的我、恋人眼中的我、兄弟姐妹眼中的我，你再寻找这些描述中共同的品质，将其归类。你描述的维度越多，你越会找到比较正确的自我。

（3）经常地自我反省。曾子说“吾日三省吾身”，就是一种自我监督活动，没有自我反省，就无从实现自我完善。通过反省、分析自己成功或失败的原因，对自己作一分为二的分析，严于解剖自我，敢于批评自己，以调整自我评价。从而来定位自我，提高自我认识，作为自我调控的出发点。

2. 积极地悦纳自我。自我悦纳是对自己的本来面目持肯定、认可的态度，是自我意识健康发展的关键所在。一个人只有欣然地接受自我，才能有信心去面对真实的我，自尊、自爱，珍惜自己的人格和名誉，注重自我修养，使自己发展到一个较高境界。

（1）喜欢自己。悦纳自我首先要接纳自己，喜欢自己，欣赏自己，看到自己身上的闪光点，每个人都潜藏着大量待挖掘的能量，具有他存在的价值。天生我才必有用，因而不必苛求自己做个十全十美的人。体会自我的独特性，在此基础上体验价值感、幸福感、愉快感与满足感。

（2）保持乐观、性情开朗。马克思：一种美好的心境，比十服良药更能解除生理上的疲劳和痛苦。进入大学，大家经常面临着各种生活、学习上的压力，经常遇到各种挫折和冲突，有的同学碰到挫折说："哎呀，这种可笑的事情竟让我碰上了"。像这样以开朗的心情把自己的失败告诉他人的人，一定是一个充满活力的人。人们说："人逢喜事精神爽"，"好心情效应"就能面对现实、正视现实中的自我。

（3）全面地看待自己的优缺点。个人都既有长处又有弱点，接纳自己的不完美，树立正确的认知观念，人不能十全十美，每个人都有优缺点。人既不会事事行，也不会事事不行；一事行不能说事事行，一事不行也不说明事事不行，要善于克服自己的缺点，扬长避短，充分地发挥自身潜力（如写下我的优点）。

3. 有效地控制自我。有效地控制自我是健全自我意识完善的根本途径，大学生要控制自我，应该做到：

（1）培养顽强的意志力。很多大学生为自己树立了远大的目标和理想，在努力的过程中，没有足够的自制能力和意志，经受不住挫折和打击，无法实现自我理想，大学生经常说："我想早起，可就是没有恒心"，"我想学习，可就是学不进去"。

培养顽强的意志，发展坚持性和自制力，增强挫折耐受力，使自己能自觉主动地认清目标，为实现目标而努力排除干扰、克服困难。

（2）培养自信心。自信心是一种自我肯定的信念，在自我意识中往往以"我行""我能行""我是不错的""我比很多人都强"等观念得以存在与表现，并会有意无意地体现在他的行为之中。所以，有无自信心对个体来说是非常重要的。比如：对于自傲的人，应当有意地控制自己，屠格涅夫曾说过："劝那些刚愎自用的人，说话前要多想，在舌头上多绕几圈"。而对于自卑的人，更应当有效地调控自我，时常地进行积极的自我暗示，当面临某种事情感到自己信心不足时，不妨自己给自己壮胆："你一定会成功！一定会的。"或者自问："人人都能干，我为什么不能干?!"（自信训练）

4. 重塑自我、不断地超越自我。认识自我，接纳自我，都是为了塑造自我，超越自我。对于大学生而言，超越自我更是终生努力的目标。在行动上，无论对人对事，均全力以赴，使自己的能力品行得到最大限度的发挥。超越是一种境界，更是一种过程，一种“新我、独特的我、最好的我”形成过程，它不是一帆风顺的，需要付出艰辛的努力和沉重的代价。

丘吉尔在剑桥大学讲演时，说他成功秘诀有三个：其一，决不放弃；其二，决不放弃；其三，决不放弃。

走向成功和卓越的自我——“在这个世界上，你是独一无二的一个，生下来你是什么，这是上帝给你的礼物，你将成为什么，这是你给上帝的礼物。上帝给你的礼物我们无法选择，但你给上帝的礼物，将由你个人去创造，主动权在你自己，这就是：认识自我，悦纳自我，激励自我，控制自我，完善自我，超越自我”。

5. 自我意识的训练：①照镜子。体验当时的感觉，觉察你的想法与行动。②用3个词形容你自己。③造10个“我是……的人”的句子。④为你的未来画像，描述“理想我”，体验面对“理想我”时的感受。

第二节　大学生健全人格的塑造

一位老教授昔日培养的三个得意门生事业有成：一个在官场上春风得意，一个在商场上捷报频传，一个埋头做学问如今也苦尽甘来，成了学术明星。于是有人问老教授：你以为三人中哪个会更有出息？老教授说：现在还看不出来。人生的较量有三个层次，最低层次是技巧的较量，其次是智慧的较量，他们现在正处于这一层次，而最高层次的较量则是人格的较量。这个故事生动地向我们说明，在人的素质结构中，人格起着近乎决定性作用。

一、人格的涵义与特征

（一）人格的涵义

常听人说，张三的人格卑鄙，李四的人格高尚，这是从伦理道德上给人以评价。在某种情境下有人气愤地说：“这是对我人格的污辱”，在这里的“人格”又是属于法律范畴，说明有人侵犯了他的尊严和人权。“人格”一词，源于古希腊语，即舞台上演员戴的面具，不同的面具体现了角色的特点和任务性格。京剧——红脸代表忠义；白脸代表奸诈；黑脸代表刚强。心理学沿用其含义。这里所说的人格，是一种心理现象，亦称个性，它反映了一个人总的心理面貌，是相对稳定、具有独特倾向性的心理特征的总和，它是在长期的社会生活实践中形成、发展起来的，包括气质、性格、能力、兴趣、爱好、需要、理想、信念等方面的内容，人与人之间显著的差别就在于人格。

（二）人格的特征

1. 独特性。个体的人格是在遗传、成熟、环境、教育等先、后天环境交互作用下形成的。不同的遗传、存在及教育环境，形成了各自独特的心理特点，我们经常所说的“人心不同，各如其面”就是指的这个意思。如有的人开放自然，有的人顽固自守，有的人沉默寡言，有的人豪爽，有的人谨慎等。环境会使某一人格品质在不同人身上表现出不同的含义。如独立性这一人格特质，作为缺乏父母爱护的家庭中成长的孩子，独立带有靠自己努力的含义；而在一个民主型家庭成长的孩子，独立则作为健全人格培养的重要部分。

2. 稳定性。人格的稳定性是指那些经常表现出来的特点，是一贯的行为方式的总和。正如我们所说：“江山易改，本性难移”。一个人的某种人格特质一旦稳定下来，要改变是较为困难的事，这种稳定性还表现在人格特征在不同时空下的一致性。例如，一个性格外向的大学生，他不仅仅在家庭中非常活跃，而且在班级活动中也表现出积极主动的一面，在老师面前同样也能自然地表现自己，不仅大学四年如此，即使毕业若干年再相逢，这个特质依旧不变。

3. 统合性。人是极其复杂的，人的行为表现出多元性、多层次的特点。人格的组合千变万化并非死水一潭。各种人格结构的组合千变万化，因而使人格表现得色彩纷呈。在每个人的人格世界里，各种特征并非简单的堆积，而是如同宇宙世界一样，依据一定的内容、秩序与规则有机组合起来的动力系统。人格的有机结构具有内在一致性，受自我意识的调控。当一个人的人格结构的各方面彼此和谐一致时，人们就会呈现出健康的人格特征，否则就会出现各种心理冲突，导致“人格分裂”。

4. 功能性。人格是一个人生活成败、喜怒哀乐的根源。正如人们常说的“性格就是命运”。人格决定了一个人的生活方式，甚至有时会决定一个人的命运。人们常常使用人格特征解释某人的言行及事件的原因。面对挫折与失败，有志者认真总结经验教训，在失败的废墟上重建人生的辉煌；而怯懦的人一蹶不振，失去了奋斗的目标。当人格功能发挥正常时，表现为健康而有力，支配着人的生活与成败；当人格功能失调时，就会表现出懦弱、无力、失控甚至变态。

二、人格与心理健康的关系

（一）大学生的气质与心理健康的关系

气质是个体与生俱有的心理活动的动力特征，是情绪和活动发生的速度、强度、持久性、灵活性和指向性等动力方面特点的综合。在日常生活中我们会看到，有的人活泼好动，反应灵活；有的人安静稳重，反应缓慢；有的人总是显得十分急躁，情绪明显表露于外；有的人则总是不动声色，情绪体验细腻深刻。人与人在这些心理特征方面的差异正是个体所具有的气质不同的缘故。

1. 气质对人的心理与行为的影响。如胆汁质的人常同他人发生一些突然发泄感情的冲撞。比如开始谈话时，根本没有想到要吵架，但也许是什么事情触犯了他（对别人来说可能是小事一桩），于是他突然之间怒不可遏。如果谈话对方是神经系统微弱型（抑郁质）的人，他将长期陷入委屈之中，导致孤僻古怪、谨小慎微，甚至会给人冷若冰霜的感觉，说话也会语中带刺。粘液质的人常常很难同胆汁质的人在一起生活。胆汁质的人坐立不安，容易冲动，手忙脚乱；粘液质的人则慢慢腾腾，四平八稳：而抑郁质的人又过分敏感，对这些胆汁质的人也难以忍受。可见，气质在人际交往中是一个不容忽视的重要因素。

据一项关于我国大学生气质类型的调查表明，大学生中复合型气质占65.93%，单一型气质占34.07%。总的趋势是多血质类型的人数最多，共占56.32%，其次为粘液质占24.18%，第三为胆汁质占13.73%，抑郁质最少占5.77%。文理科学生比较，理科学生中粘液质多，文科胆汁质、多血质和抑郁质较多。男女生比较，男生中属于胆汁质、多血质多，女生中粘液质多。

2. 正确对待气质。

（1）气质在个体心理中是最稳定、变化最少也最慢的一种心理特征。气质本身无好坏之分，每一种气质都有它积极的一面，也有它消极的一面。

（2）大学生在人际交往中，要注意学会观察、分析周围同学中的气质特征，采取合适的交往方法。例如，对胆汁质的大学生，应多给予鼓励，充分发挥其积极性，不要轻易激怒他们，而要锻炼他们的自制力，沉着冷静对待事物，批评时要严厉一些，有助于他们重视自己的缺点，约束任性行为。对多血质的大学生，要给予更多的活动机会和任务，并使他们从中受到更多的教育，养成扎实、专一、坚持到底和克服困难的决心。对粘液质的大学生，则要尊重他们的想法，要给予他们充分的考虑时间。对抑郁质的大学生，要更多地关心体贴他们，尽量不在公开场合下指责他们，要以平等、自然的态度，鼓励他们多参加集体活动，切记不可嘲笑轻视他们的气质弱点，如取绰号、开过头玩笑等。

（3）了解到自己和他人的气质特征，对自己的心理健康、人际交往都有着重要意义。

（二）大学生的性格与心理健康的关系

1. 性格是一个人对现实的态度和习惯化了的行为方式中所表现出来的较稳定的心理特征，是人的个性心理特征的重要方面。人的个性差异首先表现在性格上，一个人能否在人际交往中做到“游刃有余”“得心应手”，与他的性格有很大关系。当代大学生只有全面地了解自己与他人的性格，并在交往实践中不断优化自己的性格，才能更好地处理自己与他人的人际关系。

2. 性格对大学生心理健康的影响。性格反映了人对现实的态度和习惯了的行为方式。当代的大学生是家庭和学校的“宠儿”，耳边经常听到的是赞许的声音，在人生的道路上还没有经历过大的起伏和挫折，因此，许多大学生自命清高、眼里容不下他人；遇到困难意志薄弱，爱感情用事；对人和事爱斤斤计较，心胸狭隘。这些不良的性格特征不仅容易造成人际交往的障碍，而且还会影响到大学生的身心健康。此外，好的性格品质也要把握好“度”，一旦表现过度或与环境不协调，也容易引起不好的结果。比如，过于直率而不顾场合和对象，就可能伤害到对方，引起反感。

3. 优化自我性格。性格是后天形成的，是行为主体与社会环境相互作用的产物。性格的可塑性较大，有好坏善恶之分。因此，大学生应当积极塑造良好性格，以适应社会的需要。当代大学生的优化性格应当是：心胸豁达，宽容待人；温和亲切，谦虚热情；耿直正派，坦荡真诚；委婉含蓄，与人为善；等等。良好的性格是成功交往的基础，大学生可以通过以下几种途径来优化自我性格：①博览群书；②注重交往；③从小事做起。

三、大学生的人格缺陷及矫正措施

人格缺陷不是人格障碍。人格障碍是针对那些有心理疾病的人而言。而人格缺陷是绝大多数人或多或少都会有的。大学生心理发育还没有完全成熟，人格出现一些偏差也在所难免。有些大学生自认为自己的人格是正常的，可走入社会后却发现矛盾重重。因此，让大学生充分了解自身个性，找出缺陷并进行调适，有助于他们今后更加适应社会。

（一）以自我为中心的交往心理及其矫治

小龙是我教过的一名学生。从进大学以来，他觉得周围的人都不喜欢他，都对他不满。3 年来，几乎没有朋友，同学也鲜有来往，他很孤独，但从内心来讲他却很想交朋友。言谈中能感觉小龙并不是胆小怯懦害怕交往型，在咨询室和我面对面，他也能从容不迫，侃侃而谈。小龙抱怨说现在的大学生思想特别不成熟，行为举止幼稚，特别是自己身边的同学，俨然就是中学生的生活状态，这让他非常看不惯。有次上完某老师的课，室友回来纷纷抱怨该老师照本宣科，课堂枯燥无味，以后有机会就旷课，小龙打断大家说：“学习靠自己，你们这样是给自己的懒惰找借口。”当时寝室空气都凝固了。去食堂打饭，小龙看见炒的蔬菜色泽不好，大声嚷嚷“这菜喂猪还差不多”，刚巧同班两位女同学正在打这种菜，她俩回过头狠狠地丢下两个白眼。全班去郊游，班委提前商量方案，大家想去风景区，可小龙认为那个季节风景区确实没有风景，据理力争要把活动安排在附近儿童福利院，结果讨论会不欢而散，郊游还是去了风景区，大家却没有通知小龙。小龙一再表明，他说的都是真话，大实话，为什么现在的人不能理解呢？他还说，如果坚持真理就注定孤独的话，他要坚持下去，走自己的路让别人说去吧。

乍一看，觉得小龙确实挺委屈，但仔细分析就会发现小龙的主要问题是在人际关系交往上以自我为中心来思考和看待问题。对于小龙所讲的事，他的思考方向都是从自我的角度思考其行为的合理性，明显缺乏换位思考。所以小龙在思考和解决他所面临的问题时不能正确地归因，更不能从他人的角度去反思其行为的不合理性。这样的大学生为数不少，他们为人处事都以自己的兴趣和需要为中心，只关心自己的想法和感受，不考虑他人的感受，完全从自己的角度、自己的经验去认识和解决问题，似乎自己的态度就是他人的态度。

克服自我为中心要注意：

第一，克服自我中心的关键是换个立场看问题，学会换位思考，可借助心理咨询中的空椅子法和角色扮演法来尝试从别人的角度思考。

第二，坦然接受批评和建议，容许有不同意见，人际交往宝典中那句经典“也许你是对的”常记在心，从而改变自以为是、固执己见的心理。

第三，学会一些人际交往的技巧，如倾听，自我中心的人往往在倾听之前就已经关闭了耳朵，只听得见自己的声音，真正会倾听的人不仅用耳朵在听，更是用眼睛用心灵在听，不仅能听懂语言所包含的意思，也能听懂弦外之音。总之，要克服自我中心的交往障碍，既要使自己融入集体中，又能在集体中保持自己独立的个性。

（二）自卑心理及其矫治

自卑是心理咨询中的常见问题，其实质是一种消极的自我评价或自我意识。一个自卑的人往往过低评价自己的形象、能力和品质，总是拿自己的弱点和别人的强处比较，觉得自己事事不如人，在人前自惭形秽，从而丧失自信，悲观失望。

克服自卑应从认识上、情绪上、行为上同时人手。可以从以下几方面超越自卑：

（1）相信自己。这是一种信念，每天默念数遍。

（2）找出自卑源，理性分析其合理性。

（3）欣赏自我。把最满意的照片选出来，并悬挂。不可忽视端正的外表，衣冠不整的人想要建立自信是不可能的，就像整天愁眉苦脸的人想要心情愉快也很难一样。注意外表形象将帮助你看重自己。

（4）调整理想自我。

（5）建立乐观的生活态度。积极使你的力量与自我形象相吻合，培养积极乐观的生活态度，是建立自信的基础。

（6）敢于面对错误与挫折。

（7）经常使用自我鼓励与自我暗示。“我能行，我一定能行”，“我很放松，我能做好”，“再加把劲儿，离目标不远了”，“我感觉不错”。

（三）嫉妒心理及其矫治

以下是一封学生来信：

老师，请救赎我的灵魂

老师，您好！请您帮帮我，我觉得自己的灵魂在被恶魔吞噬，我一步步在走向罪恶，我真怕自己从此错下去，但是我真的不知道怎样走出来，一切都因为小丽，我的同班同学，以前我俩也算是形影不离的好朋友，是大家共同关注的焦点。我不知道她使了什么法，大家似乎更喜欢她，一些对我冷淡的同学对她亲密有加。她平时几乎和我在一起，一起上课、一起自习、一起逛街，但是她成绩总是比我考得好。从上学期起她就特别走运，春风得意，先是获得了国家奖学金，优秀学生干部，而且还主持全系晚会，她就像一位美丽的公主，上帝把所有的光环都罩在她身上。而我呢，就是衬托她美丽的丑小鸭。我不愿意这样活。那天我和她同台在系晚会上唱歌，趁她不备，我弄坏了她演出服的拉链，等着看她出丑，结果她临时用丝带套上，大家都夸她聪明，服装别具一格，我当时差点喷火。期末考试快来了，她拿一本教材让我帮她去图书馆占座位，我把教材丢在垃圾筒里，谎称不知道怎么被偷了，虽然她没有说什么，但我知道她一定有所觉察。在寝室我接到找她去打工的电话，我假装她的声音，帮她推掉了，事后我被揭发了，小丽哭着问我为什么这样做。我们彻底决裂了。看着她哭，我也很难受，可我就是看不惯她什么都走运。现在同学间对我的非议也不少。有时想想自己怎么变成这样了，自己到底做了些什么，越想越害怕，我是不是成了坏人了？我到底应该怎样做？

吞噬这位学生灵魂的恶魔正是嫉妒，嫉妒会让人迷失方向，几近疯狂。心理学家认为嫉妒是担心别人超过自己引起的抵触情绪的体验。从心理学角度，嫉妒是一种变异心理，嫉妒是对超过自己的人感到恐惧和愤恨的混合心理，是自私自利、唯我独尊的心理表现。巴尔扎克说嫉妒潜伺在人心底，如毒蛇潜在穴中，嫉妒者比任何不幸的人更为痛苦，别人的幸福和他自己的不幸都将使他痛苦万分。

消除嫉妒心理要注意：

1. 加强思想意识修养，树立正确的人生观。

2. 消除嫉妒心现，必须从狭隘的“自我”中解放出来，心理换位。

3. 必须积极克服自己性格上的弱点。一般而言，虚荣心强、好出风头的人容易产生嫉妒心理，心胸狭窄、敏感多疑的人容易产生嫉妒心理。可见，加强自己的性格塑造，逐渐形成不图虚名、心胸开阔、坚毅自信的性格特征，对消除嫉妒心理至关重要。

4. 正确评价自己，增强竞争意识。

培根给我们开了一剂灵丹妙药，他说：“每一个埋头沉入自己事业的人是没有工夫去嫉妒别人的，能拥有他的只能是闲人”。所以努力的学习与工作，就能消除嫉妒这颗毒瘤。

案例分析

“丑小鸭”的苦恼

肖某，女，大学一年级学生。前来咨询时对咨询老师说道：“老师，你没发现我长得很丑吗？你看我的两只眼睛不一样大，是先天的弱视，我的嘴唇也比较厚……总之，很丑！上中学的时候，我一直是好学生，成绩总是班里的第一名。但是我的内心感到很孤独，感到很悲苦。因为在升入高三后，我爱上了同班的一名男同学，也许这就是'情窦初开'吧！心里很甜蜜，但我知道那个男生和同班另一名女生很要好，他从来没注意过我。理智告诉我，以我的长相是不可能把他吸引过来的，尽管我的学习是班上最出色的。我的渴求当然是彻底的失望。现在，我又碰到问题了。同班一位男生很爱和我说话，还约我和他一起上自习。可是，我很自卑，和他说话的时候从来不敢看他，总是低着头。每次都是他先和我说话，他找我，我从来没去找过他。"

点　评

相貌是"上帝"给的，个人无法选择。处于青春发育阶段的个体，开始注意自己的相貌。即使在理智上知道内在美重于外在美，人们仍然会因自己相貌出众、平平或丑陋而产生满意、自豪、不满意、自卑等体验。这种体验由"情窦初开"而强化。肖某的苦恼正由此产生。她由于自己的长相问题，觉得自己是一只"丑小鸭"，从而导致自卑心理。应正确看待相貌的美与丑、外在美与内在修养的关系，正视自己，坦然接受自己的缺点，自然、大方、坦诚地与人（包括那位男生）交往。

罗森伯格的自尊量表[1]

指导语：自尊量表（self－esteem scale，SES）由罗森伯格（Rosenberg）于1965年编制，用以评定青少年关于自我价值和自我接纳的总体感受。此量表由5个正向计分和5个反向计分的条目组成，分4级评分：①非常同意②同意③不同意④非常不同意。＊号表示是反向计分题。总分越高说明自尊水平越高。

1. 我认为自己是个有价值的人，至少与别人不相上下。
2. 我觉得我有许多优点。
3. 总的来说，我倾向于认为自己是一个失败者。＊
4. 我做事可以做得和大多数人一样好。
5. 我觉得自己没有什么值得自豪的地方。＊
6. 我对自己持有一种肯定的态度。
7. 整体而言，我对自己感到满意。
8. 我要是能看得起自己就好了。＊
9. 有时我的确感到自己很没用。＊

〔1〕 Robinson，Shaver&Wrightsman主编：《性格与社会心理测量总揽》，远流出版公司1997年版。

10. 我有时认为自己一无是处。*

评分标准：在1、2、4、6、7、8题中，A、B、C、D的分值分别为4分、3分、2分、1分；在3、5、9、10题中，A、B、C、D的分值分别为1分、2分、3分、4分。

结果分析：本表最高得40分，最低得10分。分值越高，表示自尊程度越高。

使用建议：此量表仅供自我测量时使用。由于量表制定者的国家与我国的国情不同，测试的结果可能存在某种误差。

补充说明：得分在10～40分之间。如果你上述测验分值较低，那就意味着你存在一定的自卑感了。生活中，我们一说："××很自卑"，总带有些贬义的味道，听者不由自主心中总不是滋味。奥地利心理学家阿德勒认为，自卑感是每个人所共有的，人的自卑使人产生对优越的渴望，所以不要担忧，不要抬不起头来。个体感到自卑，就会发奋图强，力争上游，取得成功。他成功以后，就会产生优越感。但是在他人的成就面前，会再产生自卑感，再推动他去产生更大的成就，永无止境。

第五章

我的情绪我做主

——大学生情绪情感与心理健康

引例 1

快乐的秘诀

一位花天酒地的国王总是郁郁寡欢，在宫里感到烦闷极了，便外出寻觅快乐。当他看到一位穷苦的农夫正在放声唱歌时，就问："你快乐吗?"农夫回答："当然快乐。"对此，国王颇感费解："你这么穷，这么苦，也能有快乐?"农夫回答："我也曾因为没有饭吃而苦恼沮丧，可等到有一天我遇到一个没有手的人，他站在冰天雪地里讨饭，全身冻得瑟瑟发抖。我才发现我比他快乐得多，我可以用双手去播种耕耘。"

点 评

快乐不过是一种感受，而不快乐则是因为忘了感受或不善感受快乐！快乐并不神秘，也不遥远，快乐就在我们的身边，关键是我们必须爱生活，会感受生活。

名人名言

一个成功的人应是一个"人情练达"的人——中华古训

智商（IQ）决定录用，情商（EQ）决定提升——美国流行语

在适当的时候控制情绪，不使它泛滥而淹没了别人，也不任它淤塞而使自己崩溃——［法］罗兰

一个人情绪好时，山含情，花含笑；

一个人情绪不好时，感时花溅泪，恨别鸟惊心。

我们任何人都离不开情绪和情感，情绪是我们"生命的指挥棒""健康的寒暑表"。

引例 2

快乐的钥匙

专栏作家哈里斯和朋友在报摊上买报纸，朋友礼貌地对报贩说了声谢谢，但报贩却冷口冷脸，没发一言。“这家伙态度很差，是不是?”他们继续前行时，哈里斯问道。

“他每天晚上都是这样的。”朋友说。

“那你为什么还是对他那么客气?”哈里斯问。

朋友答：“为什么我要让他决定我的行为?”

每个人心中都有把“快乐的钥匙”，但我们却常在不知不觉中把它交给别人掌管。

一位女士抱怨道：“我活得很不快乐，因为先生常出差不在家。”她把快乐的钥匙放在先生的手里。一位妈妈说：“我的孩子不听话，让我很生气!”她把钥匙交在孩子手中。

男人可能说：“上司不赏识我，所以我情绪低落。”这把快乐钥匙又塞在老板手里。

这些人都做了相同的决定，就是让别人来控制自己的情绪。

当我们容许别人掌控我们的情绪时，我们便觉得自己是受害者，于是抱怨与愤怒成为我们唯一的选择。我们开始怪罪他人，并且传递一个信息：“我这样痛苦，都是你造成的，你要为我的痛苦负责!”

这样的人把自己的责任推给了他人。

一个成熟的人能握住自己快乐的钥匙，他不期待别人使他快乐，反而把自己的快乐和幸福带给周围的人。我们身处的地方，不论是环境、人、事、物都很容易影响我们的情绪，可是千万别忘了，决定快乐的钥匙，只在你自己手中！（摘自 2005 年第 11 期《读者》卷首语）

第一节 情绪的概述

一、情绪及其影响因素

（一）情绪的概念及内容

1. 情绪的概念。情绪是客观事物是否符合人的需要、愿望与观点而产生的体验，是人的需要得到满足与否的反映。所谓体验是指某种情绪发生时人的内心感受。人们在活动与认识过程中既表现出对事物的不同态度，同时也表现出这样或那样的情绪。

2. 情绪的内容。

（1）情绪的内部体验。不同的情绪发生时，内心体验是不同的。例如，喜悦时人觉得快乐、舒适；悲伤、恐惧、忧郁时，人感到难受、痛苦。

（2）情绪的外部表现。情绪的外部表现又叫表情，它是指与情绪体验相联系的身体外部的变化。人类的外部表情包括三个方面：一是面部表情，这是指由面部肌肉和腺体的变化所表现出的情绪变化。如高兴时的眉飞色舞、痛苦时的双眉紧锁。二是身段表情，它是指通过身体各个部分的变化来表现不同的情绪。如悔恨时的捶胸顿足、惊慌时的手足无措。三是言语表情，指人通过言语的语音、声调、节奏、速度等方面的变化来表示不同的情绪。如喜悦时语调高昂，速度较快；悲哀时语调低沉，言语缓慢。

（3）情绪的生理变化。在情绪活动中所发生的内心体验和外部表现，是与神经系统多种水平的机能联系的。与情绪有关的生理反应是由内分泌系统和植物神经系统所控制，诸如伴随情绪发生的心跳加快、血压升高、呼吸加速以及面色改变等。

（二）情绪的影响因素

人的情绪变化受多种因素的制约，常见的影响因素有认知因素、遗传因素、精神状态、意外刺激等。

1. 认知评价因素。认知评价是指个体从自己的角度对遇到的生活事件的性质、程度和可能的危害情况作出估计。

2. 遗传因素。遗传因素对情绪的影响主要表现在人的神经类型上。不同的社会类型的人在情绪体验上是有差别的。心理学家根据神经类型的三个基本特征，即兴奋和抑制过程的强度、灵活性、平衡性，把人的气质分为四个基本类型，不同的气质类型表现出不同的情绪特点。

3. 精神状态。精神状态对人的情绪的影响主要表现在两个方面：一是当人处在良好的精神状态下，会表现出情绪高涨，对工作和学习充满信心。二是当人的精神状态不佳时，如睡眠不好，过于疲劳，或感觉压力太大时，常会表现出情绪低落、思维不清、身体疲惫、行为退缩，甚至认为生活没有意义。

4. 意外的刺激。意外的刺激包括外来的刺激和内在的刺激。外来的刺激主要指环境因素，引起情绪的内在刺激，有生理性的，诸如腺体的分泌、器官功能失常（疾病）；还有心理性的，诸如记忆、联想、想象等心理活动，如想到伤心事，不觉潸然泪下等。

二、情绪的功能：社会适应、动力功能、信号功能

1. 社会适应：在婴儿身上表现突出，通过哭闹，表达自己的需求，在成人身上，

表现为遇到危险后会呼救。

2. 动力功能：适度积极兴奋的情绪能够使身心处于最佳的状态，进而推动人们有效地完成工作。

3. 信号功能：传递信息、沟通思想的功能，这主要是通过情绪的外部表现来完成的。微笑表示赞赏，点头表示默认，摇头表示反对，中国有出门看天气，进门看脸色的说法。

三、情绪与情感的区别

情绪具有较大的情景性，激动性和暂时性；情感具有较大的稳定性、深刻性和持久性。情绪代表了感情种系发展的原始方面，情绪是个体需要与情景相互作用的过程，往往随着情景的改变和需要的满足而减弱或消失，从所联系的心理层次来看，情绪的心理层次较低；情感经常用来描述那些具有稳定的、深刻的社会意义的感情，它经常与社会性需要相联系，属于高级心理现象。联系：稳定的情感是在情绪的基础上形成的，而且它又通过情绪来表达，情绪又离不开情感，情绪的变化反映情感的深度。如对随地吐痰的态度，对随地吐痰的否定会产生道德感，而道德感是在多次这种场景下道德情绪的基础上产生的，同时它又通过对这种行为的否定来表达出来，同样，对这种行为的否定的态度又离不开长期积累所产生的道德感，对这种行为否定态度的强度也反映了情感的深度。

四、情绪的分类

《礼记·礼运》说："喜、怒、哀、惧、爱、恶、欲七者弗学而能。"七情：①喜，即快乐、愉悦。②怒，即发怒、气愤。③哀，即忧伤、悲痛。④惧，即害怕、担忧。⑤爱，即喜欢、钟情。⑥恶，即讨厌、憎恨。⑦欲，欲望。情是喜怒哀乐的情感表现或心理活动，而欲是七情之一。奇怪的是，佛教的"七情"竟与儒家的"七情"大同小异，指的是"喜、怒、忧、惧、爱、憎、欲"七种情愫，把欲也放在七情之末。中医理论稍有变化，七情指"喜、怒、忧、思、悲、恐、惊"七种情志，这七种情志激动过度，就可能导致阴阳失调、气血不周而引发各种疾病，令人深思的是，中医学不把"欲"列入七情之中。

《吕氏春秋·贵生》首先提出六欲的概念："所谓全生者，六欲皆得其宜者。"东汉哲人高诱对此作了注释："六欲，生、死、耳、目、口、鼻也。"可见六欲是泛指人的生理需求或欲望。人要生存，生怕死亡，要活得有滋有味，有声有色，于是嘴要吃，舌要尝，眼要观，耳要听，鼻要闻，这些欲望与生俱来，不用人教就会。因此人就会采取相应的行动确保自己的六欲皆得其宜。

情绪的三要素

主观体验：人们对情绪状态的自我感受，是在强度、紧张度、激动度和确信度四个维度上的心理感受（强度上这种情绪是否强烈，紧张度表示情绪的心理激活水平，即外界刺激对大家的影响程度，激动度表示个体对情绪、情境出现的突然性，即个体缺乏预料和缺乏准备的程度，确信度表示个体胜任、承受感情的程度。它同认知不同，不是对客观事物本身的反映，而是带有主观色彩的反映）。

外部表现：表情，包括面部表情、姿态表情和语调表情（面部表情：由眼部肌肉、颜面肌肉及嘴部肌肉构成的，三种成分相互协调作用产生不同的情绪表现；姿态表情是指面部表情以外的身体其他部分的表情动作，包括手势、身体姿势等，痛苦时顿足捶胸，愤怒时摩拳擦掌；语调表情是通过言语的声调、节奏和速度等方面的变化来表达的，高兴时语调高、速度快，痛苦时则相反）。

生理唤醒：情绪产生时伴随着相应的生理变化，如心跳加快、呼吸急促、血压升高等。

第二节 大学生的情绪

一、大学生的情绪特点

（一）丰富性与复杂性并存

大学生正处在多梦的阶段，几乎人类所有情绪都可在大学生身上体现出来，如悲哀、失望、难过、哀痛等，因此这时段的大学生的情绪具有丰富性的特点，同时，由于大学生的人际交往范围迅速扩大，大学生生活事件的频发，各种情绪还会交织在一起表现出来，因此这时段的情绪还具有复杂性。

（二）波动性与两极性同在

一句善意的话语，一首动听的歌曲，一个感人的故事，一首情理交融的诗歌，都可以使青年的情绪发生骤然变化，这是波动性，同时，胜利时得意忘形，挫折时垂头丧气，喜欢时花草皆笑，悲伤时草木流泪，情绪的反应摇摆不定，跌宕起伏。

（三）情绪的冲动性与爆发性

有人把大学生时的情绪称为狂风暴雨期，年轻气盛、敏感细腻、从众心理，许多情境下容易被激怒，急风暴雨后不计较后果。

（四）情绪的阶段性和层次性

每一阶段都会对应不同的主导情绪，大学新生面临的是适应环境，学习方法的改变，人际关系的建立等众多问题，情绪波动大，易产生各种相应的情绪问题；大二大三的学生情绪较为稳定，主要是人际关系和社团组织的问题，对此也产生相应的情绪问题；大四学生面临毕业找工作，压力大，同时毕业论文的撰写等都会增加其烦恼，易产生相应的情绪问题。

（五）情绪的外显性与内隐性

对于性格外向的学生，他的情绪可能一眼就可以看出，喜形于色，满面愁容，怒不可遏等，而对于内向的学生来讲，他们倾向于压抑自己的真情实感，很多时候会表现出内隐含蓄的特点，而且由于一些规范的存在，一些学生还会压抑自己的表达，如对他人的爱慕之情。

二、大学生情绪健康的标准

1. 发展出某些技巧以应付挫折情境。

2. 能认清各种防卫机制的功能，包括幻想、退化、反抗、投射、合理化（压抑、寻找替罪羊）。

退化，当遇到挫折和应激时，心理活动退回到较早年龄阶段的水平，以原始幼稚的方式应付当前情境；反抗，以一种情感对抗另一种情感；投射，把自己的愿望与动机归于他人，断言他人有此动机、愿望；合理化，也叫文饰，给自己的行为赋予正当、合理的理由，因此值得自己和他人的赞同，如酸葡萄，吃不到葡萄说葡萄酸，不仅自己不能得到的东西是无价值的，而且显示出自己得到的东西是特别好的，如破自行车放哪都放心，没人偷，所以不喜欢汽车；找个借口来减轻张力，通常在否认某些现实之后；压抑，一些为社会伦理道德所不容的冲动、愿望在不觉中被抑制到无意识之中，使人自己不能意识到其存在；升华，把为社会超我不能接受、不能容许的冲动的能量转化为建设性的活动能量。

3. 知觉某些情境会引起挫折，可以避开并找寻替代目标，以获得情绪满足（如果一个人看重学业，但选了一门自己很不擅长的科目学习，那么他很可能产生挫折，但如果根据自己的特长选择一门自己感兴趣又擅长的科目，那么他就可以获得更好的自我效能感）。

4. 能找出方法，缓解生活中的不愉快。

5. 能重新解释与接纳自己与情绪的关系，不会一直自我防卫，能避免挫折并安排替代的目标。

6. 能寻求专家的帮助。

三、情绪健康的具体表现

1. 情绪的基调是健康向上和稳定的，常常体验到积极、乐观、愉快、稳定的，正性情绪大于负性情绪，积极情绪多于消极情绪。

2. 情绪的自我调控能力较强，能够适度控制负性情绪。

3. 情绪反应适度，既不过度放大或缩小自己的情绪，又不冷漠退缩。

4. 高级的社会情感（道德感、理智感、美感等）发展良好。

道德感，是根据一定的道德标准在评价人的思想、意图和行为时所产生的主观体验；理智感，是辨明是非、利害关系以及控制自己行为的能力，它是在智力活动中，在认识和评价事物时产生的情感体验，人们对未知领域的好奇心、求知欲以及在解决疑难问题时产生的疑虑等都是理智感的具体表现；美感，根据一定的审美标准评价事物时所产生的情感体验。

四、情绪对大学生的影响

（一）情绪是身心健康的寒暑表

“笑一笑，十年少，愁一愁，白了头”，愉快的心境，开朗乐观，积极向上的情绪等，使内分泌适度，保持体内环境平衡，增强大脑及整个神经系统的功能，身体各个系统的活动协调一致，从而保持食欲旺盛、精力充沛、思维敏捷、动作灵活、人体适应环境和抵抗疾病的能力都会明显增强，因此会给人们带来健康的体魄，同时，积极乐观的情绪又是保持心理健康的重要指标，良好的情绪对人的身心健康都是有益的；反之，消极情绪对人的身心健康危害极大，在压抑、紧张、焦虑、恐惧等消极情绪的长期作用下，人的免疫能力下降，容易患各种传染性疾病，内脏功能也会受到伤害。研究表明，睡眠障碍、消化性溃疡、紧张性头痛和偏头痛、心律失常、神经性皮炎等都与消极情绪有关。

认识情绪致病：例如，甲的肺结核经过治疗已经基本痊愈，乙的肺结核很严重，医生没有什么办法了，只好让他回家修养。但出院时由于工作人员马虎，甲接到的是病重尚未痊愈的通知，而乙接到的是病基本痊愈。结果甲出院后病情加重、恶化，没过多久又进了医院，而乙则奇迹般地好了。

认识情绪治病：其实是一种心理治疗法，鼓励病人把注意力放在追求有意义的生活上，以愉快的态度面对生活，以积极主动的态度对抗疾病，使大脑皮层产生适度兴奋，增强人体免疫力，借以达到治病的目的。

知识链接

关于猴子的心理学实验

预备实验：把一只猴子双脚绑在铜条上，然后给铜条通电。猴子挣扎乱抓，旁边有一弹簧拉手，是电源开关，一拉就不痛苦了，这样猴子一被电就拉开关，建立了一级条件反射。然后每次在通电前，猴子前方的一个红灯就亮起来，多次以后，猴子知道了，红灯一亮，它就要受苦了，所以每次还不等来电，只要红灯一亮，它就先拉开关了。这就建立了一个二级条件反射。预备试验完成。

正式实验：在这个猴子的旁边，再放一猴子，与第一个猴子串联在铜条上，隔一段时间就亮红灯，每天持续6小时。第一只猴子注意力高度集中，一看到红灯就赶紧拉开关，第二只猴子不明白红灯什么意思，无所事事，无所用心，过了二十几天，第一只猴子就死了。

究竟是什么原因导致了第一只猴子很快死亡的呢？

原因分析：第一只猴子是因为什么死的呢？科学家发现，它死于严重的消化道溃疡，胃烂掉了，实验之前体检它没有任何胃病，没有溃疡，可见这是二十几天内新得的病。

第一只猴子要工作，他的责任重，压力大，精神紧张，焦虑不安，总是担惊受怕，它的消化液和各种内分泌系统紊乱了，所以就会得溃疡。

由此说明，不良的情绪会产生过高的应激值，将严重损害身体的健康。

艾尔玛的实验

美国生理学家艾尔玛做了一个简单的实验，研究情绪对健康的影响。将一支支玻璃管插在摄氏零度、冰与水混合的容器里，以收集人们不同情绪时呼出来的“气水”。结果发现，心平气和时呼出来的气，凝成的水清澈透明、无色、无杂质。如果生气，则会出现一种紫色的沉淀物。研究者将这“生气水”注射到小白鼠身上，几分钟后，小白鼠竟然死了。

人在生气时，会分泌出有毒性的物质，一个人生气十分钟所耗费的精力，不亚于参加一次3000米的赛跑。因此，生气的心理反应是十分强烈的，它的分泌物比任何情绪都复杂，都更具有毒性。

德国学者康德：“生气是拿别人的错误惩罚自己。”

（二）情绪成就事业

1995年，美国《时代周刊》公布了一项新的心理学研究成果，情绪智力比智商更重要，他与我们事业成功的关系更密切；戈尔曼认为一个人的成功，智商占20%，情商占80%。情绪智力是由美国耶鲁大学Slovey教授和新罕布什尔大学Mayer教授1990年提出来的，1993年对情绪智力包含的能力进一步界定，他们认为，情绪智力包含三种能力，即区分自己与他人情绪的能力、调节自己与他人情绪的能力、运用情绪信息去引导思维的能力，1995年10月，美国纽约时报专栏作家戈尔曼出版了《情感智商》，其在书中声称情感智商包括五方面能力，即认识自身情绪的能力、妥善管理情绪的能力、自我激励的能力、认识他人情绪的能力和人际管理的能力，这五种能力偏重于我们日常生活中强调的自知、自控、热情坚持、社交技巧等非智力方面的一些心理品质，总的来讲，情绪智力就是我们通常所说的生活智慧。那么为什么情绪智力能够成就我们的事业？客观上讲，人的社会性使他们在生活和工作中相互依存、相互影响，形成不同的人际关系，高情绪智力的人能敏锐地认识自己与他人，懂得自己的角色地位及与他人的关系，人际关系融洽，容易得到别人的帮助和支持，这是成功的重要条件；从主观上讲，高情绪智力者能自我认知、调节、把握、保持稳定情绪与平和心态，这会使他们表现出充沛的精力与热情，受到欢迎，增进人际关系密切度，因此，情绪智力是良好的沟通能力的前提条件，有助于建立良好的人际关系，事业正是以良好的人际关系为中介，获得他人的帮助、支持和认可，达到成功。

（三）情绪影响大学生的学习

良好的情绪常常使大学生乐于行动，有兴趣学习，心情舒畅，精神愉快，紧张而轻松是思考和创造的最佳状态，这样才能有效进行智力活动。再有适度焦虑能够促进有效地学习，焦虑和学习效率是一个倒 U 的关系。

（四）情绪影响大学生的人际关系

具有良好情绪特征的人，如乐观、热情、自尊、自信，这是人际吸引的重要条件，能彼此间缩短距离，情感融洽。反之，自卑、压抑、易怒的人往往与他人不能正常相处。

第三节　大学生的情绪问题及调试方法

一、大学生的情绪问题

（一）定义

大学生的情绪问题，一般是指大学生消极情绪，指因生活事件引起的悲伤、痛苦长时间持续不能消除的状态。一方面使大学生认识范围缩小，自制力、学习效率降低，不能正确评价自己；另一方面又会降低大学生的免疫系统，导致生理平衡失调，引起心血管、消化、泌尿、呼吸、内分泌等疾病。

（二）表现：焦虑、抑郁、愤怒、嫉妒

1. 焦虑。

（1）焦虑的含义：一般不是由现实的危险所致，而且其紧张和恐惧的程度与现实处境很不对称。

（2）焦虑的特征：内心极度紧张不安，惶恐害怕、心神不定、思维混乱、注意力不能集中，甚至记忆力下降，同时伴有头痛、失眠、食欲不振、胃肠不适等不良生理反应。焦虑的大学生内心深处有一种无法摆脱、不愿正视的心理问题，焦虑只是矛盾冲突的外显，借此作为防御机制以避免更深层次的困扰。

（3）焦虑的原因：适应困难、考试焦虑、过分关注自我、就业压力等。

案例分析

我这是怎么了？

一个男孩前去心理咨询室进行咨询，刚一进门给人的第一感觉就是这个人很邋遢，头发很蓬乱，好像感觉很疲惫的样子。然后接下来开始叙述自己的问题，他叙述自己现在很焦虑，睡眠不好，起因是刚开始觉得晚上睡觉的时候由于其他同学睡得晚而干扰自己，那时只要快到睡觉的时候自己就感到很担心，担心其他室友会影响自己睡眠，后来他的问题变得严重了，发展到现在即使没有到睡觉的时候，在宿舍、食堂等场所他都会产生晚上室友是否会干扰自己的这样一种焦虑。

点　评

从心理学的角度来讲，对来访者来说，任何症状都是有意义的，来访者都是能够从中获益的，而且获益很大，但由于来访者采用的是一种变态的错误的获益方式，因此这种方式必然会损害到来访者的一些社会功能，如来访者会因此而产生焦虑、抑郁、失眠等症状，在来访者感到非常痛苦时，就会到咨询室寻求帮助。

那么，这个案例中来访者从焦虑的症状中获得了什么呢？仔细询问之后发现，来访者反复强调自己想要学习，但由于总觉得有干扰，所以就不能学好。这就产生了一个矛盾，想学而不能学的情况。仔细分析后可以明确：来访者通过焦虑可以达到不学习的一个目的，因为焦虑，所以不能集中思想学习，因此无法学习，并且这种行为还不违背自己的价值信念（好好学习，不是因为不想学而是因为条件不允许学），这样，焦虑的意义就比较清楚了。其实，焦虑是来访者不想学习的一个掩饰。

2. 抑郁。

（1）抑郁的含义：核心症状是持续的沮丧情绪或对日常活动失去兴趣，愉快感丧失，可有强烈的自责、内疚感、无价值感、绝望和自杀。涉及功能有食欲减退、体重减轻、睡眠障碍、疲劳、注意力不集中、自觉思考能力下降以及精神活动易激惹或迟滞等。

（2）不抑随的特征：这种情绪多发于性格内向、孤僻、敏感多疑、依赖性强、不爱交际、生活遭遇挫折、长期努力得不到报偿的大学生身上。

（3）抑郁的处理：挖掘症状益处、唤起内心激情。同焦虑一样，挖掘症状背后潜在原因，具体问题具体分析，再有抑郁通常还会通过唤起来访者对生活中留恋的事物的感情来激发来访者生活的乐趣，人是社会性动物，一定与他人有各种各样的联系，因此生活中也一定存在人或物对该来访者有意义、有价值，我们的重要工作就是探寻来访者内心深处的价值和意义。

3. 愤怒。

（1）愤怒的含义：由于客观事物与人的主观愿望相违背或因愿望无法实现或受到阻止时，人们内心产生的一种激烈的情绪反应。

（2）愤怒的特征：生理上心跳加快、心律失常、血压升高，心理上自制力减弱或丧失，思维受阻、行为冲动。

有的人因一句刺耳的话或一件不顺心的小事暴跳如雷，有的人因人际协调受阻而怒不可遏，恶语伤人，有的人因别人的观点与自己相左而恼羞成怒，如此种种遇事缺乏冷静的分析与思考，图一时之快，逞一时之勇的好激动的情绪对大学生的影响是极其不好的。因此有人说愤怒是愚蠢的开始，以后悔结束。

处理：离开情境、转移话题。

其实这种处理是针对避免发生恶劣事件的处理方式，一个完整的愤怒还应包括愤怒前的意识和愤怒后的表达，即完整的过程应该是意识到愤怒、如果不能用表达来解决冲突，则选择离开情境或转移话题，事后还有以不带任何情绪色彩的叙述来描述事实，以便释怀。

4. 嫉妒。

（1）嫉妒的含义：嫉妒是指他人在某些方面胜过自己引起的不快甚至是痛苦的情绪体验。嫉妒的本质是自卑。

（2）嫉妒对身心有害：身体上容易患病，心理上破坏人际关系，造成个人内心痛苦。

（3）嫉妒的处理：扬长避短，勿以己之短比他之长。开阔视野和胸襟，人外有人，天外有天。学会转移注意力，活在当下。培根说："每一个埋头沉入自己事业的人，是没有工夫去嫉妒别人的。"补偿作用有助于克服自卑，失之东隅收之桑榆。

5. 恐惧。

（1）恐惧含义：这里讲的恐惧是指有病理性特点的恐惧，即对常人一般不害怕的事物感到恐惧或者恐惧体验的强度和持续时间远远超出常人的反应范围。它是对某一类特定的物体、活动或情境产生持续紧张的、难以克服的恐惧情绪，并伴随着各种焦虑的反应，如担忧、紧张和不安，以及逃避行为。恐惧常常有明显的强迫性，即自知这种恐惧是过分的、不必要的，但却难以抑制和克服。

（2）恐惧的表现：大学生中常见的恐惧主要表现为社交恐惧。这是一种在大学生人际交往，特别是与异性交往过程中产生极度紧张、畏惧的情绪反应。

（3）恐惧产生的原因：恐惧产生的原因比较复杂，一般都认为与以前生活中的不良经历有关，或者是通过条件反射作用而建立的一种不适应的行为。此外，患有恐惧

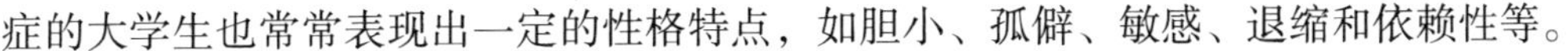
症的大学生也常常表现出一定的性格特点，如胆小、孤僻、敏感、退缩和依赖性等。

（4）处理：恐惧心理往往是缺乏科学知识，胡思乱想而造成的，正所谓“愚笨不安宁产生恐惧，知识和保障拒绝恐惧”。因此，大学生在面对恐惧时，首先，要丰富科学知识。其次，把注意力从恐惧对象转移到其他方面，将有利于克服恐惧心理。再次，采用系统脱敏法消除恐惧。恐惧是儿童心理发展过程中普遍存在的一种情绪体验，一般的恐惧内容可随着年龄的增长而自行消失。如果恐惧的内容相当稳定，乃至成年以后还存在着这种恐惧，那就需要采用专业的系统脱敏法来治疗。此外，对于社交恐怖，还应注意学会社交技巧，提高人际交往能力。

二、大学生情绪调试方法

（一）积极的自我暗示

积极的自我暗示，在不知不觉之中对自己的意志、心理以致生理状态产生影响，积极的自我暗示令我们保持好的心情、乐观的情绪、自信心，从而调动人的内在因素，发挥主观能动性。

（二）转移注意力

注意力转移法就是把注意力从引起不良情绪反应的刺激情境转移到其他事物上去或从事其他活动的自我调节方法。当出现情绪不佳的情况时，要把注意力转移到使自己感兴趣的事上去，如外出散步，看看电影、电视，读读书，打打球，下盘棋，找朋友聊天，换换环境等，有助于使情绪平静下来，在活动中寻找到新的快乐。

（三）适度宣泄

情绪宣泄的途径主要有：

1. 倾诉。在内心充满烦恼和忧虑时，可以向知心朋友或信任的老师、家长倾诉心声，也可以用写信的方式倾吐心中的不快，写过后并不一定要寄出，把它撕毁或付之一炬都行；记日记也是简便易行的方式。

2. 哭泣。在极为伤悲、委屈的时候，不论男女都不必强忍眼泪，尽情地痛哭一场，必定会感到一种特别的轻松、平静。

3. 剧烈的运动。如较大运动量的体育活动、体力活动、激烈的快节奏的喊叫等，亦有助于释放紧张的情绪，消除烦闷和抑郁。

（四）放松调节法

放松调节既可以采用动态方式，也可采用静态方式，前者主要是当人在烦恼忧愁或愤怒激动时，进行如体育锻炼等较剧烈的活动，从而释放紧张的情绪，达到身心放松的目的。静态放松的主要方式有以下几种：

1. 想象法。可先选择一个比较安静的环境，然后全身放松，闭上眼睛，开始进行想象，一般是想象一些美好的景物、幸福的经历，如想象自己在海边散步，头上是繁星满天，脚下是柔软的沙滩，这时可以充分发挥你的想象力，体会海浪的哗哗声，海风拂面带来的凉爽、潮湿和腥味，脚底踏着沙砾和贝壳的感觉，是柔软还是扎人，接着想象自己在海边小憩了一下，然后离开海滩回来，深呼吸数次从 1 数到 5，再慢慢睁开眼。此法刚开始进行时，心里不易宁静，但坚持下去就会感到大有裨益。

2. 音乐调节法。音乐对人的生理和心理有着明显的影响，优美的乐曲可以使人血压正常、肌肉松弛、脉搏放慢，使人感到心情宁静、轻松愉快。

3. 肌肉放松法。可采用站、坐、卧的姿势，但以卧式为主，在放松之前，先充分体验全身紧张的感觉，然后从头到脚依次放松，同时可伴以想象，如想象一股暖流从头顶流向全身，肌肉放松可以使人全身松弛、轻松舒适、内心宁静。

此外，气功、瑜伽等也是进行放松调节的有效途径。

（五）自我安慰法也称合理化

指个体遭受挫折后，为了维护自尊，减少焦虑，就找出种种理由为自己辩解，增加自己行为的合理性和可接受性，以起到减轻心理压力、获得自我安慰的作用。

自我安慰有两种具体表现形式：酸葡萄式和甜柠檬式。

1. 酸葡萄式。“酸葡萄”一词源自寓言《狐狸与葡萄》的故事。狐狸因得不到自己想吃的葡萄，就说葡萄是酸的，根本没法吃。用这个寓言比喻，人们对于自己想要但又得不到的东西，就故意说它不好，从而弱化其意义和价值，以起到平衡心态的作用。比如，有人没有当上先进，就故意说：“当先进有什么用啊，又不当饭吃！”

2. 甜柠檬式。甜柠檬式的自我安慰是指人们对于自己的某种行为明知不妥，但又不愿意承认，只好找出各种理由来增加行为的合理性，以获得自我安慰，减轻心理压力。正如花钱买了柠檬，吃到嘴里是酸的，但还得想办法证明自己的行为是正确的，所以只得说，加点糖就甜了。比如，有人上街买东西上了当，心理十分窝火。但别人问起此事，还不能承认是自己经验不足造成的。因此说：“不是我无能，而是对方太狡猾。”平时，我们也经常用这种“甜柠檬式”的自我安全方法来安慰自己和他人。比如，摔碎了东西，人们会说“碎碎（岁岁）平安！”丢了东西，人们会说“破财免灾”，“旧的不去，新的不来”，等等。

合理化的辩解有助于精神安慰。在社会生活中，人们的需要不可能全部获得满足，进行自我安慰可以使人的内心达到平衡。因此，在某种情况下，它不失为一种自我防卫心理的方法。

此外，还可以与境况不如自己的人比较，通过比较产生“比上不足，比下有余”的心理。俗话说“人比人，气死人”。人们的许多不平衡源于人与人之间的比较。因此，我们要想减少不平衡的心理，就要学会和境遇不如自己的人比较，不要总是和比自己强的人比较，那样，会加重心理不平衡。

（六）理性情绪疗法

美国临床心理学家阿尔伯特·艾利斯（Albert Ellis）在20世纪50年代创立了理性情绪疗法，其核心是改变非理性的、不合理的信念，建立正确的信念。非理性信念的特点是绝对化、过分概括化、糟糕透顶。

艾利斯的理论认为：情绪并不是由某一诱发事件本身直接引起的，而是由经历这一事件的个体对这一事件的解释和评价所引起的。这一理论也称为情绪困扰的ABCDE理论，A是指诱发性事件（Activating Event），B指个体所遇到的诱发性事件之后产生的相应信念（Belief），即他对这一事件的想法、解释和评价，C指在特定的情景下，个体的情绪及行为的结果（Consequence），D即驳斥、对抗（Dispute），实际上也是一个咨询治疗过程流程图，产生有效的治疗效果E（Effect）。

例1. 荒岛上的鞋子推销员。两个鞋子推销员到一个荒岛上，发现荒岛上的人都不穿鞋。一个感到非常失望，因为他认为这个岛上的人都不愿穿鞋，要成功推销是没有希望的；另一个感到非常兴奋，因为他认为这个岛上的人还没有鞋子穿，成功推销的希望极大。

例2. 玫瑰花。A的看法："这世界真是太美好了，在这丑陋、有刺的梗上，竟能长出这么美丽的花朵。"B的看法："这世界太悲惨了，一朵漂亮、美丽的花朵，竟然长在有刺的梗上。"

例3. 半杯水。两个人都十分口渴，当见到有半杯水时，他们产生了不同的情绪反应。A："还好，还有半杯水——满足。"B："怎么只剩半杯水了——不满！"

合理观念与不合理观念的对照

不合理观念	合理观念
我无法接受被人轻视——	我希望被别人喜欢
我必须得到上司肯定——	我希望得到上司的肯定
我应该比别人做得好——	我力争比别人做得好
我的竞赛彻底失败了——	我这次技能竞赛失利了
失恋让我无法忍受——	失恋让我感到痛苦
大家总是对我有成见——	有几个人对我有成见

影响我们情绪的不是事件本身，而是我们对事情的看法。不同的想法引起不同的情绪。产生什么样的情绪完全由自己控制。

（七）交往调节法

某些不良情绪常常是由人际关系矛盾和人际交往障碍引起的。因此，当我们遇到不顺心、不如意的事，有了烦恼时，能主动地找亲朋好友交往、谈心，比一个人独处冥想、自怨自艾要好得多。因此，在情绪不稳定的时候，找人谈一谈，具有缓和、抚慰、稳定情绪的作用。另一方面，人际交往还有助于交流思想、沟通情感，增强自己战胜不良情绪的信心和勇气，能更理智地去对待不良情绪。

（八）情绪升华法

升华是改变不为社会所接受的动机、欲望而使之符合社会规范和时代要求，是对消极情绪的一种高水平的宣泄，是将消极情感引导到对人、对己、对社会都有利的方向去。

案例分析

都是嫉妒惹的祸

小A与小B是某艺术院校大三的学生，同在一个宿舍生活。入学不久，两个人成了形影不离的好朋友。A活泼开朗，小B性格内向，沉默寡言，小B逐渐觉得自己像一只丑小鸭，而小A却像一位美丽的公主，心里很不是滋味，她认为A处处都比自己强，把风头占尽，所以她时常以冷眼对小A。大学二年级，小A参加了学院组织的服装设计大赛，并得了一等奖，小B得知这一消息先是痛不欲生，而后妒火中烧，趁小A不在宿舍之机将A的参赛作品撕成碎片，扔在小A的床上。小A发现后，不知道怎样对待小B，更想不通为什么自己要遭受这样的对待？

点 评

小A与小B从形影不离到反目为仇的变化令人十分惋惜。

引起这场悲剧的根源，关键是两个字——嫉妒。既然嫉妒心理是一种损人损己的病态心理，严重影响自己的身心健康，克服的方法有：①认清嫉妒的危害，嫉妒别人的人一方面影响了自己的身心健康，另一方面由于整日沉溺于对别人的嫉妒之中，没有充沛的精力去思考如何提高自己，恰恰又继续延误了自己的前途。②克服自私心理。要根除嫉妒心理，首先根除这种心态的"营养基"——自私。只有驱除私心杂念，拓宽自己的心胸，才能正确地看待别人，悦纳自己。③正确认知。客观公正地评价别人，也要客观公正地评价自己。一个人只要客观地认识自己的优势和劣势，现实地衡量自己的才能，为自己找到一个恰当的位置，就可以避免嫉妒心理的产生。④完善个性因素。大凡嫉妒心理级强的人，都是心胸狭窄、多疑多虑、自卑、内向、心理失衡、个性心理素质不良的人。努力完善自己的个性因素，提高自己的心理素质，以健康的心态面对生活。⑤树立正确的竞争意识。公平、合理的竞争是向上的动力，对手之间可以互相取之所长，共同进步；还必须建立正确的竞争意识。

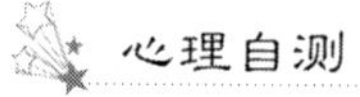

你的情绪稳定吗？

（丹尼尔·戈尔曼）

情绪稳定一般被看作一个人心理成熟的重要标志。所谓情绪稳定，主要是指一个人能积极地调节、控制自己的情绪，在短时间内没有大起大落的变化，不大会时而心花怒放，转瞬又愁眉苦脸。当然，一个人的情绪与他先天的神经类型有关系。一般来说，粘液质的人情绪生来比较稳定，而胆汁质的人情绪生来不太稳定。因此，可以说，情绪稳定的人不一定心理成熟，心理成熟的人其情绪必然是稳定的。

你的情绪是稳定的吗？如果你希望知道结果，不妨完成下面的题目。

1. 我有能力克服各种困难。（　）

A. 是的　　B. 不一定　　C. 不是的

2. 猛兽即使是关在铁笼里，我见了也会惴惴不安。（　）

A. 是的　　B. 不一定　　C. 不是的

3. 如果我能到一个新环境，我要（　）。

A. 把生活安排得和从前不一样　　B. 不确定　　C. 和从前相仿

4. 整个一生中，我一直觉得我能达到所预期的目标。（　）

A. 是的　　B. 不一定　　C. 不是的

5. 我在小学时敬佩的老师，到现在仍然令我敬佩。（　）

A. 是的　　B. 不一定　　C. 不是的

6. 不知为什么，有些人总是回避我或冷淡我。（　）

A. 是的　　B. 不一定　　C. 不是的

7. 我虽善意待人，却常常得不到好报。（　）

A. 是的　　B. 不一定　　C. 不是的

8. 在大街上，我常常避开我所不愿意打招呼的人。（　）

A. 极少如此　　B. 偶然如此　　C. 有时如此

9. 当我聚精会神地欣赏音乐时，如果有人在旁高谈阔论（　）。

A. 我仍能专心听音乐　　B. 介于A、C之间

C. 不能专心并感到恼怒

10. 我不论到什么地方，都能清楚的辨别方向。（　）

A. 是的　　B. 不一定　　C. 不是的

11. 我热爱所学专业和所从事的工作。（　）

A. 是的　　B. 不一定　　C. 不是的

12. 生动的梦境常常干扰我的睡眠。（　）

A. 经常如此　　B. 偶然如此　　C. 从不如此

13. 季节气候的变化一般不影响我的情绪。（　）

A. 是的　　B. 介于A、C之间　　C. 不是的

计分表

	1	2	3	4	5	6	7	8	9	10	11	12	13
A	2	0	0	2	2	0	0	2	2	2	2	0	2
B	1	1	1	1	1	1	1	1	1	1	1	1	1
C	0	2	2	0	0	2	2	0	0	0	0	2	0

17～26 分为 A 型，13～16 为 B 型，0～12 为 C 型。

说明：

［A 型］情绪稳定——你的情绪稳定，性格成熟，能面对现实。通常能以沉着的态度应付现实中出现的各种问题，行动充满魄力，有勇气，有维护团结的精神。有时，也可能由于不能彻底解决生活的一些难题而强颜欢笑。

［B 型］情绪基本稳定——你的情绪有波动，但不大，能沉着应付现实中出现的一般性问题。然而在大事前面，有时会急躁不安，无力摆脱环境的支配。

［C 型］情绪激动——你情绪激动，容易产生烦恼。通常难以应付生活中遇到的各种阻挠和挫折，容易受环境支配而心慌意乱，不能面对现实，常常急躁不安、身心疲乏，甚至失眠等。要注意控制和调节自己的心境，使自己的情绪保持稳定。

第六章

你好我好大家好

——大学生人际交往

引例 1

哪个金人最有价值？

曾经有个小国的人到中国来，进贡了三个一模一样的金人，金光灿灿，把皇帝高兴坏了。可是这小国的人不厚道，同时出一道题目：这三个金人哪个最有价值？皇帝想了许多的办法，请来珠宝匠检查，称重量，看做工，都是一模一样的。怎么办？使者还等着回去汇报呢。泱泱大国，不会连这个小事都不懂吧？最后，有一位退位的老大臣说他有办法。皇帝将使者请到大殿，老臣胸有成竹地拿着三根稻草，插入第一个金人的耳朵里，这稻草从另一边耳朵出来了。第二个金人的稻草从嘴巴里直接掉出来，而第三个金人，稻草进去后掉进了肚子，什么响动也没有。老臣说：第三个金人最有价值！使者默默无语，答案正确。

点　评

这个故事告诉我们，最有价值的人，不一定是最能说的人。老天给我们两只耳朵一个嘴巴，本来就是让我们多听少说的。善于倾听，才是成熟的人最基本的素质。

引例 2

天堂和地狱里的长勺

有一天，上帝对教士说："来，我带你去看看地狱。"

他们进入一个房间，许多人围着一只正在煮食的大锅坐着，他们又饿又失望。每个人都有一个长勺，但是长勺的柄太长，所以食物没法送到口里。

"来，现在我带你去看看天堂。"上帝又带教士进入另一个房间。这个房间跟上一个房间的情境一模一样，也有一群人围着一只正在煮食的大锅坐着。不同的是，这里的人看起来又快乐又饱足，而他们的勺子跟刚才那群人的一样长。

教士奇怪地问上帝："为什么同样的情境，这个房间里的人快乐，而那个房间里的人却愁眉苦脸的?"

上帝微笑着说："难道你没有看到，这个房间的人都学会了互相喂对方吗?"

第一节　人际交往概述

卡耐基曾说过：一个人的成功，只有15%是由于他的专业技术，而85%则要靠人际关系和他的为人处世能力。

一、人际关系的含义及重要性

人际关系也称人际交往，是人与人之间心理上的关系。人际关系表现为人与人之间的心理距离。从动态讲，人际交往是指人与人之间通过信息沟通与物质交换进行的直接或间接的相互作用；从静态讲，是指人与人之间通过动态的相互作用形成的情感联系。

（一）大学生人际关系发展过程

1. 定向阶段。
2. 情感探索阶段。
3. 情感交流阶段。
4. 稳定交往阶段。

举个例子：我们刚来上大学的时候，每位同学都是不认识的，但是我们需要和人交往，于是我们就开始关注周围的同学，结果发现，这个人看着挺随和，挺好交往的，于是你就开始注意他，他也开始注意你，你们就开始进行简单的交往，一起上课，偶尔也聊聊天，逐渐发现你们之间很谈得来，于是就一起出去吃个饭，女生的话，就一起去逛逛街，慢慢地就成为好朋友了。这就是人际关系的发展过程。

（二）大学生人际交往的特点

1. 喜欢与人交往、渴求友谊。交往是人的心理需要之一。健康正常的交往如能得到满足，对工作、学习有较好的促进作用；如果得不到满足，就会产生空虚感和烦恼，甚至会影响个性的健康发展。很多大学生远离故土、亲人和朋友，容易产生失落感、孤独感，渴求得到周围同学的关心、体贴、爱护、信任和理解。特别是那些年龄小，独立生活能力差的学生尤其渴望结交朋友。

2. 重视与异性的交往。青年大学生正处于性心理成熟时期，希望了解异性，得到异性的理解、尊重和爱慕。正确引导大学生与异性的交往，就会有利于他们个性的全面发展和培养健康的性心理，加深对异性的理解和尊重，使自己更加自尊、自爱、自重，增强用理智控制情绪、情感欲望的能力。

3. 交往具有社会性。随着社会开放和物质文化生活水平的提高，大学生们对精神生活有着更高、更迫切的要求，学生渴望走出校园，在与社会人群的交往中满足这方面的需要。这应该说是一种积极的社会心理倾向，它是学生走向社会，开阔视野的原动力之一。但是如果管理不好，就会对校园的组织纪律和正常的生活秩序产生一定的影响。

4. 强化了交际的平等、民主观念。市场经济的发展，使青年大学生不但要求政治上平等、民主，而且要求交际中平等、民主。大学生交际的平等、民主观念，使交际双方冲破等级观念的羁绊和心理障碍，使交际方式的单向“辐射”转变为双向“交流”，那种“我是老师，你是学生，我说话你得听”的交际方式正逐渐为人们所摒弃。

5. 交往过程注重效率。随着市场经济的发展，“时间就是金钱，效率就是生命”的观念已经被越来越多的人所接受并成为行为准则。这种观念反映到大学生人际关系中，必然要求提高交际时间的利用率和效能。其主要表现形式有：网上交流、电子信件、电话、明信片等沟通形式并且这种明显增多，改变了以前什么事都见面谈的传统习惯。

6. 交往目的具有价值意识。市场经济的发展，促使人们用价值的观点来衡量、审视一切社会活动，也强化了大学生交际的价值观念。过去，大学生交际的主要对象是体现“血缘”“地缘”“业缘”关系的亲属、同乡、同事以及好友，并以情感上的交流、心理上的共容为满足，较少考虑交际的价值。现在，从交际的对象、内容、范围以及样式上，出现了注意价值的趋向，追求实惠。社会上流传着一句话“在家靠父母，出门靠朋友”，“多一个朋友就多一条路子”。在市场经济的大背景下，这种观念必然要影响到青年学生。

人是社会性的动物，不能离开群体而单独生存。亚里士多德曾经说过：“能独自生活的人，不是野兽，就是上帝。”在社会生活中，人们几乎每天都要和他人打交道。有人估计，一个人每天除 8 小时睡眠以外，其余 16 个小时中有 70% 的时间是在进行人际交往。可以说，人际交往构成了人生的主要内容，个人就是在复杂的人际交往中不断成长与发展的；事业成功、生活幸福也是以人际交往的成功为前提的。

美国卡内基工业大学曾对 10 000 个人的案例进行了分析，结果发现：“智慧”“技术”和“经验”只占成功因素的 15%，而其余的 85% 都决定于良好的人际关系。哈佛大学的一项调查也指出：每有一个因不能完成工作而失业的人，就有两个因不能成功地与人交往而失业的人。

各种各样的科学研究已经证明，如果一个人学会了如何与他人打交道，不管你从事什么工作，不管你的职务是什么，你都在通往成功的道路上走完了 85% 左右的行程，而在取得自己的幸福方面，已经有了 99% 的把握。

那人际交往对于大学生有什么意义呢?

（三）大学生人际交往的意义

人是社会的人，很难想象，离开了社会，离开了与其他人的交往，一个人的生活将会怎样？有人存在，必须与人交往。当我们走向社会的时候，我们会与各种各样的人物打交道，在与人交往中，你能否得到别人的支持、帮助，这里就会涉及自身能力的问题。我们在校学习期间，就要培养自己与同学、教师、领导、职工打交道的能力。与同学交谈，可以论争不同的学术观点，可以谈对社会现象的不同认识，在论辩中提高自己的思辨能力；与老师交谈，可以交流读书心得，理清不同的思想认识，可以从中受到启迪；与领导交谈，可以充分交流自己对问题的不同见解，也可以锻炼自己在领导面前不怯场；与职工打交道，你可以了解到他的工作状况和不同的心态。善于与人交际，你会从中学到很多书本上学不到的东西。

1. 人际交往是维护大学生身心健康的重要途径。

（1）人际关系影响大学生的生理和心理状况。处于青年期的大学生，思想活跃、感情丰富，人际交往的需要极为强烈，人人都渴望真诚友爱，大家都力图通过人际交往获得友谊，满足自己物质和精神上的需要。但面对新的环境、新的对象和紧张的学习生活，使得一部分学生由此导致了心理矛盾的加剧。此时，积极的人际交往，良好的人际关系，可以使人精神愉快、情绪饱满，充满信心，保持乐观的人生态度。一般说来，具有良好人际关系的学生，大都能保持开朗的性格、热情乐观的品质，从而正确认识、对待各种现实问题，化解学习、生活中的各种矛盾，形成积极向上的优秀品质，迅速适应大学生活。相反，如果缺乏积极的人际交往，不能正确地对待自己和别人，心胸狭隘，目光短浅，则容易形成精神上、心理上的巨大压力，难以化解心理矛盾。严重的还可能导致病态心理，如果得不到及时的疏导，可能形成恶性循环而严重影响身心健康。

（2）人际交往影响大学生的情绪和情感变化。处于青年发展期的大学生，正处在人生的黄金时代，在心理、生理和社会化方面逐步走向成熟。但在这个过程中，一旦遇到不良因素的影响，就容易导致焦虑、紧张、恐惧、愤怒等不良情绪，影响学习和生活。实践证明，友好、和谐、协调的人际交往，有利于大学生对不良情绪和情感的控制和发泄。

（3）人际交往影响大学生的精神生活。大学生情感丰富，在紧张的学习之余，需要进行彼此之间的情感交流，讨论理想、人生，诉说喜怒哀乐。人际交往正是实现这一愿望的最好方式。通过人际交往，可以满足大学生对友谊、归属、安全的需要，可以更深刻、更生动地体会到自己在集体中的价值，并产生对集体和他人的亲密感和依恋之情，从而获得充实的、愉快的精神生活，促进身心健康。

2. 人际交往是大学生成长成才的重要保证。

（1）人际交往是交流信息、获取知识的重要途径。现代社会是信息社会，信息量之大，信息价值之高，是前所未有的。人们对拥有各种信息和利用信息的要求，随着信息量的扩大，也在不断地增长。通过人际交往，我们可以相互传递、交流信息和成果，使自己丰富经验，增长见识，开阔视野，活跃思维，启迪思想。

（2）人际交往是个体认识自我、完善自我的重要手段。孔子曾说过：独学而无友，则孤陋而寡闻。人际交往，可以帮助我们提高对自己的认识，以及自己对别人的认识。在人际交往的过程中，彼此从对方的言谈举止中认识了对方。同时，又从对方对自己的反应和评价中认识了自己。交往面越宽，交往越深，对对方的认识越完整，对自己的认识也就越深刻。只有对他人的认识全面，对自己认识深刻，才能得到别人的理解、同情、关怀和帮助，自我完善才可能实现。

（3）人际交往是一个集体成长和社会发展的需要。人际交往是协调一个集体关系、形成集体合力的纽带。而一个良好的集体，能促进青年学生优良个性品质的形成。如正义感、同情心、乐观向上等都是在民主、和睦、友爱的人际关系中成长起来的。良好的人际关系还能够增进学生集体的凝聚力，成为集体中最重要的教育力量。人际交往是人与人之间的一种互动。良好的人际交往能力是积极向上的，反之，不利于个体全面健康地发展。每个人生命的主宰其实就是自己，关键是我们要有所改变，要有强烈成功的愿望，找到合适的方法培养我们的人际交往能力，促进我们自身的人际关系。

人际关系这么重要，那么，对一个人来说，怎样才能构建良好的人际交往呢？这里有必要先看看哪些因素影响人际交往。

二、影响人际关系的因素

1. 表层因素。空间距离：同一个系、同一个专业、同一个宿舍、同一个班级，相互之间的地理位置越近，越容易形成密切的关系。

交往频率：来往密切的人，关系更近。例如，同宿舍的人，在一起生活、学习，交往频率高，关系更密切。

仪表风度：得体的仪表使人更具有魅力，更容易形成良好的人际关系。

2. 深层因素。个性品质：人的气质类型、性格特点等，当然最重要的是人品，都直接影响人际关系的好坏。善良、随和的人，人们都愿意和他相处，尖刻、势力的人大家都不愿意和他相处。

特点相似：人们常说“物以类聚，人以群分”。因为交往双方在诸多方面的相似性，会使彼此在交往过程中对所交流的信息有相同或相似的理解，有共同的情绪体验，从而产生情感共鸣，导致相互吸引，从而建立良好的人际关系。也就是我们常说的“有共同语言”。

特点互补：具有不同能力特长的人之间往往也容易相互吸引，一边交往，一边从对方那里补偿自己的不足，更能彼此倾慕，使关系稳定长久。例如，支配型人格的人往往愿意和被动型人格的人交往并形成融洽的人际关系。

除此之外，还要注意人际交往中的一些心理效应。

三、人际交往中的心理效应

1. 首因效应与近因效应。首因效应是指人们初次交往时，对各自交往对象的直觉观察和归因判断。在这种交往情景下，我们一般称这种印象为“第一印象”或“最初印象”。首因效应在人际交往的印象形成过程中起着重要的作用。初次见面，相互之间很重视首先能够观察和感知到的一些特征，如对方的表情、体态、仪表、年龄、谈吐、礼节等，并根据这些形成第一印象。实验证明，第—印象一旦形成，是很难改变的。因此在日常交往过程中，一定要注意第一印象。例如，我们在与人初次交往的时候，非常重视自己的衣着打扮、仪态仪表等，想给对方留下一个好印象；大学生在面试时，用人单位也非常重视第一印象，根据第一印象决定是否用你。

近因效应是指在人际交往中，由于交往对象的最近信息使过去形成的认识或印象发生了改变，称为“最近印象”。例如，你的好朋友做了一件对不起你的事情，你觉得好朋友怎么会做出对不起朋友的事，从而否定了和他以前的交情，从此再不交往了，这就是因为最近的事情，改变了你对朋友的态度和看法，以后再不和他交往了，这就叫“近因效应”。

2. 光环效应。也叫晕轮效应，它是指根据一个人的某种特征形成好坏的印象之后，人们还倾向于推论出该人其他方面的特征。就像月亮周围的大光环，是月亮光的扩大化，所以称作“光环效应”。例如，人们常常认为外表漂亮的人各方面都好。“情人眼里出西施”也是这种光环效应，你认为某人好时，你就觉得对方什么都好，你对某人印象不好时，就觉得对方什么都不顺眼。“光环效应”是一种以偏概全的评价倾向，是在人们没有意识到的情况下发生作用的。由于它的作用，一个人的优点或缺点变成光圈被夸大，导致个体歪曲他人形象，对他人形成不正确的评价，妨碍人们之间进行正确深刻的理解。大家在人际交往中要尽量避免这种光环效应。

3. 刻板印象。刻板印象是指人们对某个社会群体形成的一种概括、固定的看法，如一说到浙江人，总认为会做生意；听到四川口音就认为喜欢吃辣椒；一提到知识分子，我们眼前就会出现文质彬彬、戴着眼镜的学者形象。刻板印象是我们在认识他人时经常出现的一种相当普遍的现象，也叫“社会刻板印象”。人们不仅对曾经接触过的人具有刻板印象，即使是从未见过面的人，也会根据间接的资料和信息产生刻板印象。我们认为英国人有绅士风度。刻板印象是一种群体现象，反映了人们对一类人的“共识”，但是我们在生活中也要注意，一类人中也有个体的差异。

第二节　大学生人际交往的技巧

一、让人喜欢的技巧

有人用“人见人爱”来形容某人人缘好、人气旺。每个大学生都希望自己能够有好人缘，不指望一定人见人爱，但至少也要比较受欢迎。而这一点，并非强求可得。有权势者能够强迫别人服从他，但不能强迫别人发自内心地喜欢他；权贵身边少不了百般讨好他的人，但这些人未必是真正喜欢他本人。真正受欢迎的人是以自身的人格魅力征服人的。我们所希望得到的也正是他人真诚的喜爱和亲近，而不是为了某种目的的曲意奉迎，因为前者是自己人格魅力所致，而后者是他人利益使然。

生活当中的确也有很多人缘好的人，他们与什么样的人都能够很好相处，非常讨人喜欢。但也有少数人，老看别人不顺眼，别人也不喜欢他，处处讨人嫌。那什么样的人不受欢迎，受欢迎的人又有什么秘诀呢？其实很简单，我们结合自己与人相处过程中的体会就会发现，我们与谁待在一起比较愉快，就会喜欢这个人，愿意与他交往。也就是说，受人欢迎的人其实就是能在交往中令人感到愉快的人。你可以强迫别人服从你，但永远不能强迫别人喜欢你。

（一）修炼自己良好的个性

说起个性与交往的关系，不少人认为性格外向者其个性利于交往，而内向则于交往无益。一些个性文静的女大学生，认为自己腼腆少语，不如别人洒脱自如、侃侃而谈，因此确信自己难有好人缘。其实，对于人际交往而言，良好的个性不在于内向还是外向，活泼还是沉静，这些于交往仅仅是特点而非优缺点。在人际交往中有积极影响的个性特点主要有两个：积极、自信。

1. 积极。不在于内向外向，而在于积极消极。个性积极者乐观开朗，豁达大度，与之相处，如沐阳光，自然令人感到愉悦畅快；个性消极者悲观阴沉，多疑狭隘，与之相处，如顶乌云，必定令人感到忐忑压抑。乐观积极的人，如果是一个外向者，就总是给人带来希望和笑声，其乐观的情绪极富感染力，能让人心境豁然开朗，郁闷的人也会愁云一扫而光；如果是一个内向的人，其温和宽厚的态度，也能给人一种可以信任的安全感，其温柔宁静的劝慰，可以使愤愤不平的人心境平和，前者如炫目的夏日，以热情令人倾倒；后者似和煦的冬阳，以温暖令人心仪，都会有不错的人缘。

2. 自信。自信的人宽容大度，平易随和，容易相处。有的女大学生容貌出众或家境优裕，因此滋生优越感，为人傲慢自大，必令人生厌；而有的女生因自卑太过敏感，如林黛玉般常耍“小性子”，与之相处动不动就生气了，也会令人敬而远之。这都是应该避免的。

（二）遵循“三A”原则

1. 接受（accept）。“任何人都没有力量改变另一个人，但如果你乐于按照一个人的本来面目去欢迎他，你就给了他一种改变他自己的力量。”真诚地接受他人、认可他人。挑剔会让人失去朋友。

2. 赞同（agree）。对引起你共鸣的观点坦率而真诚地表示赞同，会给人有知己的感觉。处处抬杠和反驳则会给自己树敌。另外即使表示赞同，也要注意语气。一句简单的“是呀，我也这样想”“我和你有很多相似之处”就足够让对方倍感知音，认为自己的意见受到了尊重，从而更主动地与你交往；若是回答“废话，那还用说吗”或“本来就是，你才知道呀”，那就等于告诉对方，他是弱智，他的观点你早想到了。这么一来，明明你是同意对方观点的，但却是以伤害对方自尊的方式告诉他的，这会激起对方的反击，产生不必要的矛盾。

3. 赞美（admire）。赞美不是虚伪的恭维或吹捧，而是要用积极的方式讲出你真心的欣赏。不要吝啬赞美，但要把握好赞美的度。发自肺腑、真诚的赞美，才能达到应有的效果。

（三）尽可能满足他人自尊的需要

1. 记住别人的名字和一些私人信息。美国当代著名演讲学家和人际关系学家戴尔·卡耐基发现，人把自己的名字看得惊人地重要，所以他曾说：“记住人们的名字，而且很轻易就能叫出来，等于给予别人一个很巧妙而又有效的赞美”。反过来，如果你把别人的名字忘掉或者记错，在交往中就会处于非常不利的地位。另外记住对方的一些相关的个人信息，也对人际交往很有帮助，如对方的毕业学校、家庭住址等。

2. 谈论对方感兴趣的话题。谈话是否能够起到增进感情、密切关系的作用，就要看谈话过程是否令人愉快了。如果想掌控谈话过程，让谈话有令人满意的氛围，就要抛开自己潜在的“自我中心”意识。许多人会有意无意地将谈话作为表现自己的舞台，如果你想要取悦对方的话，就不要与他争着表现，而是要让对方成为舞台的主角。如何才能做到这一点呢？很简单，谈论对方感兴趣的话题，并积极参与到这个话题里面去。如果你对这个话题不了解，也没关系，你可以直接就你不懂的地方请教对方，这一定能让你的聊天对象谈得眉飞色舞，感觉与你很投机，而你也不吃亏，因为你从谈话中获得了许多以前所没有的知识。

女大学生在与人交往的过程中切忌不要为了展示自己的才气，就照自己的专长不停地说；尤其是与异性交往时，这样的女孩会给对方很大压力，同时还会觉得自己受到了轻视，从而情绪低落，导致谈话冷场。

3. 对别人真诚地感兴趣，做一个好的听众。有人认为滔滔不绝、口若悬河会让人佩服，从而获得别人的好感，其实正好相反。西方有一句俗语：“上帝给人两只耳朵一张嘴，很明显，就是有意要我们多听少说。”耐心而专注地听对方说话，会让对方感到自己受到重视，从而获得自尊的极大满足。而对于给予他这种满足的倾听者也会报以特别的好感。一个善于倾听的女孩会给人善解人意的印象，而想以伶牙俐齿让人青睐的人则容易给人咄咄逼人的感觉，从而让人敬而远之。

（四）密切与他人的人际关系

1. 给对方“特殊对待”。受到“惯例对待”会让人认为自己的地位和价值受到了贬低，从而也将对方的好意贬值；而受到“特殊对待”则让人感到自己受到重视，于是对对方也会抱有特殊的好感和态度。给对方特殊对待，让你所欲深交的人感觉到他在你心中独一无二的地位，是密切关系的很好的技巧。

2. 适度的自我暴露。除了少数城府极深的人出于防范不易透露自己的内心世界，绝大多数人其实都有较强的倾诉欲。女性好合群、不喜欢孤独、情感丰富的特点，使其更是心里难以盛下事。但是我们心中总有一隅，只向极少数知己敞开。女大学生们常常会与同性密友说说悄悄话，彼此袒露自己的小秘密，这便是自我暴露。这种极私密的交流往往会巩固友谊，使双方关系更“铁”。

当我们想让人际关系升温时，适度的自我暴露不失为一种十分有效的方法，尤其对女性而言。倾诉一点自己内心深处的烦恼，吐露一点不为人知的小秘密，能让对方感到深受信任，出于感动和交往中的对等原则，也会向你倾吐心声。一旦有过一次这样的交流，双方都会视彼此为心腹之人（“推心置腹”）。

当然，这一技巧的关键主要在于“适度”。对关系尚处一般的人吐露自己的秘密，在一定程度上要冒点风险。所以，说什么，说多少，说到什么程度，就得把握好，否则弄巧成拙，秘密在不当的时间地点外泄，会使自己很被动。同时，逢人便说自己的“隐私”，搞得自己没隐私，不但不会获得朋友，还会被人看作“二百五”。

（五）请对方帮小忙

按人际关系的公平理论，一方过分受损或过度受益都会破坏人际关系的平衡和稳定。如此看来，麻烦别人为自己做事会影响人际关系。但是如果请对方帮的忙并不大，而帮这个忙对方又是最合适的人选，且对他来讲是举手之劳，并且在小忙帮到后以合适的方式表示感谢的话，这个忙就会将人际关系向前推进。请人帮这样的忙，对别人而言并没有什么压力，还能给对方一种成就感，让对方感到自己的长处得到了承认，是件令人愉快的事情，受人之托的一方往往在帮助别人的过程中找到了自己的价值，不但不会厌烦，还会很满足。在这种心理氛围中，两人关系容易很快亲密起来。

（六）注意交谈艺术

交谈是人类语言表达活动中一种最基本、最常用的方式。它是人际交往的重要方式，它可以沟通信息，联络感情，以致达到解决问题的目的。交谈对话的主要方式有：

1. 商讨式交谈。在一般的人际交往中，主体常常通过与交往对象的相互讨论、共同协商，以求得在某些问题的一致意见，达成某种程度的合作与协议。这种交谈对话具有统一性、建设性和合作性特点。交谈对话双方既严肃认真地表述自己的见解，又耐心听取对方的意见，求同存异，达到交谈对话的目的。

2. 说服式交谈。人际交往中的说服式交谈对话，是交往的一方完成就某个（或某些）问题对另一方进行劝导与说服。这种交谈对话，发话者是交谈的主体，是交谈对话方向和内容的控制者，有时它发生在老师与学生的关系中，有时也发生在学生与学生的相互关系中。在进行这种交谈对话时，要细心观察另一方的表情和表现，在说而不服时，要及时转移话题，向其他交谈对话方式转移。

3. 静听式交谈。这类交谈对话有时是在上级对下级征求意见时发生，目的是倾听下级对某些问题的反应。在一般的人际交往中，表现在对话的一方把握不住对方的思路，通过静听争取时间，理清头绪，变被动交谈为主动交谈。完成这类交谈对话，要注意倾听，情绪要和对方的情绪保持和谐，特别要注意不要曲解人意。

4. 闲谈式交谈。这是交往中常见的交谈对话方式。它没有什么明确的宗旨和专一的目的。如散步中的交谈对话，探亲访友中的交谈对话和邻里聊天等。这类交谈对话具有随意性和广泛性的特点，起着联络感情的作用。在进行这种交谈对话时，应当平等相待以诚相见，交谈对话要健康，不可违反原则的乱谈。在人际交往中有些不好的交谈对话方式，应当引以为戒：一是不要随意打断他人谈话，扰乱人家思路；二是不要因为自己注意力不集中，迫使他人再次重复谈过的话题；三是不要连珠炮般地连续发问，以致他人难以应付；四是不要对他人的提问漫不经心，言谈空洞；五是不要随便解释某种现象，轻率地下断语，借以表现自己是内行；六是不要当别人对某话题感兴趣时，你却感到不耐烦，立即将话题转移到自己感兴趣的方面上去；等等。

（七）树立恰当的自我意识

人对周围世界的态度和行为趋向往往受自我意识的影响。他如果把自己视为有能力的人，就去干自己能力所胜任的事情；相反地，他如果把自己视为能力低下（虽然这种人不多），他就不敢承担重任，畏畏缩缩。因此，自我意识可以是自身行为的调控器，也是影响人际关系的一个重要因素。

美国的一位社会心理学家库利将社会自我称为“镜中我”，它是个体人格形成的重要方面。我国古代唐太宗曾经说过要以他人为镜子观察自己，以防止自己的过失。他说：“夫以铜为镜，可以正衣冠；以古为镜，可以知兴替；以人为镜，可以明得失；朕常保此三镜，以防已过。”“以人为镜”是指精神自我，指个体的心理活动，又叫心理的自我。一个完整的自我意识首先应是对物质自我、社会自我、精神自我的横向意识。其次，从纵的方面来看，自我意识应包括意识到过去的自我、现在的自我、将来（或理想的）的自我。

自我评价在自我意识中具有重要的地位，个体对自己的看法和评价是不是真实、客观、准确是自我意识成熟的标志之一。不成熟的自我意识往往不是过低估计自己，就是过高估计自己，都不利于人际关系的处理。过低评价自己往往产生自卑感，在社会交往中缺乏勇气、主动，自己连自己都不信任的人，很难引起别人的兴趣和关注，而这又助长自卑感。如此形成的恶性怪圈，越发减退社交的欲望，最终陷于社交畏缩和社交恐惧的误区。相反地，过高评价自己往往使人产生自傲，看不到别人，在交往中自吹自擂、盛气凌人，根本不接受建议和批评。在工作上出了问题自傲者往往推诿责任，因此会引人反感，不愿与其交往。

二、化解矛盾、避免冲突的交往技巧

（一）争辩的艺术

1. 避免无谓的争辩。“没有人能在争辩中获胜。”

2. 争辩只是手段，不是目的。说服对方才是重要的。利用人的本性去说服对方：让他陈述他的情况或理由，自己耐心地倾听；回答前稍作停顿（不能太长，给人理不直气不壮之感；也不能太短，让人觉得你并未重视他的意见，只是急于表达自己的意思）；适当地让步（穷寇莫追，给人台阶下）；温和而准确地叙述你的情况和理由。

3. 保持风度，有器量。不做人身攻击；接受、承认别人合理的观点。

（二）批评的艺术

1. 先表扬后批评：良药不再苦口。

2. 批评别人之前先做自我检讨：消除对立情绪。

3. 点到为止，给人台阶。

（三）拒绝的艺术

1. 补偿式拒绝：提出另一建议，以示诚意。

2. 先肯定后拒绝：以示其情非得已。

3. 爱护性拒绝：站在对方立场谈理由。

（四）适度运用幽默

幽默是一种具有理智性、健康性与趣味性的心态和力量，幽默的技巧是借用幽默的语言给人以慰藉，给人以活跃的气氛，消除了人们的忧郁，增添人们的欢乐和友谊。幽默是社会交往的法宝，掌握幽默的技巧，才能掌握打开人心灵的钥匙。常见的幽默技巧主要有：

1. 一语双关。这是在说话时，故意使某些语词在特定的环境中，具有双重意义的方法。在人际交往中有时触景生情，互相抒发感情，有时赋诗言志，借以自慰。这种方法能扬起人的理想风帆，激励人奋发上进。杰拉尔德·R. 福特（1913 年出生）是美国第 38 任总统，他说话喜欢用双关语。有一次，他回答记者提问时说：“我是一辆福特，不是林肯”。众所周知，林肯既是美国伟大的总统，又是一种高级的名牌小汽车；

福特则是当时普通、廉价而大众化的汽车。福特说这句话，一是表示谦虚，二是为了标榜自己是大众喜欢的总统。

2. 巧借反语。就是使用与本意相反的话来表达本意的一种方法。它的特点是正话反说，或反话正说，表面上是一层意思，骨子里又是一层意思。有时在夸夸其谈中推出一个荒唐可笑的结论，有时在逆耳的语言中领悟到人生的真谛。耐人寻味，既幽默又深刻。幽默家兼钢琴家波奇有一次到美国密西根州福林特城演出，发现观众不到全场座位的五成，他当然很失望，但是，他走向舞台的脚灯，对观众说："福林特城的人一定很有钱，我看到你们每个人都买了两三个座位的票"。于是整上剧场的人充满笑声。

3. 巧借谐音。口语是用声音表达的，利用谐音，音义结合，可以创造幽默的效果。当今流行把怕老婆称作"妻管严"，谐音称"气管炎"。春节"福"字一般倒着贴，谈起来就是"福到，福到。"这些都是巧借谐音。在人际交往中，称名道姓，言谈话语都可以借谐音使气氛生动活泼，使人宽慰愉快。

4. 假戏真做。就是明知对方说的不是真实的话，却当真话来回答，而产生幽默的方法。在人际交往中，一句幽默的戏剧性语言或一个幽默的戏剧性行为，其效果总比那些正统的说教好得多。例如：

女主人听到铃声，出去开门。站在门口的是一位女孩，还有她刚会走路的小弟弟。

小女孩穿着妈妈的旧衣服，还戴着一顶大帽子。弟弟戴着爸爸的礼帽，帽子在头上乱转，身上穿着哥哥的上衣，衣服一直拖到地上。

"我是布朗太太。"小女孩一本正经地说，"这是我的丈夫，布朗先生，我们专程来看你。"

开门的太太就和他们假戏真做。当下就请这对夫妇进来用茶，孩子们坐了下来，女主人立即到厨房去弄一些甜饼、汽水之类的东西。回到客厅，看见来客已向大门走去。

"这么快就走了？"女主人说，"我还以为你们能够在舍下用茶呢。"小女孩勉强笑了一下："谢谢，我们还有事呢。"

她客客气气地说："布朗先生刚刚撒了尿，裤子湿了。"

在人际交往活动中，运用好幽默技巧，需要有敏锐的观察力和丰富的想象能力，思维迅速，随机应变。要情趣高雅，豁达大度，还要注意适可而止，不可过头。上述的这些方法，只是常用的一些方法。事实上，在生活中要比这广泛得多，我们应该很好地在生活中学习语言，掌握与运用幽默的各种方法。

案例分析

我该怎么办？

我是一名大二学生。上大学一年多了，有个问题一直困扰着我，就是感觉和同宿舍的人关系不太亲密。

我们宿舍的同学都是很爱玩的那种，平时除了上课以外很少学习，有时还会逃课。她们回到宿舍就上网，打游戏或者看电视剧，对考试也不是很重视，关于未来也没有什么想法和志向。而我把很多精力放在了学习上，因为我有目标，很多时候都泡在自习室里。久而久之，就和她们疏远了，上课吃饭都是一个人。虽然表面上和她们都过得去，但是没有真心朋友。

我很迷茫，不知道自己的坚持是否正确，感觉很矛盾。如果融入她们，自己的想法不知是否还能继续；如果坚持自己的想法，难免会形单影只，上大学连个真心朋友都交不到，也是一种遗憾。

请问我该怎么办？

点 评

室友是一个有特殊意义的群体，同寝室的人每天生活在一起，朝夕相处，在空间上的距离非常近，具有成为朋友的客观有利条件。但是，在当前国内大部分高校里，住在哪个寝室是学校统一安排的，大多数情况下，我们无法选择自己的室友。而成为朋友需要双方的“自愿”，因此，这一点又违背了成为朋友的主观条件。于是，在相处的过程中，客观上的贴近和主观上的疏远，会让我们内心产生比较强烈的冲突，这也是感到不舒服的原因。

每个人都有自己的朋友圈，正如前面所说的，各种类型的朋友不论亲疏远近，其实每一类都是我们所需要的，都是我们的财富。学会在心理上经营自己的朋友圈，是学会如何与朋友相处的关键。当身边某个人被确定可以成为朋友时，我们就需要将其划归到自己的朋友圈中，明确他/她属于哪一类朋友，定位亲近程度。一旦我们在心里有了这样的划归，就不会对这个朋友过分苛求。举个例子来说，如果这个人在你的朋友圈中定位是生活中的伙伴，就不能要求他/她必须跟你有同样的志向，可以共同奋斗；如果这个人被定位为学习上的战友，那也不必要求他/她在生活上和你形影不离、亲密贴心。

当然，这种心理上的划归也是可以根据实际情况随时调整的。当你感激某个朋友在关键时刻拔刀相助时，就可以考虑将与他/她的亲近程度拉近一些，以便互相支持；而当你抱怨某个朋友的失当言行时，也不妨试着在心理上与其疏远一点，避免彼此伤害。经营朋友圈说起来容易，真正做好却并不简单，需要在实践中学习和摸索。

因此，在无法自主选择的室友群体里，你苦于找不到理想中的朋友是非常可以理解的。建议你不妨走出寝室，到更广阔的空间寻找适合做这样朋友的人。至于室友，既然不能成为志同道合的朋友，那就把她们划归到其他类型的朋友圈，然后用相应的方式和她们相处，这样既不会让室友感到压力，也不会让自己继续忍受孤独和失望。

大学生人际关系综合诊断量表

指导语：这是一份人际关系行为困扰的诊断量表，共28个问题，在每个问题上，选“是”的打“√”，选“非”的打“×”。请你认真完成，然后看后面的评分计分办法和对测验结果作出的解释。

问卷：

(1) 关于自己的烦恼有口难言。

(2) 和生人见面感觉不自然。

(3) 过分地羡慕和妒忌别人。

(4) 与异性交往太少。

(5) 对连续不断的会谈感到困难。

(6) 在社交场合感到紧张。

(7) 时常伤害别人。

(8) 与异性来往感觉不自然。

(9) 与一大群朋友在一起，常感到孤寂或失落。

(10) 极易受窘。

(11) 与别人不能和睦相处。

(12) 不知道与异性相处如何适可而止。

(13) 当不熟悉的人对自己倾诉他的生平遭遇以求同情时，自己常感到不自在。

(14) 担心别人对自己有什么坏印象。

(15) 总是尽力使别人赏识自己。

(16) 暗自思慕异性。

(17) 时常避免表达自己的感受。

(18) 对自己的仪表（容貌）缺乏信心。

(19) 讨厌某人或被某人所讨厌。

(20) 瞧不起异性。

(21) 不能专注地倾听。

(22) 自己的烦恼无人可申诉。

(23) 受别人排斥与冷漠。

(24) 被异性瞧不起。

(25) 不能广泛地听取各种意见、看法。

(26) 自己常因受伤害而暗自伤心。

(27) 常被别人谈论、愚弄。

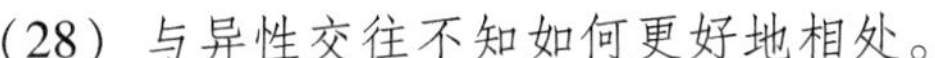

(28) 与异性交往不知如何更好地相处。

评分标准：打“√”的给1分，打“×”的给0分。

测查结果的解释与辅导：

如果你得到的总分是在0～8分之间，那么说明你在与朋友相处上的困扰较少。你善于交谈，性格比较开朗，主动关心别人，你对周围的朋友都比较好，愿意和他们在一起，他们也都喜欢你，你们相处得不错。而且，你能够从与朋友相处中得到许多乐趣。你的生活是比较充实而且丰富多彩的，你与异性朋友也相处得很好。一句话，你不存在或较少存在交友方面的困扰，你善于与朋友相处，人缘很好，获得许多人的好感与赞同。

如果你得到的总分是在9～14分之间，那么，你与朋友相处存在一定程度的困扰。你的人缘很一般，换句话说，你和朋友的关系并不牢固，时好时坏，经常处在一种起伏波动的状态之中。

如果你得到的总分是在15～28分之间，那就表明你在同朋友相处上的行为困扰较严重；分数超过20分，则表明你的人际关系的行为困扰程度很严重而且在心理上出现较为明显的障碍。你可能不善于交谈，也可能是一个性格孤僻的人，不开朗或者有明显的自高自大、讨人嫌的行为。

大学生在人际关系上所存在的一些心理健康问题总是主要表现为自我中心、多疑、害羞、孤僻、自卑、嫉妒、社交恐惧症等。一些研究表明，人际关系不和谐的大学生，其个人的成才及其未来的成就会因此而受到严重的影响。及时地诊断并采取必要的措施予以治疗，是消除大学生人际关系方面心理障碍的较好途径。

第七章

问世间情为何物？

——大学生恋爱心理

引例

杯子与水的爱情

杯子："我寂寞，我需要水，给我点水吧。"

主人："好吧，拥有了想要的水，你就不寂寞吗?"

杯子："应该是吧。"

主人把开水倒进了杯子里。

水很热，杯子感到自己快融化了，杯子想，这就是爱情的力量吧。

水变温了，杯子感觉很舒服，杯子想，这就是生活吧。

水变凉了，杯子害怕了，怕什么他也不知道，杯子想，这就是失去的滋味吧。

水凉透了，杯子绝望了，杯子想，这就是缘分的"杰作"吧。

杯子："主人，快把水倒出来，我不需要了。"

主人不在，杯子感觉自己压抑死了，可恶的水，凉凉的，放在心里，感觉好难过。

杯子奋力一晃，水终于走出了杯子心里，杯子好开心，突然，杯子掉在了地上。

杯子碎了，临死前，他看见了，他心里的每一个地方都有水的痕迹，它才知道，它爱水，它是如此爱着水，可是，它再也无法把水完整地放在心里了。

杯子哭了，它的眼泪和水溶在一起，奢望着能用最后的力量再去爱水一次。

杯子笑了，爱情呀，到底是什么，难道只有经历了痛苦才知道珍惜吗?

杯子笑了，爱情呀，到底是什么，难道要到一切都无法挽回才说放弃吗?

杯子笑了，爱情呀，到底是什么……

点评

上帝用各种你预想不到的方式来考验痴情男女情感，在你没有防备的时候把你空虚的心灵用滚烫的热水填满，如果不懂珍惜，感情就像这杯水慢慢自然冷却。欲望在一天天膨胀的同时，真诚逐渐萎缩，索取的心态代替了付出。我们生活的城市里，每时每刻都有爱情的故事在上演，故事其中真情又有多少?

当挡不住的欲望席卷着城市里的每一颗原本美丽的心灵时，又有多少人能为爱情保留那么一寸净土?也许我们原本就不懂爱情，我们需要疼痛的磨砺。但是心灵真的可以经受得起这样的疼痛么?爱情的故事大多像极了杯子与水的故事……我们需要的是平静与反思……

如果我们曾经不懂得珍惜现在拥有的一切。但愿失去的时候能学会承受……

当下一次爱情来的时候，慢慢学会去如何去爱……

名人名言

恋爱是一所学校，教我们重新做人——［法］莫里哀

爱情不是花荫下的甜言，不是桃花源中的蜜语，不是轻绵的眼泪，更不是死硬的强迫，爱情是建立在共同语言的基础上的——［英］莎士比亚

爱是深深的理解和接受——［俄］列夫·托尔斯泰

“再没有比爱情更容易让人受伤的了”——［奥］弗洛伊德

爱情不过是一种肮脏的诡计，它欺骗我们去完成传宗接代的任务——［英］毛姆

第一节　爱情是什么?

在学海里苦苦奋斗了十二个春秋的学子们，终于跨进了大学这个神圣的殿堂。然而，随之而来的寂寞却常常让他们不知所措；于是，在这座象牙塔里便多了许多浪漫的故事，那便是大学生的爱情故事。爱情是个古老而又永恒的话题，一直是大学校园里一道亮丽的风景线。爱情这个闪闪发光的字眼，古往今来叩开了许多青年男女的心扉，谱写了许多优美动人的篇章。虽然爱情可以让人陶醉，让人更好地工作、生活，但大学生恋爱观的正确与否，对学生的学习、生活有着重要的影响。大量事实证明，最让大学生心醉与神往的爱情，同时也是大学生最大的“烦恼源”。不成熟的恋爱心理会使大学生吞下自己亲手种下的青涩之果，从而给自己的学习和生活带来一些负面影响，甚至有的学生还为此做出过激的行为，各大校园因此每年都会有因失恋或其他的感情问题而跳楼或割脉的现象。

一、神秘的爱情是什么

所谓爱情，就是一对男女，基于一定的社会关系和共同的生活理想，在各自内心中形成的对对方最真挚的倾慕，并渴望对方成为自己终身伴侣的最强烈的感情。是两颗心灵相互向往、吸引、达到精神升华的产物，是一种高尚的精神生活。

二、爱情的本质

实际上爱情是人类最古老但却又最潮流的主题。“问世间情为何物，直叫人生死相许”古往今来多少文人墨客为之讴歌和礼赞，留下了许多令人千古传颂的佳话。而爱情的本质也一直是哲学、宗教、心理学、性学、美学等许多领域不断探讨和研究的问题。在人类文明史中对爱情的本质解释有多种，比较典型的有以下几种观点：

（一）唯精神论

“唯精神论”认为，爱情是纯粹的，与性毫不相干，是男女精神上的相互依恋，爱者的情感完全融化在对爱的人的关怀之中。如柏拉图认为，爱情分低级的肉体之爱和高级的精神之爱两种。肉体之爱是低级的、肤浅的，心灵之爱是高级的、深刻的，这才是真正的爱情。这种爱情强调情感的交流，坚决排斥和谴责性在爱情中的角色。这种爱情观具有强烈的空想色彩，其结果是把人间美妙的爱情变成了永远无法触及的天国之物。

（二）唯性欲论

“唯性欲论”与“唯精神论”在某种程度上是两种处于一种对立的爱情观。“唯性欲论”认为爱情的本质就是人类性的本能，性是产生爱情的唯一根源，爱情的目的是为了性欲的满足。这种爱情观较前一种有所进步，但其过分强调性在爱情中的作用，认为性是爱情的全部，因此也是不全面的。

（三）精神和性心理共同作用

前面两种爱情观在发展之后趋于统一。这种爱情观认为精神和性心理在爱情的产生、发展以及维护中都有着重要的作用。缺少任何一方面都不是真正的爱情。有了精神层面的爱情才会更加的和谐和持久，而对性的需求是人所具有的强烈生理需求之一，它是爱情产生的原始驱动力，也是爱情维护的重要手段之一。

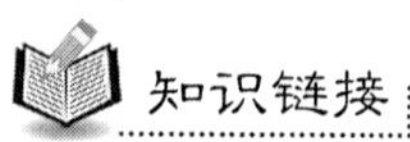

斯腾伯格爱情三角理论

该理论认为，爱情的三个基本成分：亲密（intimacy）、激情（passion）、承诺（commitment），构成了爱情三角形的三个顶点，三种成分因其多寡及组合方式不同能够组成不同类型的爱情。

爱情的第一个成分亲密，包括热情、理解、交流、支持及分享等特点。第二个成分激情，以身体的欲望激起为特征。第三个成分承诺，包括将自己投身于一份感情的决定及维持感情的努力。爱情三成分中，承诺主要是认知性的，亲密是感情性的，而激情是动机性的。爱情关系的“热度”来自激情，“温暖”来自亲密，相形之下，承诺所反映的则完全不是出于感情或性情的决定。

该理论认为，随着认识时间的增加及相处方式的改变，上述三种成分将有所改变，爱情三角形的形状与大小也会跟着改变。三角形的面积代表爱情的质与量，面积愈大，爱情就越丰富。

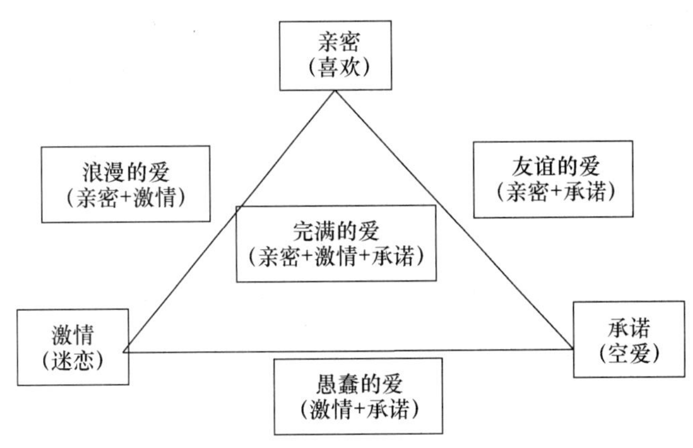

图7－1 斯腾伯格爱情三角理论示意图

（1）喜欢：当亲密程度高但激情和承诺非常低的时候，会产生喜爱。喜爱发生在有着真正的亲近和温暖的友情中，但不会激发起激情和你会与之共度余生的念想。

（2）迷恋：迷恋中有着强烈的激情，但缺乏亲密和承诺，当人们被不太熟悉的人激起欲望时会有这种体验。

（3）空爱：没有亲密或激情的承诺就是空爱。在西方文化中，这种爱见于激情燃尽的关系中，既没有温暖也没有激情，仅仅存在着留下来的决定。然而，在其他包办婚姻的文化中，空爱是配偶们共同生活的第一个阶段，而不是最末一个阶段。

（4）浪漫的爱：当程度高的亲密和激情一起发生时，人们体验的就是浪漫的爱，它是喜爱和迷恋的结合。

（5）友谊的爱：亲密和承诺的结合。亲近、交流和分享伴随着对关系的充足投资，双方努力维持深度而长期的友谊。这种类型的爱会集中体现在长久而幸福的婚姻中，虽然年轻时的激情已渐渐消失。

（6）愚蠢的爱：缺失亲密的激情和承诺会产生一种愚蠢的体验，叫作愚爱。这种爱会发生在旋风般的求爱中，在势不可挡的激情中两个人闪电结婚，但对彼此并不很了解或喜爱。

（7）完满的爱：当三种成分都存在时，人们体验的就是“完全的”，称完满的爱。这是很多人寻求的爱，但斯腾伯格认为，这好像减肥一样，短时期是容易的，但很难长久坚持。

（8）非爱：如三种成分俱无，爱就不存在。则两个人也许仅仅是熟人而不是朋友，彼此的关系是随便的、肤浅的、没有承诺的。

三、恋爱发展的阶段及心理过程

（一）恋爱发展阶段

1. 对异性的敏感期。指刚进入青春期的男女生，由于身体的迅速发育，引起了男女性别的不同生理和心理的急剧变化。尤其第二性特征的出现和性意识的觉醒，对异性之间的性别差异非常敏感，在异性面前时常会感到羞怯和不安。此阶段中，往往男女学生界限分明，彼此疏远相互回避，甚至强于孩提时的性疏远期。

2. 对异性的向往期。随着性生理上的发育成熟，性心理开始发展，男女情窦初开，产生了异性之间的相互吸引，出现彼此希望接触的意愿。处于此阶段的青年男女，开始特别注意自己的容貌和风度，希望引起异性的注意和兴趣，博得他（她）们的好感和青睐。生活中，开始关心周围发生的爱情方面的趣闻轶事，喜爱阅读和观看描写爱情内容的文学作品、影视音乐。经常与同龄人谈论男女爱情问题，并利用各种机会与异性接触交往。甚至个别学生开始递纸条、写情书，明确地向对方求爱。但是，这一时期的男女青年，由于其生理和自我意识的不成熟性，他们对向往的异性对象，基本上是泛化的、不稳定的、缺乏专一性的，是一种不成熟的恋爱心理。所以，有人又称此阶段为泛爱期。

3. 恋爱择偶期。在这一阶段男女青年的性心理已逐步成熟，社会阅历在不断丰富，恋爱观开始形成，对异性的向往逐渐专一，开始相互寻求和选择自己的配偶对象，建立和培育双方的爱情，进入成熟的恋爱心理。目前的高校大学生，年龄一般在 17 ~ 22 岁之间，正是处于“异性向往期”向“恋爱择偶期”的过渡时期，也正是一个人的恋爱心理开始形成和逐步走向成熟的重要时期。

（二）大学生步入恋爱的心理过程

大学生爱情的产生和发展，一般来说，大致要经过好感、爱慕和相爱等步骤。

1. 好感。好感是指在人际交往中所产生的一种彼此欣赏的情感体验。例如，人们在生活工作和学习中，通过相互的接触、相识与往来，而产生彼此希望进一步接触的心情。男女之间的好感，并非是性爱，但却是爱情产生的必要前提。异性之间的好感会增强相互的吸引，形成一种内在动力，促使双方的接近和情感交流。

2. 爱慕。男女之间在好感的基础上，经过对对方的爱好、志趣、性格、为人等各方面的更多了解，而产生的更深刻的情感体验，以致这种内在感情使人心旷神怡，萌发希望与其结合的强烈情感倾向，并在理智支配下，发展成对对方的爱慕之情。

3. 相爱。男女之间单方面的爱慕还不是爱情，只有相互爱慕，爱情才能建立。在恋爱中，从单方爱慕到互爱，有时可能是同步到来，有时也可能是异步的，或者还会经受一些波折与非难，但只要双方心心相印，无论是谁首先打开自己的心扉，最终都会赢得对方的回应，开出绚丽多彩的爱情之花。

四、正确理解爱情

1. 爱情是给予，不是得到。成熟的爱情是在保留自己个性的条件下与他人合二为一。恋人将自己的生命给予对方，与对方分享快乐、兴趣、理解力、知识、悲伤等，没有生命力就没有创造爱情的能力。因此，爱情是对生命以及我们所爱之人的积极关心和给予。

2. 爱是责任。不成熟的爱情是“我爱，因为我被人爱”，成熟的爱情是“我被人爱，因为我爱人”；不成熟的爱是“我爱你，因为我需要你”；成熟的爱是“我需要你，因为我爱你”。所有的爱情都包含着一份神圣的责任，这种责任不是义务，不是外界强加的而是内心的自觉，即为自己所爱的人承担风霜雨雪，而不仅是感官上的愉悦与寂寞时的陪伴。

3. 爱是尊重。真诚的爱是建立在双方平等与理解的基础之上的尊重，是对我们所爱的人的生命和成长的积极关心，努力使对方能成长和发展自己，让自己爱的人以他自己的方式和为了自己而成长。如果只因为大学生活的孤单与寂寞，需要异性的呵护，需要被关爱，也需要消磨业余时间，这些都不会是真正的爱情。

4. 爱是能力。对自己的生活、幸福、成长以及肯定都是以爱的能力为基础的，利己者没有爱别人的能力。爱的能力不是与生俱来的，也非随着生理成熟自然形成的，而是在社会生活中逐渐成长起来的。这种能力包括施爱的能力、接受爱的能力、拒绝爱的能力与自我成长的能力。爱的能力要求恋爱的人始终保持高度理性而非随着感觉走。

5. 爱是培养和创造。有人说，爱情具有的魔力能够使人开创一个新的自我。爱情是神奇的，爱情不仅能够创造新的生命，而且真正的爱情对恋爱双方都是一个新的创造，它净化我们的灵魂，鼓舞着我们为挚爱的人奋斗进取，也创造着两人美好的明天。

第二节 大学生恋爱心理分析及正确恋爱观的培养

大学生恋爱现象现如今十分的普遍，但是大学生恋爱却存在着随大流、功利、抱着学习的态度等不正确的动机，同时也存在着恋情至上、轻率恋、多角恋、功利恋等不正确的恋爱心理误区。正确恋爱观的培养是解决上述问题最重要的方式。正确恋爱观的培养需要学生和学校两个方向共同努力。

一、大学生恋爱心理原因的透析

（一）在大学的恋爱中存在着这样和那样的动机

1. 寂寞后遗症型。将这种爱情心理定义为“寂寞后遗症”再合适不过了。由于大学的学业负担较小，留给自己支配的时间增多，很多大学生在经过高中那种争分夺秒的生活之后不能完全地适应大学的生活，或者由于刚刚进入一个新的环境，以前熟悉的人、熟悉的物不复存在，于是寂寞的心理油然而生。为了给这种寂寞的心理找到寄托，有些同学玩起了电脑游戏，有些同学就谈起了恋爱。而在这种情形下确定的恋爱关系往往是不稳定的，恋爱双方并没有清楚地认识到自己为什么谈恋爱，更加没有认识到恋爱中的男女需要做什么，需要负什么责任，一旦自己适应了大学的生活，体味到爱情的本质，这样的爱情也就不稳定了，还得为自己恋爱中的不适当行为负责任。这种责任往往是心理上很难承受的。

2. 随大流型。这种类型的爱情心理在大学里面是最为常见的。在高中就听说大学里面自由开放，恋爱是大学的必修课，于是进入大学之后，就想尝试一把。看着周围的同学成双成对地出现，自己心中也不免有些落寞。于是就随便找一个关系要好的异性也谈起了恋爱。这种动机下的恋爱对方往往不是合适自己的，恋爱后会突然发现原来恋爱不是那么好玩的，于是便有匆匆结束自己被伪装的爱情。爱情本来是人类十分纯洁和高尚的感情，被这样轻率地拿起又放下，心理的负担是十分沉重的。

3. “练爱”型。有些同学根本就没有真正心动的感觉，但是总是觉得自己必须要经历一场恋爱才会懂得怎样去恋爱。在这种心理下，也会产生大学中的爱情。这种动机本来就是不合适的，这种恋爱开始的时候就没有想象着会有一个完美的结局，这种爱情当然也是难成正果，最终当事人都会受到伤害。

4. 功利型。爱情是纯洁神圣的，恋爱应以异性间的相互爱慕为基础。而有些大学生是想利用对方优越的经济条件，来满足自己的物质需要，满足自己的虚荣心，以达到一种所谓的理想状态。然而金钱是买不到爱情的，而且金钱必定会扼杀爱情。这种建立在金钱基础之上的爱情是经不起岁月的考验的。

当然大学生的恋爱动机是相当复杂的，不可能一一列出。但是大学的时间是宝贵的，爱情也是十分神圣和纯洁的。我们不能利用宝贵的时间为了恋爱而“练爱”，这样不仅是对时间的浪费也是对爱情的亵渎。我们应该把爱情建立在互爱的基础上，更不能影响学业，让恋爱真的“爱”起来。

（二）恋爱中的心理、行为特征

随着人们婚恋观念的变化，恋爱已成为大学校园的一种时尚。大学生是一个相对特殊的群体，他们的恋爱呈现出如下特征：

1. 普遍性。据北京性健康研究会新近完成的全国高校学生性健康状况调查显示，大部分大学生已考虑谈恋爱或已在谈恋爱，“从未考虑”或“对学习期间谈恋爱反感”的学生所占比例较少。南京大学心理协会的一封关于“大学生恋爱问题”的调查数据也显示：在接受调查的学生当中有近99%的人在校期间有过谈恋爱的经历。

2. 低成功率。我们这里讲的大学生恋爱的“成功率”，是以最终结合即结婚标准而言的。调查数据显示：希望毕业后结婚的仅占到0.3%，而在校期间因种种原因导致分手的比例竟高达81.7%。大学生特别是毕业生在面临毕业、就业等诸多方面的压力时，一两个月间的分手率竟暴增至13.6%，这表明“大学恋情”的脆弱性，就像温室里的牡丹，放到现实环境中不堪一击。

3. 低年级化。当前大学生的恋爱，呈现低年级化，人数呈上升趋势。一年级就开始谈恋爱的已不是个别现象，有的学生甚至一进校就谈恋爱。一份在南京高校中进行的调查统计显示，从大学一年级到四年级，谈恋爱的学生在同年级学生总数中所占的比例分别是：20%、40%、60%、80%。

4. 公开化。在当今的大学校园里，无论是教室、图书馆，还是马路上、田径场都有大学生谈恋爱的身影，一双双，一对对，随处可见；在大庭广众之下拥抱、接吻的已不是什么新鲜事了。如果说，以前的大学生谈恋爱是怕别人知道，那么，现在的大学生谈恋爱是生怕别人不知道。

5. 世俗化。大学生谈恋爱的世俗化有两种含义；一是大学生谈恋爱中的性冲动明显增多；二是恋爱的非责任化倾向明显。所谓非责任化，就是不少大学生对谈恋爱更多地抱有游戏的态度，而不是以十分严肃的态度对待恋爱。用大学生自己的话讲，就是“玩世不恭”而已。在这里，享乐主义、玩世不恭的人生观和价值观对当代大学生是有明显影响的。玩物丧志，玩物丧德，对待恋爱游戏的态度使得一部分大学生的人生追求趋于低俗，客观上也使那些对恋爱抱有严肃态度的人更容易受到情感的伤害。

二、恋爱的心理误区

要使爱情之船能顺利驶向人生的港湾，大学生必须走出一下恋爱心理误区，树立良好的恋爱观念

（一）不文明的恋爱方式

大学生具有较高的文化素养，注重富有诗意的浪漫恋情，喜欢无拘无束地表达自己的爱意。热恋中的大学生既要使自己的恋爱富有浪漫色彩，更应注重行为的适度。因为恋爱毕竟是双方的私事，越来越要求有隐秘性。也就是说，它越来越被看成“个人的事”“私事”，看作一种纯属个人和不便公开的事，不宜在公共场合为所欲为。

（二）恋情至上

所谓恋情至上，是指把恋情放在人生最重要的位置，认为恋情就是人生命的全部，一切都以恋情为中心。有些大学生把恋情放在人生的第一位，视恋和被恋为大学生生

活的第一需要，其实恋爱犹如令人激动和陶醉的醇酒，但它无论多么醇香，饮起来必须有个限度，不可过量。如果把恋情放在人生的第一位，仅仅为恋爱而活着，是恋情和人生的本末倒置。过分追求恋情必定会降低人本身的价值。一些大学生恋爱不能很好地控制情感，恋人不在身边，就坐立不安、茶饭不思、夜不成眠甚至精神恍惚，影响健康和学习，把恋爱这杯美酒酿成了苦酒。

（三）轻率恋和多角恋

陶行知先生说，爱之酒，甜而苦。两人喝，足甘露。三人喝，本如醋。随便喝，毒中毒。恋爱是严肃的，来不得半点随便。恋爱是专一的，来不得一丝游戏。可是一些大学生，自以为相貌靓丽标致，气质魅力俱佳，能耐本事并存，能赢得异性同学的吸引和爱慕，就以“自由选择对象”为名，情不专一，朝三暮四，见异思迁，频繁地更换恋爱对象。在他们心目中，没有什么忠贞的恋情，有的只是寻欢作乐。有的大学生以追求自己的人多而感到自豪，以恋爱为游戏，玩弄他人的情感。有的大学生出于争强好胜、爱慕虚荣等心态，同时与几个人相恋，扮演“多角恋”的角色。其结果，不但在同学之间造成了情感纷争，也极易由于争风吃醋，发生冲突，酿成更大悲剧。

（四）功利恋

功利恋是以恋爱为投机交易，换取个人的名利，恋爱是人类最为神圣、纯洁的感情，恋爱的纯洁性要求在建立和发展恋爱关系时，不应该以任何的经济、权利以及其他各种不良的动机为目的。一些大学生为了金钱、享受、地位或名誉等，以恋爱进行交易。例如，为了毕业后能谋求一个理想的职位，为了考研考博和出国，甚至为了留在大城市，把自己的青春当作追求这类东西的敲门砖，通过恋爱牵线搭桥。然而，建立在功利基础上的恋爱之花是不会持久的，很快就会枯萎凋谢。

（五）性恋

性恋是指以性的满足为主要目的的恋爱，有的大学生精神极度空虚，道德法制观念差，推崇西方享乐主义哲学思潮，信奉“性自由”，追求“性解放”，主张自然冲动的尽情舒展，采取不负责任的性放纵的行为，陷入“性恋”。其结果，常常导致婚前越轨行为的出现，给双方心理上带来不应有的影响，甚至受到学校最严厉的处罚，无不令人扼腕叹息。

三、正确恋爱观的培养

恋爱观是指人们对待恋爱的根本观点和看法，它直接影响到恋爱的过程中的行为表现。那么大学生应该如何养成良好的恋爱观？下面将从两个方面进行阐述。

从大学生自身方面来说，应该做到如下几点：

1. 摆正恋爱在人生中的位置。恋爱只是生活中的一部分，并非全部。它只是理想、事业、学业、亲情、友情等众多人生乐章中的一个音符。浪漫的爱情的确让人无比向往，但是将自己的所有精力都放在爱情上面，未免太过可惜，也是对自己、对家人、对社会不负责任的表现。

2. 要善于驾驭自己的感情。大学是人生中最精彩的华章，而恋爱又是这美丽华章中最亮丽的色彩之一。在大学里面能够拥有一份真正的爱情是十分幸运的。但是由于大学生的社会阅历尚浅，心理还不够成熟，往往会不知道什么是真爱，这时又不能很好地控制感情，在虚假的爱情上面倾注了自己宝贵的时间。有些大学生在恋爱时不能很好地控制感情，发生婚前性行为，最终导致不良的后果。爱情不光是有激情，同时也需要理智。

3. 培养文明的恋爱行为。爱情是高尚的，不需要遮遮掩掩。但是爱情也是两个人的事情，在公共场合又搂又抱是不合时宜的。含蓄、谦恭，甚者羞涩的爱情才更有味道，更具有吸引力。

大学生的主要时间是在学校生活，并且大学生的恋情往往也是发生在学校，因此学校在学生恋爱观的形成中也起着十分重要的作用。

1. 应该适当引导，规范学生的行为。大学生在公共场合做出不合适的恋爱行为不仅对周围同学会造成不好的影响，更加会影响学校的整体风气。学校应该对学会的这类行为进行适当的引导。

2. 进行恋爱方面的心理辅导。许多在校大学生不懂什么是爱情，容易产生了错误的恋爱观。在这一方面，学校应该进行适当的心理辅导，使学生认识到爱情的本质，认识到什么才是真正的恋爱。当然开设一些课程是必要的，如《性科学概论》《恋爱心理学》等，适当的时候还有必要使之成为必修课。

3. 提供便利的条件。大学生恋爱是十分普遍的现象，虽然其中存在各种各样的不和谐的现象，想要减少这种不和谐的现象，“堵”不如“导”。如今大学校园里，每到晚上，操场深处就是一对一对的情侣，在这种偷偷摸摸的环境下，是有利于激情行为的发生，更有甚者有些情侣到校外旅馆开房，这些都加剧了恋爱中不良行为的发生。假若学校提供一些比较私密的场所，使大学生情侣有地方光明正大的谈情说爱，这样一方面可以大大减少校园内不和谐的现象，另一方面也有利于激情行为的抑制。

第三节　大学生恋爱心理困扰及其调适

爱情虽然甜蜜，但也会带来复杂、独特而微妙的情感体验，成为最容易产生心理困扰的领域之一。

一、选择的困惑与调适

选择的困惑是大学生恋爱中最常见的问题之一。其中较常见的有下列几种情形。

1. 不知道应不应该谈恋爱。这部分大学生应首先树立对爱情的正确态度。如果自己还不知道该不该谈恋爱，那说明在你的心里还没有自己喜欢的异性，只是因为看到许多同学都在谈恋爱，才产生了自己是否谈恋爱的想法。什么是真正的爱情，在此刻应有明确的态度。当真正的爱情还没有来到的情况下，不要盲目去寻找爱情。寻找的爱情并不一定是真正的爱情。

2. 自己爱上了别人，但不知道对方是否也爱自己，想表白心迹，又怕遭到拒绝，左右为难。对于这样的困境，首先要学会正确认识对方对自己的情感。如果经过观察甚至巧妙的考验，发现对方根本就对自己没有那个“意思”，就没有必要向对方表白自己的心迹。因为你的表白不但得不到回报，而且会使对方为难；如果两人是同班同学，还会影响两个人之间的关系。如果经过观察，发现对方也对自己有一定的感情，就可以大胆地向对方表白自己的心迹了。

3. 不知道如何拒绝对方的求爱。面对他人的求爱，当你不准备接受时，一般应当在不伤害对方自尊心的情况下，委婉地拒绝，如果对方进一步追求，而你无论如何也不可能接受对方的爱情，那就应该明确地拒绝。另外，大学生也应当注意，不要为了害怕伤害对方的自尊心或者为了自己的虚荣心，在自己没有产生爱情的情况下，盲目接受对方的爱，因为这不但会伤害对方，而且对自己也是一种伤害。

4. 在恋爱的过程中发现对方不适合自己，而对方还依然爱自己，不知道如何提出分手才不会伤害对方的自尊心。在这种情况下，要明确爱情是不能强求的，如果一方发现对方不适合自己而准备结束恋爱关系，也无可厚非。当然，最好是让对方有一定的思想准备，比如，用一些暗示性的语言表明两个人不合适，在对方有思想准备的情况下，再提出分手，对方可能好受一些，感觉到的伤害也会少一些。

5. 能做恋人的异性朋友难寻。这种恋爱心理困境的原因主要在于对友情和恋情的认识还很肤浅，并缺乏对社会中的人际关系中的科学认识。正确的做法是，认真审视、调整自己的择偶标准，在寻求爱情的过程中，既要有主观上的用心，又要顺其自然、不可强求。

二、单相思的苦恼及其调适

单相思是指异性关系中的一方倾心于另一方，却得不到对方回报的单方面的“爱情”。爱情错觉是单相思的另一种形式，是指在异性间的接触往来关系中，一方错误地认为对方对自己“有意”，或者把双方正常的交往和友谊误认为是爱情的来临。它常会使当事人想入非非，自作多情。单相思是恋爱心理的一种认知和情感的失误。单相思使某些学生陷入痛苦的境地，处于空虚、烦恼，甚至绝望之中。如果处理不好，对以后的恋爱婚姻生活都有消极的影响。

（一）形成单相思的原因

1. 爱幻想。这是造成单相思的主观因素。如果在现实生活中难以适应正常的恋爱生活，爱幻想者往往依据丰富的想象力，在幻想中得到异性爱的一切满足。

2. 信念误区。单相思者往往以为爱仅仅是投入，不要承诺，不要回报，不顾一切的精神恋爱才是世界上最伟大的恋爱。

3. 认知偏差。有的单相思者是由于自己的认知偏差造成的，不能正确地对待被拒绝的事实，仅仅是为了自己的自尊心（其实是虚荣心），就强迫自己追求到底。

（二）单相思的调适方法主要是认知领悟和心理分析。

在具体的心理调适过程中，应根据不同的情况采用不同的方法。

1. 如果是自己有意而对方并不知情，而且觉得对方有很大的可能也爱自己，就可以大胆地向对方表白自己的感情。当然，也应做好对方不接受自己的情感的心理准备。

2. 如果觉得对方就没有可能爱自己，就没有必要表白自己的情感，因为这种表白既可能给对方造成心理压力，也会使两个人的关系显得不自然。有些情况下，适当压抑一下自己的感情还是必要的。

3. 持久的单相思会给个人生活带来很大的负面影响，应当学会尽快地从单相思中解脱出来。

三、失恋的痛苦及其调适

失恋是指恋爱过程的中断。失恋带来的悲伤、痛苦、绝望、忧郁、焦虑、虚无等情绪使当事人受到伤害。失恋所引发的消极情绪若不及时化解，会导致身心疾病。失恋者可以尝试运用以下的方法进行自我调适。

1. 适当运用酸葡萄心理效应。当一个人失恋之后，如果总是回想过去恋人的种种优点，就会越发怀念过去的恋人；同时也就越发否定自己，觉得自己一无是处。结果形成恶性循环，使情绪越来越消沉，心理越来越压抑。当一个人失恋之后，如果难以从失恋的阴影中摆脱出来，不妨运用酸葡萄心理机制。所谓酸葡萄心理机制，就是对自己无法得到的东西降低好感和对自己的重要性，吃不到葡萄就说葡萄是酸的。也就是说，当一个人失恋之后，可以尽量多想想过去恋人的缺点，少想或者不想过去恋人的优点，心理就容易平衡。

当然，一个人对酸葡萄心理机制的应用必须适当，酸葡萄心理机制毕竟是一种心理防御机制，如若过分运用酸葡萄心理，容易形成一种不符合实际的观念。久而久之，容易导致一些非理性思维方式，不利于自己的心理健康。如果一个人具有足够的心理强度，即使在失恋的时候，也能够客观的分析对方的优点和缺点，并且能够通过在不贬低对方的优点的情况下调控自己的消极情绪，这才是心理的强者。

2. 学会积极的自我暗示。当一个人失恋之后，如果总是责备自己，觉得自己不好才导致分手，就只会使自己越来越压抑。这时应学会积极的自我暗示，如用“幸亏他（她）现在提出分手，如果他（她）结婚后才提出分手，岂不更糟”；“他（她）不爱我，并不说明我不可爱，只是说明两人的性格和观念不合”以及“天涯何处无芳草”等。

3. 转移注意力。失恋后如果总是想着失恋这个沉重的打击，那就很难尽快地从失恋的阴影中走出来。这时，就应当设法把自己的注意力从失恋这件事情转移到自己比较感兴趣、能够分散自己注意力的事情上去。例如，听听音乐、看看电影、跳跳舞、打打球等，以冲淡内心因失恋而造成的挫折感和压抑感。

4. 升华法。古今中外，有不少著名的历史人物恰恰是受到失恋的打击后而发奋追求事业，从而流芳百世、名垂青史的。大文豪歌德如果不是失恋，也许就写不出《少年维特之烦恼》。因此，把因失恋而产生的挫折感、压抑感升华为奋斗的动力是十分有益的。一旦你全身心地投入到一项更有意义的事业中去的时候，你定会觉得因失恋而痛苦不堪的往事之好笑和不值一提。

5. 失恋不失德，失恋不失命，失恋不失志。失恋不失德，是一个大学生应当有的态度和人格，也是恋爱的重要原则。要做到：不报复、不打击、不伤害、不破坏对方的名誉和人格，不破坏对方重新建立生活的努力。失恋不失命，爱情是人生的重要内容而非全部，因为失恋而毁掉自己的生命是愚蠢的行为。人生除了爱情之外，还有其他一些美好的东西，爱情虽离你而去，事业却永远伴随着你，只要你有追求的精神，爱情之花迟早还要为你开放。失恋不失志，不能因为失恋而丢掉自己的理想和志向。理想是个人进步的动力目标，在为理想而奋斗的过程中，逐渐平复由失恋而造成的心理创伤，就会重新获得幸福的爱情。

案例分析

爱情 OR 友情

我和他是同班同学，也是同乡。班里开第一次班会，我和他分在一组，从此就熟悉起来。因为都来自山西，感觉上比别的同学更亲近一些，我有什么事都喜欢找他帮忙。后来，也不知道从什么时候开始，我们开始像男女朋友一样交往了。也许因为开始得太糊涂，注定我们不会有结果。在交往了大概两个月后，我们闹别扭多了、争吵多了，彼此都发现不太适合对方。我想回到当初那种单纯的时候，但是不可能了，觉得很可惜。

点　评

一段感情，是爱情还是友情，或是两者的交织？友情要不要过渡为爱情，抑或听之任之，顺其自然？相信这些是很多大学生困扰不已的话题。

友情可以发展为爱情，但并不是每一段友情都可以，也不是越深厚的友情越可以。案例中两位主角的错误在于把一段本不该转化的友情变成了爱情，结局也只能是草草结束，在失去恋人的同时失去了好朋友。因此，在开始一段感情之前，我们最好先培养好自己爱的能力。

 心理自测

大学生恋爱观心理自测表

【导语】

古人云："以利交者，利尽则散；以色交者，色衰则疏。"因此，树立健康的恋爱观、婚姻观是幸福婚姻的主要保障。它需要通过不断加强思想意识修养，陶冶情操来促成。那么，就其具体内容来说，什么样的恋爱观是理想的或基本正确的？怎样判断自己的恋爱观是否正确？这里向大家推荐一种恋爱观自测的方法，量表是共有17个问题的问卷。

每一个问题的下面，都有四种不同的选择，请你在符合自己想法的那一字母上打上√，每题只选一个。

大学生恋爱观心理自测表

题　　目	选项分数	计　分
1. 你想象中的爱情是		
a. 具有令人神往的浪漫色彩	2	
b. 能满足自己的情欲	1	
c. 使人振奋向上	3	
d. 没想过	0	
2. 你希望同你恋人的结识是这样开始的		
a. 在工作和学习中逐渐产生爱情	3	
b. 青梅竹马	2	
c. 一见钟情也未尝不可	1	
d. 随便	1	
3. 你对未来妻子的主要要求是		
a. 别人都称赞她的美貌	1	
b. 善于理家	2	
c. 顺从你的意见	1	
d. 能在多方面帮助自己	3	
4. 你对未来丈夫的主要要求是		
a. 有钱或有地位	0	
b. 为人正直有事业心	3	
c. 不嗜烟酒，体贴自己	2	
d. 英俊有风度	1	

续表

题　　目	选项分数	计　分
5. 你认为完美的结合应是		
a. 门当户对	1	
b. 郎才女貌	1	
c. 心心相印	3	
d. 情趣相投	2	
6. 你认为巩固爱情的最好途径是		
a. 满足对方物质要求	1	
b. 柔情蜜意	0	
c. 对爱人言听计从	2	
d. 完美自己	3	
7. 在下列格言中，你最喜欢的是		
a. 生命诚可贵，爱情价更高	2	
b. 爱情的意义在于帮助对方，同时也提高自己	3	
c. 有福同享，有难同当	2	
d. 为了爱，我什么都愿干	1	
8. 你希望恋人同你在兴趣爱好上		
a. 完全一致	1	
b. 虽不一致，但能互相照应	2	
c. 服从自己的兴趣	0	
d. 互不干涉	3	
9. 当你发现恋人的缺点时，你的态度		
a. 无所谓	1	
b. 嫌弃对方	0	
c. 内心十分痛苦	2	
d. 帮他（她）改进	3	
10. 你对恋爱中的曲折怎么看		
a. 最好不要出现	1	
b. 自认倒霉	2	
c. 想办法分手	0	
d. 把它作为对爱情的考验	3	
11. 你对家庭的向往是		
a. 能同爱人天天在一起	2	
b. 人生归宿	1	
c. 能享天伦之乐	1	
d. 激励对生活的新追求	3	

续表

题　　目	选项分数	计　分
12. 自己有一位异性朋友时，你将		
a. 告诉恋人，在其同意下继续交往	3	
b. 让恋人知道，但不准干涉	2	
c. 不告诉	1	
d. 告诉与否看恋人的气量而定	1	
13. 另一位异性比恋人条件更好，且对自己有好感		
a. 讨好对方，想法接近	0	
b. 保持友谊，说明情况	3	
c. 持冷淡态度	2	
d. 听之任之	1	
14. 当你迟迟找不到理想的恋人时		
a. 反省自己的择偶标准是否实际	3	
b. 一如既往	1	
c. 心灰意冷，甚至绝望	0	
d. 随便找一个	1	
15. 当你所爱的人不爱你时		
a. 愉快地同他（她）分手	3	
b. 毁坏对方名誉	0	
c. 千方百计缠住对方	1	
d. 不知所措	1	
16. 你的恋人以不道德的理由变心时，你会		
a. 报复	0	
b. 散布对方的缺点	1	
c. 只当自己没看准	2	
d. 吸取教训	3	
17. 当发现恋人另有所爱时		
a. 更加热烈地求爱	1	
b. 想法拆散他们	0	
c. 若他（她）们尚未确定关系就竞争	3	
d. 主动退出	2	
总　　分		

【计分方法与解释】

将每一个打√字母右的数字填到最右边的计分栏，然后将所有题目得分相加。总分在46分以上，说明恋爱观正确；42～46分，基本正确；42分以下，说明恋爱观需要调整。

第八章

跌倒了，爬起来

——大学生挫折应对与危机干预

引 例

您也在井里吗?

有一天某个农夫的一头驴子不小心掉进一口枯井里，农夫绞尽脑汁想办法救出驴子，但几个小时过去了，驴子还在井里痛苦地哀号着。

最后，这位农夫决定放弃，他想这头驴子年纪大了，不值得大费周章去把它救出来，不过无论如何，这口井还是得填起来。于是农夫便请来左邻右舍帮忙一起将井中的驴子埋了，以免除它的痛苦。

农夫的邻居们人手一把铲子，开始将泥土铲进枯井中。当这头驴子了解到自己的处境时，刚开始哭得很凄惨，但出人意料的是，一会儿之后这头驴子就安静下来了。农夫好奇地探头往井底一看，出现在眼前的景象令他大吃一惊：当铲进井里的泥土落在驴子的背部时，驴子的反应令人称奇——它将泥土抖落在一旁，然后站到铲进的泥土堆上面。就这样，驴子将大家铲在它身上的泥土全数抖落在井底，然后再站上去。很快地，这只驴子便得意地上升到井口，然后在众人惊讶的表情中快步地跑开了。

就如驴子的情况，在生命的旅程中，有时候我们难免会陷入“枯井”里，会被各式各样的“泥沙”倾倒在身上，而想要从这些“枯井”脱困的秘诀就是：将“泥沙”抖落掉，然后站到上面去!

点 评

事实上，我们在生活中所遭遇的种种困难挫折就是加诸在我们身上的“泥沙”；然而，换个角度看，它们也是一块块的垫脚石，只要我们锲而不舍地将它们抖落掉，然后站上去，那么即使是掉落到最深的井，我们也能安然地脱困。本来看似要活埋驴子的举动，由于驴子处理厄境的态度不同，实际上却帮助了它，这也是改变命运的要素之一。如果我们以肯定、沉着稳重的态度面对困境，助力往往就潜藏在困境中。一切都决定于我们自己，学习放下一切得失，勇往直前迈向理想。我们应该不断地建立信心、希望和无条件的爱，这些都是帮助我们从生命中的枯井脱困并找到自己的工具。

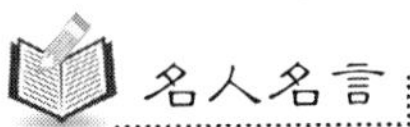

天将降大任于斯人也，必先苦其心志，劳其筋骨，饿其体肤，空乏其身，行拂乱其所为，所以动心忍性，增益其所不能——我国古代思想家孟子

失败也是我需要的，它和成功对我一样有价值，只有在我知道一切做不好的方法以后，我才能知道做好一件工作的方法是什么——美国发明家爱迪生

苦难对于天才是一块垫脚石，对能干的人是一笔财富，对弱者是一个万丈深渊——法国作家巴尔扎克

第一节　挫折概述及大学生的挫折心理

“人生逆境十有八九。”大学生活中，由于主客观因素的影响和制约，不可避免地遇到挫折，如专业不满意，学习不理想，身体不适，同学关系紧张，情感困扰或者各种意外事件，当这些事件对大学生自己意义特别重大（主观上和客观上的）但不能应对时，就会对大学生的各方面产生严重的不良影响，继而出现心理问题。例如，使大学生心理失衡，进而导致焦虑不安、退缩甚至攻击、轻生等。

一、什么是挫折？

人的行为总是从一定的动机出发达到一定的目的地。如果在通向目标的道路上遇到了障碍，一般有三种情况：改变行为，绕过障碍，达到目标；如果障碍不可逾越，可能改变目标，即改变行为的方向，达到改变后的目标；如果在障碍面前无路可走，不能达到目标的话，就会产生挫折感。因此，挫折指人们在通向目标的道路上遇到障碍无法克服，而又不能改变这个目标时产生的紧张情绪反应。在人们的日常生活用语中，“挫折”指挫败、阻挠、失意、失利、失败的意思。

大学生的年龄一般在 17 ~ 23 岁之间，处在青年中期，这时期的学生生理已经成熟。生理的成熟，使大学生产生了强烈的成人感，但涉世不深，经验不足使得大学生的心理显得幼稚，行为容易冲动。羽毛初丰，使大学生踌躇满志，对未来充满憧憬与期待；不谙人世，使大学生对前进路上的曲折坎坷估计不足。需求的多样性与心理的脆弱性使大学生成为一个心理容易受伤的群体。

挫折包括三方面：挫折情景、挫折认知和挫折反应。

1. 挫折情景：指人们的需要不能获得满足的内外障碍或干扰等情景因素，如考试不及格、竞选失利、失恋等。

2. 挫折认知：指人们对挫折情景的知觉、认识和评价。挫折认知既可以是对实际遭遇的挫折情景的认知，也可以是对想象中可能出现的挫折情景的认知。

3. 挫折反应：指人们伴随着挫折认知，对于自己的需要不能满足时产生的情绪和行为的反应，常见的有焦虑、紧张、愤怒、躲避或攻击等。

二、大学生挫折产生的原因

（一）客观原因

由客观原因引起的挫折，叫作环境起因的挫折，即外因。环境因素可以分为以下三种：

1. 自然环境因素。自然界中的一切事物，都按照自己固有的规律发展着。因此，作为每一个在自然环境中生存发展的人，必然会遇到自然因素引起的种种挫折。俗话说："天有不测风云，人有旦夕祸福。"例如，自然灾害（地震、洪水）以及由于自然因素影响而引起的疾病、事故等，这些都是人们无法克服的客观因素。

2. 社会环境因素。大学生生活在社会之中，社会的政治、经济、道德甚至风俗习惯等，都可能是引起大学生挫折的因素。例如，由于各地风俗习惯不同，造成的人际关系紧张；因家庭贫困而难以完成学业等。这些都可能成为挫折的原因。社会环境造成的挫折对于人行为产生的影响，远比自然环境因素造成的影响要大。

3. 大学校园的种种因素。这也可能是导致大学生挫折的直接原因。例如，大学生对就读的大学不尽如己意。一位大学生这样写道："高中毕业了，我以高出录取分数线的成绩考入××大学，看到别的不如我的同学去了比我更好的学校，我感到委屈与愤懑。"人际关系也常常导致大学生挫折的重要因素。其中同学之间、异性朋友之间的人际交往挫折对大学生的影响最大。长期以来，我国教育重视知识的教授，忽视学生非智力因素特别是心理健康方面的教育，也会使学生的适应能力较差，稍遇挫折便无所适从。

（二）挫折产生的主观因素

由主观原因引起的挫折，相当大的部分是由于大学生自身的能力与认识等方面因素引起的，是指主体因素或内在因素。包括个体生理和心理上的条件与需要发生冲突造成的挫折两种情况。

1. 个体生理方面的因素。指个体的身材、外貌等生理方面的原因。由于这样的限制，使自己追求的目标不能达到而造成挫折。

2. 个体心理方面的因素。由于个体心理方面的原因而引起挫折的情况更为复杂。例如，需要的冲突、动机的矛盾能力和期望之间的差距、人际关系障碍、学习上的不适应、生活上的创伤都是造成挫折的原因。

（三）突发事件

如亲人患重病或者猝逝，本人突患重病或者由于某些原因不得不终止求学等。这

 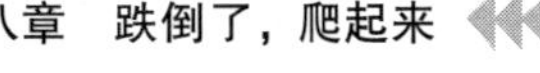

些突发事件极易形成重大挫折，还可能导致个体出现严重的心理问题。

三、大学生的挫折表现

（一）生活挫折

生活挫折有广义和狭义之分，广义的生活挫折泛指在社会生活中遇到的所有挫折；狭义的生活挫折主要是指生活上的一些困难和不适应。小至饭堂的饭菜不可口，需要用水时水龙头没水，住不惯集体宿舍等，大至交不起学费，无法解决生活费用或发生意外事故等，挫折越大，对人的打击就越大。

（二）学习挫折

指学习上产生的各种困难对人的心理的影响。对刚刚进入大学的大学生来说，面临的是学习的重新适应的过程。在这一过程中，有些同学因学习抓不着头绪，找不到有效的学习方法，不会安排学习时间等对大学学习的不适应而产生挫折感；一些同学因所学专业并非自己的理想目标而感到失落，对学习失去兴趣甚至产生抗拒心理，学习成为一件苦差事，因不堪痛苦而逃课成为常事。

（三）交往挫折

主要表现为交往不顺或人际冲突。

1. 交往不顺表现在：想结交一些朋友，但不知道如何去结交；或者因性格内向、孤僻而无法和别人沟通；或者因自卑、胆小而不敢与别人交往；或者在交往中过分挑剔别人，感到找不到知音而陷入孤芳自赏境地。

2. 人际冲突是指在与同学、朋友的交往中，由于脾气不好、性格不良或缺乏同情心、责任心，凡事不会为别人着想、总是以自我为中心等而容易与他人产生摩擦，发生冲突，从而导致人际关系紧张等。这些都会使人产生挫折感。

（四）情感挫折

大学生的情感挫折是多方面的，主要表现在友情、亲情与恋情等方面。

友情：与朋友产生误解、朋友关系疏远、交不到知己等。

亲情：自己的做法得不到亲人的理解、失去亲人等。

恋情：这是最主要的情感挫折，表现为：失恋、单恋、多角恋。恋爱挫折对青年大学生的心灵伤害是很深的，它往往会使人产生自我价值的幻灭感或自尊心受到伤害的自卑感和屈辱感，以至于一些大学生失恋后因情绪太冲动而做出自伤或伤害他人的事来。如常常听到一些大学生因失恋而自杀或攻击乃至杀害对方的消息，非常令人痛心。

（五）择业挫折

择业挫折，即就业过程中遇到的各种困难与阻力。目前各种原因使大学毕业生在寻找工作中遭受到各种挫折。一些学生开始时雄心勃勃，几经碰壁后竟是无奈至听天由命。一些在大学期间不好好读书，因学习成绩不理想而不受用人单位欢迎的学生，更是后悔莫及。寻找工作的不易，使一些学生在心理上害怕毕业，畏惧走上社会。

（六）社会认知挫折

社会认知是指对社会的认识与评价。社会认知挫折是指由于对社会的评价与社会期望产生矛盾所导致的挫折。对于对社会怀着美好憧憬并带有理想化色彩的大学生来说，当前社会存在的种种问题与弊端会影响大家对社会的认同，并妨碍大家对社会作出正确评价。当大学生更多地看到社会丑恶的一面时，就会因理想的破灭而感到失望和沮丧，因而产生挫折感。

第二节　大学生的挫折应对

一、大学生的挫折反应及防卫

（一）积极的行为反应

一般而言，挫折使人表现出痛苦、焦虑、沮丧、愤怒等情绪状态。大学生应对挫折积极的行为反应，可以使大学生心理挫折得到一定缓冲，有助于不良情绪得到缓解，恢复心理平衡，维护自身的身心健康。

1. 表同。这是个体在遭遇挫折时自觉地效仿他人的优良品质和获得成功的经验和方法，使自己的思想、目标和行为更加适应环境、社会的要求，从而在主观上增强获得成功的信念和勇气。人们常说："苦不苦，想想长征两万五；累不累，想想革命老前辈。"就是运用表同的作用。大学生在学习、生活中常常把一些历史名人、科学家或者某些明星甚至自己身边的同学，作为自己表同的对象。尤其是那些与自己家境条件、经济状况、社会经历相似或者相近的名人，更是他们表同的对象。大学生从表同对象的人生经历、奋斗或成功过程中获得信心、力量和战胜挫折的勇气。

2. 升华。升华指个体因种种原因无法达到原定目标，或者个体的动机和行为不为社会所认可的，转变为符合社会引起的动机和需要，表现出富有建设性、有利于自身发展的较高层次的境界和行为。升华能使原有的动机冲突得到合理宣泄、消除焦虑情绪，弥补因挫折而丧失的自尊和自信，保持心理平衡，减轻挫折造成的痛苦。

3. 补偿。在生活中由于主客观条件的限制，使个人的某一个目标无法实现时，行为主体会以新的目标代替原有目标，从而以现实取得的成功体验去弥补原有失败的痛苦，这就是人们受挫的补偿行为反应，"失之东隅，收之桑榆"。例如，补偿可以相应减轻受挫后的消极情绪的压力。

但是，补偿行为有积极和消极之分。如果补偿选择的新目标符合社会规范和人的发展需要，这时的补偿行为是积极的。如果补偿选择的新目标不符合社会规范或者有害于身心，只是为了获得暂时的心理平衡和心理满足，无益于心理健康发展，有时还会导致自暴自弃，甚至堕落犯罪，危害他人与社会。例如，某些大学生在学习上遇到困难和挫折时，就以学习以外的活动来补偿，提出：人生本是 happy，何必整日 study，找个漂亮的 lady，天天都去 happy。

大学生遇到挫折时，应该采取积极的补偿行为，通过别的途径达到目标，东方不亮西方亮，相信条条大路通罗马。只要目标明确，行动正确，一定会实现自己的理想。

4. 幽默。当处境困难或尴尬时，心理比较成熟的大学生，会以幽默来化险为夷，在无伤大雅的情景下巧妙地处理问题，摆脱困境，维护自己的心理平衡。我们在生活和学习中，时常幽默一下，不仅可以缓解紧张情绪，还有利于解除人际关系的僵局，促进人际交往，也有利于自己的身心健康。林肯是美国历届总统中最富幽默感的人，被人誉为一代幽默大师。有一次在演讲时，有人递给他一张纸条，上面只写了两个字："笨蛋"。他举着这张纸条镇静地说："本总统收到过许多匿名信，全都是只有正文不见署名，而刚才那位先生正好相反，他只署上了自己的名字，而忘了写内容。"

德国空军将领乌戴特将军患有谢顶之疾。在一次宴会上，一位年轻的士兵不慎将酒泼洒到了将军头上，顿时全场鸦雀无声，士兵惊骇而立，不知所措。倒是这位将军打破了僵局，他拍着士兵的肩膀说："兄弟，你以为这种治疗会有作用吗？"全场顿时爆发出笑声。人们心中紧绷的弦松弛下来，而将军的大度和幽默而显得更加可亲可敬。

（二）消极的行为反应

消极的行为反应在一定时期、一定程度上可能暂时缓解受挫者的紧张心理和消极情绪，但这种行为反应缺乏积极的意义，其后果一方面对大学生自身身心发展不利，甚至诱发精神疾病；另一方面还可能危害他人和社会。所以要避免受挫后采取消极的行为反应。

1. 攻击。人们在受挫以后，在非理智情况下把愤怒或者某些消极情绪指向造成其受挫的对象——人或者事物，表现为对他人讥讽、漫骂、殴打甚至伤害以及损坏物品等行为，这是一种破坏性行为。1991 年 11 月 1 日，北京大学博士研究生卢刚在美国艾奥瓦大学学习期间，由于未获得该大学 D. C. 斯普顿特 1000 美元的论文奖，开枪打死与该论文奖评比有关的 6 人后，开枪自杀。大学里发生的一些打架斗殴、损坏公物等现象，一般都和大学生受挫后的攻击行为有关。攻击行为往往发生在那些缺乏生活经验，比较简单、鲁莽、冲动性的学生身上。通过攻击行为虽然可以暂时发泄心中的愤懑与不快，但并不能消除原有的挫折感，还会引起新的挫折，同时危害他人与社会。

2. 倒退。倒退行为，指受挫者在受到挫折后，表现出与自己年龄不相称的诸如幼稚等反常行为，一般称为"装小"。当人们受到挫折以后，如果以成熟的、成人的行为方式面对挫折，就会产生心理上的焦虑、不安。受挫者为了避免，放弃已经习得的、成熟的、成人的正常行为方式，而恢复使用早期幼儿幼稚的方式加以应付，从而减轻内心的心理压力。如遇到困难时，像孩子般的号啕大哭，因不愿承认错误而要赖或喋喋不休，做事没主见，盲目相信他人等。因为大学生在心理上尚未完全成熟，在遇到困难或不开心时，偶尔哭闹一下，显得正常且容易被他人接受。但如果经常使用，或借此来博得他人的同情和关注，以避免面对现实同情的痛苦，则是一种不健康的心态。

3. 固执。一些大学生受到挫折后，往往不分析失败的原因，反而盲目地重复导致其受挫的无效行为，这就是固执的行为反应。认准了准确的道路奋勇前进，不达成目标不松懈是执着；一意孤行，沿着错误的方向不撞南墙不回头，是为固执。

4. 反向。一般来说，个人的行为方向和他的动机方向是一致的，即动机发动行为促使行为向满足动机的方向进行。但是，有些大学生受挫后，采取一种与原意相反的态度或行为，其目的在于避免或减轻自尊心受损。这种把自己一些不符合社会规范、不被允许的愿望和行为，以一种相反的态度和行为表现出来，以掩盖自己的本意，避免或减轻心理压力的行为反应，称为反向。例如，自卑者有时会表现的反常自负；有的大学生对某异性非常倾慕，由于害怕遭到拒绝而装出一副不屑一顾的样子。长期运用反向行为会从根本上扭曲自我意识，使动机与行为脱节，造成心理失常。

5. 压抑。压抑指个体把自己意识不能接受的观念、欲望、冲动、情感和痛苦经验，压抑到潜意识中，使之不能进入意识而被遗忘，从而避免痛苦。压抑是行为主体的一种“主动遗忘”，那些被压抑的东西并没有消失，它在日常生活中往往不知不觉地影响着人们的日常心理和行为，并且一旦出现相近的场景，被压抑的东西就会冒出来，对个体造成更大的威胁和伤害。它不仅影响个体的正常活动，而且会引起心理异常和心理疾病。

6. 文饰。文饰，即文过饰非的行为反应。当个体达不到追求的目标时，为避免或减轻因挫折而产生的焦虑和维护自尊，总是要在外部寻找某种理由或托辞对自己的行为给予某种合理的解释。文饰的行为表现有两种形式。一是“酸葡萄”反应行为。吃不到葡萄说葡萄酸。这种反应是一种借着减少或否定他难以达到的目标，而夸大目标的缺点来维持心理平衡的一种手段。二是“甜柠檬”行为反应。伊索寓言中的故事，有只狐狸原想找一些可口的食物，但遍寻不着，只找到一只酸柠檬，这实在是一种不得已而为之的事，但它却说：“柠檬味甜，正我所欲也”。甜柠檬反应是夸大既得利益的好处，缩小或者否定它的不足之处。文饰起着自我欺骗和自我麻痹的作用，影响了实事求是地面对现实和做出积极的改变。因此，长期使用，会使自己不去认真吸取教训，放弃对自我的认识和改造，以至于降低积极适应环境的能力。

7. 投射。投射又称推诿，是受挫者把自己内心不被允许的愿望、冲动、思想观念、态度和行为，转嫁于他人或其他事物上，以摆脱自己内心的紧张心理，从而保护自己，并为自己的行为辩护。例如，上学迟到了，老师批评你，你这样回答老师：“我们的班长还在后面!”以此减轻内心的紧张和压力。

8. 轻生。轻生是受挫者受挫以后表现出的一种极为消极的行为反应。在现实中，

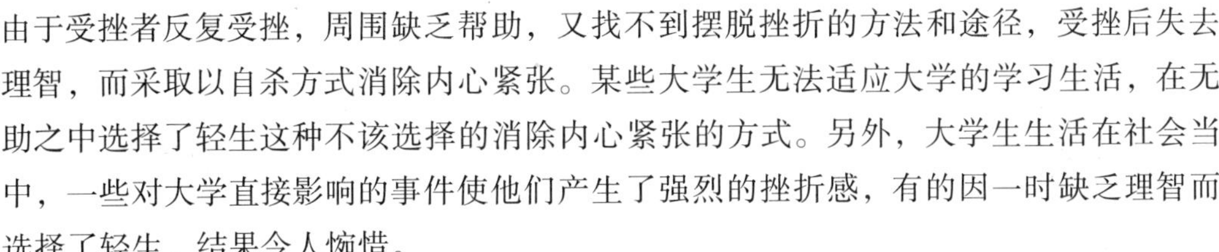

由于受挫者反复受挫，周围缺乏帮助，又找不到摆脱挫折的方法和途径，受挫后失去理智，而采取以自杀方式消除内心紧张。某些大学生无法适应大学的学习生活，在无助之中选择了轻生这种不该选择的消除内心紧张的方式。另外，大学生生活在社会当中，一些对大学直接影响的事件使他们产生了强烈的挫折感，有的因一时缺乏理智而选择了轻生，结果令人惋惜。

二、大学生挫折的应对方式

（一）正确认识挫折

人生犹如天气，有阳光灿烂，也有狂风暴雨；有风和日丽，也有雾霭风沙。挫折是不可避免的。雨果说："尽可能少犯错误，这是人的准则，不犯错误，那是天使的梦想。"一个在生活中充满幸福感的人，不是他在生活中不遭遇挫折，而是能坦然面对挫折，并能客观地分析挫折产生的根源，尽可能不再犯同样的错误。

事实上，任何事情都有两面性，既有积极的一面，也有消极的一面，挫折也是如此。从消极方面看，一个人在遭遇挫折时，就挫折事件而言，是令人痛苦的。从积极方面看，人在挫折面前若能冷静下来，沉着面对，挫折就有可能成为激发人上进的力量，在与挫折的抗争过程中，自己的性格和意志得到磨炼，使自己在挫折中成熟起来，挫折就可能成为事情的转机。相反，一个人总是生活在顺境中，可能会使人过于安逸，在真正遇到困难时反而会使人措手不及。所以，挫折是一种困境，但也是一个机会，只要能坦然面对，并树立起战胜挫折的信心，就可能从困境中解放出来。要知道，不经风雨，怎见彩虹？

（二）客观分析挫折原因

正确认识挫折，只是战胜挫折的心理基础，要能战胜挫折，还必须对挫折产生的原因进行客观分析。如前所述，挫折的产生，有客观的原因，也有主观的原因。若不能正确分析挫折产生的原因，找不到挫折的根源所在，对挫折就不会有针对性的应对策略，就会使人深深地陷入挫折的泥潭，不能自拔。

学生在挫折的归因问题上常会出现两种倾向：极度的外部归因和极度的内部归因。极度的外部归因就是指把挫折归因于外部的、不可控制的因素，而不考虑自身的因素。极度的内部归因正好相反。如一些大学生考试失败后，认为是老师出题太难，评分过于严格，而不是努力克服困难和改变失败的处境，这就是极度的外部归因。有的学生则往往把失败归因于自己，认为是自己能力有限、学习不够努力、太笨等原因，过多地责备自己。这两种归因如果得不到纠正，可能会导致学生的自我效能感的丧失，对他的学习将会产生严重的负面影响。因此，学生在遇到挫折后，要冷静分析挫折产生的原因：是客观原因，还是主观原因，是可控原因还是不可控原因，或者兼而有之等。只有找到造成挫折的真实原因，才有可能找到"症结"，才有可能战胜挫折。

（三）根据实际情况调整抱负水平

抱负水平是指人在从事活动之前，对自己要达到的目标所规定的标准。从本质上说，目标只是一种愿望，与活动的实际结果不一定是相符合的，但若抱负水平不当，可能会引发挫折感。由于抱负水平不当引发的挫折感通常有两种情况：一是抱负水平过高。抱负水平过高的人，常对自己的目标追求力求尽善尽美，但由于目标的实现往往并不取决于个人的因素，还有许多不可控制的因素，尽管个人为实现目标倾尽了全力，最后的结果可能是远远低于自己的预定目标，这样就会产生挫折感。要知道，希望越大，失望可能也就越大。另一种情况是抱负水平过低。抱负水平低的人，目标容易实现，似乎不会出现挫折感，事实不然。抱负水平过低，虽然容易实现目标，但这目标的实现不会给他带来真正的满足感，对他的自信心、自尊的增强没有太大的帮助，反而会埋没他的潜能，压抑他的个性。当前不少大学生感到"郁闷"，常常是由于抱负水平过低造成的。抱负水平过高过低都不行，是不是意味着折中的目标是最好的呢？其实不然。抱负是个人自己对未来发展的一种期盼，应体现出个人的特点。所以，在确立抱负水平之前，个人首先应对自己的情况和从事的活动进行审慎地分析，了解自己之所长和所短，了解所从事的活动的性质特点，根据自己的特点和活动的实际情况来确定目标。知己知彼，才能百战不殆。例如，大学生在确定自己的学业成绩目标时，就要充分考虑自己的情况和学科的特点，如你的能力特点是擅长记忆，动手能力稍弱，而学科突出的是程序性知识，你在学习目标的确定上就不应过高；相反，如果学科是以描述性知识为主，你就可把目标定高些。抱负水平切合实际，既可增强事情的成功度，又能发挥抱负水平应有的激励作用，从而减少因目标不能实现所引发的挫折感。

（四）合理运用心理防卫机制，缓解心理压力

挫折不可避免，人在遭遇挫折时原有的平衡心理必然会遭到破坏，这时会出现焦虑、烦躁、痛苦、郁闷等负面的心理反应，这都是正常的心理现象。在没有找到克服失败的方法之前，适度的宣泄是有必要的。为了避免挫折给自己带来更大的伤害，这时就要适当运用心理防卫机制。心理防卫机制有积极的，也有消极的，但无论是积极的还是消极的，心理防卫机制不一定能针对引发挫折的根源，用心理防卫机制来寻求解脱，多少会有些自欺欺人的色彩。但它对个体缓解心理压力、减轻焦虑和紧张情绪、维护个人的自尊、保持心理的相对平衡是有很大价值的。如学生遇到情感挫折时大哭一场；在与人交往发生矛盾时去打一场球；在情绪激动时去听一段优美的音乐；在心中有烦恼自己又无法排解时去找人倾诉等。这些心理防卫机制的运用，使自己的焦虑情绪得到一定的宣泄，对心理压力的缓解是有帮助的。相反，如果这些不良情绪不能得到合理的宣泄，在过度的焦虑状态下，人的注意范围会变窄，思维的灵活性会降低，这时反而会使事情变得更糟，甚至会越陷越深，不能自拔。

但我们应该清楚，心理防卫机制只是"止痛药""麻醉剂"，不是根治挫折的"良

药”。要使自己能从挫折的困扰中彻底解放出来，在用一些积极的心理防卫机制进行宣泄、使自己在冲动中平静下来之后，自己就应冷静下来，客观地分析挫折产生的原因，找到症结所在，再找到出路，从而轻装前行。

（五）注重自身修养，提高思想境界

孔子说：“君子坦荡荡，小人长戚戚。”君子之所以坦荡，是因为君子修养高，对名利淡泊；小人之所以“常戚戚”，是因为小人对蝇头小利也不放过，对鸡毛蒜皮的小事也耿耿于怀。这说明，一个修养高的人，对挫折的承受能力也随之提高。郑板桥有两幅很有名的条幅：一幅是“难得糊涂”；另一幅是“吃亏是福”。“难得糊涂”说明一个人要生活得自在，对一些小事不应太过于精明，该糊涂时就糊涂。“吃亏是福”说明一个人做事不要斤斤计较，不怕吃亏，要勇于吃亏，善于吃亏，在吃亏中展精神，在吃亏中长智慧。这两个条幅体现了郑板桥较高的思想境界。高的修养、高的思想境界是增强挫折抵御能力的重要法宝，为了提高挫折承受力，就必须提高自身的修养。个人修养的提高来源于两条基本途径：一是学习书本知识，二是积极参加各种社会实践。

对于书本知识的学习，学生除了要学习专业知识外，更要重视对我国传统文化的学习。我国的历史悠久，文化源远流长，不少经典名著对提高为人处世的能力是大有帮助的，大学生应善于从我国的传统文化中汲取营养，学会扬弃，古为今用。

积极参加社会实践，也是提高自身修养的重要途径。当代的大多数大学生，从小学到中学，再从中学到大学，有家长铺路，有老师搭桥，一帆风顺地走过来，没遭受过太多挫折，这在很大程度上降低了学生抵御风险、承受挫折的能力。没有这些能力作为支撑，事实上会给学生以后适应复杂的社会生活留下隐患。所以，大学生在大学求学期间应多些参加各种社会实践活动，在实践中磨炼自己。学生志在学，在实践中，无论是得是失，对自己来说都是一笔难得的财富。自古雄才多磨难，从来纨绔少伟男。只有经得起磨难，才能使自己成为雄才。

第三节 大学生心理危机干预

一、心理危机的概念内涵

日常生活中，我们经常听到“经济危机”“政治危机”这样的概念，对于“心理危机”很多人感到还很陌生。什么是心理危机呢？心理危机这一概念是美国心理学家卡普兰（G. Caplan）首次提出的。他认为，心理危机是当个体面临突然或重大生活事件（如亲人死亡、婚姻破裂或天灾人祸）时所出现的心理失衡状态。他认为，每个人都在努力保持一种内心的稳定状态，使自身与环境稳定协调，当重大问题和剧烈变化使个体感到问题难以解决，平衡就会被打破，正常的生活受到干扰，内心的紧张不断积累，继而出现无所适从甚至思维和行为的紊乱，进入一种失衡状态，这就是心理危机的状态。

可见，危机是个体无法用现有的资源和惯常应对机制加以处理的事件和遭遇。危机有两层含义：一是指突发事件，出乎人们意料发生的，如地震、水灾、空难、疾病暴发、亲人丧失、恐怖袭击、战争等；二是指人所处的紧急状态。心理危机可以分为发展性和意外性两类。发展性心理危机是可以预料的，如生命周期中不同发展阶段所遇到的重大问题，其特征是情绪的剧烈变化，导致个人心理失衡，如青春期的心理危机；意外性危机是突如其来的、无法预料的，如受到恐吓、自然灾害、躯体重大疾病等。心理危机发生后，如果得不到及时有效的帮助和支持，通过调动其自身的潜能重新建立和恢复其危机前的心理水平，则可导致精神崩溃，产生自杀或攻击他人的不良后果。当一个人出现心理危机时，当事人可能及时察觉，也有可能“未知未觉”。无论何种情形，当个体面对危机时会产生一系列身心反应，一般危机反应会维持 6 ~ 8 周。危机反应主要表现在生理、情绪、认知和行为上。生理方面：肠胃不适、腹泻、食欲下降、头痛、疲乏、失眠、做噩梦、易惊吓、感觉呼吸困难或窒息、有哽塞感、肌肉紧张等。情绪方面：害怕、焦虑、恐惧、怀疑、不信任、沮丧、忧郁、悲伤、易怒、绝望、无助、麻木、否认、孤独、紧张、不安、愤怒、烦躁、自责、过分敏感或警觉、无法放松、持续担忧、担心家人安全、害怕死去等。认知方面：注意力不集中、缺乏自信、无法作决定、健忘、效能降低、不能把思想从危机事件上转移等。行为方面：社交退缩、逃避与疏离，不敢出门，容易自责或怪罪他人，不易信任他人等。

二、大学生心理危机的诱因与特点

社会竞争激烈，学习和就业压力增大，加上身心疾病、感情波折和经济困难等因素，大学生心理危机时有发生，甚至出现自杀和违法犯罪等恶性事件。大学生心理危机问题已经开始引起全社会的广泛关注。

大学生心理危机的诱因很多，蔺桂瑞教授将其归纳为八个方面：其一，学生家庭父母关系不合、离异，造成学生的心理创伤。其二，社会就业竞争激烈。其三，不适应大学生活环境。同宿舍的学生都是独生子女，各有各的个性，不能相互容纳，由此发生矛盾冲突，日积月累，却又不敢表达，因为这些原因造成大学生的心理问题最多。其四，不适应大学学习环境。某些学生上高中时，考大学的目标非常明确，上大学后，突然失去了目标，心中茫然，有一种失落感。其五，恋爱与失恋问题。其六，性行为问题。一类学生是过于封闭自我，导致性压抑；另一类学生是过于开放，随便发生性关系，之后又非常后悔自责。其七，就业观念滞后，就业期望值过高。我们国家过去是精英教育，能上大学的就是人才。现在大学扩招，教育已趋向普及化，大家都有受教育的机会。可是一些学生和家长的观念却没有转变，非要找一个理想工作不可，求职期望值非常高，与现实不符。这样就给学生造成极大的心理压力。其八，社会贫富差距越来越大。有的学生家里经济条件比较好，穿名牌衣服，过生日请同学吃饭。这都会对那些贫困生的心理造成很大的压力。

我们认为，大学生是一个独特的群体，其心理危机具有以下两方面的鲜明特点：其一，发展性。大学生面对许多成长中必须解决的发展性课题，这些课题反映了社会对大学生角色的要求，它们既是大学生成长的外部动力，也是潜在的应激源。大学生许多心理危机具有发展性的特征，如果能够得到及时干预处理，能帮助他们安全渡过危机，会使他们从中获得宝贵的经验。其二，易发性。大学生处在走向成熟的过渡阶段上，生理方面更多具备了成人的特征，但社会阅历和经验相对不足，处理问题的社会经验和能力更是有限，这种反差的存在，使得心理危机在他们身上十分容易得到表现乃至爆发。近年来，高校自杀学生人数不断增加，像马加爵杀人案等恶性事件时有发生，都从另一角度佐证了大学生心理危机的易发性。

三、大学生心理危机的发展过程与影响因素

一般来说，大学生心理危机的发生会经历以下几个时期。

1. 冲击期。在危机事件发生后不久或当时，感到震惊、恐慌、不知所措。

2. 防御期。表现为想恢复心理上的平衡，控制焦虑和情绪紊乱，恢复受到损害的认知功能，但不知如何做。此时会出现否认、合理化等心理防御反应。

3. 解决期。积极采取各种方法接受现实，寻求各种资源想方设法解决问题从而减轻焦虑，增加自信，恢复社会功能。

4. 成长期。经历了危机后变得更成熟，获得应对危机的技巧。但也有人消极应对而出现种种心理不健康的行为。

从危机的后果来说，会有四种不同结局：第一种是顺利渡过危机，并学会了处理危机的方法策略，提高了心理健康水平；第二种是渡过了危机但留下心理创伤，影响今后的社会适应；第三种是经不住强烈的刺激而自伤自毁；第四种是未能渡过危机而出现严重心理障碍。

究竟是哪些因素影响了个体应对危机的结果呢？个体的人格特点、对事件的认知和解释、社会支持状况、以前的应对危机经历、个人的健康状况、干预危机的信息获得渠道和可信程度、个人适应能力、所处环境等都会影响危机的进程与应对效果。

1. 个体对事件的知觉。对某一事件的认知和主观感受在个体决定应付行为的性质和程度中起着重要作用。认知方式限制了人们探索压力事件的信念，极大地影响了人们对他人的知觉、人际关系以及对采取不同类型的心理治疗的反应。如果个体对事件的知觉是客观的、合乎逻辑的，则问题解决的可能性会大大提高。

2. 社会支持系统。人的本质是社会化的，人是生活在一定的社会联系和关系中的。社会支持系统是人们应对大量压力的重要的心理资源。这种资源的缺乏或丧失，面对

压力的个体将变得无比脆弱、失衡并进一步产生危机。

3. 应对机制。人们通过日常生活，学会了运用各种手段去应对焦虑和减少紧张，并逐步形成了应对压力的模式。那些被人们运用的、有效的应对策略会成为人们日常生活中解决压力的一部分而被纳入他们的认知模式中，并逐渐形成了人们解决压力的一套有效的应对机制。相反，如果没有恰当的、有效的应对机制，个体的压力或紧张持续存在，危机便会随之产生。

4. 个体的人格特征。心理危机还受个体的人格特征的影响，容易陷入危机状态的个体在人格上具有特异性。如注意力明显缺乏，看问题只看表面看不到本质；社会倾向性过分内倾，这种人格特征使个体遇到危机时往往瞻前顾后，总会联想不良后果；在情绪情感上具有不稳定性，自信心低，独立处理问题的能力极差；解决问题时缺乏勇气进行尝试，行为冲动缺乏理性，经常会有毫无效果的反应行为。

四、大学生心理危机的干预

如何对大学生的心理危机实施有效干预，是摆在高校教育工作者面前一个重要的实践课题。许多高校目前已经积极开展这方面的工作，积累了许多宝贵经验。我们认为，大学生心理危机的干预可以从以下几方面着手。

（一）重点关注高危个体

首先要明确哪些大学生是心理危机的高危个体，以下是XX省教育厅文件《XX高校大学生心理危机干预及自杀预防实施方案（试行）》中对心理危机的高危大学生个体的界定，具有一定的参考价值。

1. 在心理健康测评中筛查出来的有心理障碍或心理疾病或自杀倾向的学生。

2. 遭遇突然打击和受到意外刺激后出现心理或行为异常的学生（家庭发生重大变故，身体发现严重疾病，遭遇性危机，感情受挫，受辱，受惊吓，与他人发生严重人际冲突后出现心理或行为异常的学生）。

3. 学习压力、就业压力特别大以及严重环境适应不良出现心理或行为异常的学生。

4. 因严重网络成瘾行为而影响其学习及社会功能的学生。

5. 性格内向、经济严重贫困且出现心理或行为异常的学生。

6. 有严重心理疾病（抑郁症、恐怖症、强迫症、癔症、焦虑症、精神分裂症、情感性精神病等）且出现心理或行为异常的学生。

7. 对近期发出下列警示讯号的学生，应作为心理危机干预的重点对象及时进行危机评估与干预：①谈论过自杀并考虑过自杀方法，包括在信件、日记、图画或乱涂乱画的只言片语中流露死亡的念头者；②不明原因突然给同学、朋友或家人送礼物，请客，赔礼道歉，无端致以祝福，述说告别的话等行为明显改变者；③情绪突然明显异

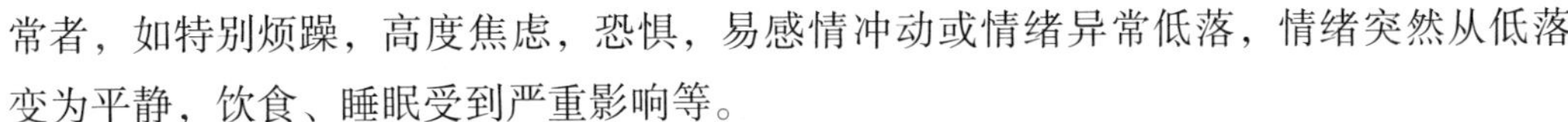

常者，如特别烦躁，高度焦虑，恐惧，易感情冲动或情绪异常低落，情绪突然从低落变为平静，饮食、睡眠受到严重影响等。

（二）建立大学生心理危机干预的队伍和体系

大学生心理危机干预是一项复杂的系统工程。对从事这项工作的队伍而言，心理危机干预的主力是受过专门训练的心理咨询师，但教师、管理者、同学、家长、社会工作者也都是危机干预队伍中的重要成员。从危机干预的体系建构来讲，仅仅依靠某个部门或中心（如危机干预或心理咨询中心）常常难以做到有效干预，它需要学校不同部门、机构的相互配合，这些部门和机构包括学生处、校医院、保卫处、院系学生工作委员会、辅导员、学生会等。

目前，不少高校结合自身特点建立了危机干预的队伍和体系，具体落实以下七项措施。

1. 建立心理危机干预知识培训制度。由学校心理健康教育中心组织分批对各院系分管学生工作的领导，辅导员，班主任，学生宿舍管理员，保卫人员，各班心理联络员及各研究生会、学生会主要干部，社团负责人开展心理危机干预知识的培训。

2. 公布应急求助信息。通过开设课程、举办讲座、发放资料、网络专题咨询等指导学生掌握心理调节的方法，了解处于心理危机状态中的人有何表现，如何进行干预；公布心理求助热线电话、校医院急救电话、辅导员电话等。

3. 建立大学生心理与行为问题监测网络。监测网络采取“五级网络”模式，每一级网络都指定专人负责，定期向上级网络报告。

4. 建立并健全大学生心理档案。通过对新生进行心理健康测量，建立大学生心理档案，掌握容易产生心理问题的学生的心理健康状况，特别关注有严重生理和心理疾病以及有自杀倾向的学生以及在学习和生活中遇到突然打击和受到意外刺激的学生。对发现有问题的学生采取重点辅导、专人管理、及时矫治的措施。

5. 建立大学生心理与行为问题应急处理机制。全校性的因突发事件而产生的大学生心理与行为问题，由二级网络统一进行综合评估，作出初步判断，提出处理办法；院系性的因突发事件而产生的大学生心理问题，由三级网络统一进行综合评估，作出初步判断，提出处理办法，并将评估、判断和处理情况上报二级网络，二级网络在综合各院系情况的基础上，再将情况上报一级网络。

对自伤、自杀（或自杀倾向）者立即送医院救治或进行监护，并报告上级负责人。由当事人亲近的 1 ~ 2 位人员或指定专门人员进行心理救护，稳定和疏导情绪；帮助危机当事人建立社会支持系统；向危机当事人提供应对机制并与其共同制订缓解危机的行动步骤；注意危机后期的安全保护和心理康复工作，防止意外再次发生。

6. 建立大学生危机干预档案。三、四、五级网络要将大学生危机事件的处理情况详细记录，将书面材料交心理健康教育中心或心理咨询中心、学生处存档，以备必要时调用。

7. 建立和强化大学生心理辅导制度。提高心理辅导质量，丰富心理健康教育内容，营建良好的心理文化环境，让“珍爱生命、美丽心灵”“健康的一半是心理健康”“追求成长、超越自我、完善自我”等心理健康意识深入人心，使大学生学会用心理保健知识维护自我心理健康。

（三）加强心理健康教育，提高学生心理素质与应对技能

危机通常是需要立即处理的紧急情形，个体的心理健康水平和心理素质直接影响对危机的克服与应对，因此，提高大学生的心理素质和心理健康水平，可视为危机干预的源头工作。

如何营造心理健康的环境，提高个体对危机的应对技能呢？我们认为应从以下几个角度考虑。

1. 正确看待压力、挫折和危机。人的认知犹如“过滤镜”，它会使许多情境改变颜色。首先，压力、挫折和危机都是客观存在的。人的一生困难、挫折和危机是不可避免的，可以说是逢时俱来，这是客观存在的东西，不以人的意志为转移。面对客观存在的这些情境，我们应该承认它，怨天尤人是没有任何意义的。其次，压力、挫折和危机又是辩证的。它们对人既是刺激、威胁，然而也是挑战，有人将其称之为“生命之盐”是有一定道理的。从积极的意义上看，适度的压力、挫折是维系正常心理功能的条件，有助于人们适应环境，提高能力，有助于认识自身的长处与短处。而危机能激发潜能的发挥乃至发挥之极致。危机的克服能使人在增长人生经历的同时提高自信心，使人生变得丰富而充实。

2. 争取社会支持。人是社会的人，人的发展离不开社会的支持。大学生应该努力争取拥有良好的人际关系，拥有家庭的亲情和朋友、邻居的友情以及拓展的网络，包括同伴、同乡、同学、团体的接纳与被接纳。社会支持的作用：一是屏障作用，二是支持本身所具有的意义和价值。所以我们应培养社会兴趣，在人际交往中学会与他人协调合作。我们的建议：一是学会从他人的角度看问题，既要对自己负责，也要对他人负责；二是对人不苛求，善于发现他人的优点，欣赏他人的成功；三是不嫉妒人，比自己强的人没资格去嫉妒，比自己弱的人不屑于嫉妒；四是主动关怀并帮助他人，从中营造互助互利的氛围，体味人生的价值；五是当面临自身难于应付的困难、挫折时，应主动寻求、善于利用并乐于接受他人所提供的社会支持，包括工具性的和情感性的支持。

3. 自我营造积极的自我概念。提高自我调节能力的核心是营造积极的自我概念。[1]自我概念不是遗传的结果，而是后天社会实践的产物。具有积极自我概念的人

〔1〕 董妍、俞国良：“自我提升的研究现状与展望”，载《心理科学进展》2005 年第 2 期。

的主要特质：一是以“真实的我”的面目出现，有适度的自信，不矫揉造作；二是对自我有明晰的认知评估，并以肯定的态度接纳自己，既能接纳自己的长处，也能接纳自己的短处乃至缺陷。那么，怎样才能营造积极的自我概念呢？主要途径是从事实践活动并力争获得成功，成功可增强人的自我效能感、价值感，提高自信心，同时还是医治抑郁症、焦虑症的良药。

案例分析

竞选，让我成长

带着对未来生活的憧憬，芳芳成为大学校园中一名普通的大学生。一入校，她就发现大学校园里有校学生会、院学生会、各种社团等地方招聘新生，她积极参加竞选，准备好好干一场。可是她竞聘了好几个职位，均以落选告终。接二连三的失败，让她感到非常沮丧，她开始怀疑自己究竟能做什么？是不是什么都做不了？是不是真的太差了？

此后，她开始逃避集体活动，觉得大学生活没有意思，不知该做什么，常常沉默不语，情不自禁地流泪。那段时间里，父母亲常用鼓励的话语安慰她，班主任细心地发现了她的异常，采用专业的心理疏导给了她最有力的帮助，同学们、朋友们的陪伴给了她最贴心的支持。她意识到自己的颓废，先是与同学的交流中讲述自己上大学的困惑，再与家长、老师的积极沟通中，表达了自己的想法，而后冷静地分析了自己竞选失败的原因。渐渐的，她又恢复了往日的自信，经过精心的准备，她成功地竞聘为一名校广播站的播音员，此刻的她，深刻体会了成功的不易，更加珍惜大学的生活、学习。

点 评

近年来，越来越多90后的孩子走进大学，在成长过程中，这一代孩子遇到更多的是鼓励和掌声，而非挫折，但是人生不总是阳光灿烂，总要遇到风霜雨雪。案例中的芳芳从小到大没有经历过什么失败，一旦遇到，就会迷失自我，开始对自己产生怀疑和否定，不能正确地对自我定位。但是在父母、老师、朋友们的支持下，她通过自我反省，合理规划、坚持不懈的努力下，最终走出了阴霾。因此，失败并不可怕，关键要看我们是否愿意采用积极的方式去应对，从而获得心灵的成长。

心理自测

抑郁自评量表（SDS）

本评定量表共有20个项目，分别列出了有些人可能会有的问题。请仔细阅读每一条目，然后根据最近一星期内你的实际感受，选择一个与你的情况最相符合的答案。

请你不要有所顾忌，应该根据自己的真实体验和实际情况来回答，不要花费太多的时间去思考，应顺其自然，根据第一印象做出判断。

注意：测验中的每一个问题都要回答，不要遗漏，以避免影响测验结果的准确性。

1. 我觉得闷闷不乐，情绪低沉。(　　)

A. 很少　　B. 小部分时间　　C. 相当多的时间　　D. 绝大部分时间

2. 我觉得一天之中早晨最好。(　　)

A. 很少　　B. 小部分时间　　C. 相当多的时间　　D. 绝大部分时间

3. 我一阵阵哭出来或觉得想哭。(　　)

A. 很少　　B. 小部分时间　　C. 相当多的时间　　D. 绝大部分时间

4. 我晚上睡眠不好。(　　)

A. 很少　　B. 小部分时间　　C. 相当多的时间　　D. 绝大部分时间

5. 我吃得跟平常一样多。(　　)

A. 很少　　B. 小部分时间　　C. 相当多的时间　　D. 绝大部分时间

6. 我与异性密切接触时和以往一样感到愉快。(　　)

A. 很少　　B. 小部分时间　　C. 相当多的时间　　D. 绝大部分时间

7. 我发觉我的体重在下降。(　　)

A. 很少　　B. 小部分时间　　C. 相当多的时间　　D. 绝大部分时间

8. 我有便秘的苦恼。(　　)

A. 很少　　B. 小部分时间　　C. 相当多的时间　　D. 绝大部分时间

9. 我的心跳比平时快。(　　)

A. 很少　　B. 小部分时间　　C. 相当多的时间　　D. 绝大部分时间

10. 我无缘无故的感到疲乏。(　　)

A. 很少　　B. 小部分时间　　C. 相当多的时间　　D. 绝大部分时间

11. 我的头脑跟平常一样清楚。(　　)

A. 很少　　B. 小部分时间　　C. 相当多的时间　　D. 绝大部分时间

12. 我觉得经常做的事情并没有困难。(　　)

A. 很少　　B. 小部分时间　　C. 相当多的时间　　D. 绝大部分时间

13. 我觉得不安而平静不下来。(　　)

A. 很少　　B. 小部分时间　　C. 相当多的时间　　D. 绝大部分时间

14. 我对将来抱有希望。(　　)

A. 很少　　B. 小部分时间　　C. 相当多的时间　　D. 绝大部分时间

15. 我比平常容易生气激动。(　　)

A. 很少　　B. 小部分时间　　C. 相当多的时间　　D. 绝大部分时间

16. 我觉得作出决定是容易的。(　　)

A. 很少　　B. 小部分时间　　C. 相当多的时间　　D. 绝大部分时间

17. 我觉得自己是个有用的人，有人需要我。(　　)

A. 很少　　B. 小部分时间　　C. 相当多的时间　　D. 绝大部分时间

18. 我的生活过的很有意思。(　　)

A. 很少　　B. 小部分时间　　C. 相当多的时间　　D. 绝大部分时间

19. 我认为如果我死了别人会生活得好些。(　　)

A. 很少　　B. 小部分时间　　C. 相当多的时间　　D. 绝大部分时间

20. 平常感兴趣的事我仍然照样感兴趣。(　　)

A. 很少　　B. 小部分时间　　C. 相当多的时间　　D. 绝大部分时间

评分规则：

其中，1、3、4、7、8、9、10、13、15、19 题，答“很少”为 1 分，“小部分时间”为 2 分，“相当多时间”为 3 分，“大部分时间”为 4 分。

2、5、6、11、12、14、16、17、18、20 题，答“很少”为 4 分，“小部分时间”为 3 分，“相当多时间”为 2 分，“大部分时间”为 1 分。

将所有得分相加，最后得分：42.4 作为分界分，42.4 ~49.6 分为轻度抑郁，49.6 ~57.6 分为中度抑郁，57.6 分以上为重度抑郁。

温馨提示：若是你测试的结果为轻度抑郁，你可以了解一些必要的心理健康知识，为今后保持健康的心理奠定基础。任何人在生活中都会遇到情绪低落，心情苦闷的时候，找人倾诉或者适当的发泄，努力回忆以前的快乐体验，并做一些能让自己感到快乐的事情，还应给自己的生活设定一个目标，定一个计划，时常调整心情。若是你的测试结果是中重度抑郁，并努力调整过自己的现状，但仍无法改变自己的现状，最好能够找心理咨询老师谈谈，接受系统的心理咨询，从而帮助你尽快走出心理困境，获得快乐心情。

第九章

网络世界，让我欢喜让我忧

——大学生网络心理及调适

引 例

大学生沉迷网游功课挂科想转学被骗一万多

1992 年出生的晓晨是浙江温州人。父母都做生意，家境比较优越。

3 年前，晓晨考进泰州某高校。父母认为儿子成人了，不需要盯着了。他们除了提供足够的生活费，对孩子的学习生活不再督促。远离了父母的管教和唠叨，晓晨顿时就迷上了网络游戏。来到泰州后，他几乎每天都逃课，在莲花七区附近的一网吧内打游戏刷副本，乐此不疲。

3 年下来，晓晨的装备越来越好，但成绩却越来越差。2013 年暑假前，晓晨期末考试有 9 门功课不及格，接到了学校的劝退通知。晓晨急得抓耳挠腮，他想起了在网吧一起打网游认识的好友邱某。

邱某说，他爸爸原来是泰州检察院检察长，现在被交流到外地工作了，妈妈是南京一家银行的副行长。他一个人在家无聊，就出来打打游戏。通过邱某，晓晨还认识了邱某"开厂"的堂哥。堂哥曾到网吧劝邱某不要痴迷上网。晓晨对邱某的身份深信不疑。

2013 年 10 月，接到学校劝退通知后，晓晨找到邱某诉苦。邱某说："我爸爸认识你们学工处一个处长。我能帮你把事情解决掉。"晓晨喜不自禁，连忙请他帮忙。

邱某当即拿起电话出去了几分钟，回来后对晓晨说，这个事情可以办，但是要请老师吃饭。"我爸爸不好管这个事情，我请我堂哥帮你处理，请客的钱我们先帮你垫着，回头你再给我。"

接下来的几天，邱某每天晚上 5 点多钟就从网吧出去，说是请高校老师吃饭，但是不能带晓晨一起去。一天晚上 11 点多钟，邱某回到网吧，告诉晓晨：学校学工处处长说了，肯定会帮忙，不会让你退学的。

晓晨信以为真，先给了邱某 7000 元。

不料，晓晨还是被学校劝退了。邱某安慰他，不要紧，你把学籍档案拿回来，我帮忙把你转到江苏大学京江学院去，但是要1.5万元学费。晓晨听从了邱某的建议，将档案从学校里提出，交给了邱某。

到了11月中旬，邱某说，京江学院有学生证寄来，但是自己垫付1万元的事被爸爸知道了，扣下了学生证，要求先还钱。

晓晨之前有部高档手机被邱某拿去，折算了5000元，另外又筹了2000元给邱某。之后，晓晨再打邱某电话，却再也打不通了。

春节后，晓晨来到公安机关报警。新区派出所民警一查，邱某所留姓名是假的，手机号码也已经停机。

点　评

大学生玩游戏是很普遍的一个现象，之中也难免有一些因为太过沉迷而荒废学业的案例，好不容易考上大学却面对这种情况，任谁都会想各种办法予以挽回，而不法分子往往就是利用受害者的这种急切心理进行诈骗。反过来说，大学期间学习任务没有中学时候那么重，大家都有充足的时间用来玩游戏，只要不太多占用学习的时间都能完成相应的学业。平时荒废太多，到了要被处罚的时候才着急，想着用一些旁门左道保住自己都是不正确的行为。且不说最后是否能够挽回，走出校门看的还是真才实学，这里也提醒我们所有的同学们，要合理安排学习和游戏的时间，玩游戏的机会很多但是能够在校学习的时间有限。

第一节　互联网对大学生的影响

根据中国互联网络信息中心（CNNIC）发布《第37次中国互联网络发展状况统计报告》（以下简称《报告》）统计的数据显示：截至2015年12月，我国网民规模达6.88亿，全年共计新增网民3951万人。互联网普及率为50.3%。调查结果显示，2015年新网民最主要的上网设备是手机，使用率为71.5%。2015年新增加的网民群体中，低龄（19岁以下）、学生群体的占比分别为46.1%、46.4%，这部分人群对互联网的使用目的主要是娱乐、沟通，便携易用的智能手机较好地满足了他们的需求。网民中，学生群体的占比最高，为25.2%。网络的迅速发展以及大学生群体较高的网络使用普及率，会直接影响到当代大学生的学习、生活和成才。同时，大学生群体的网络使用心理和行为也会对网络文化的发展和走向都有着重要的影响。

一、互联网在大学生网民中的普及率

据中国互联网络信息中心（CNNIC）2010年4月公布的数据显示，大学生群体是

中国网民最活跃的群体之一，该群体在大部分网络应用上的使用率都最高。

据调查结果显示，大学生群体有非常活跃的表现，其中搜索引擎、网络新闻使用率分别达到84.3%和88.9%，网络音乐和视频使用率分别达到94.6%和85.4%，即时通信和电子邮件使用率分别达到88.7%和81.4%；在网民使用相对较浅的商务类应用上，大学生网民群体网购比例为43.1%，使用网上支付和网上银行的比例也分别达到40.1%和38.9%。

由于3G、4G网络技术的快速发展和大学生易于接受新事物的特点，使用手机上网的青少年网民数量迅速增长。很多大学生在课堂上使用手机上网，上课时埋头玩手机、聊QQ，无心听课。

互联网是信息的海洋，它不仅仅是人们表现自我的空间，更是人们为学习、工作、生活提取各种有用信息。现代大学生开通的手机上网包月套餐，既可以及时进行交流沟通，又可以降低通信成本。对于大学生群体，互联网带领学生进入一个崭新的时代，大大开阔了学生的视野，激发了学习的欲望，拓展了他们学习知识的平台和视野，青年人充沛的精力得到释放，有利于个性发展。作为当代大学生在面对新经济时代到来时，靠了解当今社会发展动态来更新观念、了解世界、发展和完善自我。计算机网络的巨大贡献是肯定的，只要合理利用就能发挥应有的作用。但是，当代大学生心理尚未完全成熟，进入大学后，他们接触的是一个新的学习生活环境，独立后的个性张扬和心理断乳期后的人格解放，使他们不免有些迷茫、孤独、胆怯、紧张、焦虑。他们改变了高中时期快节奏的状况，时间概念开始放松，学业负担减轻，伴随而来的是心理的孤寂，精神的迷茫，对传统观念的挑战，对时尚的追求和青春期成长的困扰。于是开始上网打发时间，甚至一味地沉迷其中，不能自拔。

二、互联网对大学生身心发展的消极影响因素

（一）身心疾病

网络成瘾症是随着网络电脑不断地深入到千家万户而出现的一种新的心理疾病。一份对在校大学生的调查表明，几乎有75%的被调查者有网络成瘾的倾向。过度使用网络常常会导致学生出现情绪障碍和社会适应困难。在心理方面，会出现注意力不能集中和持久，记忆力减退，对其他活动缺乏兴趣，为人冷漠，缺乏时间感，情绪低落。在躯体方面，会出现不能维持正常的睡眠周期，停止上网时出现失眠、头痛、注意力不集中、消化不良、恶心厌食、体重下降。在行为方面，会出现品行障碍，产生攻击性行为，甚至导致“情感冷漠症”“双重人格”，引发心理障碍等。对于身心发展均不成熟的大学生来说，网络成瘾不仅影响学习，还会影响个性形成、价值取向等深层次的东西，从而改变大学生的人生之路。随着互联网使用人数的迅速攀升，网络成瘾症的危害还严重影响到身体健康。如“网络综合征”的蔓延、诱发“电脑眼病综合征”

和电磁污染对身体的慢性侵害；长期玩游戏的学生目不转睛地盯着荧屏，使眼睛过度疲劳，轻者引起近视，重者导致视网膜脱离，造成视力严重障碍而突发暴盲，即暂时性或永久性失明；还有“鼠标手”、颈椎病、腰椎劳损等病症。

（二）厌学情绪

当大学生面对现实与梦想的冲突，找不到自己的位置和坐标时，一部分学生就开始“触网”。随着其上网时间不断延长，记忆力开始下降，对学习也逐渐产生厌烦感，而对于上网的渴望却逐渐加深。大学生与中学生相比，获得了更大的“自由、自主权”。有的学生在上大学前就已尝试过电脑游戏，甚至到着迷的程度，但迫于学业和家长的压力而不得不收敛其行为，上大学后自由了，可以到网吧玩或聊个通宵。有的学生描述，在网上虚拟空间内打游戏很有成就感，可以互动，很有趣、很刺激，没有包袱，没有压力。不少网吧为迎合学生的需要，不断增设种类繁多的新奇游戏，使玩游戏者乐此不疲，一次一次的强化，许多学生逐渐把网络游戏作为逃避问题的手段。俗话说玩物丧志，似乎在这些学生的言行中得到印证。随着网络性心理障碍的加重，这些学生对网络的依赖更加严重，其表现为逃课上网，导致学业的荒废。

（三）信息污染

大学生思想活跃，但大学生的世界观、人生观和价值观还没有完全形成，没有足够牢固的精神屏障和辨别是非的能力，其行为易受影响。网络中垃圾文化的传播会导致大学生价值冲突，使其价值取向多元化，从而弱化了主流意识形态对大学生的教育功能。网络是一个宝库，同时也是信息的垃圾场，泛滥着色情、暴力、盗窃、诈骗等。大学生若沉湎于这些信息垃圾中，给其心身健康造成极大伤害，轻者耽误学习，重者甚至走上违法犯罪道路。一项调查表明，在被抽取的3000名中国大中学生中，曾浏览色情网站的占46%。可见“网络黄潮”“色情文化”给大学生的身心健康以极大的摧残。此外，网络犯罪手段多种多样，散布谣言或恶意诽谤也随处可见。如近年来网络上盛传的“杜甫很忙”“李白很忙”就是典型的例子，网民们乐此不疲地恶搞，将原本正面的历史人物演绎成庸俗、搞笑的信息在网络上大肆流传。

（四）思维能力减弱

很多学生过多地依赖网络，将使亲自阅读书本、亲身实践、面对面交流弱化。因为网上提供的知识是有限的，它只给出“何时”“何地”“何事”等基本信息，这些都是结果，无法代替人们去思考和解决问题的方法，这必然造成思维能力减弱、自学能力降低。而且，网上获得的知识是一种“快餐文化”模式，网络技术的高速发展使得网络知识更具有高度的综合性、声像多维一体化和高度图像化等特点，其结果造成人的思维能力、实践能力、表达能力、抽象能力和阅读能力下降，这对大学生的成长是不利的。

（五）人际关系淡化

网络文化把世界联成一个纵横交错的整体，个体只要进入网络，就进入了“人——机——人”相对封闭的环境中，使得人们在很大程度上失去了与他人、与社会接触的机会。特别是对于大学生，长期沉溺于网络世界，沉溺于虚拟空间，与亲属、同学、老师之间的感情联络就会淡化，与现实中的生活也产生了距离感。他们从网络走出来的时候，面对不理想的社会现实感到悲观失望，极易导致情绪紧张、孤僻、冷漠以及其他不健康的心理问题。当代大学生多是独生子女，有着鲜明的个性，进入大学后渴望交友，希望别人理解自己，但同时又不愿主动与同学交往，闭锁真情，在这样的矛盾心理状态下，诸多学生走向网络，网络的开放性满足了大学生渴望交流的内心需求，加上网络的虚拟性和隐蔽性等特点，交流时可以不为言词的不妥负责或感到难为情。在网上还可以隐蔽真相和真心，可与他人自由平等地交谈各种话题，还可以体会一呼百应的成就感。但网络交往并没有使上网者学会在现实生活中融洽地与同学相处，反而更加封闭，对大学生活中的各种活动漠不关心，进取意识减弱，性格孤僻，与周围同学关系紧张。

第二节　大学生网络心理

一、大学生积极的上网心理

1. 强烈的求知欲。互联网以其信息快、内容新、手段先进等优势极大地吸引了大学生的好奇心，引起了他们的特别关注和兴趣，激发了他们学习和掌握网络知识和应用技能的欲望。

2. 自由平等的参与意识与自我实现欲望。网络平等自由的氛围适应了当代社会中对自由、平等呼声最高的大学生群体。在网络这个虚拟空间里，种种现实社会的限制都消失了，只要参与进来，任何人都是互联网的“主人”，都可以在网上按自己的意愿和口味，虚拟社会，做自己想做的事。

3. 追求开放性和多元性。网络是一个开放的信息源，各种文化、思想、观念都可以在这里争鸣。这就为大学生追求开放性和多元性的文化、观念提供了平台。

二、大学生消极的上网心理

1. 猎奇心理。很大一部分大学生上网的目的是猎奇，追求感官刺激，追寻一种在现实生活中难以了解，通过正当渠道难以获得的奇、艳事物或信息，并借以获得感官刺激。他们往往会出于好奇或冲动的心理刻意去寻找一些色情、暴力信息。

2. 排遣寂寞心理。大部分高职学生选择读高职院校是出于无奈，他们无法平衡理想与现实的差距，于是一进校就开始觉得生活无聊，失去动力，迷恋网络。他们希望在网络中找到依靠和思想寄托，很多学生因此开始玩开心网偷菜、抢车位的游戏，以期在每天的虚拟劳作中找到寄托，排遣寂寞。

3. 发泄情绪心理。在互联网上，大学生们可以比在学校、家庭里更随便地发表自己的意见，抒发自己的爱与憎，表达自己的观点，而不必担心会受到限制或承担责任。平时对学校不敢提、无处提的意见可以贴到 BBS 上去，平时在生活中遇到的烦恼则可以在聊天室里尽情抒发。

4. 逃避现实的解脱心理。大部分学生在大学生活中都会遇到这样那样的挫折和危机，诸如学习上的、感情上的、人际关系上的。同时，复杂的社会生活也会使思想相对不成熟的青年学生感到难以应对。但遗憾的是，部分学生在现实中受挫时，往往愿意到虚幻的网络空间去倾诉，互联网成了他们逃避现实、寻求自我解脱的一个良好的渠道和环境。

5. 虚拟的自我实现心理。强烈的自我意识是大学生群体的一个显著特征，虚拟的网络可以成为大学生实现自我的一个理想王国。在网络上，大学生可以享受到网络特有的平等、自由、成功、刺激的感觉，学习与就业的压力、社会与家长的希望造成的心理上的压抑与孤独，在网络上一扫而光；他们可以突破社会及他人对自己行为的匡正与评价，轻松地实现从小梦想成为的侠客、富翁，可以在模拟战争中指挥千军万马搏杀疆场……部分大学生上网为了玩游戏，在游戏获胜后有一种成就感。这是因为网络游戏能够部分地满足他们的自我实现需要。

6. 焦虑心理。一方面由于网络技术的迅速发展，使大学生担心自己的知识更新赶不上网络的发展，被新技术淘汰，而产生心理焦虑；另一方面，网络通道拥挤，传输速度缓慢，网上人际关系的不确定性与隐匿性、内容庞杂无序、访问速度太慢等缺陷，使大学生上网者无所适从，连连“碰壁”之下产生焦虑心理。

7. 自卑心理。自卑是不信任自己的能力因而用失败衡量自己及未来的一种心理体验，它来源于心理上消极的自我暗示。这种心理常见于那些初次尝试的大学生，当他们怀着兴奋与好奇的心理来到网上，但由于缺乏系统的网络知识和检索技能，操作不熟练，英语水平有限，与身旁那些操作娴熟、进出自如的用户相比，差距甚远。在羡慕的同时会产生出某种无形的心理压力，初始的兴奋、喜悦之情自然被自卑心理所代替。

第三节　大学生的网络心理障碍及其调适

一、大学生网络心理障碍

网络心理障碍是指因无节制地上网导致行为异常、人格障碍、交感神经功能失调。

其表现症状为：开始是精神上的依赖，渴望上网；随后发展为身体上的依赖，不上网则情绪低落、疲乏无力、外表憔悴、茫然失措，只有上网后精神才能恢复正常。大学生网络心理障碍大多数表现为感情上迷失自我、角色上混淆自我、道德上失范自我、心理上自我脆弱、交往上自我失落，主要包括四类：

1. 网络恐惧。大学新生中部分来自经济落后地区的农村学生，几乎没有接触过互联网或接触很少。当他们进入大学面对色彩斑斓的网络界面，看到层出不穷的各种网络书籍、电脑软件，瞧着周围的同学熟练地使用电脑，自由地浏览网页、聊天时，一部分学生感到害怕和迷茫。“怕”是怕自己学不会或学不好计算机操作，以至于不能有效利用网络来学习和生活甚至可能成为“网盲”；怕自己学不好计算机而被他人嘲笑为无能或赶不上他人而落伍，“无能感”油然而生。“迷茫”则是因为五花八门的电脑书籍和软件使得他们眼花缭乱，不知道学什么。由此产生对网络的畏惧感。大学新生常产生这种网络心理畏惧，另外，一些对网络比较熟悉的大学生也有这样的障碍，他们对网络的畏惧主要是害怕跟不上网络的快速发展，怕掌握不了新的网络技术而被淘汰。

2. 网络依恋。长时间的沉溺于网络游戏、上网聊天、网络技术（安装各种软件，下载使用文件，制作网页），醉心于网上信息，网上猎奇，造成对网络的过度依赖和依恋，导致个人生理受损，正常学习、工作、生活及社会交往受到严重影响。网络迷恋心理障碍包括这样几种类型：网络色情迷恋——迷恋网上所有的色情音乐、图片以及影像；网络交际迷恋——利用各种聊天软件以及网站开设的聊天室长时间聊天；网络游戏迷恋——沉迷于网络设计的各种游戏中，他们或与计算机对打，或通过互联网与网友联机进行游戏对抗；网络恋情迷恋——沉醉在网络所创造的虚幻的罗曼蒂克的网恋中；网络信息收集成瘾——强迫性从网上收集无关紧要的或者不迫切需要的信息，堆积和传播这些信息；网络制作迷恋——下载使用各种软件，追求网页制作的完美性和编制多种程序为嗜好。在这六种类型中，网络交际迷恋者、网络游戏迷恋者、网络恋情迷恋者及网络信息收集成瘾者占大学生网络迷恋群体中的多数。

3. 网络孤独。主要是指希望通过上网获取大量信息、娱乐、人际交往来提高或改变自己，但上网未能解除孤独（甚或加重了原有的孤独）或反而因为触网而引发孤独感这样一类不良心理状况。一些大学生，由于高考的挫败感，使性格更加内向、自卑，并且惯于自己承受心理负荷，不愿意或不善于与他人交往，当互联网走进他们的生活时，他们青睐于网上交往这种匿名、隐匿性别和身份的形式。常上网向网友发泄自己的不良情绪，排解忧虑，讲自己的“心情故事”，这时他们觉得心情得到一定的放松，从网友那里得到了一定的心理支持。可下网后他们发现自己面对的依然是四壁空空的孤独，并且，由于人与人之间的交往中80%的信息是通过非语言的方式（身体语言），如眼神、姿势、手势等传达的，当那些善于通过这些身体语言来解读对方心理的性格内向者，试图借助网络来排泄自身的孤独时，网络所能给的只能是键盘、鼠标和显示器所造就的书面语言，这使得他们感到网络对孤独抑郁的排解只是“隔靴搔痒”。

4. 网络自我迷失和自我认同混乱。在以计算机为终端的网络中，由于匿名性而隐去了身份，许多现实社会中的规范、规则、道德在虚拟世界中冻结，大学生上网者在表现个人自我时，把社会自我抛得越来越远，甚至企图借助网络在现实社会中凸显自我，将自我凌驾于社会之上，网络黑客、网络犯罪就是这方面的典型例子。此外，某些大学生对一些社会现象愤懑不满，他们想通过上网发泄不满，逃避社会，希望在网上有一个“清洁”的交往环境，构建一个良好的自我。然而网上充斥的色情图文、脏话、无聊的帖子、庸俗的话题，使他们在对社会产生失望之后又对网络产生了失望。

二、大学生网络心理障碍调适

（一）正确的网络认知

1. 要树立科学的网络观，不要把上网作为逃避现实生活问题或者消极情绪的工具。充分明确网络是工具，而不是生活，把它作为广大青少年学生传递、交流信息的有效途径和学习、掌握知识的有力手段。通过网络就如同通过书籍、报刊、广播等媒体一样吸取知识，应以健康的人格、健康的心态正确对待现实世界与虚拟空间的关系。同时，要面对现实，积极解决各种现实问题，不要把上网作为逃避现实生活问题或者排遣消极情绪的工具，用上网等来麻醉自己。

2. 要充分认识“网络成瘾征”的危害，加强安全意识和自我防范意识。很多学生上网的主要目的是为了摆脱孤独、宣泄消极情感、缓解学习压力、满足成就感、追求时尚等，殊不知“借网消愁愁更愁”，上网不但未达到以上目的，反而成了生活的依赖，其上网行为在潜移默化中强化，最后形成“宣泄消极情感——上网——注意力从现实中转移——身份虚幻——忘记现实烦恼——回归现实——孤独、烦恼——宣泄消极情感”的恶性循环，长此以往，形成消极的条件反射，不知不觉在上网中兴奋不已，何以解忧，“惟有上网”，殊不知，越陷越深，不能自拔。为此，要理性认识网络成瘾的危害，当断则断。须知，水能载舟，亦能覆舟。当你自由徜徉在信息高速公路上游戏或获取信息时，网络垃圾也许正在对你的思想、心理和行为产生误导作用。网络是一把“双刃剑”，大学生在享受其带来恩泽的同时，身心同样在承受着负面效应的影响：网络孤独与网络越轨，认知麻痹和消化不良，网络焦虑与网络成瘾，行为过程、情感、意志过程的影响，对性格、自我意识的负面影响。网络成瘾虽不像海洛因、摇头丸等毒品那样会危及他们的生命，但首先影响他们的身体健康：视力下降、肩背肌肉劳损、睡眠质量下降以及免疫功能变弱；然后慢慢吞噬他们的心理和思想，严重地扰乱学习和生活秩序，给学生的学习和生活甚至家庭带来灾难。

（二）自律与自我管理

自律有两层含义：其一，自律总是与自由和理性联系在一起的，即要体现出人格尊严和道德觉悟，而不是被内在本能和外在必然性所决定；其二，自律是指自做主宰、自我约束、自我控制。对于一个人来说，只有自律才能既充分体现其自尊、自主与自由，又充分培养其自我控制力，养成良好的“慎独”习惯。在网络社会里，一方面，信息含量十分巨大，各种文化与价值理念交织纷纭，各种论断莫衷一是，各色诱惑比比皆是；另一方面，网络社会又是一个充满自由的社会，缺乏非常强大的外在约束。面对这一虚实难辨、是非难断却又无明确而强力约束的多彩世界，大学生会因认知偏差或侥幸心理而产生心理困惑与矛盾，以致产生各种各样的网络心理问题。

在缺乏较强他律或几乎难以感受到较为直接的他律影响力的网络社会，自律的重要性与意义显得尤为突出。一个缺乏自律的人不可能是一个自尊自重的人，也是一个不能获得自由与自我价值实现的人。大学生应合理安排好自己的日常生活，保持正常的生活、工作、学习规律，控制上网时间。同时，要勇于直面现实、直面人生，积极面对现实，应多参加有益的社会活动，从网络的迷恋中解脱出来。

上网之前必须制定一个粗略的计划和目标，有意识地给自己限定时间，不断培养自制力。在上网之前，“三思而后行”，每次花上几分钟时间仔细想一想“我要上网干什么”“我准备上网多久”等问题，估计一下大概需要多长时间，甚至可以把具体要完成的任务、上网时间等列在一张小纸片上。不要认为这几分钟是多余的，养成这种良好的习惯，可以让你进入网络后有一个明确的目标，不至于丈二和尚——摸不着头脑，也可以有效地控制你的上网时间，不断培养你的自制能力，抵制网络上的各种诱惑。

（三）团体心理辅导

团体心理辅导是由心理辅导者指导，借助团体的力量和各种个体心理辅导理论与技术，就团体成员面对的心理问题与他们共同商讨，提供行为训练的机会，为团体成员提供心理帮助与指导，使每一位团体成员学会自助，以此解决团体成员共同的发展或共有的心理障碍，最终实现改善行为和发展人格的目的。

团体心理辅导把求询者放入辅导与治疗团体中，建构一个群体环境。在团体中，网络心理障碍者发现自己的心理问题并不是独一无二的，团体中的其他人有着相似的忧虑，甚至比自己还要严重，有着许多相似的情绪体验，从而降低自己心理上担忧与焦虑程度。由于“同病相怜”，他们的心理认同感很强，群体归属感增强，他感受到社会和心理的支持，服从群体的从众行为增加，群体的稳定性提高。在团体中，网络心理障碍者在讨论交流等相互辅导活动中意识到，他们不论是在交流解决问题、探索个人价值、人格形成还是发现他们的共同的情绪体验上，同一团体的人都可以提供更多的观点，并分享团体中的共同资源。而且，在团体辅导的环境中，求询者之间潜在地存在着情绪、态度和行为意向的互动、相互感染的群体氛围和群体压力，存在着成员之间的模仿与监督，这些有利于网络心理障碍者健康心理的获得与稳固，有利于障碍者坚持行为的改善。更为重要的是，团体是社会的缩影或反射，是一个“微型社会”，因而它为网络心理障碍者提供了一个人际交往行为训练的练习场所。在团体相对安全的氛围里，网络心理障碍者共有的或相似的情感、人类行为以及一些态度，如对抗、恐惧、怀疑、孤立，都可以被辨别出来并加以讨论；辅导师所提供的行为训练的理论与操作技巧指导可以在这里得到检验、反复练习和强化，这样健康的态度和行为更加容易习得和稳定下来，并在日常生活中运用。

第四节　网络成瘾及其防治

一、网络成瘾概述

网络成瘾也称为“网络依赖”（Internet Addiction Disorder），指个体由于过度使用互联网而导致明显的社会、心理功能损害的一种现象，是一种“无成瘾物质作用下的上网行为冲动失控”。有些人非常依赖网络，就像赌博上瘾一样，这种行为依赖或者称为科技依赖，受到了许多专家学者的关注。网络成瘾作为一种心理异常的新型疾患，与非物质型成瘾典型类似，是一种心理和行为的冲动控制障碍，主要表现为成瘾的强迫性、耐受性及戒断反应，一方面为自己的上网行为深感内疚，另一方面又极力否认和无力改变这种行为。网络成瘾者因为上网影响到正常学习、工作和生活状态，最终会导致他们明显的社会、心理损害，网络成瘾虽然没有正式列入疾病类，但导致的大学生心理健康及社会问题越来越多地引起广泛关注。

美国匹兹堡大学的心理学家金伯利·杨最早对互联网成瘾现象诊断进行了研究。她设计了下面一系列问题，通过调查对象对这些问题的回答来判断其是否患有“互联网依赖症”：

测评是否网络成瘾的10道题

对网络成瘾的测评由以下10道问题构成。答“是”，得1分，最后得分5分以上（包括5分）为网络成瘾。

1. 你是否对网络过于关注（如：下网后还想着它）?
2. 你是否感觉需要不断增加上网时间才能感到满足?
3. 你是否难以减少或控制自己对网络的使用?
4. 当你准备下线或停止使用网络时，你是否感到烦躁不安、无所适从?
5. 你是否将上网作为摆脱烦恼和缓解不良情绪（如：紧张、抑郁、无助）的方法?
6. 你是否对家人或朋友掩饰自己对网络的着迷程度?
7. 你是否由于上网影响了自己的学业成绩或朋友关系?
8. 你是否常常为上网花很多钱?

9. 你是否下网时感到无所适从（如：烦闷、压抑），而一上网就来劲？

10. 你上网的时间是否经常比预计的要长？

聊天、交网友、泡网吧、打游戏、看新闻、查资料，随着现在大学生的生活越来越离不开网络，大学生心理问题也出现了一个新的发展趋势：越来越多的人习惯把网络当成排遣的对象。由于这种虚拟的排遣方式会带来包括情绪低落、思维迟钝、自我评价降低等种种副症状。无网络依赖的大学生、轻度网络依赖的大学生和严重网络依赖的大学生在对网络的使用方式上存在差异。从总体上说，对网络的依赖与心理健康中的强迫性因子有显著性相关，随着网络依赖程度的加深，它对心理健康的影响也呈逐渐递增的趋势。国外有报告对网络空间的基本心理特征做了总结，对于网络成瘾者的特征：那些寻求社会赞许需求较高的人，那些社交焦虑比较严重的人，有可能在现实生活的交往中遇到相对较多的困难，而网络具有的匿名、有限的感官接触等特殊性质，使他们在网上社交中易获成功。这种网上社交的游刃有余和现实生活中的不断遭遇挫折，势必导致更多的重复上网行为。网络成瘾倾向较为严重的个体，不仅在其社交焦虑、羞耻感的水平显著高于正常的网络使用者，且抑郁程度也显著高于正常群体。

案例：西北师范大学曾经有一位同学因现实生活不如意，就在网络里为自己重造性格与身份，最后患上了“网络依赖症”，整天沉湎于自我想象出来的虚幻世界中，一会儿不上网就坐立不安，甚至出现了幻觉。

二、正确使用网络，防治网瘾成瘾

大学生正处于心身发育从不成熟向成熟的转折时期，成人感增强，但自控力及自律能力较弱。面对网络这个具有强大吸引力的工具，多数学生爱不释手，不少学生怀着好奇心和求知欲进入神奇的网络世界，面对琳琅满目的信息，对目标的选择无所适从，这里看看，那里站站，继而迷失方向，时间也很快从指间流逝，离开网络才感到上网学习、查资料的初衷都没有实现。面对网络的负面作用，大学生应该学会正确使用网络。

（一）正确认知网络

1. 摆正心态：是人们生活的关键卡口，倘若大学生们能够在遇到现实生活障碍和困难的时候，将其视为考验自我、战胜自我的一个机会，认真剖析原因，把网上真诚释放的心态延续到活生生的现实中，剔除虚伪和扭曲的心性，相信解决的方案总会有的，就不至陷入无端郁闷和窘迫之中。从容和真诚的心态是高职学生们缓解紧张情绪、积极融入现实生活，并受到尊重的法宝。

2. 严格自律：是指自做主宰、自我约束、自我控制。对于一个人来说，只有自律才能既充分体现其自尊、自主与自由，又充分培养其自我控制力，养成良好的“慎独”

习惯。

3. 正确认知：在网络社会里，由于信息含量十分巨大，各种文化与价值理念交织纷纭，各种论断莫衷一是，各色诱惑比比皆是。网络社会又是一个充满自由的多彩世界，大学生会因认知偏差或侥幸心理而产生心理困惑与矛盾，以致产生各种各样的网络心理问题。在缺乏较强他律或几乎难以感受到较为直接的他律影响力的网络社会，自律的重要性与意义显得尤为突出。高职学生只有充分认识了这一点，才能以理性取代任性，以道德化的网络正常运作取代肆意践踏网络资源的行为，这些都需要大学生们至善的自我约束和控制意志。

（二）创造良好的环境

1. 养成良好的作息习惯。在课余时间积极参加集体活动，认识到网络可以使生活更加丰富，但是不能指望依靠网络逃避现实来解决问题，更不能将其作为克服消极情绪的工具。在上网之前要有明确任务和目标；不宜过度卷入网络，保持良好心态；用积极的心态来面对现实中的困难，加强人际沟通。

2. 加强人际交往。良好的人际关系是学生顺利实现社会化的重要途径，高职学生如果整天沉迷于网络游戏，就会更加缺乏人际交流的能力，并有可能埋下悲剧的种子。如何处理学业压力和人际关系，如何面对挫折和困难，如何寻求心理平衡找回自信等都是非常重要的内容。因此，培养良好的人际关系，加强与同学间的交流和沟通，有助于防止游戏成瘾的产生，避免迷上网络游戏。为此，尽可能多地参加和开展文体活动、社会实践活动等，加强与社会之间的接触、交往，建立健康人际关系。积极参加学校开展的各项活动。应充分利用校园网、广播站及各种刊物进行网络知识的学习和道德教育，营造积极健康向上的心态。

（三）激发主观意识

1. 学会求助心理专家。“心理健康咨询与指导中心”是学校心理指导教师组成针对网络成瘾问题的救助组织，帮助患有不同程度“网络成瘾症”的学生尽快走出困境，回到正常的生活与学习中来。对已经沉迷上网络游戏不可自拔有网络游戏成瘾症的学生，可采用适当的心理治疗手段来矫正。

2. 从主观上克制上网的冲动。可以让网络成瘾者将上网的好处和坏处分别列在一张对称的纸上，按程度轻重排好顺序，每天做思想斗争 10～20 次，每次 3～5 分钟，尤其是在瘾发时；也可以将好处和坏处分别贴在显眼的地方，如电脑上、卧室里、门上；每天多时段内默念或大声对自己念上网的坏处，战胜自己关于上网不合理的观念。

3. 厌恶疗法。网络成瘾者可以想象自己上网成瘾后的种种极端后果，如成绩下降、被大家看不起、被别人羞辱、对不起自己的父母、亲人等，在瘾发时让“理想自我”与“现实自我”进行辩论，让内心的道德感、责任感与罪恶感、失败感斗争，从感情上战胜自己，痛下戒除网瘾之决心，增强自己的戒网动机。还可以让网络成瘾者在有了想上网的念头时反复自我暗示，如“不行，现在应该学习，等周末再说”，“我一定能行”“我一定能戒除”，每当抵制住了诱惑，认真学习，度过了充实的一天后，就进行自我鼓励，如“今天我又赢得了一次胜利，继续坚持，加油”。这样不断强化，形成良性刺激，加强自己的意志，使上网的欲望得到抑制。

4. 自我奖惩法。自我奖惩法即视当天的进展情况而给自己一些小小的奖励或惩罚，但应注意其使用的内容应最好与上网无关。奖励和惩罚既可以由成瘾者自己执行，也可以请老师、同学、家长协助执行。例如，当目标执行无误，就奖励自己吃一样喜欢的零食或买一件喜欢的东西，否则长跑1000米或做清洁等。

5. 放松训练法。为应对戒网中瘾发时出现的紧张、焦虑、不安、气愤等不良情绪，采用肌肉放松法、想象放松法、深呼吸放松法以稳定情绪，振作精神。

6. 想象满灌法。想象自己上网成瘾后的种种极端后果，如成绩下降、被大家看不起、被别人羞辱、对不起自己的父母、亲人等，想象自己长时间上网后萎靡不振的颓废样子；让其厌恶“现实自我”的形象，并用“理想自我”激励自己。

7. 行为契约法。成瘾者与家长共同商定戒网的行为契约，成瘾者签订契约并成为契约的遵守者，家长则担任契约的执行者，通过连续不断地鼓励，使其逐步达到目标。

根据目标行为的性质，有两种循序渐进的方式：其一，行为频率的循序渐进。如让其将每周上网次数由七八次逐渐减为六次、五次、四次、三次……每次上网时间由五小时逐渐减为四小时、三小时、二小时，达到尽量在周末上网，每次不超过二小时的目标。其二，行为准确性的循序渐进。每个目标都应是其力所能及的，家长等要热情鼓励其做好朝目标渐进的每一步，确保其能通过不断取得进步而获得成功的体验，从而增强其自我效能感，也易据此来衡量其上网行为纠正的程序，制定好下一步的目标。

摆脱网瘾的方法应是综合的，个体既可以通过药物治疗、心理治疗等方式，也可以通过网络脱瘾的夏令营、军训等封闭式训练来解除。但是并没有一种一劳永逸的方法，很难通过与心理咨询师或心理医生的某一次谈话达到理想效果。要使上瘾者摆脱网瘾纠缠，既需要在社会上建立引导正确使用网络的大环境，又需要家长、老师或心理咨询师针对导致每个个体沉迷网络的具体原因，进行长期有效的引导和帮助，营造一个良好的成长环境。

案例分析

一、案例陈述

大一学生朱晓龙，2011年以优异的成绩进入大学学习，但该男生性格内向，行为自律性较差。进入大学一段时间后，辅导员在对班级学生情况进行排查时，发现该生渐渐变得对学习态度不端正、不积极，经常白天旷课、晚上不上晚自习，但是下自习后就回宿舍睡觉，没有夜不归宿的现象。后经过访查得知该生性格非常内向，平时和同学交流很少，长时间沉迷网络，无法自拔。

二、调研访谈

辅导员通过走访朱晓龙同班同学以及与朱晓龙本人谈话得知，朱晓龙的父母是很传统的农民，识字不多，和朱晓龙的沟通也是很少的，正是由于这样的家庭环境，造就了他内向、自卑的性格。刚入学时，在班里，他总是自己一个人待在教室的角落，从不主动和别人打招呼，对于班级的集体活动也是能躲就躲。可自从接触网络后，就开始旷课，后来连班级的集体活动也不参加了。

同学还反映，朱晓龙和大家的作息时间一样，也很规律，不同的是，大家去的是教室，而朱晓龙去的是网吧。并且，他从不夜不归宿。

针对了解到的情况，辅导员及时的与学院心理辅导老师进行交流沟通，经过心理辅导中心一系列的测试和分析，最终认定朱晓龙患上了网瘾，需要多方面的关注和干预、治疗。

三、处理依据及过程

针对该生的具体情况和思想变化，辅导员及时与其家人、同学以及各任课老师取得联系，了解该生的心理情况，并将其情况整合成案例资料，形成心理问题诊疗方案。经心理分析，该生沉迷网络行为的成因一方面是受家庭环境的影响，另一方面是由于进入大学校园后，突然从繁重的学业压力中解放出来，自己可支配的时间很多，一时间难以调整过来，并且对本专业未来的前景不了解，失去了学习的目标，渐渐地就产生了厌学的情绪，继而对学校生活也感到枯燥无味。而网络丰富多彩的内容激发了他的兴趣，对其产生了巨大的吸引。据此，辅导员会同心理辅导老师共同对其开展了沉迷网络心理问题的干预与矫治。

1. 规划生涯，有的放矢。辅导员和朱晓龙进行交流沟通，发现朱晓龙存在以下问题：一方面是对所学专业了解不够，感觉前途迷茫，并且感觉专业课程太难，就产生了懒惰心理；另一方面，朱晓龙又给自己定位太高，理想与现实的巨大落差，更加激发了他的厌学情绪。鉴于此，辅导员和专业负责人沟通后，积极地给朱晓龙进行分析，给他大学三年的生活和学习进行规划，制订了一系列的学习、生活计划，从规律的作息时间到良好的生活习惯，从了解专业美好的前景到培养学习兴趣。一步步的给予指导。让其感受到真实生活，尤其是学习生活之中充满了乐趣，发挥学校教育的优势，把朱晓龙同学从虚拟世界中‘拉’回来。

2. 联系家长，做好家校有效沟通。通过前期了解，发现朱晓龙的家庭教育也存在着一定的问题，和父母严重缺乏交流沟通，父母根本就不知道他在学校的任何信息。通过辅导员与其家长进行沟通，共同分析了此同学沉迷网络的深层次原因，对其父母的家庭教育提出建议，父母要学会在真实生活中做他的知心朋友，倾听他内心的真实想法，多和他聊聊天，平时多关心一下他，对待朱晓龙，不必急于一时，不要要求过于严苛，而要实现该生从虚拟世界到现实世界的良好过渡。

3. 联系同学，给予帮扶。对朱晓龙所在宿舍和所在班级的班干部进行思想动员，发动同学，从生活中的点点滴滴和学业上帮助朱晓龙。同宿舍同学帮助朱晓龙养成良好的作息习惯，班干部通过组织班级集体活动，帮助朱晓龙多和同学进行交流沟通，让他从自我的世界中走出，融入班集体中，从根本上影响他的性格和习惯，让他和网络说再见。

4. 思想上多关注、心理上多辅导。网瘾不是一朝一夕养成的，而要从根本上戒掉网瘾也不能操之过急。结合着为朱晓龙制订的一系列计划，辅导员和心理辅导老师由开始的一周和朱晓龙谈一次话、了解一下他的思想动态和心理变化以及在实施计划的过程中遇到的困难，并帮助他进行解决，到后来的两周进行一次，再到后来的一个月进行一次，循序渐进地帮助他戒除网瘾。

四、结果及影响

通过近三个月以来的心理辅导工作，在其家人、辅导员和同学们的共同努力下，朱晓龙已逐渐走出沉迷网络的阴影。尤其是在随后的班级活动中，他的主动报名已显示出他对于现实世界产生了一定的兴趣，并且在平时生活中，他也能主动和同学、老师打招呼、交流沟通，性格也变得活泼了很多，同时为避免在假期中其再次沉迷网络，已叮嘱其家人在假期期间进行继续观察，多和他沟通，引导其进行社会实践，控制上网时间，并展开为期一个学年的跟踪指导。

心理自测

网络依赖度问卷

这个测试是给那些怀疑自己的网络行为已经开始成瘾的网友对自己进行评价所准备的。如果你有兴趣，请对以下20个陈述，根据自己的实际情况来进行选择。

1. 你发现你待在网上的时间会超出预计时间。(　　)

A. 罕见　　B. 偶尔　　C. 较常　　D. 经常　　E. 总是

2. 由于上网时间太多，以至于忘记了要做的事情。(　　)

A. 罕见　　B. 偶尔　　C. 较常　　D. 经常　　E. 总是

3. 你觉得上网的愉悦已经超过与伴侣间的亲昵。(　　)

A. 罕见　　B. 偶尔　　C. 较常　　D. 经常　　E. 总是

4. 你会与网上的人建立各种关系。(　　)

A. 罕见　　B. 偶尔　　C. 较常　　D. 经常　　E. 总是

5. 你的亲友会抱怨你花太多的时间在网上。(　　)

A. 罕见　B. 偶尔　C. 较常　D. 经常　E. 总是

6. 由于你花在网上时间太多，以至于耽误了学业和工作。(　　)

A. 罕见　B. 偶尔　C. 较常　D. 经常　E. 总是

7. 你宁愿去查收电子邮件，也不愿去完成必须做的工作。(　　)

A. 罕见　B. 偶尔　C. 较常　D. 经常　E. 总是

8. 上网影响了你的学习或工作的业绩和效果。(　　)

A. 罕见　B. 偶尔　C. 较常　D. 经常　E. 总是

9. 你尽量隐瞒你在网上的所作所为。(　　)

A. 罕见　B. 偶尔　C. 较常　D. 经常　E. 总是

10. 你会同时想起网上的快乐和生活的烦恼。(　　)

A. 罕见　B. 偶尔　C. 较常　D. 经常　E. 总是

11. 在你准备开始上级网时，你会觉得你早就渴望上网了。(　　)

A. 罕见　B. 偶尔　C. 较常　D. 经常　E. 总是

12. 没了互联网，生活会变得枯燥、空虚和无聊。(　　)

A. 罕见　B. 偶尔　C. 较常　D. 经常　E. 总是

13. 被人打扰时，你会恼怒或吵闹。(　　)

A. 罕见　B. 偶尔　C. 较常　D. 经常　E. 总是

14. 因深夜上网而睡不着觉。(　　)

A. 罕见　B. 偶尔　C. 较常　D. 经常　E. 总是

15. 睡觉时你仍全身心想着上网或幻想着上网。(　　)

A. 罕见　B. 偶尔　C. 较常　D. 经常　E. 总是

16. 你上网时老想着再多上一会儿。(　　)

A. 罕见　B. 偶尔　C. 较常　D. 经常　E. 总是

17. 你尝试减少上网时间，但却失败了。(　　)

A. 罕见　B. 偶尔　C. 较常　D. 经常　E. 总是

18. 你有掩饰自己上网的时间。(　　)

A. 罕见　B. 偶尔　C. 较常　D. 经常　E. 总是

19. 你选择花更多的时间上网，而不是去和别人出去玩。(　　)

A. 罕见　B. 偶尔　C. 较常　D. 经常　E. 总是

20. 当你外出不能上网时，你会感觉到沮丧、忧郁和焦虑，但一上了网，这些感觉就消失了。(　　)

A. 罕见　B. 偶尔　C. 较常　D. 经常　E. 总是

评分标准：

选择 A 计 1 分，选择 B 计 2 分，选择 C 计 3 分，选择 D 计 4 分，选择 E 计 5 分，请把你选择的各项分数加在一起，合成一个总分。对照以下不同分数段的解释，自我评判自己对网络的依赖程度。

24～49分：你是一个一般的上网者，只是有时会上得多些，但总体上仍能自我控制，尚未达到沉溺的程度。

50～79分：你由于上网似乎开始引起了一些问题，你应该谨慎对待上网给你带来的影响以及对家庭其他成员带来的影响。

80～100分：上网已经给你和你的家庭生活带来了很多问题，你必须马上正视并予以解决。

第十章

自我超越

——大学生常见心理障碍的识别与应对

与其他社会群体相比，由于生理、心理和社会环境的特殊性，大学生群体可能要经受更多的心理矛盾和精神挫折，因而，这一发展时期的心理问题也会表现得更加突出。根据调查，在校学生中，有心理问题的小学生约为13%，初中生约为15%，高中生约为19%，而大学生则高达25%；另一项调查结果也显示，在18～29岁年龄组当中，大学生组（约18～22岁）是出现心理问题最多的一个时期。在大学校园里，为了消除心理苦恼的折磨而寻求心理咨询和治疗的愈来愈多。尤其是自20世纪80年代以来，由于精神方面的原因而休学、退学的大学生所占比例越来越大，心理问题已取代了传染病而成为学生辍学的首要成因；更为严重的是，大学生由于精神压力长久不除而导致精神失常甚至走向轻生歧路的情况也时有发生。因此，识别与防治心理障碍，树立科学的心理健康观念是每一个当代大学生成长中的重要内容。

引 例

渔夫的誓言

古时候有个渔夫，是出海打鱼的好手。可他却有一个不好的习惯，就是爱立誓言，即使誓言不符合实际，九头牛也拉不回头，将错就错。

这年春天，听说市面上墨鱼的价格很高，于是便立下誓言：这次出海只捕捞墨鱼。但这一次渔汛所遇到的全是螃蟹，他只能空手而归。回到岸上后，他才得知现在市面上螃蟹的价格最高。渔夫后悔不已，发誓下一次出海一定要只打螃蟹。

第二次出海，他把注意力全放到螃蟹上，可这一次遇到的却全是墨鱼。不用说，他又只能空手而归了。晚上，渔夫抱着饥饿难忍的肚皮，躺在床上十分懊悔。于是，他又发誓，下次出海，无论是遇到螃蟹，还是遇到墨鱼，他都要捕捞。

第三次出海后，渔夫严格按照自己的誓言去捕捞，可这一次墨鱼和螃蟹都没有见到，见到的只是一些马鲛鱼。于是，渔夫再一次空手而归……

渔夫没赶得上第四次出海，他在自己的誓言中饥寒交迫地死去。

点　评

世上没有如此愚蠢的渔夫，但是却有这样愚蠢至极的誓言。

有个孩子挺聪明，平时成绩也不错，他父母就一厢情愿地发誓，孩子将来一定要考上一流大学，非清华、北大不读。结果，孩子压力越来越大，临近高考，引发严重的神经衰弱症，连续几个月，每天睡不到4小时。成绩如何，可想而知。

许多时候，目标与现实之间，往往具有一定的距离，我们必须学会随时去调整。无论如何，人不应该为不切实际的誓言和愿望而活着。

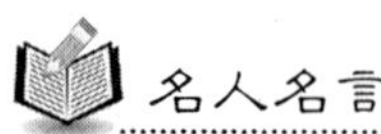
名人名言

这个世界的“恶”不仅存在于人的内部，也存在于人的外部，精神分析治愈患者的不幸，不过是将其引入生活的普遍的不幸——精神分析学派创始人、奥地利心理学家弗洛伊德

第一节　心理障碍概述

一、什么是心理障碍?

1. 广义的心理障碍就是心理异常。

2. 狭义的心理障碍是指由一般心理问题累积、迁延、演变的表现和结果，是心理病理学范畴，是心理状态的变异和心理能量的衰退或丧失以及心理能力下降的表现。如感觉异常、幻觉、思维奔逸、思维散漫、近事遗忘、错构、情感倒错、偷窃癖、强迫动作、自伤、自杀、失眠、梦游。

3. 心理障碍具有的三特征：

（1）与特定情景无必然联系：心理异常并非由特定情景直接诱发，常常找不到原因。

（2）持久性与特异性：发生后经久不消，很难自行消灭；表现也明显、突出、异样、特殊。

（3）有心理状态的病理性变化。

二、正常心理与异常心理的划分

1. 按医学标准：将心理障碍当作躯体疾病一样看待。心理现象或行为有相应的病理解剖或病理生理变化，是划分正常与异常的可靠根据。心理表现为疾病的症状，产生的原因为脑功能失调。将心理障碍纳入医学范畴，较为客观：重视物理、化学检查和心理生理测定。

2. 按统计学标准：心理特征的测量显示为常态分布，在常态曲线上，居中的大多数人属于心理正常范围，而远离中间的两端则被视为“异常”，以心理特征偏离平均值的程度来判定，偏离平均值程度越大越不正常。“心理异常”是相对的，它是一个连续的界限。以统计数据为依据，确定正常与异常的界限。多以心理测验法为工具。

优点：比较客观，便于比较、操作简便易行。

缺陷：智力超常或有非凡创造力的人在人群中极少数，很少被认为是病态，不是所有的都是正态分布，心理测量本身受社会文化的制约。

3. 按社会适应标准：正常与异常主要是与行为的社会常模比较而言的，看当事人是否依照社会生活的需要适应环境和改造环境，是否符合社会准则或社会常模（根据社会要求和道德规范行事）。

异常：不能按照社会认可的方式行事；行为后果对本人或社会产生不适应现象（由于器质或功能的缺陷或两者兼而有之）。

4. 按心理学标准：①看人的主观世界与客观世界是否统一；②看人的心理活动市斗内在协调一致；③看人的个性是否相对稳定。总的说来，心理异常具有以下心理特征：①痛苦感；②心理—生理—社会机能紊乱；③异常心理固着。

三、心理问题的定义和特点

定义：所有各种心理及行为异常的情形。

特点：①正常与异常没有绝对界限；②由量变到质变的过程；③相互依存和转化的连续谱。从紧张压力演变到焦虑和抑郁的过程：正常的害怕和担心、悲伤——隐性症状表现——反应性焦虑、抑郁——焦虑、抑郁障碍。

四、心理障碍的分类

（一）精神病性障碍

属于严重的心理障碍。包括精神分裂症、情感性精神障碍、偏执性精神病等。

（二）心境障碍

包括在情绪与行为障碍中的心境障碍主要指抑郁症，其中自杀问题也是值得我们关注的一个重要问题。

（三）神经症性障碍和癔症

此类障碍没有精神病性障碍，主要表现为烦恼、紧张、焦虑、恐惧、强迫、疑病、神经衰弱等症状。

癔症又称“歇斯底里症”，是一种分离障碍，通常患者会将自己扮演成另一个想象中的角色，完全忘记自己原来的身份。

(四) 反应性精神障碍

又称应激相关障碍，主要由突发生活事件、剧烈精神创伤或者持续困难处境引起的，表现为巨大刺激后的心理失常。

(五) 人格障碍

人格障碍指明显偏离正常人格并与他人和社会相悖的一种持久和牢固的适应不良的情绪和行为反应方式。人格障碍患者形成了特有的行为模式，对环境适应不良，常影响其社会功能，甚至与社会发生冲突，给自己或社会造成恶果。人格障碍常开始于幼年，青年期定型，持续至成年期或者终生。大学生中常见的人格障碍有偏执型人格、强迫型人格、边缘型人格、依赖型人格等。

(六) 心理生理障碍

心理生理障碍，又称心理因素相关的生理障碍，指由某些心理原因导致的生理问题。

第二节　大学生常见心理障碍的类型及表现

一、神经症

主要表现为持久的心理冲突，感受到痛苦；起病与心理社会因素有关；病前多有一定的素质和人格基础；症状多为功能性的，没有器质性病变；对疾病有相当的自知力；社会功能完好；病程大多持续迁延。

(一) 焦虑症

广泛性焦虑症：持续存在的焦虑，过分担心、紧张、害怕，伴自主神经症状；惊恐障碍：突然的惊恐体验，伴濒死感或失控感，严重的自主神经功能紊乱。

(二) 强迫症

特点是有意识的自我强迫与自我反强迫同时存在。主要表现为：强迫观念；强迫意向；强迫行为。

(三) 恐惧症

对于某种特定的客体或环境或与人交往产生强烈的恐惧，并主动采取回避的方式来解除这种焦虑不安。

常见的类型：社交恐惧症；单一恐惧症；场所恐惧症。

(四) 躯体形式障碍

躯体形式障碍又称疑病症。患者对自己的健康状况或身体的某一部分功能过分关注，怀疑患了某种躯体或精神疾患，但是与其实际健康状况不符合。医生对其病的解

释或客观检查常不足以消除患者固有的成见。

（五）神经衰弱

神经衰弱的主要特征是精神易兴奋和脑力易疲乏；常伴有情绪烦恼易激惹及睡眠障碍、头痛、多种躯体不适等症状；病程迁延，症状时轻时重；病情波动常与心理社会因素有关。

（六）癔症

癔症又称“歇斯底里症”，是在各科临床上较为常见的一类神经症，但近年来发病有所减少。在综合医院的心理咨询门诊中，本病也较少见，仅占全部咨询病例的0.3%。本病的病人在病前常已有情感丰富、富于幻想、善于模仿、易受暗示、自我中心等人格特点。这类人常在某些心理社会因素的刺激或暗示下，突然出现短暂性精神异常或运动、感觉、植物神经、内脏方面的紊乱。这些症状可由暗示而产生，亦可通过暗示而使之消失。

二、抑郁症

抑郁症是一种常见的精神疾病，主要表为情绪低落，兴趣减低，悲观，思维迟缓，缺乏主动性，自责自罪，饮食、睡眠差，担心自己患有各种疾病，感到全身多处不适，严重者可出现自杀念头和行为。

1. 情感低落：患者经常面带愁容表情痛苦悲伤。自诉精力不足，失眠（或睡眠过多）。患者变得喜欢安静独处，原因是患者由于思维迟缓对社会交往变得顾虑重重。愉快感缺失，原有的业余爱好和个人兴趣不复存在。自我感觉比实际情况要差，自我评价过低，自信心不足，流于自谦，可有自罪妄想，有时表现长吁短叹，可有自杀企图和行为。

2. 思维迟缓：抑制性的思维联想障碍，思维活动显著缓慢，联想困难，思考问题吃力，反应迟缓为主要临床表现。语量少，语速慢，语声低沉，反应迟缓。患者自诉：“脑子不灵了”“脑子迟钝了”。

3. 意志减退：指患者的意志活动减少。受情感低落的影响，总感到自己做不了事或是由于愉快感缺失，对周围的一切兴趣索然，觉得干什么都没有意思，以至于意志消沉，使患者的学习、工作或家务劳动成绩受到明显的影响。抑郁状态患者对自身的这些变化，一般说来还是能够意识到的，自知力可能部分存在。

抑郁症的年发病率是0.5%左右。抑郁症的终身患病率是16%。女性患上抑郁症的概率是男性的两倍。抑郁症患者约50%出现过自杀想法，10%～15%死于自杀。中国每年约30万人自杀身亡。

三、精神分裂症

原因未明的一组精神障碍；感知、思维、情感、行为的障碍；意识清晰、智能完好；以精神活动的不协调或脱离现实为特征；多起病于青壮年，发病高峰年龄：15 ~ 25 岁；近年有提早趋势，常缓慢起病，病程迁延，有慢性化倾向和衰退的可能，部分病人可痊愈。

（一）感知觉障碍

很重要的精神病性症状。无对象性的知觉，感知到的形象不是由客观事物引起。根据感受器官不同，幻觉分为幻听、幻视、幻嗅、幻味、幻触、内脏性幻觉。临床上最为常见的是幻听，幻视次之。

（二）思维障碍

思维障碍的临床表现多种多样，人们大体上将其分为思维形式障碍和思维内容障碍两部分。

1. 思维形式障碍，主要有：

（1）思维奔逸：一种兴奋性的思维联想障碍，主要指思维活动量的增加和思维联想速度加快而言。患者表现为语量多，语速快，口若悬河，滔滔不绝，词汇丰富，诙谐幽默。患者自诉脑子反应灵敏（“脑子转得快”）。

（2）思维迟缓：一种抑制性的思维联想障碍，与上述思维奔逸相反，以思维活动显著缓慢，联想困难，思考问题吃力，反应迟钝为主要临床表现。

（3）思维贫乏：患者思想内容空虚，概念和词汇贫乏，对一般性的询问往往无明确的应答性反应或回答得非常简单。回答时的语速并不减慢，这是思维贫乏和思维迟缓精神症状鉴别要点之一。

（4）思维松弛或思维散漫：患者的思维活动表现为联想松弛，内容散漫。交谈中患者对问题的叙述不够中肯，也不很切题，给人感觉患者的回答是“答非所问”，此时，与其交谈有一种十分困难的感觉。

（5）思维不连贯：严重的破裂性思维，在意识清楚的情况下，不但主题之间，语句之间缺乏内在意义上的连贯性和应有的逻辑性，而且在个别词句之间也缺乏应有的连贯性和逻辑性，言语更加支离破碎，语句片断，毫无主题可言，成为语词杂拌。

2. 思维内容障碍。

（1）妄想。妄想是一种脱离现实的病理性思维。它的特点是：

第一，以毫无根据的设想为前提进行推理，违背思维逻辑，得出不符合实际的结论；

第二，对荒唐的结论坚信不移，不能通过摆事实讲道理进行知识教育以及自己的亲身经历来纠正这种荒唐结论。

（2）强迫观念。又称强迫性思维，是指某一种观念或概念，反复地出现在脑海中。患者自己知道这种想法是不必要的，甚至是荒谬的，并力图加以摆脱。但事实上常常是违背患者的意愿，想摆脱，又摆脱不了，患者为此而苦恼。

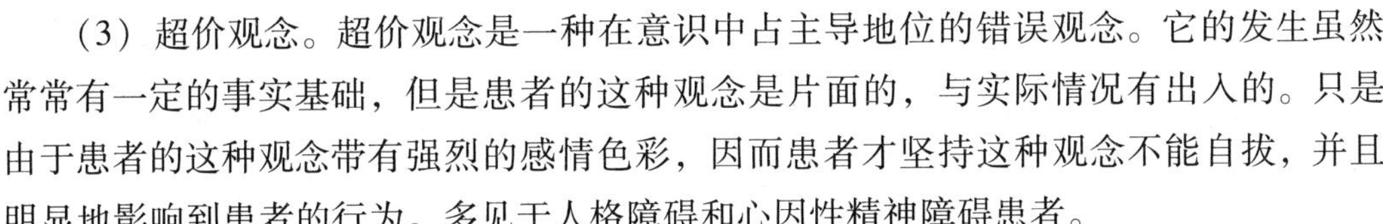

（3）超价观念。超价观念是一种在意识中占主导地位的错误观念。它的发生虽然常常有一定的事实基础，但是患者的这种观念是片面的，与实际情况有出入的。只是由于患者的这种观念带有强烈的感情色彩，因而患者才坚持这种观念不能自拔，并且明显地影响到患者的行为。多见于人格障碍和心因性精神障碍患者。

（三）情感障碍

情感淡漠：患者对一些能引起正常人情感波动的事情以及与自己切身利益有密切关系的事情，缺乏相应的情感反应。患者对周围的事情漠不关心，表情呆板，内心体验缺乏。

（四）意志与行为障碍

1. 意志缺乏：表现为患者缺乏应有的主动性和积极性，行为被动，生活极端懒散，个人及居室卫生极差。严重时患者甚至连自卫、摄食及性的本能都丧失。

2. 意志减退：患者忽视自己的仪表，不知料理个人卫生。一位青年男性患者连续 3 年从来没有换过衣服。

3. 紧张综合征：包括紧张性木僵和紧张性兴奋两种状态，两者可交替出现，是精神分裂症紧张型的典型表现。木僵时以缄默、随意运动减少或缺失以及精神运动无反应为特征。严重时病人保持一个固定姿势，不语不动、不进饮食，不自动排便，对任何刺激均不起反应。可出现蜡样屈曲，空气枕头。

四、人格障碍和性心理障碍

（一）人格障碍

人格障碍指明显偏离正常人格并与他人和社会相悖的一种持久和牢固的适应不良的情绪和行为反应方式。人格障碍常开始于幼年，青年期定型，持续至成年期或者终生。

1. 偏执性人格障碍。它是以多疑敏感为主要表现的人格障碍。其特点是：①多疑敏感，不信任别人，易把别人的好意当作恶意、敌意；②妒忌心强，对别人的成就、荣誉等感到紧张不安、挑衅、指责和抱怨；③易感到委屈、挫折、怀才不遇，常常产生攻击、报复之心；④骄傲自大，自命不凡，自尊心强，要求别人重视自己，追求权势；⑤主观固执、好诡辩、经常抗议、反对他人的意见，不易被说服，即使面对事实证据也是如此；⑥对别人缺乏同情心和热情，从不开玩笑，警惕性很高，常怕被人欺骗、暗算，处处提防他人等。

2. 分裂性人格障碍。以观念、行为、外貌装饰的奇特、情感冷漠、人际关系明显缺陷为特点。主要表现为退缩，孤僻，胆怯，沉默和怪癖，不爱社交。

3. 反社会人格障碍。以行为不符合社会规范，具有经常违法乱纪、对人冷酷无情为特点。

4. 冲动性（攻击性）人格障碍。以阵发性情感爆发，伴明显冲动性行为为特征。

5. 表演性（癔症性）人格障碍。以过分感情用事或夸张言行以吸引他人注意为特点。

6. 强迫性人格障碍。它是指因刻意追求完美而过分自我关注、带有不完善感的人格障碍。表现为：①做事犹豫不决、优柔寡断、忧虑重重、谨小慎微、拘泥于烦琐细节之中；②做事要求十全十美，追求完美无缺，反复检查、修改，直到自己完全满意，否则会感到焦虑、紧张；③过于严格认真，具有强烈的自制心理和自控行为，对自己过于克制与关注，责任感过强，怕犯错误，思想得不到放松，按自己的想法要求别人，妨碍他人自由；④循规蹈矩、按部就班、墨守成规、不思变通，遇到新情况不能灵活处理，显得束手无策，呆板，缺乏兴趣爱好和幽默感，没有创新精神；⑤心里总是笼罩着一种不安全感，常处于莫名其妙的紧张和焦虑状态，平时焦虑、悔恨的情绪多，愉快、满意的情绪少。总之，这类患者的个性常常表现为刻板、固执、拘谨、单调、惰性、犹豫、克制，易发展为强迫型神经症。

7. 焦虑性人格障碍。以一贯感到紧张，提心吊胆，不安全及自卑为特征，总是需要被人喜欢和接纳，对拒绝和批评过分敏感，因习惯性夸大日常处境中的潜在危险而有回避某些活动的倾向。

（二）性心理障碍

性心理障碍也称性行为变态，是指与生殖活动没有直接关系，在寻求性满足的对象和方式上与常人不同，且违反社会习俗。

1. 性身份障碍。主要是指异性症，患者对自身性别的认定与解剖生理上的性别特征呈持续厌恶的态度，并有改变本身性别的解剖生理特征以达到转换性别的强烈愿望，其性爱倾向为纯粹同性恋，其中又以男生多见。

2. 性偏好障碍。

（1）恋物症。是指对性爱对象的一种象征意义上的迷恋。恋物癖患者通过抚弄、嗅、咬或玩弄某物来获取性快感。所恋对象可以是与性有关的，如头发、内裤、乳罩等，也可能是与性较少关联的雨衣、球鞋、牛仔衣等。

案　例

霍某出生于工人家庭，自幼胆小畏缩、执拗、内向，父亲因工作常不在家，夫妻间及父子间缺乏情感交流。其父嗜酒如命，性格粗鲁，脾气暴躁，在家时常与霍某母亲争吵，动辄打骂妻子。9岁时其父母离异。霍某憎恨父亲，依恋母亲，愿意和女孩一起玩耍，并由于其少年老成的关心体贴常博得女孩的好感。12岁时，一次偶然的机会他看到姐姐裸体洗澡及之后穿内衣（内裤、胸罩）躺在床上，当时产生了强烈的好奇心和性冲动。此后常回想此情景，并伴有手淫。高一时与一女生开始恋爱，感情甚笃，以致发生多次性关系。相爱3年后女方家长棒打鸳鸯，女方被迫嫁给他人。霍某为此心情苦闷，借酒浇愁，酒后常拿出前女友的内衣裤抚摸，同时手淫，手淫时常结合情景回想与前女友同居时的感觉，并达到性高潮而射精。

一次，他从女工宿舍楼旁路过，看到晒在外面的女性内衣内裤，心中突然产生一种冲动，迅速上前偷取了两条女三角裤，随即有一种紧张而又满足的感觉。从此，每当他路过这幢楼时，就不由自主地寻找晒着的女性内衣内裤。一旦看见就极度紧张，心跳加快，大脑中想法极为模糊，只想取走这些短裤、胸罩、月经带等。拿到后心满意足，要是拿不到就非常焦虑，紧张不安，不可克制地到处搜索，就像被磁铁吸住一样。有时他上商店去购买这类物品，有时则直接钻进女更衣室，女浴室去窃取。他自知行为丑陋，无颜面世，也曾下决心痛改前非，写过许多自我警告的誓言，但每当欲念发作时，又身不由己，不能自制。而事后又往往陷入悔恨、自责的深深痛苦之中。

（2）异装症。异装癖又称异性装扮癖。是指通过穿着异性服装而得到性兴奋的一种性变态形式。这种性变态患者以男性为多，因为女性着男装现在已经常见，尤其在西方社会还很流行，故并不视为异常行为。

（3）露阴症。露阴癖是指在不适当的环境下在异性面前公开暴露自己的生殖器，引起异性紧张性情绪反应，从而获得性快感的一种性偏离现象。这是一种比较常见的性变态行为，以男性患者居多，女性极少见，男女之比为14∶1。

（4）摩擦症。摩擦癖是习惯性和癖好性通过触摸或摩擦异性身体而获得性快感的一种性变态。此种性变态患者主要为男性，他们通常在拥挤场合进行，故也称挤恋。

（5）性施虐症与性受虐症。性施虐又叫性摧残癖，是指对异性对象施以精神或肉体上的摧残而从中到手性的如愿和变态心理的如愿。受虐癖又叫被虐狂，它与摧残癖相反，是指在遭受性对象的摧残时，精神或肉体虽感触贫困，而在意理上却达成一种特殊的性欲如愿。施虐与受虐癖并非罕见，在西方，约有30%的女性和10%的男性曾有两样程度的受虐与施虐回味并达成性唤起。施虐淫者以男性多见，最多见的施淫行径牙咬、抓、鞭挞、针刺、绞勒等；亦有精神施虐，如小便撒在性对象身上，强制讲淫话等，绝顶的施虐行径包括毒打、残肢、杀死性对象，称色情伤人狂。有的施虐常出现于两个完成某种默契和有一起性感准则的男女之中，这时的施虐行径较为一团和气。

五、网络性心理障碍

网络性心理障碍的典型表现为在日常生活中情绪低落、无愉快感或兴趣丧失，睡眠障碍、生物钟紊乱，食欲下降、体重减轻、容易激动、自我评价降低，严重者社会活动减少，有自杀意念。

有一则报道称，某高校有个学生，生活中的他不善言谈却特别喜欢泡在网吧里聊天会友。在网上口若悬河，成了人见人爱的“大众情人”。而且，他在网上越是感到得意，在现实生活中就越是木讷笨拙。这位大学生经心理医生检查，被告知患上了网络性心理障碍。

大学生正处于某些精神疾病好发的年龄阶段。常见的有神经症、精神分裂症、躁狂抑郁症。

大多数的研究指出，在大学生所患的精神疾病中以神经症为主，约占精神疾病总数的50%。华西医科大学精神医学研究室对6所大学的6636名大学生进行调查，发现神经症139名，占被调查人数的2.09%。神经症各亚型的比例分别为：抑郁性神经症44.6%，神经衰弱41.0%，焦虑症7.1%，强迫症5%，恐怖症为1.4%。

据李淑然的资料，因精神疾病休学者中，神经症占79.1%，精神分裂症为15.7%，躁狂抑郁症占17.5%，反应性精神病占0.34%。因精神疾病退学者中，神经症为54.8%，精神分裂症为35.5%，躁狂抑郁症为6.5%，人格障碍为9.7%。12年间因精神疾病死亡的9例大学生中，精神分裂症6例，躁狂抑郁症3例。一些研究结果表明，随着医学的发展，在大学生中对躯体病和传染病的控制能力增高，而精神疾病或心理障碍已成为大学生心理卫生的严重问题。

不同年级大学生因精神疾病休学、退学率的比较结果表明，低年级比高年级学生患病率高，可能与低年级大学生正处于青春期，心理敏感而不稳定，适应能力较弱等因素有关，并提示大学生的心理卫生问题应从入学时着手，重点应放在低年级。

第三节　大学生常见心理障碍的防治

一、大学生心理障碍防治的基本方法

1. 积极参加心理健康讲座等宣传教育活动，选修有关心理健康教育方面的课程。树立科学的健康观，掌握一些心理问题的鉴别方法和常用的心理调适方法。

积极参加心理健康方面的社团等实践活动，增进人际关系，提高挫折承受力和社会适应力。

2. 积极参加心理普查，发现有心理困扰时，主动、积极、及时地到学校心理咨询室进行心理咨询或心理治疗。

二、常用心理治疗方法

（一）心理分析治疗法

心理分析治疗法又叫精神分析疗法、分析性心理治疗，是心理治疗中最主要的一种治疗方法。

1. 经典心理分析疗法。经典的心理分析疗法为弗洛伊德所创立。应用此疗法使病

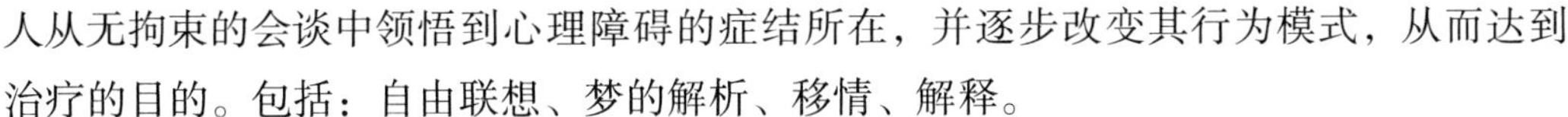

人从无拘束的会谈中领悟到心理障碍的症结所在，并逐步改变其行为模式，从而达到治疗的目的。包括：自由联想、梦的解析、移情、解释。

2. 认知领悟心理疗法。这一疗法是钟友彬根据心理动力学理论结合中国的具体情况和多年实践于20世纪70年代末提出的，又称“中国式的心理分析法”。认知领悟疗法的适应症是强迫症、恐怖症和某些的性变态：如露阴癖、窥阴癖、挨擦癖和异装癖等。

（二）行为疗法

行为疗法（Behaviortherapy）又称行为治疗，是基于现代行为科学的一种非常通用的新型心理治疗方法。行为疗法是运用心理学派根据实验得出的学习原理，是一种治疗心理疾患和障碍的技术，行为疗法把治疗的着眼点放在可观察的外在行为或可以具体描述的心理状态上。因此，行为疗法的代表人物沃尔普（John Wolpe）将其定义为：使用通过实验而确立的有关学习的原理和方法，克服不适应的行为习惯的过程。

1. 系统脱敏疗法。又称交互抑制法，利用这种方法主要是诱导求治者缓慢地暴露出导致神经症焦虑的情境，并通过心理的放松状态来对抗这种焦虑情绪，从而达到消除神经症焦虑习惯的目的。

2. 满灌疗法。又称“暴露疗法”“冲击疗法”和“快速脱敏疗法”。它是鼓励求治者直接接触引致恐怖焦虑的情景，坚持到紧张感觉消失的一种快速行为治疗法。

3. 厌恶疗法。厌恶疗法又叫“对抗性条件反射疗法”，它是应用惩罚的厌恶性刺激，即通过直接或间接想象，以消除或减少某种适应不良行为的方法。厌恶疗法的特点是，治疗期较短，效果较好。

4. 生物反馈疗法。又称生物回授疗法，或称植物神经学习法，是在行为疗法的基础上发展起来的一种新型心理治疗技术/方法。生物反馈疗法利用现代生理科学仪器，通过人体内生理或病理信息的自身反馈，使患者经过特殊训练后，进行有意识的“意念”控制和心理训练，通过内脏学习达到随意调节自身躯体机能，从而消除病理过程、恢复身心健康。

（三）来访者中心疗法

来访者中心疗法是人本主义心理疗法中的主要代表，人本主义心理疗法是20世纪60年代兴起的一种新型心理疗法，其指导思想是第二次世界大战后在美国出现的人本主义心理学，这个疗法不是由某个学派的杰出领袖所立创的，而是由一些具有相同观点的人实践得来的，其中有患者中心疗法、存在主义疗法、完形疗法等，在各派人本主义疗法中，以卡尔·R. 罗杰斯（Carl R. Rogers）开创的来访者中心疗法影响最大，是人本主义疗法中的一个主要代表。

（四）认知疗法

认知疗法（Congnitive therapy）于21世纪60～70年代在美国产生，是根据人的认知过程，影响其情绪和行为的理论假设，通过认知和行为技术来改变求治者的不良认知，从而矫正并适应不良行为的心理治疗方法，是新近发展起来的一种心理治疗方法，它的主要着眼点放在患者非功能性的认知问题上，意图通过改变患者对已、对人或对事的看法与态度来改变并改善所呈现的心理问题。

（五）音乐疗法

音乐能养生、治病已被中外许多学者公认，尤其是中国古典音乐，曲调温柔，音色平和，旋律优美动听，能使人忘却烦恼，从而开阔胸襟，促进身心健康。北宋文学家欧阳修患抑郁症，经多方医治，不见疗效。后来他向朋友学抚琴，久而乐之，抑郁症也就自然好了。高血压病人听抒情的小提琴乐曲，可使血压降低 10 毫米 ~20 毫米汞柱。让临产妇女听优美悦耳的音乐，可以分散她们在分娩时的注意力，减少疼痛。更令人欣喜的是，音乐还能辅助治疗癌症。美国癌症治疗中心之一的罗索哈特医院音乐治疗主任金泰尔本人就是癌症患者。1975 年，她患了乳腺癌，病情很快恶化，被送进医院。在医院里，她目睹癌症病友一个个死去，情绪十分低落。正当她在准备后事时，会弹钢琴的父亲为她弹奏一些乐曲，以减轻她精神上的痛苦。令人十分惊奇的是，音乐就像魔术师一样，慢慢驱赶了病魔，使她奇迹般地活了下来，而且心情十分愉快。病愈后，她以极大的热情参加了美国癌症协会组织的音乐治疗工作。如今，她已成为世界知名的音乐治疗专家。我国深圳一家肿瘤医院，还创建了“希望之光”俱乐部，每周 3 次为患者进行演出。平时演员们深入病房为患者演唱，由患者亲自点歌点曲，已收到了良好的疗效。由此可见，音乐是怡养心神，祛病延年的一剂良药。

（六）其他心理治疗方法

常用的心理治疗方法还有支持疗法、暗示疗法、娱乐疗法、气功疗法等。

健康的心理品质是大学生全面发展的基本要求，也是将来走向社会，积极从事社会活动和不断向更高层次发展的重要条件。“少年强，则国强；少年弱，则国弱，少年胜于欧洲，则国胜于欧洲；少年雄与地球，则国雄于地球。”梁启超先生这一名言震荡着一代代年轻大学生的心灵，我们大学生要以良好的心理素质迎接未来的挑战，为国家的富强奉献自己的青春。

案例分析

为什么大家都排斥我?

小张是个内向的姑娘，中学的时候就知道埋头读书，很少参加班级的集体活动，也几乎没什么朋友，但是因为成绩好，有时会有同学向她请教问题。到外地上大学后，她觉得自己陷入了孤立无援的境地，尤其是同寝室的人，故意孤立她、挤兑她。下课了，寝室的另外几个同学结伴回去，但从来不叫她；周末她们几个出去玩，也从不邀请她。不仅如此，她觉得同学老在背后说她的坏话，连她穿漂亮衣服也遭她们的非议。上课的时候，她在专心听讲，同学故意在旁边讲话，干扰她。到后来，甚至睡觉也睡不好，因为同学老是在半夜三更发出很响的声音，干扰她睡觉。小张在电话中多次向家里哭诉，家长觉得事情严重，专程赶到了学校，找到了老师。可是，经过老师的调查，发现事实并非如此，同学们说小张沉默点内向点，但是大家根本没有故意孤立她，相反还经常邀请她参加各种活动。后来，还是在老师的建议下，家长把小张送到了医院。

点　评

经检查这位小张同学患了精神分裂症，经过休学一学期的治疗后，目前情况已经稳定，又回到了学校。由于大学同学来自“五湖四海”，学生的“异质化”程度很高，地区的差异使他们在思想观念、价值标准、生活方式、生活习惯等方面存在着明显的差异，因此，在遇到实际问题时往往容易发生冲突。那么在大学里学会与不同背景的同学相处，学会处理同学间的矛盾和冲突，无疑会有利于今后走入社会。首先要学会承认各人有各人的生活习惯和价值体系，你与别人生活在一起，你就应该连同他们的生活方式一起接受。如果感觉别人的生活方式有碍于你，可以与其进行沟通，委婉地提出，并适当地进行自我的调整。需要注意的一点是，给别人提意见一定不能当着众人的面，以免使对方难堪、丢面子。要想处理好同学之间的关系，还要做到对人宽，对己严，切忌以我为中心。在平时的生活中，做到三主动：即主动与同学打招呼，主动和同学讲话，主动帮助别人。在帮助别人的时候，不要过于计较别人会不会报答你。此外，要主动去做一些公共的工作，以增加同学们对你的好感，同学间的关系也就会融洽了。

心理自测

症状自评量表 SCL－90

指导语：以下表格中列出了有些人可能有的症状或问题，请仔细阅读每一条，然后根据该句话与您自己的实际情况（最近一个星期或过去）相符合的程度（0：无，1：轻度，2：中度，3：相当重，4：严重），选择一个适当的数字填写在后面的答案框中：

1. 头痛。（　　）
2. 神经过敏，心中不踏实。（　　）
3. 头脑中有不必要的想法或字句盘旋。（　　）
4. 头晕和昏倒。（　　）
5. 对异性的兴趣减退。（　　）
6. 对旁人责备求全。（　　）

7. 感到别人能控制您的思想。(　　)
8. 责怪别人制造麻烦。(　　)
9. 忘记性大。(　　)
10. 担心自己的衣饰整齐及仪态的端正。(　　)
11. 容易烦恼和激动。(　　)
12. 胸痛。(　　)
13. 害怕空旷的场所或街道。(　　)
14. 感到自己的精力下降，活动减慢。(　　)
15. 想结束自己的生命。(　　)
16. 听到旁人听不到的声音。(　　)
17. 发抖。(　　)
18. 感到大多数人都不可信任。(　　)
19. 胃口不好。(　　)
20. 容易哭泣。(　　)
21. 同异性相处时感到害羞不自在。(　　)
22. 感到受骗、中了圈套或有人想抓住您。(　　)
23. 无缘无故地突然感到害怕。(　　)
24. 自己不能控制地发脾气。(　　)
25. 怕单独出门。(　　)
26. 经常责怪自己。(　　)
27. 腰痛。(　　)
28. 感到难以完成任务。(　　)
29. 感到孤独。(　　)
30. 感到苦闷。(　　)
31. 过分担忧。(　　)
32. 对事物不感兴趣。(　　)
33. 感到害怕。(　　)
34. 我的感情容易受到伤害。(　　)
35. 旁人能知道您的私下想法。(　　)
36. 感到别人不理解您不同情您。(　　)
37. 感到人们对您不友好，不喜欢您。(　　)
38. 做事必须做得很慢以保证做得正确。(　　)
39. 心跳得很厉害。(　　)
40. 恶心或胃部不舒服。(　　)
41. 感到比不上他人。(　　)

42. 肌肉酸痛。( )
43. 感到有人在监视您谈论您。( )
44. 难以入睡。( )
45. 做事必须反复检查。( )
46. 难以作出决定。( )
47. 怕乘电车、公共汽车、地铁或火车。( )
48. 呼吸有困难。( )
49. 一阵阵发冷或发热。( )
50. 因为感到害怕而避开某些东西、场合或活动。( )
51. 脑子变空了。( )
52. 身体发麻或刺痛。( )
53. 喉咙有梗塞感。( )
54. 感到没有前途没有希望。( )
55. 不能集中注意。( )
56. 感到身体的某一部分软弱无力。( )
57. 感到紧张或容易紧张。( )
58. 感到手或脚发重。( )
59. 想到死亡的事。( )
60. 吃得太多。( )
61. 当别人看着您或谈论您时感到不自在。( )
62. 有一些不属于您自己的想法。( )
63. 有想打人或伤害他人的冲动。( )
64. 醒得太早。( )
65. 必须反复洗手、点数目或触摸某些东西。( )
66. 睡得不稳不深。( )
67. 有想摔坏或破坏东西的冲动。( )
68. 有一些别人没有的想法或念头。( )
69. 感到对别人神经过敏。( )
70. 在商店或电影院等人多的地方感到不自在。( )
71. 感到任何事情都很困难。( )
72. 一阵阵恐惧或惊恐。( )
73. 感到在公共场合吃东西很不舒服。( )
74. 经常与人争论。( )
75. 单独一人时神经很紧张。( )
76. 别人对您的成绩没有作出恰当的评价。( )

77. 即使和别人在一起也感到孤单。(　　)
78. 感到坐立不安心神不定。(　　)
79. 感到自己没有什么价值。(　　)
80. 感到熟悉的东西变成陌生或不像是真的。(　　)
81. 大叫或摔东西。(　　)
82. 害怕会在公共场合昏倒。(　　)
83. 感到别人想占您的便宜。(　　)
84. 为一些有关“性”的想法而很苦恼。(　　)
85. 您认为应该因为自己的过错而受到惩罚。(　　)
86. 感到要赶快把事情做完。(　　)
87. 感到自己的身体有严重问题。(　　)
88. 从未感到和其他人很亲近。(　　)
89. 感到自己有罪。(　　)
90. 感到自己的脑子有毛病。(　　)

SCL－90 评定

总症状指数：

包括所有项目。是指总的来看，被试的自我症状评价介于“没有”到“严重”的哪一个水平。总症状指数的分数在0～0.5之间，表明被试自我感觉没有量表中所列的症状；在0.5～1.5之间，表明被试感觉有点症状，但发生得并不频繁；在1.5～2.5之间，表明被试感觉有症状，其严重程度为轻到中度；在2.5～3.5之间，表明被试感觉有症状，其程度为中到严重；在3.5～4之间表明被试感觉有症状，且症状的频度和强度都十分严重。

因子分：

SCL－90包括9个因子，每一个因子反映出个体某方面的症状情况，当个体在某一因子的得分大于2时，即超出正常均分，则个体在该方面就很有可能有心理健康方面的问题。并且在每个因子上，得分越高，表明这个因子的症状体验越强，得分越低，表明这个因子的症状体验越不明显。

(1) 躯体化。包括1、4、12、27、40、42、48、49、52、53、56、58共12项。主要反映身体不适感，包括心血管、胃肠道、呼吸和其他系统的不适，如头痛、背痛、肌肉酸痛，以及焦虑等躯体不适表现。

(2) 强迫症状。包括3、9、10、28、38、45、46、51、55、65共10项。主要指那些明知没有必要，但又无法摆脱的无意义的思想、冲动和行为，还有一些比较一般的认知障碍的行为征象也在这一因子中反映。

(3) 人际关系敏感。包括6、21、34、36、37、41、61、69、73共9项。主要是指某些人际的不自在与自卑感，特别是与其他人相比较时更加突出。在人际交往中的自卑感，心神不安，明显的不自在以及人际交流中的不良自我暗示，消极的期待等是这方面症状的典型原因。

（4）抑郁。包括5、14、15、20、22、26、29、30、31、32、54、71、79共13项。苦闷的情感与心境为代表性症状，还以生活兴趣的减退，动力缺乏，活力丧失等为特征。表现出失望、悲观以及与抑郁相联系的认知和躯体方面的感受，另外，还包括有关死亡的思想和自杀观念。

（5）焦虑。包括2、17、23、33、39、57、72、78、80、86共10项。一般指那些烦躁，坐立不安，神经过敏，紧张以及由此产生的躯体征象，如震颤等。

（6）敌对。包括11、24、63、67、74、81共6项。主要从三方面来反映敌对的表现：思想、感情及行为。其项目包括厌烦的感觉，摔物，争论直到不可控制的脾气暴发等各方面。

（7）恐怖。包括13、25、47、50、70、75、82共7项。恐惧的对象包括出门旅行，空旷场地，人群或公共场所和交通工具以及社交恐怖。

（8）偏执。包括8、18、43、68、76、83共6项。主要指投射性思维，敌对，猜疑，妄想，被动体验和夸大等。

（9）精神病性。包括7、16、35、62、77、84、85、87、88、90共10项。反映各式各样的急性症状和行为，即限定不严的精神病性过程的症状表现。

（10）其他项目。包括19、44、59、60、64、66、89共7项。主要反映睡眠及饮食情况。附加项目或其他，作为第10个因子来处理，以便使各因子分之和等于总分。

第三篇

生理健康教育

第十一章

行为环境与健康

引 例

全球十大环境污染事件

1. 马斯河谷烟雾事件。1930 年，比利时马斯河谷工业区，在这个狭窄的河谷里有炼油厂、金属厂、玻璃厂等许多工厂。12 月 1 日到 5 日的几天里，河谷上空出现了很强的逆温层，致使 13 个大烟囱排出的烟尘无法扩散，大量有害气体积累在近地大气层，对人体造成严重伤害。一周内有 60 多人丧生，其中心脏病、肺病患者死亡率最高，许多牲畜死亡。这是 20 世纪最早记录的公害事件。

2. 洛杉矶光化学烟雾事件。1943 年夏季，美国西海岸的洛杉矶市，该市 250 万辆汽车每天燃烧掉 1100 吨汽油。汽油燃烧后产生的碳氢化合物等在太阳紫外线照射下引起化学反应，形成浅蓝色烟雾，使该市许多市民患了眼红、头疼病。后来人们称这种污染为光化学烟雾。1955 年和 1970 年洛杉矶又两度发生光化学烟雾事件，前者有 400 多人因五官中毒、呼吸衰竭而死，后者使全市 3/4 的人患病。

3. 多诺拉烟雾事件。1948 年美国宾夕法尼亚州多诺拉城有许多大型炼铁厂、炼锌厂和硫酸厂。在 1948 年 10 月 26 日清晨，大雾弥漫，受反气旋和逆温控制，工厂排出的有害气体扩散不出去，全城 14 000 人中有 6000 人眼痛、喉咙痛、头痛胸闷、呕吐、腹泻，17 人死亡。

4. 伦敦烟雾事件。1952 年以来，伦敦发生过 12 次大的烟雾事件，祸首是燃煤排放的粉尘和二氧化硫。烟雾逼迫所有飞机停飞，汽车白天开灯行驶，行人走路都困难，烟雾事件使呼吸疾病患者猛增。1952 年 12 月那一次，5 天内有 4000 多人死亡，两个月内又有 8000 多人死去。

5. 水俣病事件。1953～1956 年日本熊本县水俣镇一家氮肥公司排放的废水中含有汞，这些废水排入海湾后经过某些生物的转化，形成甲基汞。这些汞在海水、底泥和鱼类中富集，又经过食物链使人中毒。当时，最先发病的是爱吃鱼的猫。中毒后的猫发疯痉挛，纷纷跳海自杀。没有几年，水俣地区连猫的踪影都不见了。1956 年，出现了与猫的症状相似的病人。因为开始病因不清，所以用当地地名命名。1991 年，日本环境厅公布的中毒病人有2248人，其中1004人死亡。

6. 日本米糠油事件。1968年，先是几十万只鸡吃了有毒饲料后死亡，人们没深究毒的来源，继而在北九州一带有13 000多人受害。这些鸡和人都是吃了含有多氯联苯的米糠油而遭难的。病人开始眼皮发肿，手掌出汗，全身起红疙瘩，接着肝功能下降，全身肌肉疼痛，咳嗽不止。这次事件曾使整个西日本陷入恐慌中。

7. 印度博帕尔事件。1984年12月3日，美国联合碳化公司在印度博帕尔市的农药厂因管理混乱、操作不当，致使地下储罐内剧毒的甲基异氰酸脂因压力升高而爆炸外泄。45吨毒气形成一股浓密的烟雾，以每小时5000米的速度袭击了博帕尔市区。死亡近两万人，受害20多万人，5万人失明，孕妇大多流产或产下死婴，受害面积40平方公里，数千头牲畜被毒死。

8. 切尔诺贝利核泄漏事件。1986年4月26日，位于乌克兰基辅市郊的切尔诺贝利核电站，由于管理不善和操作失误，4号反应堆爆炸起火，致使大量放射性物质泄漏。西欧各国及世界大部分地区都测到了核电站泄漏出的放射性物质。31人死亡，237人受到严重放射性伤害，而且在20年内，还将有3万人可能因此患上癌症。基辅市和基辅州的中小学生全被疏散到海滨，核电站周围的庄稼全被掩埋，少收2000万吨粮食，距电站7公里内的树木全部死亡，此后半个世纪内，10公里内不能耕作放牧，100公里内不能生产牛奶……这次核污染飘尘给邻国也带来严重灾难。这是世界上最严重的一次核污染。

9. 剧毒物污染莱茵河事件。1986年11月1日，瑞士巴塞尔市桑多兹化工厂仓库失火，近30吨剧毒的硫化物、磷化物与含有水银的化工产品随灭火剂和水流入莱茵河。顺流而下150公里内，60多万条鱼被毒死，500公里以内河岸两侧的井水不能饮用，靠近河边的自来水厂关闭，啤酒厂停产。有毒物沉积在河底，将使莱茵河因此而“死亡”20年。

第一节　健康行为及健康相关行为

一、什么是健康行为？

所谓健康行为是指人体在身体、心理、社会各方面都处于良好状态时的行为表现。

二、什么是健康相关行为？

健康相关行为是指个体或团体与健康和疾病有关的行为，一般可分为促进健康的行为和危害健康的行为。

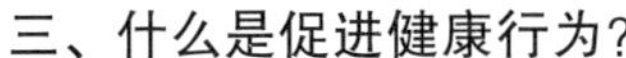

三、什么是促进健康行为?

促进健康的行为是指个人或群体表现出的、客观上有利于自身和他人健康的一组行为。

促进健康的行为类型：

1. 日常健康行为：如合理营养、平衡膳食、适量睡眠、正确锻炼等。

2. 保健行为：如定期体检、预防接种等合理应用医疗保健服务，以维护自身健康的行为。

3. 避免有害环境行为："环境"在此既指自然环境（如环境污染），调适、主动回避、"积极应对"引起过度心理应激的紧张生活环境属此类行为。

4. 戒除不良嗜好：如戒烟、不酗酒与不滥用药物等。

5. 预警行为：通指预防事故发生和一旦发生事故后正确处理的行为，如乘飞机、坐汽车系安全带，发生车祸后能自救和他救等。

6. 求医行为：觉察到自己有某种病患时寻求科学可靠的医疗服务。

促进健康行为的五大基本特征：①有利性：行为表现有益于自己、他人和全社会，如不抽烟、不酗酒。②规律性：行为表现有恒常的规律，如定时、定量进餐。③和谐性：个体的行为表现有自己的鲜明个性（如选择运动项目），根据整体环境随时调整自身行为。④一致性：行为本身具外显性，但它与内心的心理情绪是一致的，没有冲突或表里不一表现。⑤适宜性：行为强度有理性控制，无明显冲动表现；且该强度是对健康有利的。

四、危害健康的行为

危害健康的行为是指个体或群体在偏离个人、他人、社会的期望方向上表现的一组行为。

其主要表现特征是：

1. 该行为对己、对人、对整个社会的健康有直接或间接的、明显或潜在的危害作用。

2. 该行为对健康的危害有相对的稳定性，即对健康的影响具有一定作用强度和持续时间。

3. 该行为是个体在后天生活经历中习得，故又被称为"自我创造的危险因素"。

危害健康的行为有三类：

1. 日常危害健康行为主要包括：吸烟、酗酒、吸毒、性乱。

2. 致病性行为模式：是导致特异性疾病发生的行为模式。目前研究较多的有 A 型和 C 型行为。A 型行为又叫"冠心病易发性行为"，其核心行为表现有两种：不耐烦和敌意。由此常因别人的微小失误或无心得罪而大发雷霆。C 型行为又称“肿瘤易发性行为”，其表现是压抑情绪，过分自我克制，爱生闷气。C 型行为者易发各种肿瘤，发生率比正常人高 3 倍左右。

3. 不良生活习惯。主要导致各种成年期慢性退行性病变（如肥胖病、糖尿病、心血管疾病）、早衰、癌症等发生。

五、吸烟、酗酒、吸毒对健康的危害

1. 吸烟：长期大量吸烟可引发肺癌、支气管炎、肺气肿、缺血性心脏病、胃和十二指肠溃疡等。吸烟不仅使本人受害，还危及他人及全社会的健康，严重危害社会。

2. 酗酒：过量的、无节制的饮酒被称为酗酒。长期酗酒引起的酒精性肝硬变、脑血管疾病（如中毒）以及酗酒同时大量吸烟的协同性致癌作用，都是成年期死亡的重要原因。

3. 吸毒：吸毒属于滥用药物，容易产生成瘾或有成瘾趋势的一类行为。其中，海洛因、可卡因等可使人出现异常的精神亢奋，有致幻作用。对健康的危害呈综合性；精神颓废、人格缺损、心智功能紊乱等。

六、成瘾行为的特征

吸烟、酗酒和吸毒都是典型的成瘾行为（亦称药物依赖行为）。瘾，是指各种生理需要以外的、超乎寻常的嗜好。成瘾，指养成该嗜好的过程。导致人上瘾的物质称致瘾源，致瘾源能使易成瘾者产生强烈的欣快感和满足感。其中，毒品引起的欣快感强烈持久、极易产生依赖性，称强致瘾源；香烟和酒带来的欣快感相对软弱，持续时间短暂，称弱致瘾源。致瘾源越强，促使行为转变的过程越艰难。

（一）成瘾行为的主要表现

成瘾行为，指成瘾后表现出的一系列心理、行为表现。它有两个重要的行为特征：

1. 已成为成瘾者生命活动中的必需部分，由此产生强烈的心理、生理、社会性依赖。

2. 一旦中止成瘾行为将立即引起戒断症状。这种症状如空虚、无聊、无助、不安、嗜睡、流涎、绝望、寻死觅活等，是一组生理和心理的综合改变。烟、酒、毒品在成瘾后各有特异的戒断症状，但有一点是共同的：一旦恢复成瘾行为，戒断症状将完全消失，同时产生超欣快感。

（二）成瘾行为的形成过程

吸烟、酗酒和吸毒行为的形成，大致都经历四个阶段，即诱导阶段、形成阶段、巩固阶段、衰竭阶段。

第二节 环境污染与危害

一、室内空气污染的种类及危害

室内空气污染是指室内各种化学的、生物的、物理的污染物在室内积聚扩散造成室内空气质量下降，危害人类生活、工作和健康的现象。成年人约有80%的时间在室内渡过，病人、老人和儿童在室内渡过的时间更多，超过90%。因此室内空气与人的接触量占据了人的一生与空气总接触量的相当大一部分，室内空气质量的好坏直接影响人类的健康。有专家指出人体患病超过40%是由于室内环境污染所致。因此，摸清室内空气污染有哪些种类，对人体造成什么危害以及应采取哪些应对措施，已成为当务之急。

（一）烟草烟雾污染

吸烟的烟雾是最普遍的室内空气污染。吸烟有害健康已为绝大多数公众所接受。现在已知烟草烟雾中至少含有3800种成分，其中大多数为致癌物及有害物质，例如，镉、氮氧化物、苯并（a）芘、烟碱、多环芳烃、一氧化碳、亚硝酸胺和颗粒物等。吸烟可引起肺癌、慢性阻塞性肺部疾患、心脏病和脑卒中等。烟草烟雾不仅对主动吸烟者自身健康有害，而且对被动吸烟者的威胁甚至更大。据研究，飘浮在卷烟上方的侧流烟雾所含的污染物比吸烟者所吸入主流烟雾的污染物多几倍，在一般烟雾弥漫条件下，被动吸烟者所接受的一氧化碳量相当于每小时吸1～2支烟。经常生活在烟雾弥漫居室内的孕妇无论是主动吸烟还是被动吸烟，都有可能影响胎儿的心肺发育，进而影响儿童期的心肺功能，甚至成为成年期发生阻塞性肺气肿的诱因。

（二）室内装饰和装修污染

随着人们生活水平的提高，无论是个人住房还是公共场所都进行不同程度的室内装饰和装修。在建筑材料、涂料、油漆、胶合板材、家具等装修材料中，会不断散发出500余种有毒有害化合物，尤其是在新装修的居室内，不少装饰材料会散发出氨、甲醛、苯和苯系物、放射性氡等一系列致癌物质。

寒冷季节，为了加快混凝土的凝固速度和冬季防冻，加入的高碱膨胀剂和含尿素的防冻剂，在房屋使用过程中，特别是随着夏季气温升高，将会缓慢释放出氨等有害气体。氨是无色、刺激性气体，可感觉最低浓度为5.3ppm。氨是碱性气体对接触的组织有腐蚀性和刺激性，可通过三叉神经末梢的反射作用而引起心脏停搏和呼吸停止。

有人曾对住宅、办公室、图书馆、工厂车间等地点的室内和室外空气中甲醛含量进行了测量，结果发现室内空气中甲醛浓度比室外高2～10倍。据国家技术监督局抽查，50%以上的中（高）密度板甲醛释放量超过国家标准0.12mg/m^3。甲醛是无色、易溶的刺激性气体，长期接触可引起鼻腔、口腔、鼻咽、咽喉、皮肤和消化道癌症，对人的神经系统、免疫系统都有毒害。不少人体会到在搬入新居后的前几个月，出现过流泪、眼痛等症状。

苯和苯系物主要来自室内装修和家具中的涂料、油漆、稀释剂、香蕉水、粘合剂。苯是无色、无味液体，严重的致癌物质。通风不良时，轻度中毒可造成嗜睡、头疼、头晕、恶心、呕吐、胸部紧束感；重度中毒可出现视物模糊、震颤呼吸浅而快、心律不齐、抽搐和昏迷。

天然石块、建筑砌块，由含放射性核素较高的矿渣制作的建筑材料中，都有不同浓度的氡。当室内空气中氡的浓度低于建筑物结构中氡浓度时，建筑物中氡就会向室内空气扩散。氡是天然放射性惰性气体，无色，无味，对人体的放射性危害占人一生中所受全部辐射伤害的55%以上，其诱发肺癌的潜伏期在15年以上，被列为使人致癌的19种重点物质之一，是除吸烟外引起肺癌的第二大因素。由于产地、地质结构和生成年代不同，建筑材料的放射性也不同。经检测，主要是镭、钍等放射性元素在衰变中产生放射性物质，其中花岗岩超标最多。

（三）厨房污染

厨房是人们室内生活不可缺少的一部分，也是室内污染最为严重的地方。厨房中的污染物主要来源于煤灶、柴灶、煤气灶、液化石油气灶、电灶、电磁灶中燃料的燃烧。煤、柴、煤气、液化石油气等燃料在燃烧过程中，都产生一氧化碳、二氧化碳、二氧化硫、氮氧化物、醛类、苯并芘、可吸入颗粒物等污染物。这几种污染物均具有很大毒性。二氧化硫刺激呼吸道，可导致气管炎、肺气肿甚至诱发癌症。一氧化碳是无色、无味、无刺激性气体，长时期吸入人体可造成缺氧以致死亡。煤烟的长期接触也可以大大提高人们患肺癌的可能性，尤其对于女性而言。在上述几种燃料中，煤燃烧产生的总污染负荷最大，其中散煤又高于型煤；而苯并芘这种强致癌污染物以液化石油气产生最高。电灶、电磁灶产生的总污染负荷要比固、气燃料轻得多，但电化学反应所产生的氮氧化物污染却不容忽视。当厨房密闭时，氮氧化物浓度可能达到200g/m^3，这时可引起肺水肿、中枢神经系统损害，对心肝肾及造血组织产生不良影响。

（四）其他室内空气污染

1. 人体通过汗液蒸发、皮肤脱落、呼吸道呼吸等新陈代谢过程，能排放出数百种气溶胶、化学物质和粉屑，造成室内空气污染。

2. 居室内地毯和空调中滋生的各种细菌、霉菌和螨虫等有害生物，呼吸道患者散发的病原菌以及饲养宠物携带的病菌，它们附着在尘埃上，随空气流动而传播疾病。

3. 使用各种电子产品，如B超检查、放射线和放射线同位素检查以及使用各种家具电器，如微波炉、电视机、电脑音响、抽油烟机、电话等过程中，易产生电离辐射、噪声、振动、加速电磁场，对人体也具有一定的影响。复印机、打印机、传真机等现代办公设施，产生臭氧和辐射污染。

4. 人们为了杀死室内的苍蝇、蚊子、蟑螂等害虫，经常使用各种喷雾杀虫剂。尽管国家已制定严格的生产标准尽量减少杀虫剂中对人体健康的影响，但是通过空气直接吸入或食入附着了杀虫剂的各种化学物质对人体健康未知的或潜在影响是可能存在的。

二、减少室内空气污染的主要措施

1. 制定禁止在公共场所吸烟的法律、法规，不断扩大无吸烟场所并加强禁烟的法制宣传，造成一个禁烟的强大声势和广泛舆论。国家应立法，限制烟生产量，提高香烟附加税。

2. 严格控制建筑、装饰材料的质量，开发、推广、应用绿色环保型产品，从源头上减少室内装饰和装修对室空气的污染。选择正规的装饰公司，签订合同时可注明室内环境的要求，交工时可要求提供室内空气质量检测报告。购买装饰石材时要求提供产品放射性合格证明。无论新旧住房都应定期开窗换气，特别是新建住房和新装修住房，必须与室外空气通风几个月后方可搬入，且在住进的头半年，应保持每天换至少两遍空气。

3. 厨房中只要有灶具、烹饪用具，使用时，均应打开吸力强、噪声低的换气扇或抽油烟机，及时将厨房内油烟和燃料烟气排至室外。改进燃料结构，尽量使用清洁、高效、方便的燃料，如液化石油气、煤气、天然气等，提倡使用电气化的烹调、取暖用具，实行集中供热。

4. 养成良好的个人卫生习惯，室内要保持阳光充足，空气流通。公共场所更应注意公共卫生。

5. 选用无噪声能产生有益于健康的负氧离子可以过滤尘埃、细菌和有害气体的空气净化器，以改善居室空气质量。居室内养育花草，可有效吸附空气中有害物质，还能美化居室环境。

三、环境污染及其对人类健康的侵害

环境污染是指由于自然的人为的因素致使自然环境发生变化，并超出了其自净能力，从而破坏了生态平衡，影响到人类健康的现象。

环境污染产生的原因：随着世界人口的迅速增加以及工业化的迅速发展，人类对自然资源的毁灭性的开发与利用，使环境污染问题愈来愈严重，已经开始威胁人类的生存。

（一）空气污染对健康的危害

空气污染主要是由工业生产中散发出来的尘埃、烟灰等有害气体对空气的污染。

目前，空气中的污染物已达一百多种。

对人体的直接危害：①呼吸道的鼻炎、咽炎、气管炎、肺结核、肺癌；②心血管系统的功能下降；③内脏器官的肝肿大、肾炎；④神经系统的头晕、头痛、失眠、神经衰弱。另外，对内分泌系统、骨骼系统、少年儿童发育都有负面影响。

对人体的间接危害：导致佝偻病、眼部病症的发生。

（二）水污染对健康的危害

水污染主要是指由工厂排出的未经净化处理的污水、生活污水、垃圾和各种有害物质流入、渗入水中，使江、河、湖、海遭到污染。

对人体的直接危害：人们直接饮用受污染的水，会导致各种肠胃疾病，严重受污染的水会直接导致特异性疾病的发生，甚至危及生命。

对人体的间接危害：通过食物链，有害的水浇灌农作物，污水中的水产类、食用有害物质的动物等最后由人类来食用，会危及人类的健康。

（三）噪声音污染对健康的危害

噪音污染是指由生产、交通、生活中发出的超常规的振动。

避免污染对人类造成的危害，必须从自己做起，从现在做起。远离对人类有害的污染，养成健康的身体。

第三节　纠正不良行为方式——预防癌症

2 月 4 日是“世界癌症日”，世界卫生组织（WHO）在 2014 年 2 月 3 日发表了《全球癌症报告 2014》，研究称 2012 年全球癌症患者和死亡病例都在令人不安地增加，新增癌症病例有近一半出现在亚洲，其中大部分在中国，中国新增癌症病例高居第一位。在肝、食道、胃和肺 4 种恶性肿瘤中，中国新增病例和死亡人数均居世界首位。尽管如此，中国并未进入 2012 年癌症发病率和死亡率最高国家的行列。中国在吸烟率高和空气质量下降的情况下，肺癌比率实际上低于绝大多数欧洲国家。

长期以来，“癌症是不治之症”的偏见，使人们在认识上陷入误区，认为患癌是无法预防的，患者失去与疾病抗争的勇气，医学研究也偏重于治疗方面。大量的研究证实，遗传基因不能单独导致癌症的发生，后天环境因素作用于机体存在的易感遗传基因才是导致癌症发生的关键因素。后天因素是可以避免、可以改变的，如果针对某个癌症进行预防，阻断那些明确的致癌因素，完全可以降低肿瘤的发病率。

一、改善饮食习惯

癌症的发生，与生活方式包括饮食习惯具有十分密切的关系，因此，预防癌症，也要从改善生活方式入手。世界卫生组织提出通过合理的生活饮食习惯预防癌症的 5

条建议：①避免动物脂肪。②增加粗纤维。③减少肉食。④增加新鲜水果和蔬菜。⑤避免肥胖。对于预防常见癌症具有重要意义。

二、尽量少接触有害物质

如石棉、苯胺染料、苯等致癌物质、离子射线和大量的紫外线等。尽量不要染发或少染发，装修房子要选择环保材料，蔬菜水果在食用前要清洗残留的农药。

三、心态要平和，学会给自己减压

理论上讲人体免疫系统可对癌细胞加以识别和清除。精神过度紧张，心理压力太大或者过于劳累等原因，机体免疫功能就会下降，癌细胞便乘机得以在人体内生长，发展到一定程度成为肿瘤。要有一个良好的心态，不可过于争强好胜，生活要有规律，工作有张有弛，加强身体锻炼。这对提高机体免疫力、预防癌症十分重要。

四、了解有关肿瘤的知识，及时治疗癌前病变

大量研究表明，癌症的出现不是一朝一夕的事，而是一个由量变到质变的过程。在演变过程中，有一个将成未成的阶段，叫癌前病变期。如乳腺的囊性增生、慢性萎缩性胃炎、胃溃疡，家族性多发性大肠息肉，口腔白斑，慢性迁延性肝炎，子宫颈糜烂，某些部位长期不愈合的破溃和瘢痕等。这些疾病本身不是癌，但演变为癌症的概率比较高，如果能及时有效地进行治疗，阻断其演变过程，就可以大幅度降低一些肿瘤的发病率。此外，还有一些疾病对于某些人群具有演变为癌症的可能，比如幽门螺杆菌感染，一般人认为没有什么太大的关系，而对于慢性萎缩性胃炎以及胃溃疡的患者，就要警惕演变为胃癌的可能。

五、定期进行体检，早期发现癌症的蛛丝马迹

肿瘤的表现在很多时候没有临床特异性，很多病人等发现后就已经进入了中晚期，失去了最佳治疗时机。要增强自我保健意识，定期进行体检，有利于早期发现癌症。比如：黑色痣溃烂应警惕癌；绝经后阴道流血、绝经前阴道不规则流血，尤其是接触性出血（性交后出血），应警惕宫颈癌；大便次数增加，干稀便交替，腹泻与便秘交替出现，应警惕肠癌；清晨醒来，倒吸血痰，即鼻腔内分泌物吸入后由口腔吐出来的痰里面带血，是鼻咽癌的早期表现，如果发现有这些症状应及时到医院检查就医。此外，对于淋巴结肿大，尤其是发生在颈部、颌下、腹股沟、锁骨上窝等部位，更要注意，这些部位是胃癌、肺癌等最常见的转移部位。

黑色素瘤，除极少数生长在内脏及消化道等隐蔽部位，大多数都是生长在体表，如果生长在经常受到摩擦的部位，最好及早切除。如果出现破溃，毛发脱落，迅速扩大、颜色改变或出现卫星病灶（周围出现同样的黑色斑痣）一定要去检查治疗，警惕

发生癌变。

一些癌症还与肥胖有关，如结肠癌、子宫内膜癌、前列腺癌、乳腺癌等。因此，要注意饮食结构，加强运动，控制体重，减少体内脂肪积累。

第四节　健康生活方式与行为问答六十六

1. “健康不仅仅是没有疾病或虚弱，而且是身体、心理和社会适应的完好状态。”载于世界卫生组织（WHO）宪章的这个定义，提示人们健康不仅仅是无疾病、不虚弱，它还涉及身体、心理和社会适应三个方面。

身体健康表现为体格健壮，人体各器官功能良好。

心理健康指能正确评价自己，应对处理生活中的压力，能正常工作，对社会做出自己的贡献。

社会适应的完好状态，是指通过自我调节保持个人与环境、社会及在人际交往中的均衡与协调。

2. 每个人都有维护自身和他人健康的责任，健康的生活方式能够维护和促进自身健康。

每个人都有获取自身健康的权利，也有不损害和（或）维护自身及他人健康的责任。

每个人都可以通过采取并坚持健康的生活方式，获取健康，提高生活质量。预防为主越早越好，选择健康的生活方式是最好的人生投资。

提高每个公民健康水平，需要国家和社会全体成员共同努力，营造一个有利于健康的支持性环境。

3. 健康生活方式主要包括合理膳食、适量运动、戒烟限酒、心理平衡四个方面。

健康生活方式，是指有益于健康的习惯化的行为方式。主要表现为生活有规律，没有不良嗜好，讲求个人卫生、环境卫生、饮食卫生，讲科学、不迷信，平时注意保健、生病及时就医，积极参加健康有益的文体活动和社会活动等。

合理膳食指能提供全面、均衡营养的膳食。食物多样，才能满足人体各种营养需求，达到合理营养，促进健康的目的。卫生部发布的《中国居民膳食指南》为合理膳食提供了权威的指导。

适宜运动指运动方式和运动量适合个人的身体状况，动则有益，贵在坚持。运动应适度量力，选择适合自己的运动方式、强度和运动量。健康人可以根据运动时的心率来控制运动强度，一般应达到每分钟 150 ~ 170（次）减去年龄为宜，每周至少运动 3 次。

戒烟的人，不论吸烟多久，都应该戒烟。戒烟越早越好，任何时候戒烟对身体都有好处，都能够改善生活质量。

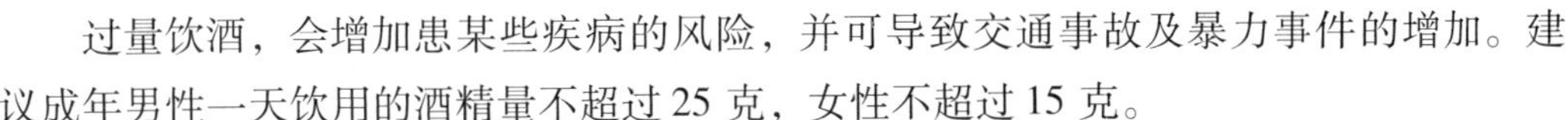

过量饮酒，会增加患某些疾病的风险，并可导致交通事故及暴力事件的增加。建议成年男性一天饮用的酒精量不超过 25 克，女性不超过 15 克。

心理平衡，是指一种良好的心理状态，即能够恰当地评价自己，应对日常生活中的压力，有效率地工作和学习，对家庭和社会有所贡献的良好状态。乐观、开朗、豁达的生活态度，将目标定在自己能力所及的范围内，建立良好的人际关系，积极参加社会活动等均有助于个体保持自身的心理平衡状态。

4. 劳逸结合，每天保证 7 ~ 8 小时睡眠。任何生命活动都有其内在节律性。生活有规律，对健康十分重要。要注意劳逸结合、起居有则。工作、学习、娱乐、休息、睡眠都要按作息规律进行。一般成人每天要保证 7 ~ 8 小时睡眠，睡眠时间不足不利于健康。

5. 吸烟和被动吸烟会导致癌症、心血管疾病、呼吸系统疾病等多种疾病。烟草烟雾含有 4000 余种化学物质，包括几十种致癌物以及一氧化碳等有害物质。吸烟损害体内几乎所有器官，可引发癌症、冠心病、慢性阻塞性肺病、白内障、性功能勃起障碍、骨质疏松等多种疾病。与非吸烟者相比，吸烟者死于肺癌的风险提高 6 ~ 13 倍，死于冠心病的风险提高 2 倍，死于慢性阻塞性肺病的风险提高 12 ~ 13 倍。烟草烟雾不仅损害吸烟者的健康，也威胁着暴露于二手烟环境的非吸烟者；被动吸烟导致患肺癌的风险升高约 20%，患冠心病的风险升高约 30%。据统计，我国每年死于吸烟相关疾病的人数超过 100 万，占死亡总人数的 12%。吸烟导致的多种慢性疾病给整个社会带来了沉重的负担。

6. 戒烟越早越好，什么时候戒烟都为时不晚。吸烟者戒烟越早越好，任何时候戒烟都不晚，只要有戒烟的动机并掌握一定的技巧，都能做到彻底戒烟。35 岁以前戒烟，因吸烟引起心脏病的机会可降低 90%，59 岁以前戒烟，在 15 年内死亡的可能性仅为继续吸烟者的一半，即使年过 60 岁戒烟，其肺癌死亡率仍大大低于继续吸烟者。

7. 保健食品不能代替药品。保健食品指具有特定保健功能，适宜于特定人群食用，具有调节机体功能，不以治疗疾病为目的的食品。

卫生行政部门对审查合格的保健食品发给《保健食品批准证书》，获得《保健食品批准证书》的食品准许使用保健食品标志。保健食品标签和说明书必须符合国家有关标准和要求。

8. 环境与健康息息相关，保护环境促进健康。人类所患的许多疾病都与环境污染有很大的关系。无节制地消耗资源和污染环境是造成环境恶化的根源。每个人都有爱护环境卫生，保护环境不受污染的责任。

要遵守保护环境的法律法规，遵守讲求卫生的社会公德，自觉养成节约资源、不污染环境的良好习惯，努力营造清洁、舒适、安静、优美的环境，保护和促进人类健康。

9. 献血助人利己，提倡无偿献血。献血救人，是人类文明的表现。无偿献血利国、利己、利家人。

适量献血是安全、无害的。健康的成年人，每次采集的血液量一般为200～400毫升，两次采集间隔期不少于6个月。

《中华人民共和国献血法》规定，“国家提倡18周岁至55周岁的健康公民自愿献血”，“对献血者，发给国务院卫生行政部门制作的无偿献血证书，有关单位可以给予适当补贴”。

血站是采集、提供临床用血的机构，一定要到国家批准采血的血站献血。

10. 成人的正常血压为收缩压低于140毫米汞柱，舒张压低于90毫米汞柱；腋下体温36℃～37℃；平静呼吸16～20次/分；脉搏60～100次/分。

《中国高血压防治指南》（2005年修订版）提出：高血压诊断标准为收缩压≥140毫米汞柱或舒张压≥90毫米汞柱。收缩压达到120～139毫米汞柱或舒张压达到80～89毫米汞柱时，称血压正常高值，应当向医生咨询。情绪激动、紧张、运动等许多因素对血压都有影响，诊断、治疗高血压必须由医生进行。

成人的正常腋下体温为36℃～37℃，早晨略低，下午略高，24小时内波动不超过1℃；老年人体温略低，月经期前或妊娠期妇女体温略高；运动或进食后体温略高。体温高于正常范围称为发热，见于感染、创伤、恶性肿瘤、脑血管意外及各种体腔内出血等。体温低于正常范围称为体温过低，见于休克、严重营养不良、甲状腺功能低下及过久暴露于低温条件下等。

正常成人安静状态下，呼吸频率为16～20次/分，随着年龄的增长逐渐减慢。呼吸频率超过24次/分称为呼吸过速，见于发热、疼痛、贫血、甲状腺功能亢进及心力衰竭等。呼吸频率低于12次/分称为呼吸过缓，见于颅内高压、麻醉药过量等。

成人正常脉搏为60～100次/分，女性稍快；儿童平均为90次/分，婴幼儿可达130次/分；老年人较慢，为55～60次/分。脉搏的快慢受年龄、性别、运动和情绪等因素的影响。

11. 避免不必要的注射和输液，注射时必须做到一人一针一管。注射和输液等医疗操作都有一定传播疾病的风险，因此在治疗疾病时应做到：遵从医嘱，能吃药就不打针，能打针就不输液。

与他人共用注射器可传播乙型肝炎、丙型肝炎、艾滋病等疾病。必须注射或者输液时，应做到“一人一针一管”，即每一个人每次注射时都必须单独使用一次性注射器或经过消毒的注射针管、针头，不能只换针头不换针管。

12. 从事有毒有害工种的劳动者享有职业保护的权利。《中华人民共和国职业病防治法》明确规定，劳动者依法享有职业卫生保护的权利。保护劳动者免受不良工作环境对健康的危害是用人单位的责任。用人单位应当为劳动者创造符合国家职业卫生标准和卫生要求的工作环境和条件，并采取措施保障劳动者获得职业卫生保护。主要保障措施包括：用人单位必须和劳动者签订劳动合同，合同中必须告知劳动者其工作岗位可能存在的职业危害；必须按照设计配备符合要求的职业病危害防护设施和个人防护用品；必须对作业场所职业病危害的程度进行监测、评价与管理；必须按照职业健康监护标准对劳动者进行健康检查并建立劳动者健康监护档案；对由于工作造成的健康损害和患职业病的劳动者应予积极治疗和妥善安置，并给予工伤待遇。劳动者要知晓用法律手段保护自己应有的健康权益。

13. 接种疫苗是预防一些传染病最有效、最经济的措施。疫苗指为预防、控制传染病的发生、流行，用于人体预防接种的预防性生物制品。相对于患病后的治疗和护理，接种疫苗所花费的钱是很少的。接种疫苗是预防传染病最有效、最经济的手段。

疫苗分为两类：一类疫苗，指政府免费向公民提供，公民应当依照规定受种的疫苗；二类疫苗，指由公民自费并且自愿受种的疫苗。

预防接种效果与接种起始时间、接种间隔、接种途径、接种剂量等均有密切关系，需要按照一定的免疫程序进行，因故错过接种的要尽快补种。

14. 肺结核主要通过病人咳嗽、打喷嚏、大声说话等产生的飞沫传播。肺结核病是由结核杆菌（结核菌）引起的呼吸道传染病。痰中有结核菌的病人有传染性，具有传染性的病人咳嗽、打喷嚏、大声说话时，结核菌会通过喷出的飞沫传播到空气中。健康人吸入带有结核菌飞沫的空气，结核菌就会进入体内。如果此时抵抗力低或结核菌毒力强就可能得结核病。

为了预防结核病，儿童出生后应及时接种卡介苗。平时要经常锻炼身体，增强体质。工作、生活场所要注意通风。具有传染性的肺结核病人应当积极治疗，尽量少去公共场所，外出时必须佩戴口罩。在咳嗽、打喷嚏时要用纸或手绢捂住口鼻。

15. 出现咳嗽、咳痰 2 周以上或痰中带血，应及时检查是否得了肺结核。早期诊断肺结核病可以提高治愈率，减少传播他人的可能性。连续 2 周以上咳嗽、咳痰，通常是肺结核的一个首要症状；如果经过抗感冒治疗 2 周以上无效或同时痰中带有血丝，就有可能是得了肺结核病。其他常见的症状还有低热、盗汗、乏力、体重减轻等。

16. 坚持正规治疗，绝大部分肺结核病人能够治愈。目前，我国对肺结核病人实行免费检查和免费抗结核药物治疗。病人可到所在地的结核病防治机构接受免费检查和治疗。

对肺结核病人采取为期 6 ~ 8 个月直接督导下的短程化疗（DOTS），是当前治疗结核病的最主要方法，其他治疗均为辅助治疗。正规治疗 2 ~ 3 周后，肺结核病人的传染性就会大大降低。得了肺结核病并不可怕，只要坚持正规治疗，绝大多数病人是可以治愈的。按照医生要求，坚持全程、按时、按量服药是治愈的最重要条件，否则会转化为难以治疗的耐药结核病。

17. 艾滋病、乙肝和丙肝通过性接触、血液和母婴三种途径传播，日常生活和工作接触不会传播。艾滋病、乙肝和丙肝病毒主要通过血液、性接触和母婴途径传播，不会借助空气、水或食物传播。日常工作和生活中与艾滋病、乙肝、丙肝病人或感染者的一般接触不会被感染。艾滋病和乙肝、丙肝一般不会经马桶圈、电话机、餐饮具、卧具、游泳池或公共浴池等公共设施传播，不会通过一般社交上的接吻、拥抱传播，也不会通过咳嗽、蚊虫叮咬等方式传播。

18. 蚊子、苍蝇、老鼠、蟑螂等会传播疾病。蚊子可以传播疟疾、乙脑、登革热等疾病。要搞好环境卫生，消除蚊子孳生地。根据情况选用纱门、纱窗、蚊帐、蚊香、杀虫剂等防蚊灭蚊用品，防止蚊子叮咬。

苍蝇可以传播霍乱、痢疾、伤寒等疾病。要使用卫生厕所，管理好垃圾、粪便、污物，使苍蝇无处孳生。要注意保管好食物，防止苍蝇叮爬。杀灭苍蝇可以使用苍蝇拍、灭蝇灯等。

老鼠可以传播鼠疫、流行性出血热、钩端螺旋体病等多种疾病。要搞好环境卫生，减少老鼠的藏身之地；收藏好食品，减少老鼠对食物的污染。捕捉、杀灭老鼠可以用鼠夹、鼠笼等灭鼠工具，也可以利用蛇、猫、猫头鹰等老鼠的天敌灭鼠，还可以使用安全、高效的药物灭鼠。要注意灭鼠药的保管和使用方法，防止人畜中毒。

蟑螂可以传播痢疾、伤寒等多种疾病。要搞好室内外卫生，减少蟑螂藏身的场所。还可以使用药物杀灭蟑螂。

19. 异常肿块、腔肠出血、体重减轻是癌症重要的早期报警信号。重视癌症早期危险信号有利于及早发现、及时治疗。癌症早期危险信号有：乳腺、颈部、皮肤和舌等身体浅表部位出现经久不消或逐渐增大的肿块；体表黑痣和疣等在短期内色泽加深或变浅、迅速增大、脱毛、瘙痒、渗液、溃烂等；吞咽食物有哽咽感、胸骨后闷胀不适、疼痛、食管内异物感；皮肤或黏膜经久不愈的溃疡，有鳞屑、脓苔覆盖、出血和结痂等；持续性消化不良和食欲减退；便秘、腹泻交替出现，大便变形、带血或黏液；持久性声音嘶哑，干咳，痰中带血；耳鸣，听力减退；鼻血、鼻咽分泌物带血和头痛；月经期外或绝经后阴道不规则出血，特别是接触性出血；无痛性血尿，排尿不畅；不明原因的发热、乏力、进行性体重减轻等。

改变不良生活习惯可以预防某些癌症的发生。如戒烟可使您远离肺癌等多种癌症，合理饮食可以减少结肠癌、乳腺癌、食管癌、肝癌和胃癌的发生，积极预防和治疗乙型肝炎病毒、幽门螺杆菌等感染，可以减少相关癌症发生。

“早发现、早诊断、早治疗”是提高癌症治愈水平的关键。癌症综合康复治疗可以有效提高癌症患者的生存时间和生命质量。

20. 遇到呼吸、心跳骤停的伤病员，可通过人工呼吸和胸外心脏按压急救。心肺复苏（CPR）可以在第一时间恢复病人呼吸、心跳，挽救伤病员生命，主要用于心脏性猝死等危重急症以及触电、淹溺、急性中毒、创伤等意外事件造成的心跳、呼吸骤停。方法是：以心前区叩击、自动体外心脏除颤器及胸外心脏按压等方法来恢复心跳；以开放气道、口对口吹气人工呼吸等来恢复呼吸。

21. 应该重视和维护心理健康，遇到心理问题时应主动寻求帮助。每个人一生中都会遇到各种心理卫生问题，重视和维护心理健康非常必要。心理卫生问题能够通过调节自身情绪和行为、寻求情感交流和心理援助等方法解决。采取乐观、开朗、豁达的生活态度，把目标定在自己能力所及的范围内，调适对社会和他人的期望值，建立良好的人际关系，培养健康的生活习惯和兴趣爱好，积极参加社会活动等，均有助于保持和促进心理健康。

如果怀疑有明显心理行为问题或精神疾病，要及早去精神专科医院或综合医院的心理科或精神科咨询、检查和诊治。

精神疾病是可以预防和治疗的。被确诊患有精神疾病者，应及时接受正规治疗，遵照医嘱全程、不间断、按时按量服药。积极向医生反馈治疗情况，主动执行治疗方案。通过规范治疗，多数患者病情可以得到控制，减少对正常生活的不良影响。

22. 每个人都应当关爱、帮助、不歧视病残人员。艾滋病、乙肝等传染病病原携带者和精神疾病患者、残疾人都应得到人们的理解、关爱和帮助，这不仅是预防、控制疾病流行的重要措施，也是人类文明的表现，更是经济、社会发展的需要。

在生活、工作、学习中，要接纳艾滋病、乙肝等传染病病原携带者和病人，不要让他们感受到任何歧视。要鼓励他们和疾病作斗争，积极参与疾病的防治工作。对精神疾病患者，要帮助他们回归家庭、社区和社会；病人的家庭成员要积极帮助他们接受治疗和康复训练，担负起照料和监护的责任。对残疾人和康复后的精神疾病患者，单位和学校应该理解、关心和接纳他们，为他们提供适当的工作和学习条件。

23. 在流感流行季节前接种流感疫苗可减少患流感的机会或减轻流感的症状。流行性感冒（流感）不同于普通感冒，是一种严重的呼吸道传染病，在我国多发生在冬春季节。在流感流行季节前接种和流感病毒匹配的流感疫苗可预防流感。儿童、老人、体弱者等容易感染流感的人群，应当在医生的指导下接种流感疫苗。

24. 妥善存放农药和药品等有毒物品，谨防儿童接触。家中存放的农药、杀虫剂和药品，应当分别妥善存放于橱柜或容器中，并在外面加锁。有毒物品不能与粮油、蔬菜等同室存放；特别要防止小孩接触，以免发生误服中毒事故。已失效的农药和药品不可乱丢乱放，防止误服或污染食物、水源。

25. 发生创伤性出血，尤其是大出血时，应立即包扎止血；对骨折的伤员不应轻易搬动。受伤出血时，应立即止血，以免出血过多损害健康甚至危及生命。小的伤口只要简单包扎即可止血。对较大、较深的伤口，可以压迫出血处上方（在四肢靠近心脏一侧）血管止血，如指压止血、加压包扎止血、止血带止血等。

在对骨折伤员进行急救时，在搬移前应当先固定骨折部位，以免刺伤血管、神经，不要在现场进行复位。

如果伤势严重，应当在进行现场急救的同时，拨打 120 急救电话。

26. 勤洗手、常洗澡，不共用毛巾和洗漱用具。用正确的方法洗手能有效地防止感染及传播疾病。每个人都应养成勤洗手的习惯，特别是制备食物前要洗手、饭前便后要洗手、外出回家后先洗手。用清洁流动的水和肥皂洗手。

勤洗头、理发，勤洗澡、换衣，能及时清除毛发中、皮肤表面、毛孔中的皮脂、皮屑等新陈代谢产物以及灰尘、细菌；同时还能起到维护皮肤调节体温等功能，防止皮肤发炎、长癣。

洗头、洗澡和擦手的毛巾，必须干净，并且做到一人一盆一巾，不与他人共用毛巾和洗漱用具，防止沙眼、急性流行性结膜炎（俗称红眼病）等接触性传染病传播；也不要与他人共用浴巾洗澡，防止感染皮肤病和性传播疾病。

27. 每天刷牙，饭后漱口。提倡每天早、晚刷牙。如一天仅刷一次，应选择睡前。用正确方法刷牙，不共用牙刷。牙刷要保持清洁，最好每 3 个月更换一次牙刷。

吃东西后要漱口，以便清除口腔内食物残渣，保持口腔卫生。

28. 咳嗽、打喷嚏时遮掩口鼻，不随地吐痰。肺结核病、流行性感冒、流行性脑脊髓膜炎、麻疹等常见呼吸道传染病的病原体可随患者咳嗽、打喷嚏、大声说话、随地吐痰时产生的飞沫进入空气，传播给他人。所以不要随地吐痰，咳嗽、打喷嚏时要注意遮掩口鼻。这也是当今社会文明素养的表现。

29. 不在公共场所吸烟，尊重不吸烟者免于被动吸烟的权利。世界卫生组织《烟草控制框架公约》指出，接触二手烟雾（被动吸烟）会造成疾病、功能丧失或死亡。被动吸烟不存在所谓的“安全暴露”水平。在同一建筑物内，划分吸烟区和非吸烟区将吸烟者和非吸烟者分开、净化空气或装置通风设备等，都不能够消除二手烟雾对非吸烟者的危害。如吸烟区设立在同一建筑物内，二手烟雾会通过暖气、通风、空调系统传送到整个建筑物中的每个角落。即使吸烟人数再少，房间面积再大，也不能依靠通风技术来消除二手烟雾的危害。只有完全无烟环境才能真正有效地保护不吸烟者的健康。

室内公共场所和工作场所完全禁止吸烟是保护人们免受被动吸烟危害的最有效措施，也是对不吸烟者权利的尊重。每一位吸烟者，当吸烟成瘾尚不能戒烟时，请不要当着你的家人、朋友和同事吸烟，吸烟请到室外。

30. 少饮酒，不酗酒。白酒基本上是纯能量食物，不含其他营养素。经常过量饮酒，会使食欲下降，食物摄入量减少，从而导致多种营养素缺乏、急慢性酒精中毒、酒精性脂肪肝等，严重时还会造成酒精性肝硬化。过量饮酒还会增加患高血压、脑卒中（中风）等疾病的风险，并可导致交通事故及暴力事件的增加，对个人健康和社会安定都是有害的。应该严禁酗酒。尽可能饮用低度酒，建议成年男性一天饮用酒的酒精量不超过 25 克，成年女性不超过 15 克。孕妇和儿童、青少年不应饮酒。

31. 不滥用镇静催眠药和镇痛剂等成瘾性药物。长时间或者不当服用镇静催眠和镇痛等药物可以上瘾。药物上瘾会损害健康，严重时会改变人的心境、情绪、意识和行为，引起人格改变和各种精神障碍，甚至出现急性中毒乃至死亡。服用镇静催眠药和镇痛药等成瘾性药物一定要在医生的指导下进行，不能滥用。

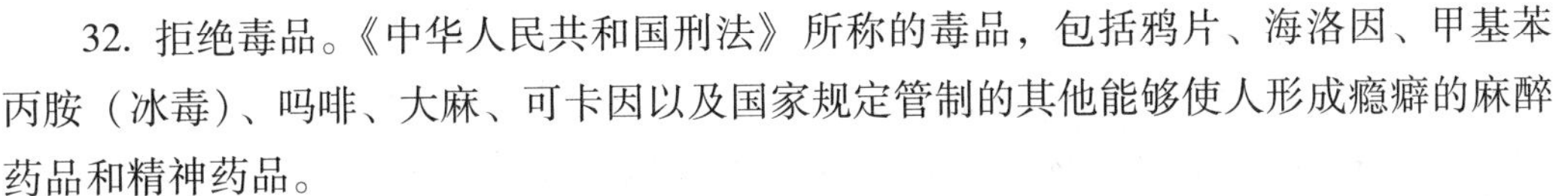

32. 拒绝毒品。《中华人民共和国刑法》所称的毒品，包括鸦片、海洛因、甲基苯丙胺（冰毒）、吗啡、大麻、可卡因以及国家规定管制的其他能够使人形成瘾癖的麻醉药品和精神药品。

吸毒非常容易成瘾，有的人只吸一支含有毒品的烟就会上瘾。成瘾者应尽快戒毒。

毒品严重危害健康，吸毒危害自己、危害家庭、危害社会。预防毒品危害，应当严格要求自己，绝对不要尝试毒品。

33. 使用卫生厕所，管理好人畜粪便。卫生厕所是指有墙、有顶，厕坑及贮粪池，无渗漏，环境卫生，无蝇蛆，基本无臭味，粪便经无害化处理并及时清洁的厕所。

使用卫生厕所，管理好人畜粪便，可以防止蚊蝇孳生，减少肠道传染病与某些寄生虫病传播流行。

推广使用卫生厕所。家禽、家畜应当圈养，禽畜粪便要妥善处理。

34. 讲究饮水卫生，注意饮水安全。生活饮用水受污染可以传播肠道传染病等疾病，还可能引起中毒。保护健康，要注意生活饮用水安全。

保障生活饮用水安全卫生，首先要保护好饮用水源。提倡使用自来水。受污染水源必须净化或消毒处理后，才能用做生活饮用水。

35. 经常开窗通风。阳光和新鲜的空气是维护健康不可缺少的。

阳光中的紫外线，能杀死多种致病微生物。让阳光经常照进屋内，可以保持室内干燥，减少细菌、霉菌繁殖的机会。接受阳光照射能提高人体对钙的吸收能力。

通风不好的屋子，会增加病菌、病毒在室内传播的机会。勤开窗通风，保持屋里空气流通，就可以避免呼吸污浊、有毒的空气，预防呼吸道传染病发生，维护健康。

36. 膳食应以谷类为主，多吃蔬菜水果和薯类，注意荤素搭配。谷类食物是我国居民传统膳食的主体，是人类最好的基础食物，也是最经济的能量来源。以谷类为主的膳食既可提供充足的能量，又可避免摄入过多的脂肪，对预防心脑血管疾病、糖尿病和癌症有益。《中国居民膳食指南》指出成年人每天应摄入250～400克的谷类食物。

蔬菜水果是维生素、矿物质、膳食纤维和植物化学物质的重要来源，薯类含有丰富的淀粉、膳食纤维以及多种维生素和矿物质。蔬菜、水果和薯类对保持身体健康，保持肠道正常功能，提高免疫力，降低罹患肥胖、糖尿病、高血压等慢性疾病风险具有重要作用。《中国居民膳食指南》指出，成年人每天吃蔬菜300～500克，水果200～400克。

食物可以分为谷类（米、面、杂粮等）和薯类，动物性食物（肉、禽、鱼、奶、蛋等），豆类和坚果（大豆、其他干豆类、花生、核桃等），蔬菜、水果，纯能量食物（动植物油、淀粉、糖、酒等）等五类。各种食物所含的营养成分不完全相同，每种食物都至少可提供一种营养物质，任何一种天然食物都不能提供人体所需的全部营养。多种食物组成的膳食，才能满足人体各种营养需求，达到合理营养、促进健康的目的。

37. 经常食用奶类、豆类及其制品。奶类食品营养成分齐全，营养组成比例适宜，容易消化吸收，是膳食钙质的极好来源。儿童青少年饮奶有利于其生长发育和骨骼健康，从而推迟其成年后发生骨质疏松的年龄；中老年人饮奶可以减少其骨质丢失，有利于骨健康。建议每人每天饮奶300克或相当量的奶制品，对于高血脂和超重肥胖倾向者应选择减脂、低脂、脱脂奶及其制品。大豆含丰富的优质蛋白质、必需脂肪酸、B族维生素、维生素E和膳食纤维等营养素，且含有磷脂、低聚糖以及异黄酮、植物固醇等多种人体需要的植物化学物质。适当多吃大豆及其制品可以增加优质蛋白质的摄入量，也可防止过多消费肉类带来的不利影响。建议每人每天摄入30~50克大豆或相当量的豆制品。

38. 膳食要清淡少盐。食用油和食盐摄入过多是我国城乡居民共同存在的膳食问题。盐的摄入量过高与高血压的患病率密切相关。脂肪是人体能量的重要来源之一，但是脂肪摄入过多可以增加患肥胖、高血脂、动脉粥样硬化等多种慢性疾病的危险。应养成吃清淡少盐膳食的习惯，即膳食不要太油腻，不要太咸，不要摄食过多的动物性食物和油炸、烟熏、腌制食物。建议每人每天烹调油用量不超过25克；食盐摄入量不超过6克（包括酱油、酱菜、酱中的含盐量）。

39. 保持正常体重，避免超重与肥胖。体重是否正常可用体质指数（BMI）来判断。成人的正常体重是指体质指数在18.5~23.9kg/m^{2}之间。计算公式为：BMI=体重（千克）/身高（米）*2。

超重和肥胖是心血管疾病、糖尿病和某些肿瘤患病率增加的主要原因之一。进食量和运动是保持健康体重的两个主要因素，食物提供人体能量，运动消耗能量。如果进食量过大而运动量不足，多余的能量就会在体内以脂肪的形式积存下来，增加体重，造成超重或肥胖；相反若食量不足，可由于能量不足引起体重过低或消瘦。体重过高和过低都是不健康的表现，易患多种疾病，缩短寿命。所以，应保持进食量和运动量的平衡，使摄入的各种食物所提供的能量能满足机体需要，而又不造成体内能量过剩，使体重维持在适宜范围。

40. 生病后要及时就诊，配合医生治疗，按照医嘱用药。生病后要及时就诊，早诊断、早治疗，避免延误治疗的最佳时机，这样既可以减少疾病危害，还可以节约看病的花费。

在疾病治疗、康复的过程中，必须严格按照医生的治疗方案，积极配合医生治疗。要遵从医嘱按时按量用药，按照医生的要求调配饮食、确定活动量、改善自己的行为。不要乱求医，使用几个方案同时治疗，更不能凭一知半解、道听途说自行买药治疗。

41. 不滥用抗生素。滥用抗生素指不规范地使用、不必要的情况下使用、超时超量使用或用量不足或疗程不足等。滥用抗生素容易引发致病微生物的耐药性，导致抗生素逐渐失去原有的功效，起不到治疗疾病的作用。滥用某些抗生素还可能导致耳聋（特别是儿童）和人体内菌群失调等，严重时还可能威胁生命。

抗生素是处方药，只能在医生的指导下合理使用。

42. 饭菜要做熟；生吃蔬菜水果要洗净。饭菜要烧熟煮透再吃。吃冰箱里的剩饭菜，应重新彻底加热再吃。碗筷等餐具应定期煮沸消毒。

生的蔬菜、水果可能沾染致病菌、寄生虫卵、有毒有害化学物质。生吃前，应浸泡10分钟，再用干净的水彻底洗净。

43. 生、熟食品要分开存放和加工。在食品加工、贮存过程中，如果不注意把生、熟食品分开，如用切过生食品的刀再切熟食品，盛过生食品的容器再盛放熟食品，熟食品就可能被生食品上的细菌、寄生虫卵等污染，危害人体健康。因此，生熟食品要分开放置和加工，避免生熟食品直接或间接接触。

44. 不吃变质、超过保质期的食品。食品保质期，指在食品标签上标注的条件下，保持食品质量（品质）的期限。在此期限内，食品质量符合标签上或产品标准中的规定。

任何食品都有储藏期限，储存时间过长或者储存不当就会受污染或者变质。受污染或者变质的食品不能食用。食物在冰箱里放久了，也会变质；用冰箱保存食物时，要注意生熟分开，熟食品要加盖储存。

不要吃过期食物。不要吃标识上没有确切生产厂家名称、地址、生产日期和保质期的食品。

45. 妇女怀孕后及时去医院体检，孕期体检至少5次，住院分娩。妇女在确定妊娠后应当及时去医院检查，建立“母子保健手册”。在孕期至少进行5次产前检查，孕早期1次，孕中期1次，孕晚期3次（其中1次在第36周进行）。检查的目的是要了解孕妇怀孕期间生理、心理的变化和胎儿生长发育情况，给予孕期保健指导。对高危孕妇及其胎儿应增加检查次数，早期诊断，及时治疗或转诊。

孕妇要到有助产技术服务资格的医疗保健机构住院分娩，特别是高危孕妇必须提前住院。医院可以提供科学规范的助产服务技术和诊治抢救条件，最大限度地保障母婴安全。

46. 孩子出生后应尽早开始母乳喂养，6个月合理添加辅食。孩子出生后1小时内就应开始母乳喂养。母乳是婴儿最理想的天然食品，含有婴儿所需的全部营养，有助于婴儿发育，含有大量的抗体，增强婴儿的免疫能力，预防感染。同时母乳喂养能增进母子间的情感，促进母亲的健康恢复。应坚持母乳喂养至2岁或2岁以上。

婴儿6个月以后，母乳不能完全满足孩子营养需要，坚持母乳喂养的同时应适时、适量添加辅食。

添加辅食的原则是由一种到多种，由少到多，由细到粗。先添加一种，一般是蛋黄或米粉，婴儿习惯后再添加第二种。从少量开始，逐渐增加。开始添加的辅食形态应为泥糊状，逐步过渡到固体食物。要观察婴儿大便是否正常，婴儿生病期间不应添加新的食物。添加的食物品种应多样化，预防偏食和厌食。

47. 儿童青少年应培养良好的用眼习惯，预防近视的发生和发展。读书写字姿势要端正，眼与书本距离不小于30厘米；连续读写或者看电视、使用电脑一小时要休息片刻，休息时尽可能向远处眺望；不在光线太强或太暗的环境中看书，不躺在床上看书，不边走路边看书，不在行进的车厢里看书。

每天做眼保健操、合理膳食、多到户外进行体育活动、每天睡眠时间不少于7小时，对预防近视眼的发生有积极作用。

已经近视或有其他屈光缺陷者，应该坚持佩带屈光度准确的眼镜。

48. 劳动者要了解工作岗位存在的危害因素，遵守操作规程，注意个人防护，养成良好习惯。劳动是每个人的基本需要，但劳动者必须知道许多工作对自己的健康是有影响的甚至可能造成疾病。工作岗位可能存在有毒有害的化学物质，如粉尘、铅、苯、汞等，也可能存在有害的物理因素，如噪声、振动、高低气压、电离辐射等，劳动者过量暴露于上述有害因素，会对健康造成损害，严重时会引起职业病，如矽肺、煤工尘肺、铅中毒、苯中毒等。工作中过量接触放射性物质则会引起放射病。劳动者必须具有自我保护的意识和知识，要知道自己的工作岗位有什么有害因素，会引起什么样的健康损害，要知道如何预防这些危害。要知道许多职业中毒是由于生产事故使有害物质大量泄漏而引起的，因此劳动者必须严格遵守各项劳动操作规程，掌握个人防护用品的正确使用方法，如防护帽、防护服、防护手套、防护眼镜、防护口（面）罩、防护耳罩（塞）、呼吸防护器和皮肤防护用品等，并且养成习惯。必须知道发生事故后如何防身、逃生，如何自救和他救。长期接触职业性有害因素，必须参加定期的职业健康检查，如果被诊断得了慢性职业病，必须及时治疗，避免继续大量接触或调换工作。

49. 孩子出生后要按照计划免疫程序进行预防接种。预防接种是每个儿童的基本卫生权利。为了保护儿童健康，根据疾病的流行特征和疫苗的免疫效果，我国制订了国家免疫规划和国家免疫规划疫苗的免疫程序，对计划接种疫苗的种类、接种起始时间、接种间隔、接种途径、接种剂量等作了明确规定。

我国规定，免费为儿童提供国家免疫规划疫苗。包括口服脊髓灰质炎疫苗，卡介苗，百日咳、白喉、破伤风联合疫苗，麻疹、风疹、腮腺炎联合疫苗，乙肝疫苗，甲肝疫苗，乙脑疫苗，流脑疫苗8种。预防12种传染病。

孩子出生后必须严格按照国家免疫规划疫苗的免疫程序进行预防接种。每个家长都应该按照国家免疫规划疫苗的免疫程序按时带孩子接种疫苗。

50. 正确使用安全套，可以减少感染艾滋病、性病的危险。在性接触中正确使用安全套，可以减少艾滋病、乙肝和大多数性传播疾病的危险。不要重复使用安全套，每次使用后应打结后丢弃。

51. 发现病死禽畜要报告，不加工、不食用病死禽畜。许多疾病可以通过动物传播。例如，鼠疫、狂犬病、非典、高致病性禽流感等。预防动物把疾病传播给人，要做到：尽量不与病畜、病禽等患病的动物接触；不加工、不食用病死禽畜；不加工、不食用不明原因死亡的禽畜；不吃生的或未煮熟煮透的猪、牛、羊、鸡、鸭、兔及其他肉类食品；不吃生的或者未煮熟煮透的淡水鱼、虾、螺、蟹、蛙等食物；接触禽、畜后要洗手；发现病死禽、畜要及时向畜牧部门报告；病死禽畜按照畜牧部门的要求妥善处理。

52. 家养犬应接种狂犬病疫苗；人被犬、猫抓伤、咬伤后，应立即冲洗伤口，并尽快注射抗血清和狂犬病疫苗。狂犬病发作后不能治愈，但却是可以预防的。人一旦被犬、猫抓伤、咬伤（或破损伤口被舔），要立刻用肥皂水和流动清水及时彻底地冲洗伤口，然后用酒精消毒；并尽快到医院或疾病预防控制中心就医，对伤口作进一步处理，并且接种狂犬病疫苗。狂犬病疫苗的接种一定要按照程序按时全程足量注射；如果伤口出血，还要注射抗狂犬病血清或免疫球蛋白。

为控制狂犬病传播，养狗者要为狗接种兽用疫苗，防止狗发生狂犬病继而传播给人。带狗外出时，一定要使用狗链或给狗戴上笼嘴，防止咬伤他人。

53. 在血吸虫病疫区，应尽量避免接触疫水；接触疫水后，应及时预防性服药。血吸虫病是严重危害健康的寄生虫病，人和家畜接触了含有血吸虫尾蚴的水（简称“疫水”），就可能感染此病。血吸虫病感染主要发生在每年的4～10月。

预防血吸虫病，不要在有钉螺（血吸虫的生存繁殖离不开钉螺）的湖水、河塘、水渠里游泳、戏水、打草、捕鱼、捞虾、洗衣、洗菜或进行其他活动。因生产、生活和防汛需要接触疫水时，要采取涂抹防护油膏，穿戴防护用品等措施。接触疫水后要及时到当地医院或血吸虫病防治机构检查或接受预防性治疗。

54. 食用合格碘盐，预防碘缺乏病。碘缺乏病是自然环境缺碘导致人体碘摄入量不足引起的。缺碘对人的最大危害是影响智力发育。严重缺碘会造成生长发育不良、身材矮小、痴呆等。孕妇缺碘会影响胎儿大脑的发育，还会引起早产、流产、胎儿畸形。

坚持食用碘盐能有效预防碘缺乏病。孕妇、哺乳妇女、学龄前儿童还应多吃海带等含碘多的食物。

自然环境碘含量高的地区的居民、甲状腺功能亢进病人、甲状腺炎病人等少数人群不宜食用碘盐。

55. 每年做1次健康体检。定期进行健康体检，可以了解身体健康状况，及早发现健康问题和疾病，以便有针对性地改变不良的行为习惯，减少健康危险因素；对检查中发现的健康问题和疾病，要抓住最佳时机及时采取措施。

56. 系安全带（或戴头盔）、不超速、不酒后驾车能有效减少道路交通伤害。在道路交通碰撞中，安全带可以降低40%～50%的伤害危险以及40%～60%的致命伤害危险，佩戴摩托车头盔可将头部伤害及其严重程度降低约70%。血液酒精含量每增加2%，发生危及生命的道路碰撞事故危险就增加100倍。为了对自己的健康负责，对社会、对家庭负责，开车（或者乘车）时，一定要按照交通法规系安全带（或戴头盔）、不超速、不疲劳驾驶、不酒后驾车。

57. 避免儿童接近危险水域，预防溺水。溺水是我国 1～14 岁儿童意外伤害死亡的第一位原因。要加强对儿童游泳的监管。

儿童少年游泳要有人带领或有组织地进行，不要单独下水。游泳的场所，最好是管理状况好的游泳池。在天然水域游泳，要选择水质清洁、无污染，水底地面较平坦，无杂草，无有害动物的水域。不能到情况不明的水域游泳。风浪较大或下雨时，不要在天然水域游泳。下水前，要认真做准备活动，以免下水后发生肌肉痉挛等问题。游泳时还应注意不要打闹、不要在天然水域跳水。

58. 安全存放农药，依照说明书使用农药。农药可经口、鼻、皮肤等多种途径进入人体，使人中毒。

购买农药时要使用专门的器具，特别是不能把农药放在菜篮子或米箩里。保管敌敌畏、乐果等易挥发失效的农药时，一定要把瓶盖拧紧。施用农药时，要严格按照说明书并且遵守操作规程，注意个人防护。严禁对收获期的粮食、蔬菜、水果施用农药。严防农药污染水源。

对误服农药中毒者，如果患者清醒，要立即设法催吐。经皮肤中毒者要立即冲洗污染处皮肤。经呼吸道中毒者，要尽快脱离引起中毒的环境。中毒较重者要立即送医院抢救。

59. 冬季取暖注意通风，谨防煤气中毒。冬季使用煤炉、煤气炉或液化气炉取暖时，由于通风不良，供氧不充分或气体泄漏，可产生大量一氧化碳蓄积在室内，造成人员中毒。预防煤气中毒要做到：尽量避免在室内使用炭火盆取暖，使用炉灶时要注意通风，保证充足的氧气供应；要安装风斗和烟筒，出风口不能朝向风口，定期清理烟筒，保持通畅；在使用液化气时也要注意通风换气，经常查看煤气、液化气管道、阀门，如有泄漏应及时请专业人员维修；在煤气、液化气灶上烧水、做饭时，要注意看管，防止水溢火灭导致煤气泄漏。如发生泄漏，要立即关闭阀门、打开门窗，使室内空气流通。煤气中毒后，轻者感到头晕、头痛、四肢无力、恶心、呕吐；重者可出现昏迷、体温降低、呼吸短促、皮肤青紫、唇色樱红、大小便失禁。抢救不及时，会危及生命。有人中毒，应当立即把中毒者移到室外通风处，解开衣领，保持呼吸顺畅。中毒较重者应立即呼叫救护车送医院抢救。

60. 需要紧急医疗救助时拨打 120 急救电话。需要紧急医疗救助时，拨打 120 急救电话求助。电话接通后应当简要说明需要救护者的病情、人数、所在地址以及伤病者姓名、性别、年龄、联系电话和报告人的电话号码与姓名。

61. 能看懂食品、药品、化妆品、保健品的标签和说明书。定型包装食品和食品添加剂必须在包装标识或者产品说明书上标出品名、产地、厂名、生产日期、批号或者代号、规格、配方或者主要成分、保质期限、食用或者使用方法等。不得有夸大或者虚假的宣传内容。在国内市场销售的食品，必须有中文标识。

药品标签或者说明书上必须注明药品的通用名称、成分、规格、生产企业、批准

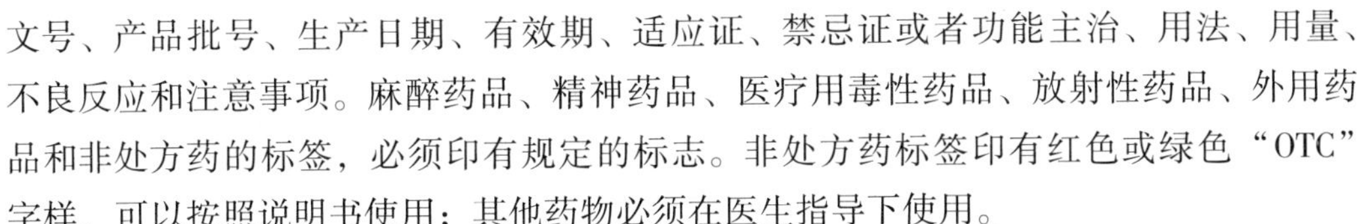
文号、产品批号、生产日期、有效期、适应证、禁忌证或者功能主治、用法、用量、不良反应和注意事项。麻醉药品、精神药品、医疗用毒性药品、放射性药品、外用药品和非处方药的标签，必须印有规定的标志。非处方药标签印有红色或绿色“OTC”字样，可以按照说明书使用；其他药物必须在医生指导下使用。

化妆品标签上应当注明产品名称、厂名、生产企业卫生许可证编号；小包装或者说明书上应当注明生产日期和有效使用期限。特殊用途的化妆品，还应当注明批准文号。对可能引起不良反应的化妆品，说明书上应当注明使用方法、注意事项。进口化妆品必须有中文标签。化妆品标签、小包装或者说明书上不得注有适应证，不得宣传疗效，不得使用医疗术语。

保健食品标签和说明书不得有明示或者暗示治疗作用以及夸大功能作用的文字，不得宣传疗效作用。必须标明主要原（辅）料，功效成分或标志性成分及其含量，保健作用，适宜人群、不适宜人群，食用方法和适宜的食用量，规格，保质期，贮藏方法和注意事项，保健食品批准文号，卫生许可证文号，保健食品标志等。

62. 会测量腋下体温。

腋下体温测量方法：先将体温计度数甩到35℃以下，再将体温计水银端放在腋下最顶端后夹紧，10分钟后取出读数。

63. 会测量脉搏。

脉搏测量方法：将食指、中指和无名指指腹平放于手腕桡动脉搏动处，计1分钟搏动次数。

64. 会识别常见的危险标识，如高压、易燃、易爆、剧毒、放射性、生物安全等，远离危险物。

为了减少伤害，应该远离高压、易燃、易爆、剧毒、放射性、具有生物危害等危险物。识别常见的危险标识是保护自身安全的关键。危险标识是由安全色，几何图形和图形符号构成，用以表达特定的危险信息。使用危险标识的目的是提醒人们对周围环境引起注意，以避免可能发生的危险，防止事故的发生，起到保障安全的作用。但要注意，危险标识只起提醒和警告的作用，它本身不能消除任何危险，也不能取代预防事故的相应设施。

65. 抢救触电者时，不直接接触触电者身体，会首先切断电源。

发现有人触电，要立即关闭电源，也可以用不导电的物体将触电者与电源分开。千万不要直接接触触电者的身体，防止救助者发生触电。

触电者触电后应当尽可能自救，可以一边呼救，一边奋力跳起，使流经身体的电流断开，并抓住电线的绝缘处用力拉出，摆脱电源。如果引起触电的电器是固定在墙上，可以用脚猛力蹬墙，同时身体后仰摆脱电源。

66. 发生火灾时，会隔离烟雾、用湿毛巾捂住口鼻、低姿逃生；会拨打火警电话119。

突遇火灾时，如果无力灭火，应当不顾及财产，迅速逃生。由于火灾会引发有毒烟雾产生，所以在逃生时，应当用潮湿的毛巾或者衣襟等捂住口鼻，用尽可能低的姿势，有秩序地撤离灾害现场。

到陌生场所应先熟悉安全通道。发现火灾，应立即拨打119火警电话报警。

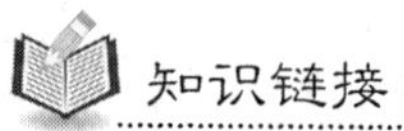

行为健康小贴士1

长期用电脑，怎样应对“屏幕脸”

屏幕脸：天天与电脑打交道的人，长期面对电脑屏幕，不知不觉中会生出一张表情淡漠的脸，影响日常的人际交往，且容易产生人格障碍与性格异常。长时间的人机对话会出现面部表情不丰富甚至无表情、表情淡漠的情况。另外，屏幕辐射产生静电，最易吸附灰尘，长时间面对面，更容易导致斑点与皱纹。

对策：在日常操作电脑时，身体与电脑屏幕应保持不少于70厘米的距离。硬件上，应配置一台辐射较小、没有眩光、显示稳定的电脑，有液晶显示屏更好。同时，要挑选适合自己的电脑桌椅，尽量把它们调节到最适合自己的状态。要注意眼睛休息，最好工作一小时休息10分钟，每天做两次眼保健操。上网结束后，第一项任务就是洁肤，用温水加上洁面液彻底清洗面庞，将静电吸附的尘垢洗掉，涂上温和的护肤品。久之可减少伤害，润肤养颜。

行为健康小贴士2

家中饲养宠物应注意什么？

寄生在猫、狗、鸟等动物身上的弓形体寄生虫，会通过母体传染给胎儿，导致胎儿患有中枢神经系统疾病、脉络膜炎、视网膜炎等疾病，甚至会导致胎儿畸形。准备生孩子的家庭，特别是孕妇的家庭不宜饲养猫、狗、鸟等动物。春季天气潮湿温暖，猫、狗等身上的皮毛是跳蚤等害虫最好的寄生场所。因此，一定要保持宠物皮毛清洁，定期在家中消毒，和宠物嬉戏后及时洗手。如果发现宠物有瘙痒等皮肤病症状时，须及时治疗，避免传染扩大。宠物换毛给不少儿童带来呼吸道疾病，因儿童免疫功能低下，吸入极少量的皮屑或毛发就可能引起哮喘病。有的儿童虽然没有过敏体制，但身上粘着的皮毛带到幼儿园、学校等儿童集中的地方，也容易相互传染。儿童应避免与禽畜近距离共处。养宠物要经常注意卫生，定期接种疫苗。

行为健康小贴士3

如何应对长假综合征

悠长假期一结束，各种身体和心理上的问题便频频出现，它们被统称为“长假后综合征”。我们该如何应对长假综合征呢？

症状一：食欲不振，肠胃不适

医生支招：清理肠胃，多吃新鲜果蔬

“从中秋节放假开始直到昨天，我一直在聚餐，先是家里的，然后是朋友、同学的，餐餐大鱼大肉，害得我今天什么胃口都没了。”长假结束第一天回来上班，赵女士就发现食堂的饭菜变“差”了，一点胃口都没有，而自己的腰围好像又大了一圈。

“节假日里，聚餐是常有的事，不仅容易进食过量，而且吃的多是油腻荤腥，少有蔬菜。一个长假下来，许多人都出现了消化不良、肠胃不适的问题，有些人甚至伴有厌食的倾向。”中医师介绍，身体摄入过多的高脂肪或高热量食物，会加重肠胃的负担，引起消化不良。因此，长假过后，要节制饮食，少吃多餐，菜肴尽量清淡点。同时补充适量的维生素B，多吃新鲜蔬菜和水果，这些食物富含纤维素和维生素，能促进胃肠蠕动，有助于消化功能的改善。

“特别是现在，刚入秋，秋燥比较厉害，因此可以自己在家煮点冰糖梨水来喝。”中医师解释，肺与肠相通，润肺才能使大便畅通，排出体内毒素，因此可以吃点养胃润肺的食物

症状二：无精打采，睡眠不足

医生支招：调节生物钟，保证睡眠

记者在采访中发现，在这8天长假中，有些人忙着出游、购物和朋友相聚，有些人则趁着这机会，整天宅在家上网看电视。长假玩乐过度，甚至通宵喝酒打牌等，打乱了人体正常的生物钟，造成植物神经系统紊乱，结果“睡眠紊乱”就会找上门。

“长假结束后，首先要做到早睡早起，起居有序，要保证有足够的睡眠时间。”中医师介绍，为保证睡眠质量，解除长假的疲劳，可以在睡前洗个澡或用热水泡泡脚。泡脚的水温可略高一些，以自身感觉到微烫为宜，泡脚可使血管扩张、血流加速，增强血液循环。晚上最好在10点左右入睡，太早入睡会导致半夜醒来睡不着。每天应保证8小时的睡眠，中午午休半小时至一小时即可。睡前喝些牛奶，有助于睡眠。

长时间面对屏幕，大大增加了眼睛和大脑的负担。因此，中医师建议，长假结束后，要注意用眼，不要过长时间对着屏幕，每隔一个小时就要休息一下；同时要多吃富含维生素A的食品，如胡萝卜，喝些白菊花枸杞茶，对防止视力减退有一定效果。

症状三：上班族无心工作，老年人心情失落

医生支招：听听音乐，放松身心

长假过后，又要面对上班、上学的各种压力，很多人都会为此烦恼，有的甚至想各种办法来逃脱上班、上学的烦恼。而老年人，面对“一哄而散”的儿女，一时间无法适应这样的孤独。

“如果觉得精神压力比较大，就不要强迫自己马上投入较复杂的工作，在制订日程安排时，要注意有一个递进的过程，不要一下子把日程表排得满满的，也不要在假日后立即投入过于繁重的、充满挑战的项目。”中医师建议，白领们可以先安排些压力较轻的工作，逐步让松弛的“弦”重新绷紧。如果比较烦躁，可以听听音乐，看看搞笑

的影片，做做适量的运动，放松下身心。

此外，老年人应注意休息，儿女要多关爱。老年人要在儿女们离开前尽快调整到平日的作息时间。恢复因节日中断的晨练、户外散步等活动；要调整心态，多参加有益身心健康的活动。“对于那些患有高血压、冠心病的老年人来说，长假过后，要坚持正常服药，控制好自己的血糖血压。”中医师提醒，秋季早晚温差大，血管收缩频率高，因此老年人还要注意预防中风。而孩子要及时收心，家长应帮助孩子恢复正常的学习、生活规律。

第十二章

营养、运动与健康

引　例

《中国居民营养与慢性病状况报告（2015年）》显示，与2002年相比，居民粮谷类食物摄入量保持稳定，蔬菜、水果摄入量略有下降，均低于推荐量。豆类和奶类消费量略有下降，远低于推荐量。脂肪摄入量增加，平均膳食脂肪供能比为32.9%，超过了《中国居民膳食指南》推荐的25%～30%的合理膳食上限。钙、维生素A、维生素D等部分营养素缺乏依然存在。2012年我国居民平均每天烹调用盐为10.5克，较2002年下降1.5克，但仍远高于膳食指南推荐的6克标准。

人类为了生长、发育，维持正常生理功能和满足学习劳动的需要，除不断地从自然界摄取氧气外，还必须摄取食物，从食物中获得机体所需要的各种营养物质及热能。营养学家把生物体从外界吸取适量有益物质，以谋求养生的过程称为营养。

营养与每个人都有密切的关系。合理的营养是从胎儿到青年各个时期正常生长发育不可缺少的条件，也是成年人和老年人身体健康、延年益寿的重要保证。此外，在人体某种特殊生理条件下及患病期间，对营养和食物也有不同的要求。一些调查资料表明，采取正确的营养措施可使许多疾病的发病率和死亡率大幅度降低。如符合营养要求的膳食可使冠心病发病率下降25%；呼吸道传染病发病率下降20%；肿瘤发病率下降20%；糖尿病发病率下降50%。

第一节　蛋白质、脂类及碳水化合物的来源及作用

一、概述

营养学家把存在于食物之中的、本身直接参与营养过程的、对人体健康不可缺少的一些物质称为营养素。人体从食物中获得的与身体健康密切相关的营养素，概括起来有六大类：蛋白质、脂肪、碳水化合物、无机盐（包括微量元素）、维生素和水。营

养素进入人体后不外于三种作用：其一，为机体提供能量；其二，促进机体生长发育，进行组织的更新和修补；其三，调节机体内各种代谢活动。

二、三大营养素的来源及作用

（一）蛋白质

蛋白质是生命的物质基础，也是细胞组织的组成成分之一，它构成人体生命活性物质。

1. 蛋白质的生理功能及缺乏病。

（1）蛋白质是生命产生和存在的物质基础。过少可致肌肉萎缩、体重减轻，下肢浮肿、肝大。

（2）合成新的组织，进行组织的更新或损伤组织的修复，维持体内蛋白质的动态平衡。摄入不足时头发稀疏易掉，组织损伤不易修复。

（3）经消化、吸收的食物蛋白质参与体内多种酶和多种激素的合成。而合成的这些酶和激素参与体内各种生命活动的催化和调节，如能量代谢、肌肉收缩、血液循环、呼吸、消化以及神经冲动的传导等。

（4）参与体内抗体的合成。提高机体对各种疾病的抵抗力，保护机体免受细菌和病毒的侵害。蛋白质不足时，易感染各种疾病。

（5）食物蛋白质是热源营养素，可为机体提供能量。但是，用蛋白质来供热不经济。因为碳水化合物价格便宜，在体内氧化完全，是最经济的热能来源。而蛋白质价格高，代谢后还有一些含氮物质由肾脏排出，故蛋白质在供给热能方面不占主要地位。

2. 蛋白质的食物来源。含蛋白质丰富的动物性食物包括畜、禽、鱼、蛋、奶。植物性食物中，大豆蛋白质含量尤为丰富，并富含赖氨酸，是植物性食物中营养价值最高的蛋白质。其他粮谷类食物蛋白质含量为6% ~10%，由于在我国人民膳食中粮谷占重要地位，故也为我国人民膳食蛋白质的主要来源。蛋白质食物不仅要注意数量还要注意质量，一般来说，膳食的蛋白质应该有50%来自动物性食品和大豆类食品。

（二）脂类

脂类是脂肪和类脂的总称，它是组成人体组织细胞的一个重要成分。

1. 脂类的生理功能及缺乏病。

（1）脂肪又称甘油三酯及“不定脂”，是高热能营养物质。脂肪也可作为能量在体内储存，以便机体在饥饿、应激、耐力运动等情况下使用。储存在体内的脂肪组织对维持人体的体温、保护脏器、固定器官、保护关节及神经免受外力的撞击有重要的作用。

（2）类脂有磷脂、胆固醇糖脂是构成人体细胞膜的主要成分，此外，磷脂还参与构成脑和外周神经，胆固醇是体内合成固醇类激素的重要物质。

（3）含有多个双键不饱和的脂肪酸人体是不能自行合成的，必须由食物供给，此类脂肪酸称为“必需脂肪酸”。必需脂肪酸有降低血浆胆固醇的作用，因为胆固醇与必需脂肪酸结合才可在体内正常运转代谢，否则将沉积于血管壁而造成动脉粥样硬化；必需脂肪酸还是前列腺素的前体，缺乏时可致前列腺素合成障碍。

（4）人体所需的脂溶性维生素 A、D、E、K 等只溶于脂肪，没有适量的脂肪存在就使其不能被吸收利用。

（5）油脂是食物烹调所必备的物质。用油脂烹调的食物色、香、味俱佳，可增加人们的食欲和饱腹感，可促进食物的消化和吸收。

2. 脂肪的种类、来源。必需脂肪酸的含量：这类脂肪酸含量多的脂肪营养价值高。亚油酸是重要的必需脂肪酸，其在某些油脂中的含量由高到低，依次为棉籽油、豆油、芝麻油、花生油、鸡肉、鸭肉、猪肉。

（三）碳水化合物

碳水化合物亦称糖类，是人体热能的主要来源。

1. 生理功能及缺乏病。

（1）碳水化合物是人体最经济的热能来源，每克糖可产生约 4kcal（卡路里）。

（2）碳水化合物参与细胞膜、结缔组织、神经组织和核酸的构成。核酸是遗传的重要物质。

（3）果胶和纤维素在通过肠道排泄时，能吸收较多的水分，形成一定的体积从而刺激肠蠕动，减少某些有害物质在肠道的吸收降低肠癌发病率。摄入一定量纤维素的膳食还可降低血液及胆汁胆固醇的浓度，减少冠心病的发病。

2. 碳水化合物的食物来源。含量丰富的食物主要是粮谷类植物性食物。

第二节　无机盐和微量元素

一、概述

无机盐和微量元素是生命活动的要素，迄今为止，已知人体内有 50 余种元素。除 C、H、O、N 诸元素构成蛋白质、脂肪、碳水化合物以有机形式存在外，其余元素如钾、氮、镁、磷、氯等多以无机形式存在，统称为无机盐。在无机盐中有些元素，如铁、铜、锌、锰、碘、硅等由于体内含量极微而称为微量元素。

无机盐在体内有十分重要的生理作用。它们是构成人体组织的主要成分，是调节体内代谢，维持神经、肌肉的正常兴奋，维持体内酸、碱平衡和组织细胞渗透压不可缺少的物质。

无机盐广泛存在于动、植物性食物中，一般不会缺乏。但在某些特殊情况下可能缺乏，一是生长发育需要增加，二是食物中草酸、植酸含量过多导致吸收减少，这两种情况的出现均可造成机体内无机盐的缺乏。在我国的膳食结构中，容易缺乏的无机盐主要有钙、铁、碘、锌。

二、几种主要无机盐的来源及作用

（一）钙

1. 钙的生理功能及缺乏病。人体内钙98%集中在骨骼和牙齿中参与骨骼和牙齿的组成，1%集中在软组织和细胞外液中。前者在儿童期供给不足，可导致佝偻病，成人可致骨质软化症；后者的主要作用是维持神经、肌肉的正常兴奋性，参与凝血过程，维持心肌的正常兴奋性和节律。

2. 食物中钙的来源。含钙丰富的食物有：鱼松、发菜、虾皮、海带、芝麻酱、豆腐干、淡菜、黄豆、赤豆、豆腐、青豆、绿豆。

含钙较多，含草酸较低的蔬菜有大白菜、小白菜、马铃薯、芹菜、蒜苗、韭菜等。

（二）铁

1. 铁的生理功能及缺乏病。成人体内72%的铁以血红蛋白形式存在于红细胞中。铁是氧的携带者，如果体内缺铁，血红蛋白合成量降低，可出现缺铁性贫血的表现，严重者可因缺氧引起心脏的跳动加快、呼吸急促、甚至心衰。

2. 食物中铁的来源。膳食中铁的良好来源为动物肝脏、动物血、肉类、鱼类和某些蔬菜，如白菜、苋菜等，增加膳食中维生素C的供给量可促进铁的吸收。

（三）碘

1. 碘的生理功能及缺乏病。人体内30%的碘存在于甲状腺中，参与甲状腺素的合成。甲状素在体内主要调节热能代谢，调节蛋白质、脂肪、碳水化合物的合成和分解代谢，促进机体的生长发育。

儿童期缺碘可致智力低下，生长迟缓，呆小症。人体缺碘时还可引起甲状腺增生、肿大，称地方性甲状腺肿。

2. 碘的来源。含碘丰富的食物是海产品，如海盐、海带、紫菜、鱼虾等。在缺碘地区加碘食盐是解决碘缺乏的主要措施，但在非缺碘地区，不宜采用食盐加碘，因为高碘也可能导致甲状腺肿。

（四）锌

1. 锌的生理功能及缺乏病。锌是人体内100余种酶的组成成分或激活剂。这些酶在组织细胞的呼吸、蛋白质、脂肪、碳水化合物以及核酸的代谢中发挥着重要的作用。

锌缺乏症的临床表现有食欲差、挑食、异食癖、青春期发育迟缓，创伤愈合不良以及皮炎等。出现以上情况可查发锌、补锌前应查血锌方补之。

2. 锌的来源。一般来说，含蛋白质丰富的食物中锌的含量较高，海产品含锌特别丰富，蔬菜、水果含锌量一般都不高。

知识链接

含无机盐的食物：

钙：奶类制品和绿叶类蔬菜；

镁：坚果、大豆、食用盐、牛奶、菠菜；

钾：豆类、所有五谷和香蕉氯；

氯：食用盐是氯的主要饮食来源；

硫：肉类、蛋和豆类；

铁：红肉，叶菜类蔬菜（特别是菠菜）。

第三节　几种主要维生素的来源及作用

一、概述

维生素是生命活动的调节剂，是作为多种代谢酶的辅酶参与体内各种代谢活动，维持人体正常生理功能和健康，是机体不可缺少的有机化合物。维生素不能供给机体能量，也不是机体的构成材料，一般来说，体内不能合成维生素，人体对维生素的需要必须由食物提供。维生素分两大类，第一类是溶解于脂肪的叫脂溶性维生素，如维生素 A、D、E、K 等；第二类是水溶性维生素，如维生素 B_1、B_2、B_6、B_{12}、C、维生素 PP 等。

二、人体主要维生素的来源及作用

（一）维生素 A

1. 维生素 A 的生理功能及缺乏病。维生素 A 的主要生理功能是：

（1）维持视觉。缺乏时，夜间光暗视物不清称为夜盲症。

（2）促进上皮组织的生长。缺乏时皮肤可发生毛囊角化症如发生在眼部可引起干眼症，严重时可致失明，呼吸道易发生感染性疾病。

（3）促进牙齿及骨骼的生长发育。缺乏时，生长发育迟缓，牙齿发育障碍。

2. 维生素 A 的来源。维生素 A 也称视黄醇，只存在于动物性食品中，如动物肝脏、蛋黄、奶类中含量丰富。

胡萝卜素又称维生素 A 原，被人体吸收后，可在酶的作用下分解成维生素 A 而发挥作用，其主要存在于绿色或黄橙色植物性食品中，如菠菜、韭菜、西红柿、胡萝卜、辣椒等。

维生素 A 其供给量的 1/3 应来源于动物性食物，2/3 可由蔬菜中胡萝卜素供给。维生素 A 摄入过多可引起维生素 A 过多症，主要症状是厌食、过度兴奋。大多数维生素 A 过多症，是由摄入维生素 A 制剂所引起，进食一般膳食不会引起维生素 A 过多症。

（二）维生素 D

1. 维生素 D 的生理功能及缺乏病。维生素 D 的生理功能是促进食物中钙磷代谢、吸收和利用，使钙、磷沉积于骨组织中，促进骨骼和牙齿的形成。长期缺乏维生素 D，青少年生长缓慢，成年则可使已成熟的骨骼脱钙而发生骨软化症或骨质疏松症。

2. 维生素 D 的来源。含维生素丰富的食物有动物肝脏、鱼肝油、禽蛋。无论是母乳还是牛奶，其维生素 D 含量均不高，故以奶类为主食的婴儿应多晒太阳、补充适量鱼肝油，但不可过量。成年人经常接受日光照射是维生素 D_3 的最好来源，一般不需要补充。维生素 D_3 需要量增加者，在钙、磷供应充足的情况下，方能补充维生素 D。长期过多摄入维生素 D 可引起中毒，其临床表现为恶心、呕吐、腹泻、厌食、头痛、嗜睡、多尿及烦渴等。因此，在使用维生素 D 纯制剂时要特别慎重。

（三）维生素 E

1. 维生素 E 的生理功能及缺乏病。维生素 E 又称生育酚。生理功能主要是抗氧化作用，防止细胞膜上不饱和脂肪酸的自动氧化，维持细胞膜结构的完整，以发挥细胞膜正常的生理功能。维生素 E 还具有抗细胞衰老的作用；并对动物生殖系统及生殖过程具有重要生理作用。

2. 维生素 E 的来源。维生素 E 广泛存在于动、植物中，含量丰富的食物有麦胚油、棉籽油、玉米油、花生油及芝麻油。绿叶蔬菜及肉、奶、蛋类食物中也含有一定量的维生素 E。

（四）维生素 B_1

1. 维生素 B_1 的生理功能及缺乏病。

（1）维生素 B_1 又称硫胺素，作为体内脱羧酶的辅酶，参与细胞内碳水化合物的代谢。缺乏维生素 B_1 时，不仅影响碳水化合物的代谢，而且影响机体的全部代谢过程。

（2）末梢神经的兴奋传导也要维生素 B_1 的存在，缺乏时可发生对称性周围神经炎，表现为肌肉酸痛和压痛，以腓肠肌为甚。

（3）维生素 B_1 和水盐代谢也有关系，严重缺乏时可致心肌机能受到影响，易发生下肢水肿；

（4）维生素 B_1 还可刺激胃肠蠕动，缺乏时胃肠蠕动减弱、食欲下降。

2. 维生素 B_1 的来源。含维生素 B_1 丰富的食物包括：粮谷、豆类、酵母、干果及硬果。动物内脏及瘦肉、蛋类、五谷杂粮，尤其是全粒谷物含量相当丰富。

（五）维生素 B_2

1. 维生素 B_2 的生理功能及缺乏病。维生素 B_2 又称核黄素，人体内的维生素 B_2 与

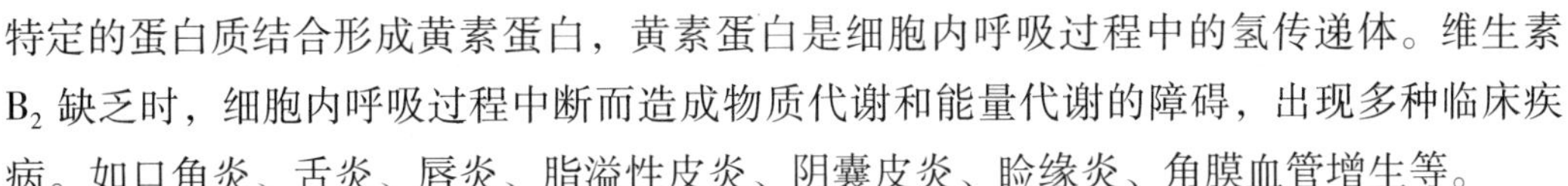

特定的蛋白质结合形成黄素蛋白，黄素蛋白是细胞内呼吸过程中的氢传递体。维生素 B_2 缺乏时，细胞内呼吸过程中断而造成物质代谢和能量代谢的障碍，出现多种临床疾病。如口角炎、舌炎、唇炎、脂溢性皮炎、阴囊皮炎、睑缘炎、角膜血管增生等。

2. 维生素 B_2 的来源。富含维生素 B_2 的食物主要是动物性食物，尤以心、肝、肾为最多，其次为奶类和蛋类，绿叶蔬菜、豆类中也有一定量的维生素 B_2。谷类和一般蔬菜含维生素 B_2 较少。我国膳食以植物性食物为主，动物性食物较少，故易致维生素 B_2 缺乏。

维生素 B_2 与维生素 B_1 一样，在体内以辅酶形式参与能量代谢，故维生素 B_2 的需要量与能量密切相关。

（六）维生素 C

1. 维生素 C 的生理功能及缺乏病。维生素 C 又称抗坏血酸。它的主要生理作用是促进组织中胶原的形成，缺乏时胶原蛋白合成障碍，使骨、牙、毛细血管间壁组织的间质形成不良，发生出血现象；维生素 C 还可促进机体对铁的吸收，是治疗缺铁性贫血不可缺少的辅助药物；维生素 C 可阻断体内亚硝胺的形成，从而发挥对某些癌的预防作用；维生素 C 和体内抗体的形成有关，所以能提高机体对传染病及外界不良环境因素的抵抗力，并有促进机体生长发育的作用；维生素 C 加速胆固醇的代谢，具有预防心血管系统疾病的作用。

2. 维生素 C 的来源。含维生素 C 丰富的食物主要是蔬菜和水果，每人每日摄入 500g 蔬菜，其维生素 C 可完全满足机体需要，富含维生素 C 的食物有猕猴桃、刺梨、醋柳、沙棘等野生植物果实。

（七）维生素 PP

1. 维生素 PP 的生理功能及缺乏病。维生素 PP 又称尼克酸，亦称抗癞皮病维生素。其参与葡萄糖、脂肪的代谢以及高能磷酸键的形成。人体缺乏尼克酸将引起癞皮病，其典型症状不仅限于皮肤而是全身，包括皮炎、腹泻及痴呆。发病初期的症状为体重减轻、无力、口腔和舌有烧灼感，食欲不振、消化不良、腹痛、腹泻、失眠、头痛、烦躁、精神不集中等；病情进展时，两手、两颊裸露部出现对称性皮炎，皮炎部分的皮肤由发红变成暗红色，色素沉着、脱屑甚至因继发感染而糜烂；消化道出现恶心、呕吐、腹泻；神经系统症状严重时精神失常。

2. 尼克酸来源。尼克酸广泛存在于动植物食物中。含尼克酸丰富的食物有酵母、花生、全谷、豆类、肝脏及肉类。

知识链接

解读《中国居民营养与慢性病状况报告（2015 年）》

中国疾控中心营养与食品安全所研究员杨晓光指出，我国居民微量元素缺乏现象依然存在。在中国居民的饮食结构中，维生素A不是来自动物性的食物，而是以来自于蔬菜的为主，而蔬菜摄入量略有下降，低于推荐量。此外，B族维生素也有下降的趋势。如维生素B_1主要来自谷类食物，越是粗杂粮，含量越高。但目前人们粮食越吃越精细，同时动物性食物摄入少，会导致重现维生素B_1缺乏的现象，引发脚气病。杨晓光呼吁大家关注维生素和钙的摄入。

第四节　几种特殊情况下的膳食营养

合理的膳食提供了人体生长发育的营养需要，使他们有充沛的精力从事学习、生活、劳动和体育锻炼，并能增强体质，提高抗病能力。

如果营养素长期种类不全和数量不足，就会影响机体的生长发育和正常的生理功能，造成营养缺乏病，甚至体格发育不良，影响成年以后的身体健康。医学调查证实成年以后的高血压、糖尿病、动脉硬化、某些恶性肿瘤等疾病与青少年时期不良的膳食习惯是有较为密切的关系的。

一、考试前学生的膳食

考试前的学生正处在紧张的复习阶段。他们脑力劳动的强度很大，学习时间也较长，常常会出现精力不足，头昏脑涨、复习效率不高的现象，个别的还会出现暂时性的低血糖，严重者还会发生失眠、神经衰弱等症状。产生这些现象的原因很多，其中一个主要原因，就是营养成分不足。那么，考试前的学生在营养上应当注意些什么呢？

1. 除了有足够的主食以提供充足的热量外，最好每天补充些鸡蛋或瘦肉、肝、牛奶以及大豆及其制品。以上食物含有较多的磷脂及胆碱，而前者是脑细胞内能量代谢必需的高能物质，后者与神经细胞传递有关，具有增强大脑记忆力的作用。

2. 每天多吃些绿色或橙黄色的蔬菜和水果。这些食品含有丰富的维生素C、B_1、B_2、纤维素等。另外，像一些坚果类食物如花生米、核桃仁、葵瓜子、芝麻等都含有丰富的蛋白质、植物油、磷脂、维生素和无机盐等。进食这些食品能增强大脑对能量的需求，增加学习效果。食物中的纤维素则能促进排便，以防由于紧张的脑力劳动而出现的便秘。

3. 在考前由于紧张，一般人的食欲都会降低，对考生来说，紧张地用脑，会使他们的食欲下降，胃肠消化吸收能力减弱。因此，应该调整食物的色、香、味和样式，适当用一些酸味或辛香的调味品，以刺激食欲，保证他们能吸收足够的营养。

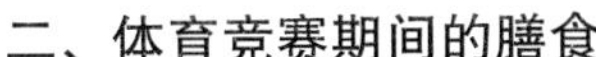

二、体育竞赛期间的膳食

在体育活动和竞赛时，大脑皮质高度紧张和兴奋，而精神紧张和疲劳都会抑制消化液的分泌，使消化道运动减慢，胃肠排空时间延长，所以运动训练和竞赛时的膳食热量来源应增加糖、水果和蔬菜，而不应依靠谷类。还应增加无机盐和维生素的供给量。

参加短时间剧烈运动的运动员，膳食中应适当增加蛋白质而少增加糖类；从事持久耐力运动项目的运动员需热量较多，应适当增加糖类，脂肪摄入不宜过多，否则，可使胃的排空时间延长而消化过程缓慢，少数人还可引起脂肪性腹泻；在寒冷季节的马拉松、长跑等竞赛中应稍增加脂肪供给，其余运动不宜增加脂肪供给量；在长时间运动项目中，中间应饮用适量葡萄糖液，以补充热量。饮水量一次不宜过多，以免增加血容量。

当空腹血糖较低时，为防意外，不宜运动；饭后不应立即参加运动；剧烈运动后应适当休息再进餐，以使心肺功能平静。运动员进餐应注意结合个人的饮食习惯、身体状况，不同比赛项目进行调配，使用餐成为一种乐趣，而不是负担。

三、体力劳动时的膳食

体力劳动时精神一般不十分紧张，心肺活动较均匀，但劳动时间一般较长，故它的膳食要求三大营养物质比例和平时相似，但要增加数量，无机盐和维生素也要适当增加，要增加蔬菜和水果的供给，早餐的热量应占全日的30%以上。

四、肥胖症的饮食调配

肥胖通常的表现是体重超常。肥胖不仅有损健美，而且妨碍健康，引起多种疾病。

肥胖的原因，除遗传因素外，很重要的原因就是饮食摄入过多，超过了人体的消耗量。减肥的措施很多，目前最科学的方法是：行为治疗 + 运动锻炼 + 饮食控制。这三个方面都围绕一个核心，减少能量摄取，加强机体消耗。

行为疗法的目的是对胖人的食欲加以限制。具体办法为：①细嚼慢咽，延长进餐时间；②少吃零食；③不断提醒自己进食不要过量。

运动可以加快代谢，消耗脂肪。运动形式应为耐力性的，如慢跑、蹬自行车。

减肥的饮食，能量摄入不宜低于1200kcal，其他营养素的需要量与常人相似。常用的减肥食物有：高纤维食品、冬瓜、黄瓜。

五、消瘦者的饮食调配

在现实人群中瘦弱者并不少见，原因很多。常常为食欲不振、进食量少，消化道吸收功能较差，也有神经精神方面的因素，科学合理饮食对改变瘦弱体质是有帮助的。

消瘦的人如何增加体重呢？首先应适当增加每日热能摄入量，即多吃一些使热能摄入高于消耗量。增加热能不仅可使体内脂肪得到适当增加，而且可减少体内蛋白质的分解；在增加热能摄入的同时，应提高蛋白质摄入量，多吃含蛋白质丰富的食品，以便为增加体重提供物质基础；增加烹调用植物油，增加必须脂肪酸的摄入；显著增加蔬菜和水果的量，开始时以水果为主，譬如饭前吃一个苹果、桔子或西红柿，既开胃又促进铁的吸收，以后逐步增加各类富含纤维素的蔬菜等，以促进胃肠蠕动，增加消化吸收功能；主、副食均应努力增加花色品种，不断变换烹调方式，在不影响正餐食欲的前提下，对零食的热能不作严格限制，但要尽量不吃各种冷饮，以免损伤脾胃。

消瘦者还应参加适度的体育锻炼，因为运动对胃肠功能紊乱有调节作用。

六、贫血的饮食调配

贫血就是指单位体积中红细胞数目、血红蛋白及红细胞压积低于正常范围，它是一种症状，可发生于很多疾病的过程中，通过合理饮食调配，很多人在短期内可使血液中红细胞和血红蛋白含量恢复正常。在安排贫血病人的饮食时应掌握以下几个原则：

1. 要有足够的优质蛋白质；
2. 供给充足的铁和铜；
3. 供给丰富的维生素；
4. 限制脂肪摄入，因过多脂肪能抑制造血功能；
5. 如贫血者有水肿时，应暂用少盐饮食。

七、肝炎病人的饮食调配

肝脏是人体最重要的器管之一，在人体物质代谢方面起着极其重要的作用。碳水化合物、脂肪和蛋白质的代谢都离不开肝脏，许多维生素的代谢、利用也是在肝脏进行的，肝脏还是维生素特别是脂溶性维生素的重要贮存场所。此外，人体激素的灭活，某些毒物的代谢解毒过程及体内某些代谢废物的排泄也都与肝脏的功能有关。肝脏功能的正常是人体新陈代谢正常进行的根本保证。

肝炎病人，由于大量肝细胞受到损害，引起一系列代谢功能失调。肝炎病人饮食调配的原则是减轻肝脏负担，促进肝细胞再生和肝功能的恢复。

1. 肝炎病人热能摄入要适量，摄入过高，易引起脂肪堆积、脂肪肝。热能过低，影响肝细胞再生和功能的康复。

2. 蛋白质是肝细胞再生的主要原料，肝炎患者蛋白质摄入量要增加，蛋白质宜占每日总热量的约15%。但是当肝炎病人出现肝硬化和腹水的情况，应根据血氨水平调整蛋白质摄入，具体饮食应由医生安排。

3. 肝炎病人应多吃含维生素丰富的食物，必要时还应还额外补充维生素制剂。

八、健脑食品

当用脑较多时，除每日摄取必要的营养物质外，还应增加一些特殊的健脑食品，供给脑细胞所需，以增强大脑记忆及思维能力。

1. 蛋白质尤以动物蛋白质为优，有奶类、蛋类、鲜鱼、虾、贝类、动物肝、肾；植物蛋白可选核桃、花生、瓜子、栗子、松子等果实类，也可选黑豆、玉米、小米等粗粮。

2. 谷氨酸食物含于所有鲜味食品中，如鲜奶、鲜肝、香菇、木耳、金针菜以及各种海产品。

3. 不饱和脂肪酸类食物以植物油及鱼虾中含量最为丰富。

4. 维生素 B 族食物主要存在于各种绿叶蔬菜、麦胚、豆类、酸奶、酵母、啤酒、粗粮等。

5. 钙、磷、镁、锌食物主要存在于蛋黄、瘦肉、海鱼、虾蟹、牡蛎、紫菜、海带等。

6. 健脑补品人参、何首乌、枸杞等。

九、防癌食品

在我们的日常生活中，许多食物不仅具有保健作用，而且具有防癌的功效。只要我们注意合理地利用它们，就可以收到防癌抗癌的效果。

1. 防癌粮油类：麦麸和米皮糖、玉米、红薯、大豆、葵花子等。

2. 防癌蔬菜及蘑菇类：胡萝卜、萝卜、甘蓝、番茄、茄子、冬瓜、芦笋、小茴香、莼菜、白菜、百合、刀豆、扁豆、豆芽等；白木耳、黑木耳、香菇、平菇、草菇、猴头菇、灵芝等。

3. 防癌动物类：牛奶、羊奶、动物肝脏、猪血、鹅血、猪蹄等。

4. 防癌水产、海产类：青鱼、团鱼、乌龟、泥鳅、田螺、蚯蚓；海参、牡蛎、鲨鱼、带鱼、鱼肚、海带、海藻等。

5. 防癌果品类：杏、无花果、罗汉果、番木瓜、草莓、乌梅、大枣、山楂、枸杞、荸荠、菱角、莲子、橄榄、甘蔗、苹果、猕猴桃、核桃等。

6. 其他防癌食品：豆腐、茶叶、蜂蜜、蜂皇浆等。

作为现代的大学生，我们要知道食品营养与健康的关系，做到合理饮食，科学的膳食，养成良好的饮食习惯，做到营养饮食，均衡饮食。为了以后更好地工作而打下很好的身体基础。让我们以科学的营养为指导，做到均衡营养、注意膳食平衡，吃出健康，吃出美丽，吃出精彩的人生，享受高品质的生活！做到了这些，养成良好的饮食习惯，那么疾病也会相应地远离我们，健康就接近了我们。

营养缺乏的信号

信号一

表现：头发干燥、变细、易断、脱发。

可能缺乏的营养：蛋白质、能量、必需脂肪酸、微量元素锌。

营养对策：每日保证主食的摄入和3两瘦肉、1个鸡蛋、250毫升牛奶，以补充优质蛋白质，同时可增加必需脂肪酸摄入。每周摄入2～3次海鱼，并可多吃些牡蛎，以增加微量元素锌。

信号二

表现：夜晚视力降低。

可能缺乏的营养：维生素A。如果不及时纠正，可能进一步发展为夜盲症，并出现角膜干燥、溃疡等。

营养对策：增加胡萝卜和猪肝等食物的摄入。维生素A是溶解于油脂而不溶解于水的维生素，因此用植物油烹炒胡萝卜比生吃胡萝卜的维生素A的吸收效率要高。

信号三

表现：舌炎、舌裂、舌水肿。

可能缺乏的营养：B族维生素。

营养对策：主食粗细搭配、荤素搭配。如果有吃素的习惯，每日应补充一定量的复合维生素B族。

信号四

表现：牙龈出血。

可能缺乏的营养：维生素C。

营养对策：每日应大量进食新鲜蔬菜和水果，最好能摄入1斤左右的蔬菜和2～3个水果，蔬菜的烹调方法以热炒和凉拌结合为好。

信号五

表现：味觉减退。

可能缺乏的营养：锌。

营养对策：适量增加贝壳类食物，如牡蛎、扇贝等。每日确保1个鸡蛋、3两红色肉类和1两豆类。

信号六

表现：嘴角干裂。

可能缺乏的营养：核黄素（维生素B_1）和烟酸。

营养对策：维生素B_1的食物来源有谷类、豆类、坚果类、瘦猪肉及动物内脏。烟酸主要来自动物性食物，特别是猪肝、鸡肝等。每周应补充1次（2～3两）猪肝、每日应补充250毫升牛奶和一个鸡蛋。

营养健康小贴士

低热量低糖食品的误区

一些低脂，低热量低糖食品，这些食物真的是如包装上所说的吗？

误区一："低脂"就是低热量

一看到"低脂"的字样，很多消费者就觉得此类产品可以敞开肚子食用。其实不然，经专业检测，大部分的"低脂"产品并不一定低热量。比如普遍标有"低脂"的优酪乳，它脂肪含量较低，但内含的糖分所产生的热量，几乎等于5颗半方糖的热量。从字面上看，它确实符合"低脂"的标准，但它的热量远远超出通常我们观念中的"低脂=低热量"。

建议减肥人士多食用原味食品，因为原味食品比很多的低脂、低糖食物更健康，比如新鲜的水果和蔬菜。

误区二："无脂"和"无糖"就是没有脂肪没有糖

很多减肥人士和糖尿病患者喜欢购买贴有无糖标志的食品，其实食用这类食品也应适度。所谓的无糖，其实只是糖分含量较低，在国家标准允许的范围内而已，无脂食品并非完全无脂。建议消费者要吃喝有度，特别是糖尿病患者和高血脂人士更应该注意。另外，一些消费者认为脂肪含量少的食物可以多吃点。但事实上，许多食品生产商通过添加人工调味剂达到了低脂的标准，这些人工调味剂往往会抑制人体脑部发出饱腹的信号，人们在吃这些食物时会觉得总没有吃饱，致使吃得更多，在不知不觉中增加了热量的摄入。

误区三："无反式脂肪"食品的脂肪含量低

脂肪分为"饱和脂肪"与"不饱和脂肪"，"饱和脂肪"因其会使人体胆固醇过高往往不利于人体健康，而"不饱和脂肪"一般不会引起这一问题。"反式脂肪"虽属"不饱和脂肪"，但其化学结构的特殊性常常会引起动脉硬化、血栓等问题。出于健康考虑，食品制造商都在争先恐后地去除他们大部分产品中的反式脂肪，但为了达到产品稳定性，很多情况下，他们用饱和脂肪代替反式脂肪，可见，其最终结果是"换汤不换药"。

如同糖分一样，每份食物中"反式脂肪"含量不超过标准要求的食品就可贴上"无反式脂肪"标签，但其背后可能意味着更多的"饱和脂肪"+"反式脂肪"。苏珊博士建议消费者在购买食品时要多留意包装标签上的成分表，对无脂食品和标准食品进行比较，再选择适合自己的食品。

第五节 运动与健康

随着社会的发展，人们的生活水平、交通工具及工作环境得以大幅度提升，正因为如此，使得人们越来越懒惰，运动量越来越少，并由此给人们的健康带来很多问题，比如：亚健康、肥胖、过早患上心脏病、高血压、糖尿病、高血粘、骨质疏松、血管硬化、癌症等不易治疗的疾病。

究其原因，有两方面：一是对健康不够重视，缺乏正确的健康理念；二是缺乏适量正确的运动。俗话说生命在于运动，不夸张地说“没有运动就没有健康”。那么如何运动，运动量多大合适？患有某种疾病是否可以运动？运动又可以防治哪些疾病？

健康、长寿、智慧是人类的美好愿望。从几千年前的上古起，人们就一直在探求防御疾病、延长寿命的奥秘。古希腊名言：“如果你想强壮，跑步吧！如果你想健美，跑步吧！如果你想聪明，跑步吧！”明确提出了跑步对人体健康的重要意义。进入高速发展的现代社会，人们更加认识到生命的可贵，重视追求生活的质量，健康的地位和价值也随之在增强。世界卫生组认定健康是人类的一项基本权利。目前，健康水准已成为衡量一个人或一个国家社会文化水准的重要标尺。

现代科学研究揭示，在所有运动项目中以有氧耐力项目最利于人们的健康。国外有资料表明，运动状态下人体吸入的氧气可比安静状态时多 8 倍，也就是说有氧代谢运动（耐力性运动）可使人体获得最合适摄氧量。各国学者共同推荐的健身性有氧代谢运动为：快步，慢跑，游泳，骑自行车、跳健身操（舞）。这些运动能有效地增强呼吸系统摄取氧、心血管系统荷载及输送氧的能力以及组织有氧代谢利用氧的能力，因此有氧运动对人体有生理生化、心理等多方面的良好影响。

一、有氧运动对物质能量代谢的影响

有氧运动的代谢主要依靠有氧代谢，即在有氧情况，糖、脂肪、蛋白质氧化成二氧化碳和水的过程。代谢过程释放能量合成 ATP，构成骨骼肌肉有氧代谢供能系统。糠、脂肪和蛋白质被称作细胞燃料。

糖是人体组织细胞的重要组成部分，占人体能量来源的 70% 之多，以糖元的形式存在。有氧运动时首先消耗肌糖元，当肌糖元不足时由血糖补充，肝糖元又不断补充血糖。长时间锻炼能改进运动时血流分配，使肝血流量增大，流经肝脏的糖异生基质量增多，被代谢的概率也相应升高。

细胞燃料中脂肪是体内最大的能源贮备，也是运动中补充能量的一个重要来源。有些长时间低强度的有氧运动中脂肪氧化供能超过糖的供能。在运动的开始阶段，有部分糖酵解供能，因而血乳酸浓度稍有上升，随着进一步运动，呼吸循环系统供氧能力和线粒体利用率的能力增强后，血乳酸逐渐恢复到安静时或稍高于安静时水平，同时脂肪酸供能的相对比例随运动时间延长而增长。这一过程从一个角度来讲，可以有效防止脂肪在体内过多贮存。

耐力训练适应后，有氧运动可使脂肪酸供能的比例增强，如经 12 周耐力训练的人，运动中脂肪酸供能比例（53%）明显比对照者（40%）高。

另外，有研究证明：有氧代谢运动可以促进胆固醇的代谢与分解。低强度耐力运动时，由脂肪氧化供能约占肌肉能量来源的 60%，同时还能增强体内脂蛋白酶的活性，加速含有甘油三酯的浮靡和 LDL（低密度脂蛋白，可大块沉积在血管壁上）分解，这样就降低了血脂总量，而使 HDL 量升高。HDL 是高密度脂蛋白，重要功能是薄薄地附在动脉管壁上起保护作用，还能清除其他脂类物质在血管壁上沉积。因此对预防动脉粥样硬化和冠心病有积极的作用。

二、有氧运动对心血管系统的影响

耐力性有氧运动对心脏的作用大致有两种：一是可以改进心率变化；二是可加强心肌力量。心率是反映心脏功能强弱的标志，运动带给心脏功能的影响可通过心率的变化来判断。人体运动时，循环功能的主要变化是心输出量的增加，各组织器官的血流量重新分配，尤其是骨骼肌的血流量迅速增加，以满足其代谢增强时的能量供给。有氧运动可增大这种力量，即增大心肌力量，进而增加心输出量，从而增强人体活动能力。

（一）运动时的心率变化

健康成年人的心率为：男 65～75 次/分，女 70～80 次/分。长时间坚持锻炼的人，安静状态下心率可比正常人略低一些，田径运动员的心率大多为 50 次/分左右，马拉松运动员心率只有 40 次/分左右。也就是说长年坚持有氧运动能使心率保持低水平（安静状态下心率低时，说明心脏功能强、潜力大）。原因之一是控制心脏活动能力的中枢神经系统对运动的一种适应性反应：原因之二是心脏容积增大，心脏收缩力加强，使每搏输出量增多的结果。因此，同时出现心搏量增多和减少是心脏功能的重要标志。这说明心脏工作的效率高且节约能量，心脏每次收缩后有一个有些长时间的舒张期，从而使心脏得到充分休息，有效地防止心脏过度疲劳，形成一种自然防御机制。

（二）心搏出量

每搏输出量与心率的关系：每分输出量 = 心率 × 每搏输出量。

通过对比可知，安静状态下两者每分输出量相差不大。而当以最大强度运动时，假定两者心率都可达到平均最高值 195 次/分，运动员组每搏输出量可以从安静状态时的 90 毫升增加到 190 毫升，每分输出量可高达 37 升。一般人群则由 70 毫升增加到 113 毫升，每分输出量可能增强到 22 升，由此可见一般人群组在心脏储备力上存在着明显差别，并说明通过运动锻炼可以增强机体心脏功能。每搏输出量的增多说明心脏对锻炼的适应性能力得到了增强。每博输出量与最大吸氧量呈正比例关系，运动时心搏出量的变化直接影响机体各器官的有氧代谢。当心搏量达最高峰时，吸氧量也达最高峰。因此，心搏量又是决定有氧代谢能力的关键。有氧代谢供能能力又是全身耐力的原动力及构成体力的重要因素。有氧运动可使心搏量增大，可以改进全身耐力进而增加体力，使精力旺盛。这就是人们常说的“生命在于运动”的意义所在。

三、有氧运动对肌肉耐力体力的影响

肌肉耐力与氧供给能量有密切关系。毛细血管血液含量多时，肌肉对氧的利用率就高。运动锻炼能增加毛细血管的数量和血液含量，因此长时间的锻炼能增强肌肉耐力。

在进行某种运动时，常会出现身体局部（大腿或小腿部）痉挛、麻木、疲劳等症状，而使运动无法进行下去。这种情况在于平素缺乏锻炼者身上更易见。这实际上就是肌肉耐力低下的表现。

有些人认为，只要坚持参加运动，身体素质就能增强，对健康就会有益。这种看法实际上并无科学根据。从科学角度看，运动与体力的关系并非如此简单。运动种类、运动强度、运动质量等条件的不同，所产生的结果也必然不同。从本质上看，爆发力的锻炼形式只能增强局部肌肉耐力，上肢握力练习的结果重点增强的是上肢的臂力与腕力。所以，只有对呼吸循环系统功能刺激强的全身性耐力运动（有氧代谢运动），才能有效地增强人体体力。

以上不难看出有氧运动对于健康来说有不可估量的效果。坚持不懈地进行有氧运动，使身体动起来，机体呼吸、循环、消化、神经、内分泌、肌肉骨骼造血系统等身体器官得到自然的刺激，可促进青少年协调生长发育；可使中年人保持旺盛的精力，并发挥各器官的正常效能；可使老年人的体力衰退保持在最小限度内。总之有氧运动锻炼对增进健康有巨大的作用。

运动不可以保证长寿，但能提高生活质量。

科学的运动锻炼应根据自己的生理特点、年龄、性别、体质强弱进行，以便达到最佳效果。

四、把握最佳运动心率

适宜运动量的标准一般用心率的百分法来掌握。正常成年人心率为 60 ~ 90 次/分。最高心率（次/分）=220 - 年龄。假设某人 20 岁，则他的最大心率为 220 - 20 = 200 次/分。

有氧运动，指连续时间长，强度相对较低的项目，如慢长跑、太极拳、中老年健身操等。其运动强度标准，心率升高到本人最高心率的 70% ~80%，普通学生为 140 ~ 160 次/分。

无氧运动，指高强度、时间短、间歇性的项目，如短跑、跳远等。其运动强度标准，心率升高到本人最高心率的90%，普通学生为160~180次/分。

五、运动损伤的主要原因与预防原则

（一）运动损伤的主要原因

1. 对预防运动损伤认识不足，盲目性。
2. 缺乏准备运动或准备运动不正确。

（二）运动损伤的预防原则

做好准备活动，加强保护和自我防护。准备活动量的心率控制在90~100次/分，时间为20分左右。准备活动结束与正式运动之间相隔1~4分即可。

自我保护方法：摔倒时应该曲肘、低头团身，以肩背着地，顺势滚地，而不要直臂撑地，避免骨折或关节脱位。从高处跳下时，要以前脚掌着地，以增加缓冲作用，避免脑震荡、胸腰椎压缩性骨折。

六、运动损伤的救护原则

运动损伤后有出血、骨折，参照“现代创伤救护”有关内容进行处理。

（一）损伤处理“三不宜”

1. 不宜随便搬弄伤肢，尤其头颈部、腰部。
2. 不宜随便按摩或热敷伤处。
3. 不宜随便处理伤口。

（二）急性闭合型软组织损伤的分期处理

1. 早期（伤后24~48小时内）：止血、冷敷、加压包扎、制动。
2. 中期（伤后24~48小时以上）：热敷、按摩、理疗、中药外敷。
3. 后期：注意功能恢复，尤其是骨折后功能性恢复训练，防止废用性萎缩。

七、运动生理卫生若干问题

1. 跑步到终点时不宜马上停止，防止引起重力性休克。
2. 天气炎热时运动中及运动后不宜立即大量饮水及饮料。正确方法为少量饮水或漱漱口，润润口腔黏膜。
3. 剧烈运动后不宜立即进食冷饮冷食。否则易引起胃肠痉挛和腹泻。一般在运动后要休息约30分钟。
4. 剧烈运动后不宜立即洗冷热水澡，一般在运动后要休息约30分钟。

知识链接

美国著名心血管专家肯尼斯·库伯博士指出，只要参加运动就一定会受益，这一规则对脑力劳动者尤其如此。据统计，1968 年美国有 24% 的成年人开始自觉地参加运动，在此后的 15 年里，美国心肌梗塞的死亡率下降了 37%，高血压的死亡率下降了 60%，人们的平均寿命从 70 岁增加至 75 岁。由此可见，运动是身体健康的有效“添加剂”。

加拿大多伦多大学健康教育家莱斯通过对 800 人的长期观察和 300 多个有关实验发现，当人们感到大脑疲劳时，到室外跑步，可以使大脑的功能恢复到 58%，而不做运动改吃药的话，大脑的功能只能恢复到 40% ~50%。有人便总结出来，慢跑是最佳有氧运动，对醒脑有奇效。

案例分析

小马是羽毛球爱好者，一次比赛时，踝关节扭伤走路不便，朋友立即拿出红花油帮他搽在患处，结果红花油没能活血化瘀，反而让小马的脚踝肿成了小萝卜。

点　评

活血化瘀的红花油怎么会越抹越肿？这是由于当肢体部位扭挫伤或肌肉拉伤、韧带撕裂时，毛细血管会出现不同程度的损伤出血，此时人体往往不能准确感知，若立即用活血药物按摩，可能会加快毛细血管的损伤出血，肿胀越来越大。

专家建议，在损伤发生后的 24 小时内，最好采用冰敷或加压包扎的方式，也可以用冷水冲淋患处，以减少局部微细血管的出血，24 ~48 小时后再使用活血化瘀的药物或其他物理治疗方法促进组织和毛细血管吸收瘀血。

第十三章
常见传染病及防治

引　例

你还记得2003年吗？突如其来的SARS席卷了全国、全球。病毒波及32个国家和地区，病例分布在亚洲、欧洲、美洲，全球确诊病例8422例，死亡916例，死亡率平均为9.3%。亚洲是重灾区，发病的主要国家有：中国（包括港澳台地区），新加坡等。中国内地发病总数为5327例，死亡349例，病死率为6.6%。发病者中北京和广东省的病例就占到了75%，而发病者中医务工作者就占了将近30%，这不能不让人胆战心惊。这就是传染性非典型肺炎，一种新的传染病。

传染病是由病原微生物（病毒、立克次体、细菌、螺旋体等）和寄生虫（原虫或蠕虫）感染人体后产生的具有传染性、在一定条件下可造成流行的疾病。

在人类历史上传染病始终伴随着人类的发展，给人类带来过很大的灾难，造成大量的人员死亡，曾经是我国疾病死因的首位疾病。20世纪40年代后由于抗生素的问世，公共卫生条件的改善，尤其在新中国成立后，在“预防为主”的卫生方针指引下，许多传染病被消灭和得到有效控制。但由于种种原因自20世纪80年代以后，一些已被控制和灭绝的传染病又死灰复燃，一些新的传染病相继出现，如艾滋病、疯牛病、禽流感、非典型性肺炎、猪链球菌病等。传染病又再次威胁着人们的健康，据估计，目前威胁人类健康的病毒有5000多种，细菌有30 000多种，而且许多病毒可以不断复制、变异十几亿次。

据卫生部公布的传染病疫情，2013年5月（2013年5月1日0时至5月31日24时），全国（不含台港澳，下同）共报告法定传染病721 605例，死亡1526人。其中，甲类传染病中报告霍乱8例，无死亡；乙类传染病中除传染性非典型肺炎、脊髓灰质炎、人感染高致病性禽流感和白喉无发病、死亡病例报告外，其余22种传染病共报告发病337 223例，死亡1475人；报告发病数居前5位的病种依次为病毒性肝炎、肺结核、梅毒、细菌性和阿米巴性痢疾、淋病，占乙类传染病报告发病总数的93%。同期全国共报告丙类传染病发病384 374例，死亡51人。报告发病数居前3位的病种依次为手足口病、其他感染性腹泻病和流行性腮腺炎，占丙类传染病报告发病总数的96%。

尽管传染病形势依然严峻，但只要我们重视预防，传染病就能够得到控制；如果我们忽视它就将会受到惩罚。“非典”在我国的流行，提示了我们应该重新认识传染病，并对人类自己的行为进行很好的审视，注意人与自然的和谐。

第一节　传染病的基本特征及流行过程

常见传染病主要经呼吸道、消化道、血液及接触传染。它往往有明确的传染源、传播途径、易感人群，具有发病急、传播迅速的特点。一旦有传染病的发生，需要立即进行现场应急处理，控制传染源，切断传播途径，保护易感人群。

一、传染病的基本特征

传染病与其他疾病的主要区别在于，其具有四个方面的特征。

（一）有病原体

每种传染病都是由特异性的病原体所引起，如病毒性肝炎是由肝炎病毒所引起，结核病是由结核杆菌所引起等。

（二）有传染性

传染病的病原体可以通过某种途径感染其他人。这是传染病与其他感染性疾病的主要区别。

（三）有流行性

在自然因素和社会因素的影响下，传染病的流行过程表现出各种特征。可以有外来及地方性的区别，有的传染病可以从国外或外地传入国内或本地区，如霍乱、疯牛病等。而有的传染病只在特定的自然和社会条件下，在某些地区持续发生，如血吸虫病。同时传染病在流行过程中根据量的不同又有散发、流行和大流行的区别。传染病还有季节分布、地区分布、不同人群中的分布等特点。

（四）有感染后免疫

人体患传染病后，机体能产生针对病原体及其产物的特异免疫，即在一定时间内不会再次感染此种病原体，但感染后免疫的持续时间在不同的传染病中有很大的差异。如麻疹、脊髓灰质炎、乙型脑炎等疾病，感染后免疫力持续时间最长，往往保持终身。而菌痢，感染后免疫力持续时间较短，仅为数月至数年。

二、传染病的流行过程

传染病的流行过程具有以下三个基本条件。

1. 传染源：指病原体已在体内生长繁殖并能将其排出体外的人或动物。

2. 传播途径：病原体离开传染源后，到达另一个易感者的途径，称为传播途径。如：

（1）通过空气、飞沫、尘埃传播，见于呼吸道传播疾病，如麻疹、流感、非典等。

（2）通过水、食物、苍蝇传播，见于消化道传染病，如伤寒、菌痢、甲肝等。

（3）通过手、用具、玩具传播，称日常生活接触传播。

（4）通过吸血节肢动物传播，称虫媒传播，如疟疾。

（5）通过血液、体液、血制品传播，称血液及体液传播，如乙肝、丙肝、艾滋病等。

（6）通过土壤传播，当病原体的芽孢（如破伤风）或幼虫（如钩虫）、虫卵（如蛔虫）污染土壤时．土壤就可以成为传染病的传播途径。

3. 易感人群：对某种传染病缺乏特异性免疫力的人称为易感者，通过预防接种的干预，可以使易感者获得人工自动免疫，避免传染病的传染和流行。

三、传染病的预防

传染病的预防应针对传染病流行过程的三个环节，采取综合措施，并且根据各种传染病的特点，针对传播的主导环节，采取适当措施，防止传染病继续传播。

（一）管理传染源

传染病报告制度是早期发现、控制传染病的重要措施，必须严格遵守。根据《中华人民共和国传染病防治法》，将法定传染病分为三类（39 种）：甲类、乙类和丙类。

甲类：2 种，即鼠疫、霍乱。此类为强制管理的传染病，城镇要求发现后 2 小时内上报，农村不超过 6 小时。

乙类：26 种，即传染性非典型肺炎、艾滋病、病毒性肝炎（甲型、乙型、丙型、戊型、未分型）、脊髓灰质炎、人感染高致病性禽流感、甲型 HIN1 流感、麻疹、流行性出血热、狂犬病、流行性乙型脑炎、登革热、炭疽（肺炭疽、皮肤炭疽、未分型）、痢疾（细菌性、阿米巴性）、肺结核（涂阳、仅培阳、菌阴、未痰检）、伤寒（伤寒、副伤寒）、流行性脑脊髓膜炎、百日咳、白喉、新生儿破伤风、猩红热、布鲁氏菌病、淋病、梅毒（Ⅰ期、Ⅱ期、Ⅲ期、胎传、隐性）、钩端螺旋体病、血吸虫病、疟疾（间日疟、恶性疟、未分型）。乙类传染病为严格管理传染病，城镇要求发现后 6 小时内上报，农村不超过 12 小时。

丙类：11 种，即流行性感冒、流行性腮腺炎、风疹、急性出血性结膜炎、麻风病、流行性和地方性斑疹伤寒、黑热病、包虫病、丝虫病、手足口病，除霍乱、细菌性和阿米巴性痢疾、伤寒和副伤寒以外的感染性腹泻病。丙类传染病为监测管理的传染病，要求发现后 24 小时内上报。

（二）切断传播途径

对于各种疾病，尤其是消化道传染病、虫媒传染病和寄生虫病，切断传播途径通常是起主导作用的预防措施。其主要措施是消毒和隔离。

（三）保护易感人群

保护易感人群的措施包括特异性和非特异性两个方面。非特异性保护易感人群的措施包括改善营养、锻炼身体等，可提高机体的非特异性免疫力。但关键作用的还是通过预防接种提高人群的主动或被动特异性免疫力。人类由于普遍接种牛痘疫苗，现已在全球范围内消灭了天花。由于我国在儿童中坚持实行计划免疫，全面推广服食脊髓灰质炎疫苗，目前我国已基本消灭脊髓灰质炎。

（四）预防接种

预防接种（vaccination）是运用免疫学的原理，将人工制备的抗原或抗体通过适宜的途径，对机体进行接种，使机体获得对某种传染病的特异性免疫力。以提高个体或群体的免疫水平，预防和控制相应传染病的发生和流行，这种人工免疫的方法称之为预防接种。预防接种的途径有皮上划痕、注射（皮下、皮内、肌肉注射）、口服、喷雾吸入等四种主要的方法。

预防接种是一项以最小投资，获得最大效益的工作，卫生经济学评价，预防接种后产生的效益往往是投资的数十倍、数百倍，并且产生显著的社会效益。

1. 免疫种类。

（1）人工自动免疫。人工自动免疫（artificial active immunity）：用含有已知抗原成分的疫苗等抗原物质接种到机体，刺激机体产生特异性免疫，以产生特异性抗体，从而预防传染病发生的措施。其特点是接种次数少，特异性强，持续时间长，一般接种2～3周后可产生免疫力。

（2）人工被动免疫。人工被动免疫（artificial passive immunization）：是将免疫血清或细胞因子等特异性抗体接种于机体，使机体被动地获得特异性免疫力，从而受到保护，以达到紧急预防和治疗某些疾病的目的，其特点是免疫见效快，但维持时间较短。

（3）被动自动免疫。被动自动免疫（passive and active immunity）：是使用含有已知抗体成分的免疫球蛋白（或血清）注射于机体，使机体被动地获得免疫力。此类免疫是疫情发生时用于保护婴儿及体弱者的一种免疫方法，但只用于少数传染病。

2. 疫苗。疫苗是针对疾病的病原微生物或其蛋白质（多肽、肽）、多糖或核酸，以单体或通过载体通过预防接种进入人体后，能诱导产生特异性体液免疫和细胞免疫，从而使机体获得预防该病的免疫力的生物制品。

世界卫生组织把自动免疫制剂统称为疫苗。疫苗种类一般包括减毒活疫苗、灭活疫苗、多糖疫苗、重组疫苗。

（1）减毒活疫苗。减毒活疫苗是在实验室里通过对病毒或细菌减毒而制备，它保

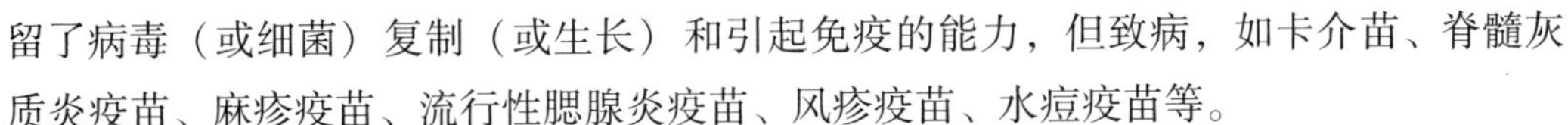

留了病毒（或细菌）复制（或生长）和引起免疫的能力，但致病，如卡介苗、脊髓灰质炎疫苗、麻疹疫苗、流行性腮腺炎疫苗、风疹疫苗、水痘疫苗等。

（2）灭活疫苗。灭活疫苗是先对病毒或细菌培养，然后将其灭活。灭活疫苗可由整个病毒或细菌组成，也可由病毒或细菌的裂解片段组成。如百白破疫苗、流感疫苗、狂犬疫苗、甲肝疫苗等。

灭活疫苗常需要多次注射，其引起的免疫为体液免疫。接种灭活疫苗产生的抗体滴度随时间而下降因此有的灭活疫苗需要定期加强注射。

（3）多糖疫苗。根据细菌的研究与分析，对细菌中引起特异性保护作用的抗原成分提取纯化，可以生产特异的抗原疫苗。如：流脑和肺炎多糖疫苗。

（4）重组疫苗。重组疫苗指在基因水平上制备的疫苗，如乙肝疫苗。

3. 预防接种的注意事项。

（1）接种的途径与剂量。不同疫苗其接种途径、接种对象、年龄及接种剂量各有不同。

（2）接种疫苗禁忌症。WHO 对受接种者作出规定，有免疫缺陷者、恶性肿瘤，使用免疫抑制剂，发热或明显身体不适者，神经系统疾病患者，以往接种有不良反应者等为禁忌症。

4. 预防接种的不良反应。一般反应：接种 24 小时后在接种处出现红、肿、热、痛等炎症反应，有时伴有发热、恶心、头晕、腹泻等全身反应，一般都属于正常反应，不需做任何处理，1～2 天内可消失。

异常反应：少数人在接种后出现并发症，如晕厥、过敏性休克、变态反应性脑脊髓膜炎、过敏性皮炎、血管神经性水肿。这些反应发生率很低，但后果很严重，可危及生命。

第二节　病毒性肝炎

病毒性肝炎是由肝炎病毒引起的一种传染性疾病，分为甲、乙、丙、丁、戊五种类型。甲型、戊型肝炎一般通过饮食传播，毛蚶、泥蚶、牡蛎、螃蟹等均可成为甲肝病毒携带物。乙型、丙型和丁型肝炎主要经血液、母婴和性传播。

一、甲型病毒性肝炎

甲型病毒性肝炎（简称甲肝）是由甲型肝炎病毒（HAV）引起的传染病。本病在临床可分为急性黄疸型与急性非黄疸型。

急性黄疸型甲型肝炎是由甲型肝炎病毒引起的急性肠道传染病。急性非黄疸型甲型肝炎在临床较为少见。本节主要介绍急性黄疸性甲型肝炎。

（一）主要症状

本病潜伏期15～45天，发病可分为黄疸前期、黄疸期和恢复期，病程2～4个月。

1. 黄疸前期：甲肝起病较急，畏寒、发热，食欲下降、乏力、厌油、恶心、呕吐、腹胀、便秘或腹泻、尿色变深。本期一般为5～7天。

2. 黄疸期：发热减退，自觉症状好转，但尿色加深，巩膜、皮肤黄染。肝肿大、压痛及叩击痛，血清谷丙转氨酶升高。本期一般为2～6周。

3. 恢复期：黄疸及各种症状逐渐减轻、消失，肝肿大好转，肝功能恢复正常。本期一般为1个月。

（二）预防及应急要点

1. 养成用流水、肥皂勤洗手的好习惯。生吃瓜果蔬菜要洗净。不喝生水。甲肝病人自发病之日起必须进行隔离。

2. 从事食品加工和销售、水源管理、托幼保教工作的甲肝病人，应暂时调离工作岗位。

3. 对甲肝病人用过的餐具要消毒，在开水中煮15分钟以上。

4. 不要与甲肝病人共用生活用品，对其使用过或接触过的公共物品和生活物品要消毒。

5. 如与甲肝病人共用同一个厕所，要用消毒液或漂白粉对便池消毒。

（三）治疗原则

以休息、营养为主，辅以适当药物，避免饮酒、劳累及使用有害肝脏的药物。

二、乙型病毒性肝炎

乙型病毒性肝炎（简称乙肝）是由乙型肝炎病毒（HBV）引起的传染病。我国目前有乙肝表面抗原阳性者9300万感染率高居世界之首。

（一）乙肝两对半的意义

乙肝两对半是指人感染乙肝病毒后化验时出现的血清现象。它包括5项指标：①乙肝表面抗原（HBsAg）；②乙肝表面抗体（HBsAb）；③乙肝e抗原（HBeAg）；④乙肝e抗体（HBeAb）；⑤乙肝核心抗体（HBcAb）（见表13－1）。

表13－1　乙型肝炎血清免疫学检测结果及临床意义乙肝两对半检查结果常见组合

HBsAg	HBsAb	HBeAg	HBeAb	HBcAb	临床意义
+	－	+	－	－	急性感染，病毒复制活跃
+	－	+	－	+	大三阳，急慢性乙肝；HBV复制；传染性强
+	－	－	+	+	小三阳，急性乙肝趋向恢复；传染性较弱

续表

HBsAg	HBsAb	HBeAg	HBeAb	HBcAb	临床意义
−	−	−	+	+	既往感染过 HBV；急性 HBV 感染恢复期；基本无传染
+	−	−	−	+	现症 HBV 感染，HBsAg 携带者；传染性较弱
−	+	−	−	−	乙肝疫苗注射后，提示疫苗免疫成功，对 HBV 有免疫力
−	+	−	−	+	既往感染过 HBV，已获免疫力
−	−	−	−	+	既往感染过 HBV，未获免疫力
−	+	−	+	+	HBV 感染恢复阶段，有免疫力
+	+	+	−	+	不同亚型 HBV 感染
+	−	+	+	+	急性 HBV 感染趋向恢复；慢性肝炎
−	−	−	−	−	未感染 HBV，对 HBV 易感染，需注射乙肝疫苗

乙肝表面抗原携带者是指血液中乙肝表面抗原阳性，但没有肝炎症状和体征，各项肝功能检查持续正常的人。乙肝表面抗原携带者，可正常工作和学习，也不需要特别的抗病毒药物治疗，大多预后良好。但应密切监测两对半变化，应定期检查乙肝两对半、肝功能、胎甲球及进行 B 超检查。

（二）传播途径

1. 经血液传播。如输入乙肝病毒阳性患者的全血、血浆、血清或者其他血制品。

2. 母婴传播。乙肝病毒阳性的母亲直接传播给婴儿。在我国，这种传播方式占全部传播方式的 60% 左右，个别地区高达 73%。

3. 医源性传播。如医疗器械被乙肝病毒污染后消毒不彻底或处理不当，共用一个注射器或针头均可引起乙肝传播。

4. 性接触传播。乙肝病毒存在于乙肝病人的分泌物中，可以通过性接触传播。近年国外报道，通过对性乱交、同性恋和异性恋的观察，乙型肝炎的性传播是传染乙肝的重要途径，这种传播包括夫妻之间的传播。

5. 生活密切接触传播。对乙肝无免疫力的人与乙肝病毒阳性患者密切接触，可由唾液、汗液、尿液、血液、胆汁及乳汁，污染的器具、食物、物品经破损的皮肤或黏膜而传播。

（三）治疗

对于单一表面抗原阳性者及大小三阳但肝功能正常者暂不需要治疗，需动态观察。乙肝活动期即肝功能异常时，须及早治疗。如治疗不及时或不注意休息，小部分可以发展为肝硬化等严重肝病。

目前国内外用于治疗慢性肝炎的药物品种甚多，归纳起来可以分为三类：一是抗病毒药物，主要有干扰素；二是改善肝功能药物，如肝细胞生长因子、五味子制剂及某些中草药，这类药物对降低转氨酶有一定疗效；三是免疫调节药物，如转移因子、白介素2、皮质激素，这类药物疗效还有待观察，且有副反应。目前可有效抑制乙肝病毒的常用药物是拉米呋啶等药物，治疗费用较高。

（四）预防

1. 广泛开展乙肝疫苗预防注射活动，这是目前避免感染乙肝最有效的方法。

2. 严防血制品传播，筛查献血员。尽可能不输血或使用血制品，特别注意在日常生活中外伤有伤口时，伤口应避免接触乙肝病人的血液。

3. 严格无菌操作，注射时使用一次性注射器。对乙肝病人用过的物品应进行消毒，最简单的方法是煮沸法。专家告诉我们，将物品在100℃水中煮沸15～20分钟可以将乙肝病毒杀灭。

4. 乙肝病人及无症状乙肝病毒携带者不能直接从事饮食业工作。

5. 要提高道德水平。不吸毒、不卖淫嫖娼，因为乙肝病毒可以通过性行为传播。

在这里要特别指出的是，乙肝不会通过食品和饮水传染，除非十分密切地接触受到感染的体液和有破损的皮肤。

知识链接

你知道吗？为什么有的人打乙肝疫苗效果不佳？

有些人接种乙肝疫苗后不产生乙肝表面抗体，称免疫应答能力低下。临床有假性和真性应答低下之分。前者接种时体内已受乙肝病毒感染，处于非复制期或静止期（即机体量免疫耐受状态），化验结果呈假阴性改变，而后者是因为对假阴者，可作其病毒标志物检查。疫苗纯度不高，过期失活、接种量过小、方法部位不当、接种间歇不规范机体免疫功能低下等，其在人群中占有相当数量，经过甄别容易使接种成功。

目前国内外公认的补救措施有如下四种：一是更换新一代疫苗；二是增加接种次数及用量（直至化验抗HBs阳转或连用1年无效时）；三是变更接种途径（皮下注射失败后改为肌肉注射，反之亦然）；四是联用免疫兴奋药（如卡介苗、麻疹疫苗与乙肝疫苗接种）。

第三节　肠道传染病

一、肠道传染病防治要点

1. 肠道传染病的主要症状：主要有恶心、呕吐、腹痛、腹泻、食欲不振等胃肠道症状，有些可伴有发热、头痛、全身中毒症状。

2. 夏秋季节是肠道传染病的高发季节。

3. 肠道传染病的预防措施：关键是认真做好“三管一灭”（即管理好饮食卫生、饮水卫生、粪便卫生和消灭苍蝇）。作为个人一定要把好“病从口入”这一关，注意饮食和饮水卫生，养成良好的卫生习惯。主要措施有：

（1）注意饮水饮食卫生，不喝生水，不吃变质食物，尤其注意不要生食或半生食海产品、水产品。食物要彻底煮熟、煮透。剩余食品、隔餐食品要彻底加热后再食用。外出旅游、出差、工作要挑选卫生条件好的饭店就餐，并尽量少食凉拌菜，最好不要在路边露天饮食小摊点就餐。

（2）讲究个人卫生，养成饭前便后洗手的习惯。常剪指甲、勤换衣服。

（3）注意劳逸结合，起居有度，生活有规律。加强体育锻炼，增强对疾病的抵抗能力。

（4）搞好环境卫生，加强粪便、垃圾和饮用水的管理，广泛开展爱国卫生运动，建设卫生村、卫生镇，消灭苍蝇、蟑螂、老鼠等传染媒介。

（5）高危人群可接种伤寒疫苗、口服痢疾疫苗、口服轮状病毒疫苗、注射甲肝疫苗等。

（6）当发生腹痛、腹泻、恶心、呕吐等胃肠道症状时，要及时去就近医疗机构的肠道门诊治疗，以免延误病情。

二、伤寒

（一）病因

伤寒是由伤寒杆菌经消化道感染引起的急性肠道传染病，多发生于热带、亚热带地区。散发病例时有发生，部分地区仍有流行。

（二）主要症状

潜伏期长短取决于感染细菌的数量、宿主因素，3～60天，一般为8～14天。病程分四期，一般为2～3个月。

1. 初期：起病缓慢，常有全身不适、乏力、食欲减退、腹胀、便秘及腹泻等症状。随体温上升，症状加重，1周内体温可达40℃以上。伤寒杆菌培养阳性。

2. 极期：病程2～3周，初期症状加重，出现稽留高热相对缓脉约2周。神经系统中毒症状，可有表情淡漠、嗜睡、谵妄，甚至昏迷。病程第7～10天，部分患者皮肤上可出现玫瑰疹，约3天消失。体检可出现脾脏肿大。由于中毒性肠麻痹可出现严重肠胀气。伤寒肥达氏反应阳性。

3. 缓解期：一般在病程第3～4周，各种症状逐渐缓解，体温于1周左右降至正常。但此期可出现肠出血、肠穿孔等严重并发症。

4. 恢复期：至病程第4～5周，体温恢复正常，多汗，症状日渐消失，一般约需1个月才能完全恢复。

（三）应急要点

1. 养成用流水、肥皂勤洗手的好习惯。生吃瓜果蔬菜要洗净。不喝生水。

2. 伤寒病人自发病之日起必须进行隔离，一般隔离至恢复期末。

3. 不要与病人共用生活用品，对病人用过的餐具要消毒，对其使用过或接触过的公共物品和生活用品要消毒。

4. 病人的排泄物要用消毒液或漂白粉消毒。

（四）治疗原则

1. 本病应住院治疗。

2. 常用氯霉素、复方新诺明、氨苄青霉素及呋喃唑酮等药物。

三、细菌性痢疾

（一）病因

细菌性痢疾是由痢疾杆菌引起的急性肠道传染病，夏、秋季多见。

（二）主要症状

潜伏期 1 ~ 7 天。

1. 急性菌痢。起病急，畏寒、发热、头痛、乏力及食欲减退等全身症状明显。初为稀便，1 ~ 2 天内转为脓血便，每日 10 ~ 20 次，伴有阵发性腹痛，里急后重及左下腹明显压痛，病程 7 ~ 10 天。儿童可见中毒性菌痢，若病情危急，抢救不及时可造成死亡。

2. 慢性菌痢。菌痢反复发作，病程在 2 个月以上者称为慢性菌痢。

（三）应急要点

1. 养成用流水、肥皂勤洗手的好习惯。生吃瓜果蔬菜要洗净。不喝生水。

2. 痢疾病人自发病之日起必须进行隔离。

3. 不要与病人共用生活用品，对病人用过的餐具要消毒，对其使用过或接触过的公共物品和生活用品要消毒。

4. 病人的排泄物要用消毒液或漂白粉消毒。

（四）治疗原则

1. 复方新诺明、呋喃唑酮等抗生素均可用之。

2. 病情严重者需住院治疗。

四、霍乱

（一）病因

霍乱是由霍乱弧菌所引起的烈性肠道传染病，俗称 2 号病。以夏、秋季多见，7 ~

10月为发病高峰期。

（二）主要症状

1. 潜伏期：一般为1～3天，多为突然发病，出现剧烈的腹泻和呕吐，继而出现脱水及电解质紊乱，严重者会危及生命。

2. 泻吐期：病人先泻后吐，初为黄色稀水便，继之为“米泔水”样便，量大而频繁。少数人可有腹痛，但无里急后重。呕吐可呈喷射状，先为胃内容物，后可为“米泔水”样或清水样。一般不发热。本期持续数小时至一两天。

3. 脱水期：可有皮肤干燥皱缩，眼窝甚至眼球下陷，烦躁、神志淡漠，如不及时抢救可因严重脱水而危及生命。由于大量失水，血压下降，可导致循环衰竭。由于钠盐丧失可引起腓肠肌及腹直肌痛性痉挛。由于钾盐丢失可引起肌张力消失、鼓肠、心律不齐等，亦有人出现尿少、尿闭、酸中毒及尿毒症。

4. 恢复期：脱水纠正后，病人的大多数症状消失，逐渐恢复正常。病程4～6天。

（三）应急要点

1. 出现类似霍乱症状时，应立即到附近医院就诊。

2. 确诊病人应向医务人员如实提供进餐地点、所用食物和共同进餐的其他人员名单。

3. 配合疾病预防控制人员对病人使用过的餐具、接触过的生活用品和办公用品等进行消毒。

4. 确诊病人要在医院接受隔离治疗。补充液体和电解质是治疗的关键。同时可用四环素、复方新诺明、痢特灵、强力霉素等。

5. 病人的密切接触者医学观察，追踪至脱离接触后5天，接受便检，不参加聚会、聚餐等。

你知道吗？说到霍乱，你是否会想起加西亚·马尔克斯的《霍乱时期的爱情》？也许你会沉浸在曲折的爱情故事中，而忽视了这场瘟疫给世界带来的影响。霍乱是因摄入的食物或水受到霍乱弧菌污染而引起的一种急性腹泻性传染病。感染霍乱后，患者会无法控制地呕吐、腹泻，直至肠胃皆空，而因此引发的脱水使人肌肉严重痉挛、两眼凹陷，直到最后全身青黑，干枯得不成人样，痛苦地死去，情形极为骇人。如果不及时加以治疗，从感染疾病到死亡，常常只有几个小时。从1817年首次在印度爆发至今，全球一共有7次霍乱大流行。据统计，在这几次疫情暴发中，仅印度就总共有3800万人死亡。

第四节　呼吸道传染病

一、呼吸道（春季）常见传染病预防要点

呼吸道传染病是指病原体从人体的鼻腔、咽喉、气管和支气管等呼吸道感染侵入而引起的有传染性的疾病。春季是呼吸道传染病的高发季节。儿童、老年人、体弱者、营养不良或慢性疾病患者、过度劳累者、精神高度紧张者等人群容易患呼吸道传染病。特别是人群聚集的地方更容易引起呼吸道传染病的暴发流行。

呼吸道传染病一般起病急，有发热症状。呼吸道传染病的常见传染源主要为病人或隐性感染者。主要经飞沫传播，也可通过直接密切接触或间接接触传播。人群对多数呼吸道传染病普遍易感。有的病后有一定免疫力或持久免疫力，也有通过接种疫苗获得一定的免疫力。预防呼吸道传染病应采用综合性预防措施，主要包括：

1. 经常开窗通风，保持室内空气新鲜。
2. 搞好家庭环境卫生，保持室内和周围环境清洁。
3. 养成良好的卫生习惯，不要随地吐痰，勤洗手。
4. 保持良好的生活习惯，多喝水、不吸烟、不酗酒。
5. 经常锻炼身体，保持均衡饮食，注意劳逸结合，提高自身抗病能力。
6. 要根据天气变化适时增减衣服，避免着凉。
7. 儿童、老年人、体弱者和慢性病患者应尽量避免到人多拥挤的公共场所。
8. 如果有发热、咳嗽等症状，应及时到医院检查治疗。当发生传染病时，应主动与健康人隔离，尽量不要去公共场所，防止传染他人。
9. 不要自行购买和服用某些药品，不要滥用抗生素。
10. 儿童应按时完成预防接种，一般人群可在医生的指导下有针对性地进行预防接种。

二、流行性感冒

流行性感冒简称流感，是流感病毒引起的急性呼吸道感染。流感可引起上呼吸道感染、肺炎及呼吸道外的各种病症。流感发病快，传染性强，发病率高。对于老年人、儿童、孕妇和体弱多病的人群，流感容易引发严重的并发症，甚至致人死亡。

（一）病因

本病系流感病毒引起，流感病毒可分为甲（A）、乙（B）、丙（C）三型，甲型病毒经常发生抗原变异，传染性大，传播迅速，易发生大范围流行。根据感染对象和病毒的抗原性（亚型）不同可分为人流感、禽流感、猪流感等。甲型 H1N1 流感病毒是

A 型流感病毒，携带有 H1N1 亚型猪流感病毒毒株，包含有禽流感、猪流感和人流感三种流感病毒的核糖核酸基因片断，同时拥有亚洲猪流感和非洲猪流感病毒特征。

（二）主要症状

1. 起病急骤，畏寒、发热，体温在数小时至 24 小时内升达 39 ~ 40℃，甚至更高。伴有头痛，全身酸痛，乏力，食欲减退。呼吸道症状较轻，咽干喉痛，干咳，可有腹泻。

2. 颜面潮红，眼结膜外眦充血，咽部充血，软腭上有滤泡。

3. 与上呼吸道感染的鉴别：流感起病急，局部症状轻，全身症状重，高热常在 39℃以上，传播迅速；上呼吸道感染起病缓，局部症状重，全身症状轻，常伴有中度发热，散发或小范围传播。

（三）检查

1. 血常规。白细胞计数正常或减低。

2. X 线检查。

3. 流感病毒核酸检测。

（四）应急要点

1. 有流感症状时，要注意休息，多喝水，开窗通风。

2. 流感病人应与家人（特别是老人和孩子）分室居住。不随地吐痰，打喷嚏、咳嗽时要捂住口鼻；经常用流水、肥皂洗手，不用脏手摸眼、鼻等。同时与家人分餐。

3. 流感病人的鼻涕纸和吐痰纸要包好，扔进加盖的垃圾桶，或直接扔进抽水马桶用水冲走。

4. 发生流感时，应尽量避免外出活动，不要去商场、影剧院等公共场所，必须出门时，应戴口罩。

5. 重症病人应在医院隔离治疗。

（五）治疗原则

1. 一般治疗。卧床休息，多饮水，给予流质或半流质饮食，漱口，保持鼻咽及口腔清洁。

2. 对症治疗。高热烦躁者可给予解热镇痛药物。

3. 抗病毒治疗。

4. 抗菌治疗。

三、肺结核

肺结核起病缓慢，病程较长，有低热、乏力、食欲不振、咳嗽和少量咯血。但多数患者症状轻微，常无明显症状，经 X 线健康检查被发现；有些患者突然咯血才被发现，但在病程中可追溯到轻微的毒性症状。少数患者急剧发病，明显毒性症状和呼吸道症状，经X线检查，往往是急性粟粒型肺结核或干酪性肺炎。此外，临床上还可看到一些患者，特别是老年患者，长期的慢性支气管炎的症状掩盖了肺结核。另有一些未被发现的重症肺结核，因继发感染而有高热，甚至发展到败血症或呼吸衰竭方就诊。肺结核的临床表现形式多样，尤其在结核病疫情得到控制、发病率低的地区更应注意它的不典型表现。

（一）临床表现

1. 全身症状。午后低热、乏力、食欲不振、体重减轻、盗汗等。当肺部病灶急剧进展播散时，可有高热，妇女可有月经失调或闭经。

2. 呼吸系统症状。一般有干咳或有少量黏液痰。伴继发感染时，痰呈黏液性或脓性。约1/3病人有不同程度咯血。痰中带血可因炎性病灶的毛细血管扩张引起，中等量以上咯血可因小血管损伤或来自空洞的血管瘤破裂。咯血后低热可能是由于小支气管内残留血块吸收或阻塞支气管引起感染之故；若发热持续不退，多提示结核病灶播散。有时硬结钙化的结核病灶因机械损伤血管或因为结核性支气管扩张而咯血。大咯血时可发生失血性休克；有时血块阻塞大气道，引起窒息。此时病人烦躁、神色紧张、挣扎坐起、胸闷气急、紫绀，应立即进行抢救。

当炎症波及壁层胸膜时，相应胸壁有刺痛，一般并不剧烈，随呼吸和咳嗽而加重。慢性重症肺结核时，呼吸功能受损，可出现渐进性呼吸困难，甚至紫绀。并发气胸或大量胸腔积液时，则有急骤出现的呼吸困难。

3. 体征。早期病灶小或位于肺组织深部，多无异常体征。若病变范围较大，患侧肺部呼吸运动减弱，叩诊呈浊音，听诊时有呼吸音减低或为支气管肺泡呼吸音。当肺部病变发生广泛纤维化或胸膜增厚黏连时，则患侧胸廓下陷、肋间变窄、气管移位与叩浊，而对侧可有代偿性肺气肿征。

4. X线检查。胸片可发现异常。X线既可确定病灶位置、范围、性质，又可前后对照观察动态变化。

（二）治疗

抗结核化学药物治疗对控制结核病起决定性作用，合理化疗可使病灶内细菌消灭，最终达到痊愈。休息与营养疗法仅起辅助作用。

1. 药物治疗：理想的抗结核药物具有杀菌、灭菌或较强的抑菌作用，毒性低，不良反应少，价廉、使用方便，药源充足；经口服或注射后药物能在血液中达到有效浓度，并能渗入吞噬细胞、腹膜腔或脑脊液内，疗效迅速而持久。如异烟肼、利福平、链霉素、吡嗪酰胺、乙胺丁醇。

2. 对症治疗。

（1）毒性症状。结核病的毒性症状在有效抗结核治疗时多可消失，通常不必特殊

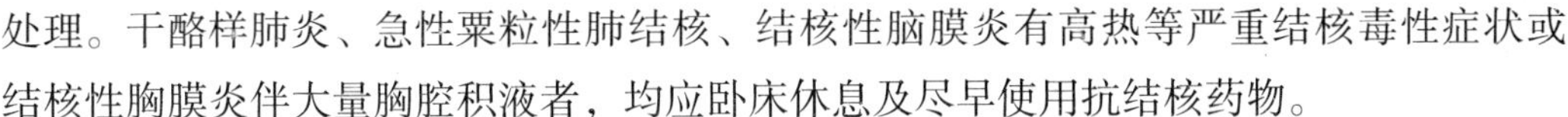

处理。干酪样肺炎、急性粟粒性肺结核、结核性脑膜炎有高热等严重结核毒性症状或结核性胸膜炎伴大量胸腔积液者，均应卧床休息及尽早使用抗结核药物。

（2）咯血。若仅痰中带血或小量咯血，以对症治疗为主，包括休息、止咳、镇静，常用药物有可待因、安络血等。年老体衰、肺功能不全者，慎用强镇咳药，以免因抑制咳嗽，使血块不能排出而引起窒息。要除外其他咯血原因，如二尖瓣狭窄、肺部感染、肺梗死、凝血机制障碍、自身免疫性疾病等。

中等或大量咯血时应严格卧床休息，胸部放置冰袋，并配血备用。取侧卧位，轻轻将存留在气管内的积血咳出。垂体后叶素有收缩小动脉、包括心脏冠状动脉及毛细血管的作用，减少肺血流量，从而减轻咯血。该药可收缩子宫及平滑肌，故忌用于高血压、冠状动脉粥样硬化性心脏病的患者及孕妇。

若咯血量过多，可酌情适量输血。大咯血不止者，可经纤支镜发现出血部位，用去甲肾上腺素 2～4mg⁺4℃生理盐水 10～20ml 局部滴入。必要时应作好抢救的充分准备。反复大咯血用上述方法无效，对侧肺无活动性病变，肺功能储备尚可，又无明显禁忌者，可在明确出血部位的情况下考虑肺叶、段切除术。

咯血窒息前症状包括胸闷、气憋、唇甲发绀、面色苍白、冷汗淋漓、烦躁不安。抢救措施中应特别注意保持呼吸道通畅，采取头低脚高 45°的俯卧位，轻拍背部，迅速排出积血，并尽快取出或吸出口、咽、喉、鼻部血块。必要时用硬质气管镜吸引、气管插管或气管切开，以解除呼吸道阻塞。

（3）手术治疗，外科手术已较少应用于肺结核治疗。

（三）预防

控制传染源、切断传染途径及增强免疫力，保护易感人群等，是控制结核病流行的基本原则。卡介苗可保护未受感染者，使受感染后不易发病，即使发病也易愈合。有效化学药物治疗（化疗）对已患病者，能使痰菌较快阴转，但在其阴转之前，尚须严格消毒隔离，避免传染。

新生儿“出生第一针”接种卡介苗，可有效预防肺结核。但是，接种卡介苗主要对儿童期发生较严重的结核病有预防作用，对学生及成年人的结核病预防作用是非常有限的。因此，我们要预防肺结核的发生，还应该做到以下几点：

1. 积极发现并治愈在校学生中的肺结核病人。如果发现连续咳嗽、咳痰 2 周以上或有咯血等症状的学生，要及时报告学校医生和领导，尽快与家长取得联系，及时到结核病防治机构检查。

2. 一旦确诊得了肺结核，必须休学或休假在家正规治疗，避免传染其他同学。待经过检查确认没有传染性了，凭结核病防治机构的证明方可以复学、上课。

3. 积极开展爱国卫生运动，努力改善学习和生活环境，对教室和集体宿舍要经常通风换气，保持室内空气新鲜。

4. 要养成良好的卫生习惯，在咳嗽、打喷嚏的时候应该将纸巾捂住嘴巴和鼻子，避免结核菌通过飞沫传染他人。

5. 加强体育锻炼，生活要有规律，注意饮食营养和睡眠充足，保持健康心理，增强机体抵抗力，尽量减少发病机会。

肺结核痊愈是指病灶彻底消除，包括完全吸收或手术切除，或在上述种种形式的愈合后确证病灶内已无结核菌存活，亦即病理学上的真正的治愈，才能称结核病痊愈。

第五节　水痘

水痘是由水痘带状疱疹病毒感染引起的一种急性传染性丘疱疹性皮肤病，主要为呼吸道飞沫和接触传染，通过吸入病人说话、咳嗽、喷嚏时的飞沫或接触到病人的衣服、被褥、玩具等而传染。好发于冬、春季节，一次患病后可终身免疫。

一、病因

水痘带状疱疹病毒。传染源主要是病人，从出疹前 2 日到出疹后 6 日具有传染性。传播途径主要是呼吸道飞沫、直接或间接接触传染。

二、主要症状

人体感染水痘病毒数日后发病。

水痘起病快，患病初期可有发热、头痛、全身倦怠等前驱症状，在发病 24 小时内出现全身皮疹，先见于躯干、头部，逐渐波及面部和四肢。水痘皮疹呈向心性分布，以躯干和头部为多，四肢较少，手掌和脚心更少。开始时，皮疹为不高出皮面的红色斑疹，数小时后变为高出皮面的丘疹，继而变为内含液体的疱疹。疱疹初起清晰，形如露水，以后渐渐混浊，疱壁脆而易破，几天后疱液渐干，中央凹陷，然后结痂，一两个星期后，痂盖完全脱落。皮疹分批出现，所以，可同时见到斑疹、丘疹、疱疹和结痂四种不同的皮损，这是水痘皮疹的特点。

成年人发病时有的可出现高热、头痛、呕吐、周身不适等毒血症状，这可能与成年人对水痘病毒的反应较强有关。

大部分情况下，病人症状都是轻微的，可不治而愈。

三、应急要点

1. 由于水痘具有很强的传染性，患者宜单独隔离，居室要通风，光线充足，发热时应卧床休息。

2. 患者从出疹前 24 小时到出疹后 7 ~ 10 天内（皮疹干燥结痂时）均有传染性，在这段时间里尽量不要与患者接触，否则极易感染。

3. 饮食宜给予易消化、富含维生素的流质或半流质食物，发热时要多休息。

4. 衣被不宜过厚、过多，太热出汗会使皮疹发痒。保持衣服、被褥清洁，以免继发感染。

四、治疗原则

1. 患者大多能很快自愈，可适当服用中药，如化毒散、板蓝根等。当有继发皮肤细菌感染时，应选用抗生素类药物治疗。

2. 瘙痒明显者可用0.25%石炭酸炉甘石洗剂或5%碳酸氢钠溶液局部涂拭，也可口服扑尔敏和苯海拉明等药物，局部外擦阿昔洛韦软膏。如果疱疹已破，可涂抹1%龙胆紫药水，继发细菌感染的，可外用新霉素软膏等。

3. 水痘皮疹主要累及皮肤的表皮层，虽然症状严重，但痊愈后可不留瘢痕。但是，如皮疹被抓破，引起细菌感染，则会损坏皮肤的真皮层，那么，即使水痘治愈后，皮肤也会留下永久的瘢痕，还有可能导致继发细菌性感染，严重的还会发生败血症。

4. 注意病情变化，如出疹后持续高热不退，伴有呕吐、惊厥时，应立即就医。

5. 水痘一般5~10天即可痊愈。在冬、春水痘高发期，教室和居室应注意通风，保持环境整洁，并做好环境和日常用具的消毒处理工作。有条件的可接种水痘疫苗。

第六节　流行性腮腺炎

流行性腮腺炎（俗称痄腮）是由腮腺炎病毒感染引起的一种急性传染病，主要为呼吸道飞沫和接触传染，通过吸入病人说话、咳嗽、喷嚏时的飞沫或接触到病人的衣服、被褥、玩具等而传染。好发于春季，一次患病后可终身免疫。

一、病因

病原为腮腺炎病毒，病人在腮腺明显肿胀前6~7天至肿胀后9日期间具有传染性。

二、主要症状

患病初期可有发热、头痛、无力、食欲不振等前驱症状，发病1~2日后出现颧骨弓或耳部疼痛，然后出现唾液腺肿大，通常可见一侧或者双侧腮腺肿大。

三、应急要点

1. 由于腮腺炎具有较强的传染性，患者宜单独隔离，居室要通风，光线充足，发热时应卧床休息。

2. 患者从腮腺明显肿胀前6~7天至肿胀后9日期间具有传染性，在这段时间里尽量不要与患者接触，否则易感染。

3. 饮食宜给予易消化、富含维生素的流质或半流质，发热时要多休息。

4. 衣被不宜过厚、过多，避免继发感染。

5. 学校发生暴发流行时，可依据疫情采取班级、年级、学校的停课等防治措施。

四、治疗原则

1. 患者大多能较快自愈，可适当服用中药，如板蓝根等。当有继发细菌感染时，应选用抗生素类药物治疗。

2. 腮腺炎疼痛较明显时，可用青黛散。如继发细菌感染，则症状较重，严重的还会发生病毒性脑炎。

3. 注意病情变化，如持续高热不退，伴有呕吐、惊厥时，应立即就医。

4. 腮腺炎一般 5 ~ 10 天即可痊愈。在高发期，教室和居室应注意通风，保持环境整洁，并做好环境和日常用具的消毒处理工作。必要时未感染者可接种腮腺炎疫苗。

第七节　流行性出血性结膜炎

流行性出血性结膜炎（俗称红眼病）是由病毒引起的急性传染性眼炎。它主要经接触患者分泌物而导致传染。

一、主要症状

眼部充血肿胀，有异物感，眼部分泌物增多。

二、应急要点

1. 预防红眼病，外出时应携带消毒纸巾，不用他人的毛巾擦手擦脸，养成不用脏手揉眼睛的习惯。外出后回家、回学校或工作单位时，应使用流动的水洗手、洗脸。不与红眼病人共用毛巾及脸盆。

2. 尽量不去卫生状况不好的美容美发店、游泳池，那里有可能成为红眼病的传染源。患上红眼病应及时就诊，并告知他人注意预防。将生活用品和办公用品与他人分开使用。

3. 红眼病人应尽量不去人群聚集的商场、游泳池、公共浴池、工作单位等公共场所。

三、治疗原则

1. 红眼病人使用的毛巾，要蒸煮 15 分钟进行消毒。

2. 红眼病人接触过的公共物品，要用含氯消毒剂进行消毒。

3. 可以使用抗病毒的滴眼液滴眼治疗。

4. 在学校等人群聚集的场所发现红眼病病人时，应及时报告有关部门。

第八节 人感染高致病性禽流感

一、概述

禽流感是禽流行性感冒的简称，是由禽流感病毒引起的一种急性传染病，能感染人类，感染后的症状主要表现为高热、咳嗽、流涕、肌痛等，多伴有严重的肺炎，严重者心、肾等多种脏器功能衰竭导致死亡，病死率高。此病可通过消化道、呼吸道、皮肤损伤和眼结膜等多种途径传播，人员和车辆往来是传播本病的重要因素。

禽流感是甲型流感病毒的一种亚型（也称禽流感病毒）引起的传染性疾病，被国际兽疫局定为甲类传染病，又称真性鸡瘟或欧洲鸡瘟。按病原体类型的不同，禽流感可分为高致病性、低致病性和非致病性禽流感三大类。非致病性禽流感不会引起明显症状，仅使染病的禽鸟体内产生病毒抗体。低致病性禽流感可使禽类出现轻度呼吸道症状，食量减少，产蛋量下降，出现零星死亡。高致病性禽流感最为严重，发病率和死亡率均高，感染的鸡群常常“全军覆没”。

禽流感病毒不同于 SARS 病毒，禽流感病毒迄今只能通过禽传染给人，不能通过人传染给人。感染人的禽流感病毒 H5N1 是一种变异的新病毒，并非在鸡鸭鸟中流行了几十年禽流感的 H5N2。无须谈禽流感色变。目前没有发现吃鸡造成禽流感 H5N1 传染人的，都是和鸡的密切接触，可能与病毒直接吸入或者进入黏膜等原因造成感染。

二、禽流感病毒

（一）病原体

禽流感的病原体是甲型流感病毒 H5N1 亚型病毒。1997 年香港的禽流感与目前亚洲 10 个国家和地区发生的禽流感病原体都相同。H5N1 型禽流感病毒是人与动物共患的流感病原体，容易引起世界性大流行。由于病毒多变异，导致甲型流感反复发生，难以彻底根除。

（二）病毒抵抗力

禽流感病毒是囊膜病毒，对去污剂等脂溶剂比较敏感。福尔马林、β 丙内酯、氧化剂、稀酸、乙醚、脱氧胆酸钠、羟胺、十二烷基硫酸钠和铵离子能迅速破坏其传染性。禽流感病毒没有超常的稳定性，因此对病毒本身的灭活并不困难。病毒可在加热、极端的 ph、非等掺和干燥的条件下失活。

在野外条件下，禽流感病毒常从病禽的鼻腔分泌物和粪便中排出，病毒受到这些有机物的保护极大地增加了抗灭活能力。此外，禽流感病毒可以在自然环境中，特别是凉爽和潮湿的条件下存活很长时间。粪便中病毒的传染性在4℃条件下可以保持长达30～50天，20℃时为7天。

（三）病毒存活期

禽流感病毒在一定条件下可以存活较长时间。有研究提示，它在粪便中能够存活105天，在羽毛中能存活18天。

（四）病毒变异

禽流感病毒抗原性变异的频率很高，且主要以两种方式进行：抗原漂移和抗原转变。

三、禽流感流行病学

（一）传染源

禽流感主要在鸟类中间传播，偶可感染至人，其临床表现与人类流行性感冒相似。流感病毒有3个抗原性不同的型，所有的禽流感病毒都是A型。A型流感病毒也见于人、马、猪，偶可见于水貂、海豹和鲸等其他哺乳动物及多种禽类。流感病毒的抗原结构分为H和N两大类。H代表Hemagglutinin（血细胞凝集素），有如病毒的钥匙，用来打开及入侵人类或牲畜的细胞；N代表神经氨酸酶（Neuramidinase），是帮助病毒感染其他细菌的酵素。

流行性感冒一般分为三种，即甲型、乙型和丙型。乙型和丙型流行性感冒一般只在人群中传播，很少传染到其他动物。甲型流行性感冒大部分都是禽流感，禽流感病毒一般很少使人发病。

禽流感主要在鸟类中间传播，偶可感染至人，其临床表现与人类流行性感冒相似，但人禽流感症状重、并发症多、病死率高，疫苗接种无效，与普通流感有一定区别。

除禽流感以外，常见的流感还有人流感、马流感和猪流感等。禽流感和人流感与人类健康的关系非常密切。由于猪与人的种间差异较小，禽流感病毒可以在中间宿主（猪）体内与人流感病毒杂交，并产生能感染人的新的流感病毒。

（二）传播途径

它可以通过消化道、呼吸道、皮肤损伤和眼结膜等多种途径传播。

（三）潜伏期

禽流感潜伏期从几小时到几天不等，其长短与病毒的致病性、感染病毒的剂量、感染途径和被感染禽的品种有关。

羽绒制品是否传播禽流感？羽绒制品通常会经过消毒、高温等多个物理和化学处理过程，传播病毒的概率很小。

四、治疗

（一）隔离治疗

对疑似和确诊患者应进行隔离治疗。

（二）对症治疗

可应用解热药、缓解鼻黏膜充血药、止咳祛痰药等。儿童忌用阿司匹林或含阿司匹林以及其他水杨酸制剂的药物。

（三）抗流感病毒治疗

1. 应在发病48小时内试用抗流感病毒药物。

（1）神经氨酸酶抑制剂——奥司他韦（Oseltamivir，达菲）

为新型抗流感病毒药物，试验研究表明对禽流感病毒H5N1和H9N2有抑制作用，成人剂量每日150mg，儿童剂量每日3mg/kg，分2次口服，疗程5天。

（2）离子通道M2阻滞剂——金刚烷胺（Amantadine）和金刚乙胺（Rimantadine）

2. 金刚烷胺和金刚乙胺可抑制禽流感病毒株的复制。早期应用可阻止病情发展、减轻病情、改善预后。金刚烷胺成人剂量每日100～200mg，儿童每日5mg/kg，分2次口服，疗程5天。治疗过程中应注意中枢神经系统和胃肠道副作用。肾功能受损者酌减剂量。有癫痫病史者忌用。

（四）中医药治疗

参照流行性感冒（流感）及风温肺热病进行辨证论治。

1. 治疗原则。

（1）及早使用中医药治疗。

（2）清热、解毒、化湿、扶正祛邪。

2. 中成药应用。应当辨证使用中成药，可与中药汤剂综合应用。

（五）加强支持治疗和预防并发症

注意休息、多饮水、增加营养，给予易于消化的饮食。密切观察、监测并预防并发症。抗菌药物应在明确或有充分证据提示继发细菌感染时使用。

（六）重症患者的治疗

重症或发生肺炎的患者应入院治疗，对出现呼吸功能障碍者给予吸氧及其他呼吸支持，发生其他并发症患者应积极采取相应治疗。

五、预防

1. 加强禽类疾病的监测一旦发现禽流感疫情，动物防疫部门必须立即按有关规定进行处理。

2. 加强对密切接触禽类人员的监测。当这些人员中出现流感样症状时，应立即进行流行病学调查，以进一步明确病源，同时应采取相应的防治措施。

3. 接触人禽流感患者应戴口罩、手套、穿隔离衣；接触后应洗手。

4. 要加强检测标本和实验室禽流感病毒毒株的管理，严格执行操作规范。

5. 注意饮食卫生不喝生水，不吃未熟的肉类及蛋类等食品；勤洗手，养成良好的个人卫生习惯。

6. 药物预防。对密切接触者必要时可试用抗流感病毒药物或按中医药辨证施防。

7. 不去疫区旅游。

8. 重视高温杀毒。

六、预后

人禽流感的预后与感染的病毒亚型有关，感染 H9N2、H7N7 者，大多预后良好；而感染 H5N1 者预后较差，据目前医学资料报告，病死率约为 30%。

影响预后的因素除与感染的病毒亚型有关外，还与患者年龄，是否有基础性疾病，治疗是否及时以及是否发生并发症等有关。

七、并发症

1. 原发性病毒性肺炎：多见于原有心肺疾病的患者，肺部病变以浆液性出血性支气管炎为主，患者常常因心力衰竭或周围循环衰竭而死亡。

2. 继发性细菌性肺炎：最常见的病原菌是肺炎链球菌、金黄色葡萄球菌或流感嗜血杆菌。病人病情逐渐加重或在暂时的改善后临床症状进一步加重，咳嗽、咳脓痰并出现肺部实变体征。X 线发现肺部有片状和斑片状阴影。

3. 心肌炎：有报道流感病毒性肺炎可以并发心肌炎。

八、禽流感与非典型性肺炎的区别

“非典”是由一种新的冠状病毒引起的。冠状病毒属于冠状病毒科，而禽流感病毒属于正黏病毒科，二者是完全不同的两种病毒。一般来说，“非典”患者的发病和禽流感临床表现，尤其是早期表现很相似，如发热、干咳、少痰、乏力、头痛和全身酸痛等症状及体征，同时可伴有头痛、关节和肌肉酸痛、乏力、腹泻等。所以，要注意二者的区分，最为可靠的区分方法是实验室检测（病毒核酸检测）。

知识链接

你知道吗？非典是怎么回事？传染性非典型肺炎是由 SARS 冠状病毒引起的一种具有明显传染性、可累及多个脏器系统的特殊肺炎，世界卫生组织将其命名为严重急性呼吸综合征、临床上以发热、乏力、头痛、肌肉关节酸痛等全身症状和干咳、胸闷、呼吸困难等呼吸道症状为主要表现，部分病例可有腹泻等消化道症状；胸部X线检查可见肺部炎性浸润影、实验室检查外周血白细胞计数正常或降低、抗菌药物治疗无效是其重要特征。重症病例表现明显的呼吸困难，并可迅速发展成为急性呼吸窘迫综合征。截至2003年8月7日，全球累计发病例数为8422例，依据报告病例计算的平均病死率达到了9.3%。

第九节　其他急性传染病简介

一、登革热

登革热是一种由登革热病毒引起的经蚊子传播的急性传染病。

（一）主要症状

登革热的潜伏期通常为3～15天。病人起病急，高热，全身肌肉、骨骼及关节疼痛，极度疲乏，部分病人可有皮疹、出血倾向和淋巴结肿大。

（二）应急要点

1. 出现类似登革热的症状时应及时到当地医疗机构就诊。

2. 就医时将近期旅行及外出情况如实告诉医生。配合做好流行病学调查等应急处置工作。

3. 登革热流行季节少去或不去登革热流行地区旅游。

4. 防蚊灭蚊。

二、狂犬病

狂犬病是一种由狂犬病毒引起的急性传染病。

（一）主要症状

狂犬病其早期较有诊断意义的症状是伤口及其附近感觉异常，有麻、痒、痛及蚁走感等，此乃病毒繁殖时刺激神经元所致，持续2～4日。伤口处蚁走感消失，之后发烧、头痛、恐水、怕风、四肢抽搐、喉肌痉挛、牙关紧闭等。一旦发病无法治愈，病死率达100%。

（二）应急要点

1. 被狗、猫等动物咬伤、抓伤后，第一步进行伤口处理。首先要挤出污血，用3%～5%的肥皂水反复冲洗伤口，然后用清水冲洗干净，冲洗伤口至少20分钟；最后涂擦浓度75%的酒精或者2%～5%的碘酊。只要未伤及大血管，切忌不要包扎伤口。

第二步立刻接种狂犬病疫苗。第1次注射狂犬病疫苗的最佳时间越早越好，之后，第3天、第7天、第14天和第28天再各注射1次。

2. 如果一处或多处皮肤形成穿透性咬伤，伤口被动物的唾液污染，必须立刻注射疫苗和抗狂犬病免疫球蛋白或抗狂犬病血清。

3. 将攻击人的动物暂时隔离，立即带到附近的动物医院诊断，并向动物防疫部门报告。

三、流行性出血热

流行性出血热是一种由汉坦病毒引起的自然疫源性疾病。

（一）主要症状

流行性出血热主要症状为发热，出现“三痛”（头痛、腰痛、眼眶痛）、“三红”（颜面、颈、上胸部潮红），皮肤、黏膜出血及肾脏损害等。

（二）应急要点

1. 病人要早发现、早休息、早治疗和就近治疗。出现流行性出血热症状时应及时到医院就诊，确诊后立即进行隔离治疗。

2. 发现有死老鼠应深埋或焚烧，接触死老鼠时应戴手套或使用器具。病人用过、接触过的物品要进行消毒。

3. 与病人有过接触者，发现身体不适时应立即去医院就诊。

4. 非疫区人群进入疫区后，可接种出血热疫苗。

四、钩端螺旋体病

钩端螺旋体病是由各种不同血清型的致病性钩端螺旋体（简称钩体）所引起的一种人畜共患的急性传染病。受感染的鼠类和猪是两大主要传染源。

（一）主要症状

临床表现极为复杂，病情轻重有很大差异。临床特点为：骤然发热，全身酸痛，软弱无力，结膜充血，腓肠肌压痛，表浅淋巴结肿大和触痛等。重型有肺部大出血，黄疸、出血等。严重的可因肝坏死，肝、肾功能衰竭和抢救不及时而死亡。

（二）应急要点

早期发现，早期诊断，早期治疗，就地隔离治疗是重要的原则。

预防钩体病的关键是灭鼠，管理好牲畜，防止牲畜尿液污染水源。防涝，避免在流行地区和流行季节的河沟或池塘中涉水或洗澡。合理施肥或施洒农药，用草木灰或石灰等改变农田水质，以消灭钩体。另外，注射菌苗，可增强人群免疫力。

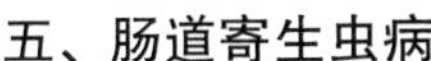

五、肠道寄生虫病

肠道寄生虫病有多种，蛔虫病是最常见的肠道寄生虫病。传染源是蛔虫病患者和感染者。大量的虫卵随患者粪便排出，污染蔬菜及泥土，在适宜的温湿度下，约经2周，发育为成熟虫卵。虽然蛔虫病多见于儿童，但由于卫生习惯不良，在青少年中亦常有见到，其可导致胆道蛔虫、蛔虫性肠梗阻、肠穿孔及腹膜炎等严重的并发症。

蛔虫主要寄生在小肠。当人们进食了被蛔虫卵污染的青菜、水果和其他食物后，成熟虫卵经口到胃，大部分被胃酸杀死，少数虫卵到达小肠孵化出幼虫，约2小时多数幼虫进入肠壁，经小血管沿门静脉进入肝脏，4～5日后大部分移往肺部，幼虫在肺内脱皮2～3次，穿破微血管进入肺泡，再经气管达咽部，随吞咽动作咽下后进入小肠，发育为成虫。蛔虫发育周期约75天，在人体内存活约1年。

（一）临床表现

人感染蛔虫后，多数不产生症状，称蛔虫感染。少数人在短期内吞食大量的感染性虫卵时，约一周后出现咳嗽、哮喘、气急、发热、血丝痰等症状。肺部可听到罗音及局部突变体征。有时可发生过敏性荨麻疹。

成虫在小肠内引起的症状：轻重不等，可出现反复发作的脐周痛及上腹部痛。有时可出现食欲不振、恶心、呕吐、腹泻及便秘。严重感染者可引起营养不良、发育障碍。有的可出现精神不安、烦躁、磨牙、瘙痒、惊厥等。

肠内蛔虫一般处于安静状态，但受到各种刺激（如高热、消化不良、驱虫不当等）后易使蛔虫骚动及钻孔，可引起严重的并发症，常见的有以下几种：

1. 胆道蛔虫症：系蛔虫钻入胆道而引起，表现为剑突下突然发生阵发性绞痛或钻顶痛，可放射至背部及右肩部，难以忍受，极度不安。常伴有恶心及呕吐。腹壁软，仅疼痛发作时腹壁轻度痉挛，剑突下明显的局限性压痛。当进入胆道的蛔虫退到小肠后，则症状突然消失。若蛔虫进入胆囊管或肝内胆管时，可继发细菌感染而引起急性化脓性胆囊炎、胆管炎或急性出血坏死型胰腺炎；深入肝内胆小管时可产生细菌性肝脓肿。当蛔虫残体或蛔虫卵长期存留胆管或胆囊时，可以其为核心，逐渐形成胆石。

2. 蛔虫性肠梗阻：多见于小儿。由于虫数较多，扭结成团阻塞肠腔，引起部分肠梗阻。病人有阵发性腹痛、恶心、呕吐、腹壁软，可扪及大小不等粗麻绳样索状块物。如不及时治疗，可发展为完全性肠梗阻。

3. 其他：伤寒或少数胃、十二指肠溃疡病患者感染蛔虫后，蛔虫可穿破病变处引起穿孔，产生弥漫性腹膜炎。蛔虫向上逆行时可由鼻孔、口腔排出，或钻入耳咽管而引起耳鼓膜穿孔，并由外耳道排虫。偶尔蛔虫可到达喉或气管，引起窒息。

治疗不及时可出现严重的并发症：如胆道蛔虫、蛔虫性肠梗阻、肠穿孔及腹膜炎等。

（二）检查

粪便直接涂片检查。

（三）治疗

可进行驱虫治疗，服用驱虫药物。

1. 苯咪唑类化合物：为广谱驱虫剂，可杀死蛔虫、钩虫等。其杀虫机理为药物对虫体有选择性、不可逆性地抑制其摄取葡萄糖的作用，使虫体内源性糖原耗竭，致使虫体无法生存与生殖，最终死亡。常用的药物有：

（1）甲苯咪唑（Mebendazole）：该药驱蛔效果较佳，副作用少见，大量感染用此药驱虫时，可有腹痛、腹泻，但较轻微。

（2）丙硫咪唑（Albendazole）：商品名肠虫清，为新的广谱驱虫剂。剂量为400mg，一次吞服。疗效达90%以上。但在大规模治疗中，偶有发生口吐蛔虫的反应。

（3）左旋咪唑：用量为150mg，一次服用，本药驱蛔作用不及甲苯咪唑，但较哌嗪为优，副作用轻微，偶有恶心、呕吐、食欲减退等，少数病人服药后出现肝功能轻度损害。早期妊娠、肝、肾疾患应慎用。

2. 驱蛔灵（枸橼酸哌嗪）：成人每次3～4g，睡前顿服，连服2天，便秘者加服泻剂。副作用轻，偶有眩晕、呕吐、头痛等。此药已渐少用。

3. 其他：有报道氧气驱虫及针灸驱虫，有时有意料不到的效果。

（四）并发症治疗

1. 胆道蛔虫病。

（1）阿托品、氯丙嗪或杜冷丁解痉镇痛；

（2）腹痛缓解后再进行驱虫治疗；

（3）及时采用青霉素、链霉素等抗生素控制胆道感染。

2. 蛔虫性肠梗阻。不完全性肠梗阻者先用内科治疗包括镇静、解痉、止痛及胃肠减压，待腹痛缓解后再进行驱虫。服用豆油或花生油80～150ml（儿童60ml）可使蛔虫团松解，缓解症状，症状消失后1～2天再驱虫。氧气疗法也可使蛔虫松解，出现完全性梗阻时，应手术治疗。

（五）预防

1. 树立良好的个人卫生习惯，饭前便后流水肥皂洗手，不饮生水、不生吃未洗净的瓜果。

2. 加强粪便及水源管理。随着天花、脊髓灰质炎等传染病的消灭和控制，近些年来，一些新的传染病如传染性非典型肺炎、人感染高致病性禽流感、甲型H7N9流感、埃博拉出血热的出现，不得不引起对其宣传和教育。本章就传染病概况、基本特征、流行过程和主要传染病的防治措施进行了阐述，让学生们重点掌握肠道传染病、呼吸

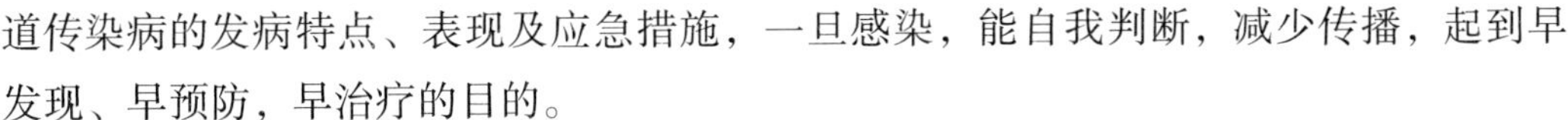
道传染病的发病特点、表现及应急措施，一旦感染，能自我判断，减少传播，起到早发现、早预防，早治疗的目的。

案例分析

患者男性，32 岁，机关职员，现住广州，9 月 13 日下午到某综合医院就诊，自述昨晚与朋友 5 人到市内某餐厅聚餐，吃过凉拌菜、卤水拼盘、鸡、草鱼、海虾、螃蟹、青菜炒猪肉等，次晨开始出现腹泻后呕吐，泻吐量大，到就诊时已腹泻水样便 10 余次，期间无腹痛、无发热，曾出现过小腿痉挛。患者发病前一周内未离开过本市，无饮生水史，既往健康，就诊时查体：精神差、皮肤稍干皱，血压 70/45mmHg。

(1) 此时你初步诊断应考虑为哪几种疾病?

(2) 此时你应重点开展哪几项工作?

(3) 属地疾控中心接到疫情报告后立即组织专业人员赶赴医院，对病人开展流行病学个案调查，了解到与患者聚餐的 5 人中有 2 人也出现轻微腹泻症状，此时应重点开展哪些工作?

(4) 经实验室检测，上述 3 名腹泻者的便培养结果为霍乱弧菌阳性，此时是否可以确诊为霍乱病人?

(5) 疾控中心血清学分型鉴定结果为 O139 群霍乱弧菌，此时应采取哪些控制措施?

参考答案

1. 急性胃肠炎、疑似霍乱、感染性腹泻，高度怀疑“疑似霍乱”。

2. ①立即向属地疾控中心报告疫情；②将患者单间隔离治疗，做好病房、病区及患者所用物品等的随时消毒；③查血常规和血液生化检验；④查便常规和尿常规；⑤采集患者呕吐物及便样进行肠道致病菌、重点是霍乱弧菌的培养。

3. ①采集患者呕吐物和便样以及另外出现腹泻症状的 2 人的便样进行肠道致病菌、重点是霍乱弧菌的培养；②密切关注与患者密切接触人员的健康状况，一旦出现泻吐症状应立即就医。

4. 未做血清分型鉴定，故不能确诊，仍为疑似霍乱，因霍乱弧菌有多种血清型，只有 O1 群和 O139 群才是霍乱的病原体。

5. ①立即向属地卫生行政部门及上级疾控中心报告；②患者严格隔离治疗，加强病房、病区及患者所用物品等的随时消毒；③对患者同住家人、共同聚餐者及其他密切接触者进行为期 5 天的医学观察及预防服药，并采集便样进行霍乱弧菌的细菌培养；④对病家进行消毒处理；⑤对聚餐的餐厅及其厨师、员工等进行监管。

第十四章

性卫生、性心身障碍与性疾病

人的成长过程或状态不仅包括发育期间身体上的变化，而且涉及感情上、心理上和社会经验上的差异。为了顺利渡过这一时期，学习生殖保健及性心理等生殖健康的知识十分必要。

第一节　性卫生

引　例

青春期是以生殖器官发育成熟、第二性征发育为标志的初次有繁殖能力的时期，在人类及高等灵长类以雌性第一次月经出现为标志。青春期是指由儿童逐渐发育成为成年人的过渡时期。青春期是人体迅速生长发育的关键时期，也是继婴儿期后，人生第二个生长发育的高峰。这个时期是男子成长发育的最佳时期。无论在形态上，还是生理上，都有较大的改变。除身高、体重猛增外，主要是第二性征发育，如声音变粗，胡须和腋毛开始长出，生殖器官也逐渐向成熟的方面发展，长出阴毛，睾丸和阴茎增大，性腺发育成熟，并开始有遗精现象。性格上也变得成熟、老练、稳重和自信起来，不再像小孩那样幼稚和无知了。

青春期的到来，标志着男子发育至成年时期的开始，将是一个成熟的、具有繁殖后代延续种族生命的个体。这是男性一生中最重要的时期，它与社会、家庭教育、个人的生活成长及精神心理状态有极为密切的关系。男子到了青春期，由于性发育成熟，在雄性激素作用下，会有性要求，对女方产生爱慕之情，这完全是青春发育过程中伴随着生理发育所产生的一种心理变化，属正常现象。但处理不好，缺乏应有的性知识，不讲究性道德，就容易犯错误。所以有人又把这一时期称为“青春危险期”。

一、男性性发育

男性生长期发育最早的信号表现为睾丸增大，阴茎和阴囊出现变化，这些变化发生在 12 岁前后。按照生长期发育的顺序，男性生长突增出现得较迟，要到其生殖器和睾丸发育已经较完善才开始。许多男性，特别是发育较晚的男性，为生长突增迟迟不来而深感苦恼，他们总以为发育一开始生长突增也就开始了，其实并非如此。

成年男子要比女子长得高，这是因为男性发育期生长突增开始较晚的缘故。生长突增开始的年龄，女性约为 9～11 岁，男性通常晚 2 年，约为 11～13 岁。由于男性青春期发育开始年龄比女性晚，骨骼停止生长的时间也相应晚，加之突增幅度大，故到成年时男性的平均身高一般比女性高 10 厘米左右。

男性发育中出现外部征兆（长胡须和变音）的时间比生殖器的发育晚。女性乳房发育、男性生殖器发育以及男女体毛（第二性征）的出现与发育期并不是同义的。发育期被定义为获得生殖能力的时期，女性通常在初潮后 1～2 年才有生殖能力。此外，男性的睾丸一开始增大就产生精子，但这种精子未必有可育性。当一个男性在发育期的夜间出现遗精并产生具有活力的精子时，毫无疑问，可以说他具有生殖能力了。

（一）男性外生殖器自检

取直立位，斜靠着靠背以及坐位时进行生殖器自检。最好在洗了热水澡以后进行，因为热可以使阴囊皮肤松弛，睾丸下降。这种放松以及睾丸的易触摸状态可以更容易地发现不正常情况。

1. 首先，注意一下提睾肌收缩和松弛的周期，体会进行提睾反射。然后检查一侧睾丸。将双手的拇指分别放在两侧睾丸上方，将食指和中指放在下方。然后对睾丸实施很小量的压力，并让睾丸在指间滚动。睾丸表面光滑，硬度方面很结实。男性睾丸在外形与质地上有个体差异，因此了解自己的解剖很重要。两侧睾丸可以直接进行比较，这有助于发现异常（尽管两个睾丸在大小上通常有轻度的差异）。有些肿胀或触摸时感到疼痛的区域可能提示有感染。附睾位于每个睾丸的后方，有时会被感染，造成在不规则的区域触摸时有压痛。此外，用指尖触摸睾丸，如果发现有硬或不规则的肿块，这个肿块可能不会大于一颗小豌豆，可能触摸时不会感到疼痛，但可能提示早期的睾丸癌。这种癌症尽管相对少见，却可能进展非常迅速。早期发现和治疗对于成功康复非常关键。

检查生殖器的时候也要注意阴茎有无异常变化。阴茎表面任何地方有溃疡或不正常的肿块都可能是感染、性传播疾病或很少见的阴茎癌的症状。尽管阴茎癌是所有癌症中最少见的，它却是创伤性最大的癌症之一，如果没有早期诊断和治疗，就会很快导致死亡。阴茎癌通常开始是在阴茎头上出现一个小的、无痛性溃疡，或者在未进行包皮环切术的男性包皮上出现类似的病变。溃疡可能会数周、数月甚至数年保持不变，直至它变为菜花状的肿块，这是慢性过程，在首次发现溃疡之后应立即就医，此时有治愈的希望。

2. 包茎。随着年龄长大，直到青春期，男性包皮口狭小或包皮与阴茎头粘连。使包皮不能上翻，不能露出尿道口和阴茎头者，叫作包茎。

严重包茎包皮口极度狭小，排尿时包皮鼓起如球形甚至可造成排尿困难。包皮内积垢或形成结节，容易引起包皮阴茎头炎；长期炎症刺激可能诱发阴茎癌。炎症反复发作会引起包皮与阴茎头粘连或尿道口狭窄，形成尿路梗阻。

由于包皮口狭小，包皮被勉强上翻，露出阴茎头，但包皮口紧勒在阴茎冠状沟处，造成包皮和阴茎头的血液和淋巴回流障碍，称为嵌顿包茎，若不能及时复位，局部可发生水肿，使包皮的狭窄环越来越紧，可形成溃疡和组织坏死。

包茎应尽早手术治疗，宜童年时期进行包皮环切术。并发炎症时，应先消炎后手术。

3. 包皮过长。男性包皮遮盖全部阴茎头和尿道口，但可上翻露出阴茎头，称为包皮过长。包皮过长只要保持局部清洁，经常洗涤不存积垢，对健康并没有什么影响，不需治疗，如果不注意局部卫生，易引起包皮阴茎头炎，可使包皮与阴茎头粘连，成为继发性包茎。包皮过长并且经常发炎时，应到医院进行包皮环状切除术。

（二）男性生殖保健

在多数人的观念中，男性生殖健康仅仅是成人话题。这一观念需要转变，男性生殖保健应该贯穿男性一生的四个阶段。

小儿生殖健康对于许多人还是个观念“盲区”，小儿包茎是最常见的问题，3 岁以后开始显现。其他的小儿生殖器官疾病还有隐睾、隐匿阴茎和尿道下裂等疾病。小儿生殖器官发育情况，要及早发现及时治疗，并注意小儿的生理卫生。

青春期性健康教育开始走进学生课堂。性器官逐渐成熟与性知识缺乏、性心理尚不成熟同步出现。如果缺乏正确教育和引导，当体征变化、异性吸引、遗精、手淫等现象出现后，有的青少年会产生很大的心理压力，甚至影响学业和身心健康。应以适当的方式进行正确引导，提供帮助。

性生活及性心理、不育症及生殖系统健康是困扰成年男性的主要问题，尤其勃起功能障碍对男性性生活质量影响很大。ED 勃起功能障碍受生理、社会、心理等多种因素影响，治疗也应分清具体情况。值得注意的是，ED 是许多内科疾病的先兆症状，中华医学会男科学会建议在进行 ED 诊治前先进行内科检查。此外，前列腺炎也是中青年男性的常见病，并且类型复杂，应根据具体症状及时诊治。男性健康不能只靠医药保健品，体育锻炼、饮食营养和良好的生活习惯才是改善健康状况的根本之道。

青春期阴茎易于勃起正常吗？

不少少男的阴茎异常敏感，只要稍稍听到、看到甚至想到与性有关的事情或骑自行车时，阴茎就会频繁地勃起，令他们十分尴尬。为此，他们有的自责，以为自己品行不端，还有的少男求助于医生，希望能给予良药治疗这种“顽疾”。

其实少男的这种受到有关刺激后阴茎勃起的现象是正常的生理现象。阅读描写性爱场面的文章、观看色情影片会使性中枢神经处于兴奋状态，稍遇刺激就容易勃起；过紧的内裤和过重的被子、包茎造成的包皮垢的沉积和包皮龟头炎等炎症以及疾病对尿道、精阜等处的神经末梢的刺激都容易诱发勃起。只要外来刺激消除，阴茎便会迅速恢复到平常的疲软状态。所以，青春期阴茎易于勃起不需要治疗，它是青春期性发育成熟的一种标志，也是性激素分泌正常的一种体现，青少年对于这种情况应该泰然处之，无需多虑，但也不要沉湎于有关性的读物或视听材料中，这样阴茎勃起会相对减少，有益于学业和身体健康。

二、女性性发育

大约一半的男性和女性在满 12 岁之前就已经出现发育期开始的信号。女性最早出现的发育信号通常是乳房发育。乳房的发育标志着发育期生长突增的开始。一般情况下与此同时开始出现阴毛，但有时阴毛生长先于乳房的发育。如果两者发育的时间间隔相差超过 1 年（不管哪个先发育），就有可能是出现疾病的预兆。

在乳房开始发育后的 18 个月中，乳房、阴毛和生长速度均日益增长，但是月经初潮（月经开始）要到生长突增高峰过后乳房和阴毛发育完善时才出现。第一次初潮后，有些女性月经不规则现象会持续 2～5 年。这是因为这时期的月经不是有规则地与排卵相联系，这种现象直到排卵呈有规则的循环时（平均一般要 2 年，有时长达 5 年），月经才能有规则地出现。因此，在初潮后的几年中，月经周期不规则是正常现象，但倘若这种现象持续 5 年以上，则应请教医生。女性完成发育期所有发育的年龄是各不相同的，其中 50% 的女性在 3 年之内可完成发育，3% 的女性只用 18 个月，而 47% 的女性要满 5 年时间才能完成发育期所有阶段的发育。

（一）月经的形成

子宫内膜随卵巢的周期性变化而发生改变，一般分为四期：

1. 增生期。经期后，在雌激素作用下，子宫内膜基底层细胞开始增生，先是修复剥脱处创面，随后因继续增生而变厚，腺体增多、变宽，并渐屈曲。血管也增生，渐呈螺旋状。间质则增生致密。此期相当于卵泡发育成熟阶段，即月经周期的第 5～14 天左右。

2. 分泌期。约为月经周期的 15～23 天，相当于排卵后黄体成熟阶段。黄体分泌的孕激素和雌激素将使增生期内膜继续增厚，腺体进一步扩大、屈曲、出现分泌现象。血管也迅速增长，更加屈曲。间质变疏松并有水肿。此时内膜厚且松软，含有丰富营养物质，有利于受精卵着床发育。

3. 月经前期。相当于黄体退化阶段，约经期的 24～28 天。黄体退化时，孕激素、雌激素水平逐渐下降。激素的这一减退，将使内膜间质水肿消退变致密，血管受挤压而使血流瘀滞。最后出现局部血管的痉挛性收缩，造成内膜缺血、坏死，血管破裂出血。

4. 月经期。为月经周期第1～4天。在内膜功能层（在基底层以上的部分，厚约5～6毫米）形成的散在小血肿，将使坏死的内膜剥脱，随血液排出，称之为月经。内膜的基底层随即开始增生，形成新的内膜。故月经期实际上是一个周期的结束，也是下一周期的开始。

（二）女性生殖器发育异常

1. 先天性处女膜闭锁。这种情况使经血不能外流。青春期以前的女孩对处女膜闭锁毫无感觉，当进入青春期，月经来潮后，由于经血不能外流，有明显腹痛，阴道胀痛，甚至阴道口有紫色粘膜膨出。

2. 先天性阴道横隔。这种患者，一般外阴正常，但是在阴道的某一部分有一层横隔封闭，除了阴道深度不够，月经血亦不能流出。在月经期间，有腹痛，下腹部胀痛等症状。

3. 先天性无阴道。这种患者，外阴部发育正常，唯独没有阴道。一般先天性无阴道的人，大多无子宫，所以无月经，也没有下腹胀痛的症状。但是一般有卵巢，因此，第二性征发育良好，也就是说，女性所有的外表特征和心理，她都具备。

前两种情况，即先天性处女膜闭锁和先天性阴道横隔，一般情况下，只要做一个小手术，切开闭锁的处女膜和阴道横隔，经血就可排出，这类人结婚后不影响性生活和生育。第三种情况，即先天性无阴道，也可以医治，即施行人工阴道形成手术。这种人婚后，人工阴道也能使夫妻获得满意的性生活，但没有月经，不能生育。

卵巢——女人的“宝”

卵巢是女性特有的生殖内分泌器官，是女人的“专利”。卵巢分泌的性激素使女人显示其特有的性征，使女人有正常的月经。卵巢孕育数以百计的成熟卵泡，并使之周期性排出，使女人能生儿育女。卵巢的激素还与全身各器官系统的生理功能息息相关，所以卵巢的兴衰也会影响到女人整体的兴衰。

卵巢性激素的主要生理作用：

（1）雌激素：促进子宫发育和子宫内膜增殖；使宫颈粘液增多，稀薄（蛋清样）；促进输卵管发育及功能活动；促进卵泡发育及排卵；促进乳腺腺管增生；促进骨发育和维持正常骨质等。

（2）孕激素：子宫内膜在孕激素作用下发生转化而有利于受精卵着床并生长发育；促使乳腺腺泡发育及泌乳。

（3）雄激素：促进阴毛、腋毛生长；减缓子宫内膜的增殖；影响骨骼肌肉的生长；与性欲有关。

第二节　性生理与青春期性心理

引　例

青春期的性

你可能会发现，自己进入青春期以后，会经常想一些与性有关的事情，有时甚至感觉自己的思绪完全被性占据。你可能比以前更容易产生性兴奋，即使走在路上、乘车或与别人说话时，整个身体好似突然被性欲点燃……

然而，并非所有的青少年朋友都是这样。有的人根本没有性的感觉，他们可能醉心于体育、音乐、功课或生活中的其他事情。虽然，人们总是强调，在你这个年龄，性冲动极强烈，但是，你可以从自己和朋友的经验中得知，这不一定是真的。在生理上，每个人身体发育的速度不同。在思想上，你可能不太想与性有关的事情。这并不表示你没有性，也不代表你将来没有性能力，只是表示你目前正在把精力和时间用在你认为更重要的事情上。

一、男性生理卫生

（一）遗精

遗精属正常生理现象。有些男性把精液看得很神秘、很珍贵，遇有遗精就惊慌失措，误把生理现象视为病理现象。精液是精子和多种粘液组成的，水分占 90% 以上，其余为蛋白类物质，因此排出几毫升的精液对身体并没有什么危害，一般每月遗精两三次均属正常，青少年频繁遗精主要原因一般有学习生活过度紧张、手淫和与性有关的语言、文字和声像等刺激敏感有关。

防止频繁遗精的主要措施是合理安排学习生活，劳逸适度。临睡前不要大量饮水，不要过度兴奋，也不要看有色情刺激的小说或电视。可做些轻松的体操和散步，争取很快入睡。内裤要宽松些，床铺不要过暖过软，被子不要盖得太厚太重。睡觉姿势最好是侧卧，因为仰卧、俯卧容易刺激外生殖器，在医师指导下使用冷水浴锻炼，可逐步增强体质，对治疗频繁遗精有一定作用。

（二）手淫

手淫是一种性自慰行为，是青春期男女常易发生的、自我获得性快感的性活动。

偶尔也可在儿童或成人中发生。开始时往往是无意中玩弄或内裤太紧造成阴茎部或阴蒂部受刺激，后发觉可带来一定的快感，又加上性器官的发育成熟，出现性的冲动，为了满足性的要求，就情不自禁地经常手淫，日久便成了习惯。如果思想意识在性刺激的挑逗下，不能自我控制，手淫就可能成为一种不能摆脱的不良习惯。据国内外有关研究资料表明，男青少年有手淫行为者占70% ~80%，女性较男性少见。

手淫在一般情况下偶尔发生对健康无害。但经常沉湎于手淫，会有害于健康；部分青少年常因手淫而紧张、焦虑、自责自罪和恐惧，这种心理矛盾很易引起神经过度紧张，其结果会导致局部或全身性功能失调。

引起手淫的原因有：包皮过长、龟头炎、包皮垢积聚、前列腺炎、婚后性生活无度，经常阅读淫秽书刊、听黄色录音、观淫秽录像，以及内裤太紧、被子太重太暖等。

预防和治疗手淫的措施，除针对上述病因外，特别要注意加强自我调控与疏导，积极参加健康的文体活动，学习和掌握科学知识，正确对待异性。建立科学、健康、文明的生活方式。要保持生殖器的清洁卫生，包皮过长者应行环切术，有前列腺炎等应给予根治。对手淫者最好的忠告是不要有罪恶感、羞耻感及恐惧心理。

二、女性生理卫生

（一）经期卫生

月经是女性的正常生理现象，但是，在经期及经期前后，身体会发生一些变化，如大脑的兴奋性降低而导致容易困倦疲劳，抵抗疾病的能力减弱，因而易患伤风感冒或其他疾病。同时，生殖器官的某些防御机能被破坏，如子宫内膜脱落形成创面，阴道内的酸性杀菌粘液被经血冲淡，子宫颈口又微微张开，很容易受病菌入侵。由于这些不利因素，在经期不注重保护，很可能引起全身性疾病、月经病或生殖器官的病症，以致影响健康或生育能力。在月经期间应注意以下几个方面：

1. 月经期要保持外阴清洁，勤用温开水冲洗。

2. 注意保持卫生巾清洁，用一次性消毒卫生巾。

3. 经常保持精神愉快，适当参加文娱活动，可转移由于经期内分泌变化而引起的烦躁、郁闷心情。

4. 忌食生冷，保暖，防止因过度劳累而引起盆腔充血。但是适当的劳动和体育活动可以促进血液循环，使经血保持通畅，并可减轻下腹胀满和腰酸背疼的感觉。经期游泳对大多数女性来讲是不适合的，可引起月经不调及生殖系统感染。

5. 少吃刺激性食物，多吃蔬菜和水果，保持大便通畅。月经期大脑皮层的兴奋性下降容易出现疲劳和嗜睡，情感波折也较大，故最好不喝浓茶、咖啡等。同时要注意有规律的生活和充足的睡眠。

（二）经前期紧张综合征

有些人在月经来潮之前 7 ~10 天就有预感：头痛、头晕、失眠；恶心、呕吐；乳房发胀，一碰就痛；下腹部有坠胀感，眼睑浮肿；易冲动，心情烦躁，有的抑郁，这些症状会越来越重，直到月经来潮才消失，这种症状称为经前期紧张综合征。引起经前不适的原因，现在还不清楚，但多数医生认为和性激素有关。雌性激素多了或者由于黄体素生成过少而显得雌性激素过多，使身体的钠盐排出量减少，体内存钠量大，大量存留水分，结果引起水肿。上面所述的一系列症状都是水肿的后果。水肿发生在脑，就会有头痛及精神上的症状，水肿出现在躯体上时，就会有乳房胀痛，颜面浮肿的征象。

有经前不适的人，来月经之前要少吃盐，避免水肿加重。有头痛一类症状时，可以服止痛片或用针灸治疗。严重的需要医生用激素调整。

（三）白带

阴道在正常情况下是比较湿润的，里面有一种奶白色像蛋清一样的分泌物，这就是“白带”，健康的妇女都有。白带，来源于子宫颈和阴道，使阴道保持一定的湿度，可防止病菌的入侵。

女性在青春期，阴道内寄生大批“阴道杆菌”，这类细菌能使阴道液变成酸性，使外来的病菌不易生存。但阴道杆菌不能在干燥的环境里生长，必须在湿润的环境下它才能生长旺盛。所以阴道内湿润和具有酸性的环境，对健康是有好处的。

子宫颈，分泌相当粘稠的碱性液，平时，这种粘稠液体把子宫颈口糊住，细菌就通不过，而那些不怕酸的病菌即使能通过阴道，到达子宫颈口也不易生存，白带成为有力的“防御线”。

青春期，生殖器官发育，白带生成（这是因为雌激素增多的缘故）。月经前及月经期中，白带会增多。此外，怀孕期间、热天从事体力活动以及性冲动时，这些液体会增加，少数人在排卵期白带中可带有血丝，亦属于正常现象。经常用温开水洗外阴，保持外阴清洁，能减少病菌的入侵和滋长。

三、青春期性心理发育日趋成熟

青春期第二性征和性发育成熟，性意识日趋浓厚。开始对性知识的关注和追求，要求懂得性知识是正常心理的表现。获得科学的性知识，改变对性的无知状态，破除对性的神秘感和好奇心；可促进性心理的健康发展，为生理和心理的进一步成熟打下良好的基础。

（一）青春期的性心理发展阶段

青春期的少男少女相互之间产生好感和爱慕，这是伴随着性机能成熟而逐渐产生的一种正常心理现象，其发展大体经过以下三个阶段：

1. 疏远异性期。青春期刚开始，少男少女内心动荡不安，少男怕人家看到自己长出了阴毛和勃起的阴茎，少女怕自己乳房膨隆起来。男女界线较清，甚至有时还对异性产生反感。在学校组织的一些活动中，男女不在一起，相互不接触。有的男女生稍有接触，就遭其他同学私下议论，因此，异性间有相互躲避的现象，但内心对异性却充满好奇。

2. 接触异性期。步入青春期的年轻人，由于经受到自身内在的性本能的发育，第二性征日趋明朗与完善，性机能也不断成熟，遗精、手淫、射精等性行为的表现，进一步促进了性意识的发展。男女开始出现情感上的吸引，逐渐摆脱心理上的两性隔离状态。他们喜爱看爱情文艺作品，对情爱场面表现出热情，时常出现性幻想。开始喜欢在同龄异性面前表现自己，想与异性接近、交谈。此时的爱慕并不一定针对某一个异性，但已蕴藏着对异性的爱恋之心。

3. 两性初恋期。这个时期是少男少女由青春期向青年人过渡的阶段，进入更加成熟的时期。此期他们对异性的爱慕和追求专一，往往从精神上的寄托来显示爱恋之情，情爱易激发，也易波动，但有教养的青年男女并不以直接的性行为来表达爱情。

（二）正确对待青春期的性心理变化

进入青春期的男女青年互相爱慕吸引，主动接近、依恋，并出现性欲望与性冲动是正常现象。但是现代社会，人已经远远超脱了动物式的单纯的性欲需要和满足，而是更理智的追求心理上、感情上和精神上的需要与满足。

情窦初开的男女青年，要用精神文明来节制冲动，明确认识在校期间必须理智地实行适度的性压抑。这种性压抑对青少年的成长及身心健康发展都是有益的。要把主要精力放在学习、工作和事业上；要增强理智，学会通过恰当的途径来调节自身的情爱和性爱的需要，使之得到升华或替换；要增强性道德观念及道德意志力，这是纯洁爱情的基础。

要加强法制观念，避免陷入性犯罪的深渊，所谓“泛爱”的“性解放”，是一种放纵动物原始本能的社会倒退逆潮，在西方已经造成极为严重的社会后果。对谁都爱实际上是没有爱，淫荡和纵欲，使家庭解体，子女受害；少女未婚先孕，私生子；更严重的是引起各种性病的流行，尤其是艾滋病的蔓延，这将导致难于预料的社会后果。青年人在人生的非理性深渊前，要亮起理智的红灯，不要在春天就去摘取秋天的果实。

（三）青春期异性交往的好处

男女青年随着年龄的增长，对异性的向往必然导致异性间交往的增加，这就存在着一个如何对异性交往进行指导的问题。在异性交往中，一方面要防止对性的放纵态度以及出言不逊，甚至挑逗的言行；另一方面，也要破除“男女授受不亲”的封建陈腐观念。由于封建观念的不良影响，使有些人对青少年男女的交往特别敏感，认为男女之间只能有爱情，不能有友谊。其实异性交往至少有以下几点好处，应予提倡：

1. 有利于智力上取长补短。因为思维方面女性擅长于具体形象思维，而男性擅长于抽象逻辑思维，通过交往，有助于男女双方的思维互补，从而提高各自的智力水平。

2. 有利于情感的交流。女性的情感比较细腻温和，富有同情心，而男性的情感粗犷热烈，且易外露，通过交往，有助于男女双方情感互补。

3. 有利于个性的发展。由于异性间的个性差异远大于同性间的个性差异，因此，男女之间的交往能使性格更加开朗，情感体验更丰富，意志更坚强。

4. 有利于活动中相互激励。“异性效应”是一种普遍存在的心理现象，因为当有异性参加活动时，异性间心理接近的需要得到了满足，从而使人获得愉悦感，并激发起潜在的积极性和创造力。

5. 有利于增进性心理健康。男女交往，可满足青少年的心理需求，达到性心理平衡；若缺乏异性交往，易发生性心理扭曲，导致性变态或性功能障碍。

6. 有利于妥善处理婚恋问题。只有具备了在正常氛围中异性交往的经验，才能掌握友谊与爱情的区别，从而更稳妥地把握自己的情感，更认真地择偶，恋爱、婚姻的成功率也会更高。

但在异性交往时也应注意交往尺度，如过分拘谨、随便、冷淡、亲昵、卖弄、严肃或违反习俗都易造成不良后果。

四、正确对待性好奇

我国青少年的性教育曾经是个禁区，改革开放之后好不容易打开这扇门，却把门缝留得小小的，而且冠以“青春期教育”，还是羞羞答答、扭扭捏捏地回避实质性问题。这样越发使青少年觉得性是神秘的、见不得人的事，结果越是遮遮掩掩，他们就越要弄明白对他们保密的那部分内容。

如果不从正确的途径获得性知识，他们只能从不正规的途径获得以讹传讹的错误信息。因此学校或家长应该大大方方地把科学的性知识告诉他们，彻底消除这种神秘感。性教育并不单纯是性知识的教育，它还包括许多内容。性教育实际上是爱的教育，它将教会青少年什么是爱，如何去爱，如何做人，如何处理人际关系，如何保护自己，如何爱护尊重他人，它使性道德教育寓于性知识教育之中，也只有掌握科学的性知识，才能更好地用性道德准则约束自己。

随着性生理成熟的到来，青少年的性意识开始觉醒和萌发，惊喜、紧张、惊慌失措，其主要表现可以分为几个方面：

（一）对性知识发生浓厚兴趣

社会的封闭激起他们的逆反心理，课本里不讲，自然有大量低级趣味的、甚至手抄本之类的东西找上门，投其所好。而科学知识像预防针，可以增强他们的免疫力和抵抗力。

（二）喜欢接近异性

歌德说：“哪个少年不善钟情，哪个少女不善怀春。”在性激素作用下青少年产生这种向往或爱慕异性的心理是合情合理的，是他们性心理发育的体现。可惜由于他们的性心理远远不如性生理那么成熟，因此出现二者相差甚远的状况。这就造成他们不能妥善处理这一阶段的心理变化，有人说他们容易早恋，实际上他们这时的心理状况并非恋，而仅局限在一般的向往和爱慕，根本与恋爱无关。

由于这时有了与异性接触的冲动，而且具有十分不稳定的特点，忽而热血沸腾，恨不得一下投入对方的怀抱，忽而发脾气，发誓再也不见对方了。因此这时容易出现过分的冲动，不能控制自己的情感和行为。由于他们不善于驾驭感情，不能用伦理道德约束自己，冲动使他们戴上有色眼镜，不能冷静地分析人和事，往往一失足成千古恨。所以这时决不宜进入卿卿我我的二人世界，只能保持与异性的广泛交往和正常的友谊。

（三）具有性欲望和性冲动

这是由性成熟后性激素水平迅速升高而形成的。然而，人是有思想的，所以人的本能冲动可以受大脑的理性控制，不让它像洪水一样四处泛滥。只要青少年的生理发育正常，到了这一年龄后会产生性欲望，即对性感兴趣，这包括爱看言情小说，做有性内容的梦，出现性的幻想和憧憬，性欲强烈时还会发生手淫的自慰现象。其实这是每个人都必然经历的发育阶段，因此要承认青少年这时出现的性冲动是合理的，只不过要引导他们正确对待和处理这些问题。既不能把性欲望和性冲动看作是思想不健康或低级下流的事，从而自责或产生内疚感；也不能让欲望控制自己，突破性道德和性文明的约束，模仿西方的性自由和性解放，从而出现性病感染、未婚先孕等不文明的恶果，使自己的身心受到严重伤害。

因此，在接受科学性教育的同时，应注意自觉抵制性挑逗、低级庸俗和不健康的读物，克服这方面的好奇心，因为好奇有时像吸毒一样，开始谁也没打算一辈子吸毒或吸得倾家荡产，只不过出于好奇，谁知抽上一口就再也摆脱不了。对黄色书刊和录像也是一样，有了第一次，自然就有第二、第三次了。青少年成长过程实际上也是不断培养自己意志力的过程，没有一点儿意志力的人必将一事无成。

与此同时要培养强烈的事业心，青少年正是长知识、长身体的时刻，这二者都是将来干事业的基础，所以把主要精力投入学习和身体锻炼中，提高自己的文化和身体素质至关重要。这样就很难把精力再分散到其他方面去。

知识链接

男孩子遗精会损害身体健康吗？

遗精是指在无性交活动的状态下发生的射精，是正常的生理现象。初次遗精往往是在梦中不经意地排出精液，这表明青春期的男孩已开始产生成熟的精子，是男子性成熟的标志。

初次遗精往往是突然来临的，所以常常会引起青春期少年的心理恐慌。梦遗完全是一种正常的生理现象。它的产生机制与性交相同。只不过它是在梦境的作用下发生的，多是由于精囊和前列腺分泌过剩，其神经末梢受到过量刺激所致。

实际上，每一个没有性生活的青年和男人都会有遗精。因此，不必有任何的担心和难堪。一般青年人每周 1 ~2 次遗精属于正常。只有在遗精过于频繁或在有规律的性生活时仍经常出现遗精，以及仅在性欲刚刚出现时就遗精时才被认为是病理现象。一般来说，遗精不会损害男孩的身体健康。

为避免频繁遗精，青少年应该做到：掌握科学的性知识，生活有规律，不要穿紧身裤；被褥不盖得太重；不抽烟、不饮酒、不食酸辣刺激性食物；注意外生殖器卫生，去除包皮垢；不看淫秽书画等。

第三节　性保护与性安全

引　例

符合道德的性行为——自愿

虽然学校、家庭和社会对青少年的“性”设置了种种禁忌，但是大多数青少年却并不清楚，究竟是什么样的性活动才是道德的。青少年从父母、老师和媒介那儿听到最多的是“不要做什么”。其实，这是非常不够的。我们还需要了解“为什么不能做”以及“可以做什么”，才会懂得设立自己的道德底线。

双方出于自愿选择的性行为，是道德的。而那些违背自己或对方的意愿而发生的性行为（性关系）是不道德的，因为它侵犯了一个人的天赋人权。

有的男孩在冲动状态下与某个女孩子发生了性关系。虽然那个女孩没有明确拒绝，但这并不意味同意。在中国社会里，大多数青春期少女在自己的成长过程中，还没有学会按照自己的意愿面对别人的性要求（无论是拒绝或接受）。在突如其来的情景中，她们常常不知所措。当事情发生后，她们才发现，自己并没有准备为所发生的性行为承担责任，以至于性经验带来的不是情感上的升华，而是痛苦和羞耻。

因此，无论你是男孩或女孩，当面临即将发生性行为的情景时，请切记：自己或对方若没有说 yes，那就是 no！

一、防范性骚扰和性侵害

一般认为，只要是一方通过语言的或形体的有关性内容的侵犯或暗示，从而给另一方造成心理上的反感、压抑和恐慌，都可构成性骚扰。性侵害主要包括：暴力型性侵害、胁迫型性侵害、社交型性侵害、诱惑型性侵害、滋扰型性侵害。性骚扰和性侵害的对象常为女性。因此，女性有必要了解一些性侵害和性骚扰的基本情况，掌握一些基本应对方法。

（一）性侵害的主要形式

1. 暴力型性侵害。指犯罪分子使用暴力和野蛮的手段，如携带凶器威胁、劫持女性或以暴力威胁加之言语恐吓，从而对女性实施性侵害等。暴力型性侵害的特点如下：

（1）手段残暴。当犯罪分子进行性侵害时，必然遭受害人的本能抵抗，所以很多犯罪分子往往要施行暴力且手段野蛮和凶残，以此来达到自己的犯罪目的。

（2）行为无耻。为达到侵害女性的目的，犯罪分子往往会厚颜无耻地不择手段，比野兽还疯狂地任意摧残凌辱受害人。

（3）群体性。犯罪分子常采用群体性纠缠方式对女性进行性侵害。这是因为人多势众，容易制服受害人的反抗而达到目的；还会使原来单个不敢作案的罪犯变得胆大妄为，这种形式危害极大。

（4）容易诱发其他犯罪。性犯罪的同时又常会诱发其他犯罪，如因争风吃醋，引发聚众斗殴或为了逃避制裁，杀人灭口等恶性事件。

2. 胁迫型性侵害。指利用自己的权势、地位、职务之便，对有求于自己的受害人加以利诱或威胁，从而强迫受害人与其发生非暴力型的性行为。其特点如下：

（1）利用职务之便或乘人之危而迫使受害人就范。

（2）设置圈套，引诱受害人上钩。

（3）利用过错或隐私要挟受害人。

3. 社交型性侵害。指在生活圈子里发生的性侵害。与受害人约会的大多是熟人、同学、同乡，甚至是男朋友。受害人身心受到伤害以后，往往出于各种考虑而不敢加以揭发。

4. 诱惑型性侵害。指利用受害人追求享乐、贪图钱财的心理，诱惑受害人而使其受到的性侵害。

5. 滋扰型性侵害。其主要形式：一是利用靠近女性的机会，有意识地接触女性的胸部，摸捏其躯体和大腿等处，在公共汽车、商店等公共场所有意识地挤碰女性等；二是暴露生殖器等变态式性滋扰；三是向女性寻衅滋事，无理纠缠，用污言秽语进行挑逗或者做出下流举动对女性进行调戏、侮辱。

（二）易遭性骚扰或性侵害的时间和场所

1. 时间。

（1）夏天。夏天是女性容易遭受性侵害的季节。夏天天气炎热，夜生活时间延长，外出机会增多。夏季校园内绿树成荫，罪犯作案后容易藏身或逃脱。同时，由于夏季气温比较高，女性衣着单薄，裸露部分较多，因而对异性的刺激增多。

（2）夜晚。夜晚是女性容易遭受性侵害的时间。因为夜间光线暗，犯罪分子作案时不容易被发现。所以，女性应尽量减少夜间外出。

2. 场所。

（1）公共场所。在教室、礼堂、舞池、溜冰场、游泳池、车站、码头、影院、宿舍、实验室等公共场所人多拥挤时，不法分子常乘机袭击女性。

（2）僻静处所。公园假山，树林深处，夹道小巷，楼顶晒台，没有路灯的街道楼边，尚未交付使用的新建筑物内，下班后的电梯内，无人居住的小屋、陋室、茅棚等僻静之处，若女性单独行走、逗留，很容易遭受到流氓袭击。

因此，女性最好不要单独行走或逗留在上述场所。

（三）积极防范，避免发生性骚扰或性侵害

1. 夏季应尽量缩短在户外的活动时间并尽量不要在人多拥挤的场合逗留；夜间外出时结伴而行。

2. 筑起思想防线，提高识别能力。女性特别应当消除贪小便宜的心理，对一般异性的馈赠和邀请应婉言拒绝，以免因小失大。谨慎待人处事，对于不相识的异性，不要随便说出自己的真实情况，对自己特别热情的异性，不管是否相识都要加倍注意。一旦发现异性对自己不怀好意，甚至动手动脚或有越轨行为，要及时向有关部门报告，以便及时加以制止。

3. 行为端正，态度明朗。如果自己行为端正，坏人便无机可乘。如果自己态度明朗，对方则会打消念头，不再有任何企图。若自己态度暧昧、模棱两可，对方就会增加幻想，继续纠缠。在拒绝对方的要求时，要讲明道理、耐心说服，一般不宜嘲笑挖苦。中止恋爱关系后，若对方仍然是同学、同事，不能结怨或成为仇人，在节制不必要往来的同时仍可保持一般正常往来关系。参加社交活动与男性单独交往时，要理智地有节制地把握好自己，尤其应注意不能过量饮酒。

4. 学会用法律保护自己。对于那些失去理智、纠缠不清的无赖或违法犯罪分子，不要惧怕他们的要挟和讹诈，不要怕他们打击报复。要学会依靠组织和运用法律武器保护自己。不能“私了”，“私了”的结果常会使犯罪分子得寸进尺，没完没了。

5. 学点防身术，提高自我防范的有效性。一般女性的体力均弱于男性，防身时要把握时机、出奇制胜，狠准快地出击其要害部位，即使不能制服对方，也可以制造逃离险境的机会。人体各部位都可用来进行自卫反击，头的前部和后部可用来顶撞，拳头、手指可进行攻击，肘朝背部猛击是最强有力的反抗，用膝盖对脸和腹股沟猛击相当有效果，用脚前掌飞快踢对方胫骨、膝盖和阴部常十分有效。同时，要注意设法在案犯身上留下印记或痕迹，以备追查、辨认案犯时做证据。

二、无保护性行为应急要点

（一）概述

有些时候，人们会在意外的、没有任何保护措施的情况下发生性活动，如何防止在这种情况下的意外妊娠是需要掌握一定的特殊知识的，这就是我们将要介绍的应急避孕措施。

无保护性行为发生后，有的人立即起床，用跳跃、屈膝下蹲、诱发打喷嚏以及用肥皂水冲洗女性生殖道等方法迫使精液从女性生殖道流出，但效果并不理想。精子进入女性生殖道“行进速度”相当快，1～2分钟内即可进入子宫颈管。所以，即使马上在女性生殖道内塞入具有很强杀精作用的避孕栓、片、药膜等，也很难阻止受孕。

多数人提心吊胆地等待下次月经的“宣判”；部分人侥幸未发生妊娠；而有些人则发生计划外妊娠，依靠人工流产来补救。

实际上有一种特殊的避孕方法——紧急避孕法，可供采用，防止意外妊娠。

受孕过程是通过精子与卵子在输卵管相遇、结合，并向子宫腔运行，7～8天后在子宫内膜上着床。紧急避孕方法，就是在同房后，妊娠前服药通过抑制排卵及卵子在输卵管中的运行速度，影响子宫内膜，使其与受精卵发育不同步，不利于着床。还可以拮抗孕激素的作用，使胚胎不能生长发育等，从多方面发挥避孕效果。

（二）无保护性行为的危害

很可能在毫无意识的情况下感染性病。大多数患有淋病的女性只表现出轻微症状，如小便不适或女性生殖道有黄色液体流出，意识不到自己需要治疗，无保护的性行为就会将这些疾病传染给男性。

另外，患有生殖器疱疹的男性在非发病期也不会出现很明显的临床症状，如疼痛等。人乳突瘤病毒（HPV）的感染是目前较为普遍的传染性性病。它通常没有明显症状，但如果得不到及时治疗而传染给女性，可导致宫颈癌的发生。

（三）应急要点

若及时获得紧急避孕帮助，绝大多数妇女可以避免人工流产所带来的身心伤害。具体方法如下：

1. 口服复方18－甲基炔诺酮避孕片（短效片）在性行为后72小时内服用或遵医嘱服用。此药药房有售。

2. 口服单纯孕激素避孕药（左炔诺孕酮片）在性行为后72小时内服用或遵医嘱服用。此药商品名为“毓婷”，药房有售。

3. 口服抗孕激素避孕药（米非司酮片）是当今广泛用于抗早孕的新药，在性行为后72小时内服用或遵医嘱服用。此药商品名为“息隐”，目前仅在医疗机构有供应，需处方购买。

如果在服用以上药物后 2 小时内发生呕吐，均应重新服用一次同等剂量的药物。

4. 放置宫内节育器，性行为后按医生要求放置，并可作为今后的常规避孕措施长期使用。

紧急避孕方法对服药时间要求严格。必须在无避孕措施的同房后或短效避孕措施失败后的 72 小时之内服药，超过 72 小时则达不到满意的避孕效果。如果发生了避孕失败的紧急情况，应抓紧时间就医服药。人工流产虽然可以终止早孕，但毕竟对女性的身心有很多伤害，容易发生并发症，影响女性健康。

需注意：紧急避孕药物只能对这一次性行为起保护作用，因此如再发生性行为，仍必须采取有效的避孕措施。而且，紧急避孕药物毕竟不如常规避孕方法，多次服用还会扰乱月经周期。因此，不可用它来代替常规避孕。

（四）未婚女性可选择的避孕方法

未婚女性自我保护意识差，对生殖健康知识缺乏了解，甚至根本没有认识，因此，未婚女性的性行为具有不稳定性、盲目性和多向性的特点。有生殖系统炎症及性传播疾病的女性患者中，未婚女性约占 40%。未婚女性的避孕问题和性健康问题，已引起临床医生的高度重视。因为未婚者的避孕应根据自己的实际情况，选择不同的避孕方法：

1. 性伴侣较稳定，性活动较频繁的女性，相对来说日常生活较规律，情绪较稳定，月经周期如果有规律，就可以选用安全期加屏障避孕法避孕。即在非安全期宜采用避孕套，在安全期采用避孕药膜等避孕。

2. 如果是与固定的男朋友同居，发生性传播疾病危险性低，有人认为可以选择高效而稳定的宫内节育器。如果使用，应加强随访，定期 B 超查环，减少失败。

3. 性伴侣不稳定的女性，由于容易感染性病、艾滋病等，从性安全、性卫生角度考虑，应选用避孕套避孕。避孕套使用方便、效果好、副作用小，且易得易用（药店和安全套售套机取套方便），对避孕和预防性病有双重效果。

多次人工流产可致盆腔炎、继发性不孕等疾患，严重影响妇女的生殖健康。所以未婚女性，在无保护的性行为后应采用紧急避孕方法。紧急避孕的特点是：①只限于应急使用，而不作为常规方法使用。②只在非保护的性行为后使用。③紧急避孕是预防意外妊娠、流产，是避孕失败后的措施。

未婚女性的避孕是一个现实问题。未婚女性要根据自己的实际情况咨询医师，进行避孕知情选择。不要讳疾忌医，不要由于羞涩而找个体游医。

三、婚前性行为的心理基础

婚前性行为和未婚先孕的女性，在现实生活中为数不少。据妇产科医院婚前检查的统计资料来看，发生婚前性行为的现象，已到了令人吃惊的地步；有不少女性因未婚先孕，严重地影响了她们的身心健康。为什么未婚前先有性行为，未婚先孕的现象成为一个客观存在的现实问题呢？

有人对未婚先孕而做人工流产的少女进行了一次调查后发现，发生婚前性行为的，主要有以下几种心理：

1. 热恋心理。两人由初恋进入热恋，感情如胶似漆，有“一日不见如隔三秋”之感。恋爱达到白热化程度，一旦海誓山盟，性行为也随之而来。这类少女做“人流”虽有羞涩之感，但并不感到空虚和沮丧，甚至还认为这是自己对男友的一种无私的奉献。

2. 迎合心理。这些少女认为男友各方面条件都比自己好，当男友提出性要求时，因怕失去对方，便默然应允，迎合对方。

3. 占有心理。这类女性认为男友不错，同时别的少女与她又有一定的竞争性，为了不使自己在竞争中失利，便发生性行为，造成既成事实，达到占有目的。

4. 掩饰心理。她们常常是在迫不得已的情况下与男友发生性行为的。当男友提出性要求时，从她们内心来讲并不想这样做，但又抵挡不住而就之。

5. 侥幸心理。首次发生性行为后，大多产生怕怀孕的紧张恐惧心理。但时间一长，发现没事，便产生了侥幸心理。结果怀孕了。

6. 屈从心理。这些女性常有求于男性帮助解决困难时被男方要挟、控制，尽管她们内心并不愿意，但还是忍气吞声地发生了性行为。

7. 好奇心理。进入青春发育期的女性，随着体内性激素水平的增高，在身体发生一系列变化的同时，对性也产生了好奇心理。这些女性是抱着好奇的尝试心理而发生性行为的。

8. 逆反心理。这些女性的婚姻常常因受到家庭、亲友、组织的阻挠，不准她与心上人交往，于是，产生逆反心理，发生性行为。

9. 无所谓心理。这些女性受到西方“性解放”的影响，对婚前性行为抱着无所谓的态度，于是，一发不可收拾。

10. 性觉醒提前。青春期的女性产生了朦胧性感，喜欢结交异性。影视剧中性镜头的增多，丰富的青春交际，纷繁的社会熏陶，使她们喜欢幻想的性觉醒超前了，银幕上情人的一个飞吻、画刊上一个多情的姿态、小说中一段入微的性描写、公园里的一个亲昵动作……都会很自然地引起性朦胧期少女的关注和思索，使她们激起结交异性的愿望并隐隐产生性冲动。她们的社会经验不丰富，涉世浅，又不容易控制自己的感情，容易坠入“情网”而不能自拔，甚至“一失足成千古恨”。

为了预防和减少发生婚前性行为和未婚先孕现象，青年要学习适当的性生理、性心理和性道德方面的知识。家长和老师不能简单、粗暴地干涉她们的社会交往，要进行正面教育和正确引导，帮助她们树立正确的性道德观，教导她们不要沉溺于对异性的盲目追求而荒废学习，贻误宝贵的青春。对影视片中、公园里的拥抱、接吻镜头，对小说中的性描写，画刊上性感强烈的照片、画像，要增强免疫力，培养正确的审美意识，帮助她们取精华去糟粕。少女在同异性的接触中要做到自尊、自重、自爱、自强、牢固地筑起心理防线，清除杂念，精力充沛地投入到学习中去。一旦发生婚前性行为和未婚先孕时，要施以正确的教育和帮助方法，不歧视、讽刺、挖苦和责骂，避免增加她们的精神创伤；要尊重她们的人格，从爱护、帮助和同情的角度出发，劝导她们吸取教训。医务人员要树立良好的医德，抱着治病救人和与人为善的态度。只有整个社会都动员起来，才能减少和杜绝婚前性行为和未婚先孕的不正常现象，才能使青少年顺利地度过青春危险期，使他（她）们的心身能健康地发育、成长。

四、性与优生

（一）不孕（育）的原因

1. 女性不孕的原因。习惯性流产；免疫性不孕；卵巢性不孕；宫颈性不孕；子宫性不孕；输卵管性不孕；性传播疾病不孕；外阴、阴道性不孕；内分泌失调性不孕；全身疾病与不孕；子宫内膜异位性不孕；性行为因素等引起的不孕。

2. 男性不育的原因。免疫性不育；性功能异常不育；精子精液异常不育；射精障碍引起的不育；精道异常引起的不育；睾丸异常引起的不育；内分泌异常引起的不育；附属腺异常引起的不育；精索静脉曲张引起的不育；外生殖器异常等引起的不育。

（二）13 个威胁男性生殖健康的杀手

科学家通过对男性精子数量减少原因的研究，发现 13 项男性生殖“杀手”：

1. 快餐食物。快餐食物中含有很多大豆制品。但是大豆中含有一种类似于雌性激素的荷尔蒙，如果这种荷尔蒙的摄取量较大的话，会显现出一些人类雌性激素的效果，从而诱发男性生殖问题。

2. 驾车。连续驾车超过 2 小时就足以损害男性精子质量。驾车时候男性应该开车 1 小时就离开车内活动 10 分钟。

3. 交通污染。空气中的氧化氮和铅一类的污染物质是男性生殖问题的另一杀手。科学家发现每天在高速公路附近工作或生活 6 个小时以上的男性精子质量明显比同年龄其他男性的差。

4. 笔记本电脑。长期有规律的使用笔记本也会损害男性生殖健康，因为笔记本工作时散发的热会抑制精子的产生。因此使用笔记本电脑时，最好不要把它放在膝盖上。

5. 手机。研究认为，手机发出的辐射能够杀死或损伤男性精子的 1/3。虽然这一结论没有获得共识，但是一个不可否认的事实是长期使用手机的男性生殖能力的确比不使用的低。

6. 纸尿裤。德国科学家认为，让不少年轻父母感觉用起来方便、省心的纸尿裤会造成男婴长大后不育。纸尿裤令男婴的生殖器官温度增高而受损。

7. 杀虫剂。研究证实，长期接触杀虫剂对男性生育能力有影响。男性生殖器官是对周围环境中化学有害物质最为敏感的器官之一，杀虫剂弥漫在空气中后，其有害物质首先直接作用于生殖器官，从而导致男性激素分泌失衡，并最终影响整个生殖系统。

8. 吸烟。经常吸烟的男性不育的概率是从不吸烟男性的 3 倍，抽烟对 30 ~ 40 岁之间的男性生殖损害最大。但是，如果戒烟两个月后，男性的精子质量将得到改善。

9. 紧身裤和热水浴。穿紧身内裤或者紧身的皮裤会诱发男性生殖问题。洗澡时水温过高也会损害男性生殖健康。

10. 咖啡。咖啡中含有的咖啡因令精子不活跃，因此科学家建议男性适量喝咖啡。

11. 不爱饮水。不爱饮水也会导致男性生殖问题。虽然科学家还没有完全弄清缺水究竟是如何具体影响男性生殖健康，但是事实显示饮水多的男性生殖能力更强。

12. 暴食。科学家发现，当男性暴食的时候，其精子的质量便会受到损害。因为从大量食物中摄入过多的脂肪等营养物质令精子的温度升高而受损。

13. 喜吃海鲜。因为海洋受到工业污染，所以海鲜中含有过多的对生殖有害的化学物质汞。因此，过多食用海鲜会令血液中的汞含量增高，导致男性不育。

（三）避孕失败后的选择

1. 在口服避孕药期间怀孕——最好不要（长期使用口服避孕药的，在计划怀孕时，以停药 6 个月后再受孕为妥）。

2. 带环受孕——应流产。

3. 使用杀精剂后受孕——最好不要。

4. 避孕套、阴道隔膜、安全期避孕及体外排精等避孕方法——可以要。

（四）优生与出生缺陷

1. 晚婚、晚育。青年人是建设社会主义的生力军，是人的一生中精力最旺盛的时期。如果早婚、早育势必分散精力，影响学习、工作，加重生活负担，也不利于身体的健康成长。另外，根据医学的观察，结婚过早、生育过多，妇科病的发病率明显增高。从生理方面看，人体的生殖器官虽在 20 岁左右已具有生育能力，但整个身体的发育并没有达到完全成熟。然而，35 岁以后生第一胎者，其难产和胎儿畸形的发生率也明显增高，所以过晚结婚也是不适宜的。最佳的结婚生育年龄为 25 ~ 28 岁左右。

2. 遗传与优生。目前多是通过父、母双亲采取医学遗传学或临床医学方面的措施，在一定范围内避免有严重遗传疾病的孩子出生。也就是通过遗传咨询、产前诊断、选择性人工流产等三结合的医疗措施来提高民族素质，实现优生。

优生与优育的关系：优生的重要目的是减少或消灭各类遗传病，以保证后代的健康。而优育是使优良的遗传素质能够得以充分地体现，两者是密不可分的。优育包括从开始受精以后的全部胚胎发育过程，直到分娩后婴幼儿的保育工作。只有优生与优育密切地结合起来，才能使我国人口质量不断提高，使我们的民族更加优秀。

优生与计划生育的关系：从我国实际情况来看，优生与计划生育工作应同时并重一起开展。因为这两项工作是互相促进、互相关联的。要少生，必须优生。同样、要优生，也必须少生。因此普及优生知识，使青年男女、新婚夫妻，都能了解优生常识并能付诸实践，防止近亲结婚，认真做好婚前检查。只有这样，才能提高我们国家的人口质量。

3. 优生措施。

（1）近亲不能结婚。近亲结婚，除了可引起与单基因常染色体隐性遗传病外，还可发生部分多基因遗传病。如脊柱裂、无脑儿、先天性心脏病、精神分裂症等。这些患者家族成员间，如果进行近亲结婚，其子女得病的概率较非近亲结婚的高 3 倍以上。此外，近亲结婚的患者，流产发生率、新生儿及婴幼儿死亡率等均有所增加。

（2）婚前保健、优生检查。对于一些不利于优生和两性生活的因素，务必在婚前发现，并给予处理，以免日后出现麻烦，妨碍家庭幸福。

4. 婚前检查的主要内容。

（1）优生咨询。主要是了解男女双方是否属于近亲。本人、父母、祖父母以及外祖父母等，三代直系亲属的病史（包括遗传病）。了解男女双方三代旁系近亲的遗传病病史（包括精神病史）以及发病情况。

（2）保健检查。对男女当事人、身体重要器官和生殖器官的发育和神经系统功能等情况进行检查。对少数民族地区应特别注意女性 Rh 血型等问题。并根据情况给予优生指导。

5. 出生缺陷及其预防。出生缺陷是严重的公共卫生问题，严重的出生缺陷可导致新生儿和儿童死亡，甚至造成患者的终生残疾。出生缺陷和残疾所造成的严重后果是不可逆的，因此出生缺陷和残疾的关键是预防。有相当一部分出生缺陷和残疾是完全可以预防的。

出生缺陷和残疾干预措施的落实，有可能将现有的出生缺陷和残疾减少半数以上。

妇女孕前应服用叶酸增补剂或强化叶酸食品；要确保妇女孕前接种风疹疫苗；确保妇女孕前检查、治疗生殖器感染和某些严重慢性疾病；禁止近亲结婚；禁止妇女孕期吸烟或饮酒；避免妇女孕期接触农药或有毒有害物质以及进行新生儿遗传代谢病早期筛查等都可以有效地预防出生缺陷和残疾的发生。

目前已知的“两免”政策（免费婚前医学检查和免费孕前优生检测）的主要目标：是使已婚和待孕夫妇自我预防出生缺陷发生的风险意识和能力全面提高，使育龄群众生殖健康和优生科学知识基本得到普及，缺陷预防网络体系和工作机制基本形成，使出生人口素质进一步提高得到了保证。

青春期性行为的危害有哪些?

青春期性行为的危害有哪些？青春期身体各系统器官正处在生长发育阶段，尤其是内外生殖器还没有完全发育成熟，这时如发生性行为，对身体十分有害：

1. 过早发生性行为可造成生殖器管道损伤及感染：由于青春期少女生殖管道发育尚不成熟，外阴及阴道都很娇嫩，阴道短，表面组织薄弱，性交时可造成处女膜的严重撕裂及阴道裂伤而发生大出血，同时还会不同程度地将一些病原微生物或污垢带入阴道，而此期女性自身防御机能较差，很容易造成尿道、外阴部及阴道的感染，如控制不及时还会使感染扩散。

2. 过早发生性行为可因妊娠而带来不良后果：由于女性在月经来潮以后，卵巢开始排卵，性生活时如不采取有效的避孕措施，极有可能发生怀孕，一旦怀孕，必须做人工流产，而人工流产不仅对女性身体不利，还可引起一系列的并发症，如感染、出血、子宫穿孔以及婚后习惯性流产和不孕等。

3. 过早发生性行为可严重影响心理健康：因为青少年的性行为常常是在十分紧张状态下偷偷摸摸进行的，缺乏必要的准备（性知识的学习和思想方面的准备以及避孕措施的准备）。同时在性生活过程中和事后又因怕怀孕、怕暴露而产生恐惧感、负罪感及悔恨情绪，久之可能使人发生心理上的改变，如厌恶异性，厌恶性生活等。

4. 过早发生性行为是某些肿瘤的诱因：过早性生活、性生活紊乱、早婚、早年分娩均是宫颈癌的诱因。资料显示：20 岁以前结婚（发生性行为）的妇女，子宫颈癌的发病率为 1.58%，21 岁以后结婚（发生性行为）的妇女，子宫颈癌的发病率下降到 0.37%，两者相差 4 倍。

5. 过早发生性行为可能会引起自己今后婚姻生活的不愉快：少男少女从相恋到以后的结婚是一个漫长的过程，这期间，不能保证始终相好如初，分手的事也是在所难免的。这以后，再与他人成婚，如不告诉对方，自己心理会产生心理上的谴责感；告诉了对方而得不到对方的谅解，那么，两人的感情将会蒙上一层阴影，婚姻不会美满。即使从青少年时相恋起至成婚，两人相好如初，那么，新婚的甜蜜感也会因此而黯然失色。

6. 过早发生性行为可影响学习和工作：青春期正处在学习、工作和积累知识为自己创造辉煌未来打基础的黄金时代，如果有性生活必然会影响学习和工作的精力，对本人、家庭和社会都不利，所以说青春期应忌性生活，青春期应十分珍惜自己的青春与身体，应把注意力和兴趣投入到学习、工作中去，这对于自身的健康成长、事业成就、生活幸福都有重要意义。

第四节 性病与艾滋病

引 例

性病是一组以性行为为主要传播途径的传染病。近年来，随着医学科学的发展，特别是社会条件以及人们对性行为认识的某些变化，性病的种类明显增多。以往我国医学界性病只包括梅毒、淋病、软下疳及性病性淋巴肉芽肿，称为“经典性病”(VD)。目前该种疾病已达二十余种。

性病在世界范围流行，对人类危害甚大，性自由、同性恋、性犯罪、静脉药瘾者是其传播的根源。淋病可致不育、失明、盆腔炎、菌血症；梅毒可导致残疾、死亡，还可以传给胎儿，影响后代；艾滋病死亡率极高，迄今无特效治疗方法，已引起了各国的关注。目前性病的防治已成为我国的迫切任务。对人们加强道德教育，普及性病防治知识，对被患者所污染的衣物用具等严格消毒，就能够真正做到防患于未然。

一、淋病

淋病是淋菌性尿道炎的简称，致病菌是淋病双球菌，主要引起泌尿生殖系统化脓性炎性疾病，治疗不及时，可经血行播散，引起关节炎、心内膜炎、脑膜炎、菌血症、败血症，甚至造成不育、不孕、失明。轻症或无症状的淋病患者是主要的传染源。男性淋病主要通过性行为传染，女性淋病既可通过性行为直接感染，也可能经污染用具间接传染。

淋病双球菌在干燥环境中 1～2 小时死亡，在 55℃下 5 分钟即死亡，一般消毒剂即可杀灭。

淋病好发年龄：男 20～24 岁，女 15～19 岁。

（一）临床表现

1. 男性淋病。淋病的临床症状常在不洁性行为后 2～5 天发病，也有感染后 1～14 天发病的。最早症状为尿道口红肿、发痒及轻微刺痛，继有稀薄黏液流出，引起排尿不适。24 小时后，症状加剧，尿痛、排尿困难，尿道口流脓。还可伴有发热、头痛、全身不适。急性淋病约 1 周后症状可逐渐减轻，1 个月后症状完全消失。淋病在一定条件下，如治疗不彻底可转为慢性淋病，未经治疗的慢性淋病病人在 5～10 年后可发生尿道狭窄，还可合并前列腺炎、精囊炎、附睾炎等，导致不育。

2. 女性淋病。女性淋病包括尿道淋病及生殖道淋病。最常见的感染部位为宫颈、尿道、尿道旁腺、子宫内膜及输卵管。因女性尿道短，故尿道症状往往不明显，而常以白带增多、下腹痛等生殖道症状为主。因此女性病人在临床治疗时除做尿道分泌物涂片外，还应做宫颈涂片，否则易漏诊。10% ~20% 妇女可伴有盆腔炎，继发不孕或宫外孕等妇科疾病。

上述的临床表现均有助于淋病的诊断，但尿道炎的种类很多，致病菌不同，则治疗方法及预后都不同，为此还需借助实验室诊断区分各种类型的尿道炎。因为非淋球菌（主要是沙眼衣原体及支原体）引起的尿道炎已超过淋球菌引起的尿道炎，居尿道炎首位。

（二）治疗

1. 青霉素皮试无不良反应者以青霉素为主，可合用丙磺舒、壮观霉素或头孢霉素等抗生素。治疗适当并充分的话，症状在短期内可明显改善或消失。

无并发症的淋病可用普鲁卡因青霉素。

2. 如青霉素过敏者，可用四环素、红霉素等抗生素。四环素 0.5g，每日 4 次，连服 7 天。它对衣原体引起的尿道炎也有治疗作用，但不适用于儿童和孕妇。

3. 对青霉素过敏或孕妇感染者可用红霉素 0.5g，每天 4 次，连服 7 天，儿童减量。

4. 耐青霉素菌株患者，应选用有效抗生素。可用壮观霉素（淋必治）及头孢三嗪（菌必治）。

5. 淋病治疗后 1 ~2 周，应再次做细菌培养，如呈阴性，方为治愈。

二、非淋菌性尿道炎

非淋菌性尿道炎即非特异性生殖道感染，它是一种常见的性传播疾病，严重的危及人类健康。非淋菌性尿道炎 40% ~50% 是由沙眼衣原体，20% ~30% 是由支原体引起。与人类有关的支原体有肺炎支原体、人型支原体、生殖道支原体。支原体、衣原体可存在于健康携带者中。

非淋菌性尿道炎通过性接触传染，侵犯泌尿生殖道器官。有尿道炎存在，但尿道分泌物查不到淋球菌。至目前为止，本病在西方国家发病率已超过淋病，居性传播疾病首位。

目前已引进国外衣原体酶标诊断试剂盒，其原理是酶联免疫吸附试验，但女性非特异性生殖道感染的早期症状不明显，所以容易发生严重并发症，如子宫内膜炎、输卵管炎和盆腔炎，进而导致不孕、宫外孕和流产等。研究表明，避孕套是唯一可降低支原体感染传播的避孕方法。阴道隔膜和宫颈帽也有类似的预防作用，而且它们不像阴茎套那么容易破裂，对于男方不愿意使用阴茎套的妇女来说，它们可以为妇女提供一定的保护作用。

（一）临床表现

非淋菌性尿道炎是指临床症状表现为尿道炎，但涂片或培养找不到淋球菌的尿道炎。主要是由沙眼衣原体和其他病原体引起的尿道炎，以及淋病患者治疗后经培养或涂片未发现淋球菌但尿道炎症状不消失的疾病。本病是性传播疾病的一种，可与淋菌性尿道炎同时存在或交叉感染，好发于青年性旺盛时期。

临床表现：潜伏期长，一般为1～3周。尿道刺痒或灼热感，时轻时重，伴有不同程度尿急、尿痛、排尿困难。尿道口分泌物常为浆液性，比淋菌性尿道炎稀薄，量也比淋病时少，自行流出者少见，长时间不排尿或早晨首次排尿前才发现有溢出分泌物，结成痂膜封住尿道口（称为糊口）或污染了内裤。检查尿道口有红肿，但不如淋病时显著。有些病人可无任何症状，或症状不典型，约有50%的患者在初诊时被漏诊。约有19%～45%的淋病患者合并有沙眼衣原体感染，经治疗后仍持续或反复出现尿道炎，可能是淋球菌被杀灭，而衣原体仍存在，即为非淋菌性尿道炎所致。

男性患者约有1/3的病人可无任何自觉症状。只是在例行检查时才被发现。50%病人初诊被忽略或误诊，约有10%～20%的患者同时有淋球菌双重感染。亚急性期常合并前列腺感染，患者常出现会阴部胀痛、腰酸、双股内侧不适感或在做提肛动作时有自会阴向股内侧发散的刺痛感。男性同性恋者，可患直肠炎及咽炎。男性非淋检查时，有的需由后向前按挤前尿道才可能有少许分泌物由尿道口溢出。有时病人有症状无分泌物，也可无症状而有分泌物。有时病人无任何自觉症状。

女性患者多见以子宫颈为中心扩散的生殖系炎症。多数无明显自觉症状，少数重症病人有阴道下坠感，当感染扩及尿道时，尿频、尿急是病人的主要症状。女性非淋检查时发现，宫颈水肿、糜烂，白带增多，所以经常造成外阴或阴道瘙痒。前庭大腺患病的女病人，前庭大腺肿大，局部红肿，也可能形成脓肿，需要切开引流。宫颈炎不经治疗，30%～40%将上行发展成为子宫内膜炎，8%～10%发展成为输卵管炎，盆腔炎等，可导致慢性腹痛、不孕、宫外孕等相应的症状。

新生儿通过产道感染的，生后3～13天可发生眼结膜炎，眼部有粘液脓性分泌物，也可无分泌物。但多不侵犯角膜。生后2～3周可发生肺炎。症状不断加重，呼吸急促为其特点，但不发热。其中半数患儿有眼结膜炎。极少数病人可伴发：尿道炎、关节炎、角膜炎、结合膜炎及皮疹。

凡有尿道炎症状的患者一般都能主动提供病史，配合实验检查，诊断本病并不困难。本病常与淋病同时感染，前者先出现淋病症状，经抗淋治疗后，淋球菌被青霉素杀死，而衣原体、支原体依然存在。因在感染1～3周后发病。临床上很易被误认为淋病未治愈或复发。

（二）治疗

本病如不积极治疗，症状可持续数月之久，并有发生合并症的危险，一旦确诊，查明病原体，应立即进行治疗。

一般选用四环素每次500mg，每日4次，服用1周，然后改为250mg，每日4次，服用2周，或选用其他抗生素。中药对治疗非淋菌性尿道炎有一定优势。若合并淋病，首先治疗淋病。由于非淋菌性尿道炎患者症状不典型，治愈标准除自觉症状消失、无尿道分泌物、尿沉淀物涂片无白细胞外，还有碘染色涂片阴性或经检查病原体消失。

三、生殖器疱疹

生殖器疱疹（genital herpes）主要是由单纯疱疹病毒II（HSVII）引起的性传播病。在西方国家其发病率仅次于淋病和非淋菌性尿道炎，在我国亦为常见性传播病之一。本病发病率高，可通过胎盘及产道感染新生儿，导致流产及新生儿死亡，与宫颈癌的发生也有关，危害较大，又无特效疗法，已受到人们的重视。

生殖器疱疹的症状轻微，可有疱疹、水肿或疼痛。女性好发于阴唇，疱疹常呈簇状成群存在，水疱破溃后疼痛加剧。病程1～2周，可以反复发作。美国每年有60万新病人，每年患病人数可达500万～1000万。对于单纯疱疹病毒Ⅱ来说，无特异的杀病毒药物，无环鸟苷仅可预防或减少症状的复发，并不能真正治愈这种疾病。

生殖器疱疹是由单纯疱疹病毒（HSV）感染所引起。单纯疱疹病毒分为两型即HSV－1和HSV－2。HSV－1通过呼吸道、皮肤和黏膜密切接触传染，主要引起口唇、咽、眼及皮肤感染，少数（约10%）亦可引起生殖器感染。HSV－2则是生殖器疱疹的主要病原体（90%），存在于皮肤和黏膜损害的渗出液、精液、前列腺分泌物、宫颈、阴道分泌物中，主要通过性行为传染，引起原发性生殖器疱疹。原发性生殖器疱疹消退后，残存的病毒经周围神经沿神经轴长期潜存于骶神经节，当机体抵抗力降低或某些激发因素如发热、受凉、感染、月经、胃肠功能紊乱、创伤等作用下，可使体内潜伏的病毒激活而复发。人类是疱疹病毒的唯一宿主，离开人体则病毒不能生存，紫外线、乙醚及一般消毒剂均可使之灭活。

（一）临床表现

感染后平均约4～5日，外阴患部先有灼热感，旋即发生成群丘疹，继之形成水疱。数日后演变为脓疱，破溃后形成糜烂或浅溃疡，自觉疼痛，最后结痂自愈，病程约2～3周。皮损多发于男性的包皮、龟头、冠状沟和阴茎等处，偶见于尿道口；女性则多见于大小阴唇、阴蒂、阴阜、子宫颈等处，亦见于尿道口。原发性生殖器疱疹，往往伴有全身不适，低热、头痛等全身症状，局部淋巴结肿大。本病常复发，复发性生殖器疱疹较原发者轻，损害小，往往无全身症状。男性同性恋可出现肛门直肠HSV－2感染，其发病率仅次于淋球菌所致的肛门直肠炎，临床表现为肛门直肠疼痛、便秘、分泌物增加和里急后重，肛周可有疱疹性溃疡，乙状结肠镜检常见直肠下段黏膜充血、出血和小溃疡。

（二）诊断

根据外阴部成群水疱、局部灼热感、有复发史、病程较短等典型特点，诊断不难。

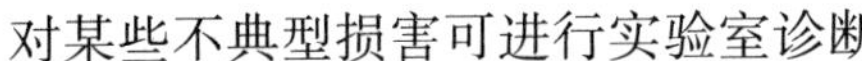
对某些不典型损害可进行实验室诊断。

（三）治疗

1. 原发性生殖器疱疹治疗　可选用无环鸟苷或阿昔洛韦，用药时间一般为 7 ~ 10 天。

2. 复发性生殖器疱疹治疗　亦可选用无环鸟苷或阿昔洛韦等抗病毒药物，剂量有调整，用药时间一般为 5 天。

3. 复发频密的生殖器疱器疹　可采用每日抑制疗法，通常治疗 1 年宜停药观察。

4. 重症患者需住院治疗，可静脉滴注无环鸟苷至临床症状消失。

5. 合并 HIV 感染患者　合并 HIV 感染的生殖器疱疹应用抗病毒药物，在一定剂量范围内剂量越大、疗效越好。

与生殖器疱疹有关的长期危险是宫颈癌的发病率可增加 8 倍，所以感染后的妇女应半年做一次宫颈涂片细胞学检查。

四、阴虱

阴虱很小，多寄生于阴毛处，吸食人血为生。寿命约 30 天，但离开人体仅存活 24 小时。传播途径较多，除性交之外，还可通过被单、毛巾、睡袋等传播。阴部瘙痒是其主要症状。治疗是剃毛，彻底更换衣物并煮沸消毒。

五、软下疳

软下疳是杜克雷嗜血杆菌引起的一种急性有选择地限局性疾病，能自身接种。通常侵犯生殖器部位，表现为疼痛性溃疡，时常合并腹股沟淋巴结化脓性病变。潜伏期 2 ~ 4 天，好发于阴道口下方的舟状窝和尿道口，溃疡境界明显，圆形、椭圆形或不定形。溃疡基底粗糙，上覆脓性分泌物。周围炎症显著，有红晕和肿胀，触之异常疼痛。6 ~ 8 周后可自愈。

早期用药治疗可预防横痃（腹股沟淋巴结脓肿）的发生，磺胺药、四环素、红霉素及氯霉素也均有效。横痃不宜切开，可反复抽取脓液后注药。

六、淋病性淋巴肉芽肿

旧称第四性病，血清型沙眼衣原体所致，主要侵犯腹股沟淋巴结及其周围皮肤，淋巴结中的星状脓肿为特征性表现，磺胺、四环素有特效。

七、滴虫病

阴道滴虫是一种单细胞生物，滴虫病可以在男女之间传染，故属于性传播疾病。如要确诊须对双方同时进行治疗。滴虫病患者的白带明显增多，呈泡沫状，白色或黄色，有恶臭。显微镜下检查阴道分泌物，可发现有四条鞭毛的滴虫。口服灭滴灵效果较好。

八、梅毒

梅毒是一种全身性慢性传染病，梅毒、结核、麻风并列为世界三大慢性传染病。梅毒是古老的性病之一，青霉素是治疗梅毒的有力武器，但它的根治至今仍是一件困难的事。梅毒的特点是3周内无明显症状，3周后生殖器开始出现硬丘疹，随后破溃形成溃疡。溃疡的边缘发硬并隆起，称为“硬下疳”。要注意与软下疳、生殖器疱疹相区别。6周后可由血液检查作出诊断。也有些人不出现症状，但有传染他人及晚期发展为脑梅毒的危险性。定期查血，发现阳性要及时治疗。

（一）病因

梅毒的病原体是梅毒螺旋体，肉眼看不到，在光镜暗视野下，人们仅能看到梅毒螺旋体的折光性，其活动性较强。梅毒螺旋体是厌氧菌，在体内可长期生存繁殖，只要条件适宜，便以横断裂方式一分为二的进行繁殖。在体外不易生存，煮沸、干燥、肥皂水和一般的消毒剂（如升汞、石碳酸、酒精等）很容易将它杀死。

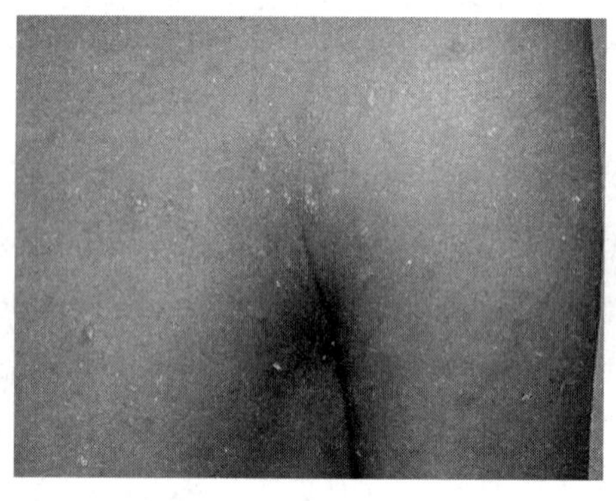

图4－1　二期梅毒：玫瑰疹

（二）临床表现

本病是由梅毒苍白螺旋体引起的传染病。主要通过性行为传染，是性传播疾病。临床分3期：

1. 一期梅毒　即硬下疳，潜伏期2～4周，外生殖器部位发生暗红色硬肿块、浅溃疡，有软骨样硬度，周围淋巴结肿大。

2. 二期梅毒　在一期梅毒1～2个月之后，全身皮肤、粘膜发生对称性泛发玫瑰色皮疹、斑疹、丘疹、脓疱疹等。粘膜可发生粘膜斑、扁平湿疣，传染性强。

3. 三期梅毒　发生在感染后2～3年至10年，皮肤为树胶样肿，还可涉及骨、关节、心血管，表现为主动脉炎、主动脉瓣闭锁不全和主动脉瘤等，侵及神经（脊髓

痨)，全身麻痹（麻痹性痴呆)。

4. 先天梅毒有早期先天梅毒，晚期先天梅毒。主要为实质性角膜炎、神经性耳聋、哈钦森氏齿（上门齿中央切痕，下小上大，宽厚相等)、佩刀形胫骨等。

各期之间可有潜伏梅毒，无症状，仅血清反应阳性。

（三）传染方式

梅毒患者的皮肤、粘膜中含梅毒螺旋体，在与梅毒患者的性接触中，皮肤或粘膜若有细微破损则可染病。极少数可通过输血或其他途径传染。获得性梅毒（后天）早期梅毒病人是传染源，95% 是通过不洁性行为传染，少数通过接吻，握手、输血、接触污染的内衣、湿毛巾、茶杯、烟斗、哺乳、尿布等传染。胎儿梅毒（先天)：孕妇体内梅毒螺旋体，一般在妊娠 3 ~4 月通过胎盘感染婴儿。

（四）治疗

主要以西药为主，中药只是起辅助作用。西药治疗不同阶段、不同类型的梅毒的方法如下：

1. 早期梅毒（一期、二期及早期潜伏）及晚期梅毒（三期皮肤、黏膜、骨骼梅毒、晚期潜伏梅毒及二期复发梅毒）主要采取青霉素疗法。对青霉素过敏者可用盐酸四环素及强力霉素。

2. 心血管梅毒　应住院治疗，如有心衰，首先治疗心衰，待心功能代偿时，从小剂量开始注射青霉素。

3. 神经梅毒　应住院治疗，为避免治疗中产生吉海氏反应，在注射青霉素前一天口服强的松。

4. 妊娠梅毒　首选青霉素，对青霉素过敏者，用红霉素治疗。

5. 胎传梅毒（先天梅毒）首选青霉素，对青霉素过敏者可用红霉素治疗。

梅毒治疗诊断必须明确，治疗越早效果越好，剂量必须足够，疗程必须规则，治疗后要追踪观察。应对传染源及性伴侣或性接触者同时进行检查和梅毒治疗。

（五）孕妇梅毒的治疗

1. 有梅毒病史的已婚妇女在孕前要进行全面梅毒检查。

2. 有过不洁性生活或者曾感染过梅毒的女性怀孕前，应去正规医院做全面梅毒检测，对于那些梅毒治疗完成、梅毒症状不明显的已婚女性也要在确定梅毒完全治愈后，才能怀孕。

3. 梅毒检测的项目包括：梅毒血清筛查试验、梅毒试验，以及 FTAABS 或 TPHA 试验，其中的任何一种结果为阳性都需要选用药物进行驱梅治疗。

4. 健康的孕妇如果在妊娠期内感染梅毒，这时血清检查结果可能是阴性，在妊娠末 3 个月一定要及时给予驱梅治疗。

在艾滋病出现之前，梅毒是危害最大的性病，临床表现极为复杂，可以侵犯身体的各种脏器和组织。早期侵犯皮肤与粘膜，晚期除粘膜与皮肤外，特别容易侵犯心脏与中枢神经系统。目前尚见不到晚期病例，在20世纪60年代末国内尚可见到梅毒性心脏病、树胶样肿等晚期梅毒病例。

九、尖锐湿疣

本病又称尖圭湿疣、生殖器疣或性病疣。是由人类乳头瘤病毒（HPV）感染引起的一种性传播疾病。HPV有多种类型，引起本病的主要类型为HPV1、2、6、11、16、18、31、33及35型等，其中HPV16和18型长期感染可能与女性宫颈癌的发生有关。在我国发病数仅次于淋病，居性病发病率的第二位。以20～40岁为好发年龄。

（一）发病机理

尖锐湿疣的HPV感染通过性接触传播，接触部位的小创伤可促进感染，它可因直接接触或少见的自动接种或经污染的内裤、浴盆、浴巾、便盆感染。病毒感染人体后，可潜伏在基底角朊细胞间，在表皮细胞层复制，HPV侵入细胞核，引起细胞迅速分裂，同时伴随病毒颗粒的繁殖与播散，形成特征性的乳头瘤。治疗后残余的DNA常可导致疾病的复发。

（二）临床表现

本病潜伏期1～12个月，通常为3个月。初起为淡红色丘疹，渐增大、增多，呈乳头状、菜花状或鸡冠状增生物，主要见于生殖器、会阴、肛门。

确诊须经病理检查，要与生殖器癌、女性假性湿疣、二期梅毒扁平湿疣等疾病区别。

（三）诊断

1. 不洁性行为史。

2. 典型皮损为生殖器或肛周等潮湿部位出现丘疹，乳头状、菜花状或鸡冠状肉质赘生物，表面粗糙角化。

3. 醋酸白试验阳性，病理切片可见角化不良及凹空细胞。

4. 核酸杂交可检出HPV－DNA相关序列，PCR检测可见特异性HPV－DNA扩增区带。

5. 患者多有不洁性生活史或配偶感染史，少数通过接触污染的用具感染，新生儿亦可通过产道受感染。潜伏期1～8个月不等，平均为3个月。

（四）治疗

由于目前没有特效的抗病毒药物，尖锐湿疣的治疗必须采用综合治疗，一般只要坚持规则的综合治疗都可治愈。

1. 一般治疗。

（1）治疗诱因：白带过多，包皮过长、淋病。

（2）提高机体免疫力。

2. 药物疗法。

（1）足叶草酯（尤脱欣、疣迪）本疗法适用湿润区域的湿疣，例如发生于包皮过长而未曾作包皮环切除术的龟头及会阴部的湿疣。对宫颈尖锐湿疣不能用足叶草脂治疗。用20%足叶草酯酊剂涂到皮损处或用药前，先有油质抗菌药膏保护皮损周围的正常皮肤或黏膜，然后涂药，用后4～6小时，用30%硼酸水或肥皂水清洗，必要时3天后重复用药，该药是国外用于本病治疗的首选药，一般用一次可愈。但有很多缺点，如对组织破坏性大，使用不当可引起局部溃疡，毒性大，故使用时必须谨慎，发现毒性反应时，应立即停药。

（2）抗病毒药物　可用5%酞丁胺霜剂，或用0.25%疱疹净软膏外涂。无环鸟苷口服或用其软膏外用。α－干扰素注射或干扰素注入疣体基部，每周2次，连用2～3周，主要副作用为流感样综合征。局部用药副作用较少且轻微，有条件的话可选用优力康等药物。

（3）腐蚀剂或消毒剂　常用有三氯醋酸、饱和二氯醋酸，或18%过氧乙酸。也可用10%水杨酸冰醋酸或40%甲醛、2%液化酚、75%乙醇蒸馏水100mL混合溶液，点涂局部，用于龟头、肛周湿疣，每日或隔日一次，效果甚好。消毒剂可用20%碘酊外涂，或2.5%－5%碘酊注射于疣体基部，每次0.1～1.5mL，或用新洁尔灭外涂或以0.1%～0.2%外敷。

（4）抗癌药。包括：①5－氟脲嘧啶（5－Fu）：一般外用5%软膏或霜剂，每日2次，3周为一疗程。②噻替哌：主要用于5－Fu治疗失败的尿道内尖锐湿疣，每日用栓剂（每个含15mg），连用8天，也可将本品60mg加入10～15mL消毒水中，每周向尿道内滴注，保持半小时，副作用有尿道炎。主要用于经其他方法治疗后，尚有残存疣体或复发者。也可将此溶液稀释两倍浸泡局部，以防复发。③秋水仙硷：可用2%～8%的生理盐水溶液外涂，涂两次，间隔72小时，治疗阴茎湿疣，涂后可出现表浅糜烂。

抗疱疹、湿疣药物种类繁多，治疗机理各不相同，使用不当反会加重肝脏负担，因此应选择性应用。在应用抗病毒药的同时，还应注意查明导致肝，肾功能不良的副作用，标本兼治，才能达到保护身体健康、清除体内病毒的目的。

（5）中药　香附、木贼、薏仁水洗，有一定疗效。

3. 免疫疗法。

（1）自体疫苗法　可用于顽固性肛周湿疣。

（2）干扰素诱导剂　可用聚肌胞及梯洛龙。

（3）干扰素、白介Ⅱ，灵杆菌素，利百多联合应用，疗效较佳。

（4）干扰素疗法　局部注射湿疣内，每次注射≤3个，每周3次，3周为1个疗程。因副作用较多仅用于顽固难治者。

4. 其他治疗。

（1）手术疗法　对于单发、面积小的湿疣，可手术切除；对巨大尖锐湿疣，可用Mohs氏手术切除，手术时用冷冻切片检查损害是否切除干净。

（2）冷冻疗法　利用 -196℃低温的液体氮，采用压冻法治疗尖锐湿疣，促进疣组织坏死脱落，本法适用于数量少，面积小的湿疣，可行1～2次治疗，间隔时间为一周。

（3）激光治疗　通常用CO_2激光，采用烧灼法治疗尖锐湿疣，本疗法最适用女阴、阴茎或肛周的湿疣。对单发或少量多发湿疣可行一次性治疗，对多发或面积大的湿疣可行2～3次治疗，间隔时间一般为一周。

（4）电灼治疗　采用高频电针或电刀切除湿疣。方法：局部麻醉，然后电灼，本疗法适应数量少，面积小的湿疣。

（5）微波治疗　采用微波手术治疗机，利多卡因局麻，将杆状辐射探头尖端插入尖锐湿直达疣体基底，当看到疣体变小、颜色变暗、由软变硬时，则热辐射凝固完成，即可抽出探头。凝固的病灶可以用镊子挟除。为防止复发，可对残存的基底部重复凝固一次。

（6）β-射线治疗　效果较为满意，疗效高，无痛苦、无损伤、副作用少，复发率低，在临床上有推广价值。

总之，性病的预防和治疗任务仍很艰巨，洁身自爱是保护自己不受性病感染和伤害的最重要的预防因素。

十、艾滋病

艾滋病（AIDS）是获得性免疫缺陷综合征的中译名，是由一种人类免疫缺陷病毒（HIV）引起的。该病发源于非洲，它在世界范围内的迅速传播和广泛流行，已成为举世瞩目的公共卫生和社会热点问题。由于卖淫、嫖娼、吸毒等易于艾滋病传播的危险因素存在，我国面临着艾滋病大面积加速流行的严峻局面。卫生部有关部门指出，艾滋病在我国已从传入期、扩散期进入到增长期。而艾滋病又是一种目前尚无有效治愈方法的严重传染病。

艾滋病的传染源主要是患者和病毒携带者，病毒可存在于血液、精液、唾液、泪水和乳汁、伤口的渗出液中。

艾滋病的主要传播方式为共用注射器吸毒、不安全性行为、使用未经严格消毒的器具拔牙、供输血液、注射、美容或其他侵入人体的操作等。

艾滋病不通过一般公共活动传播，如吃饭、喝水、咳嗽、喷嚏、公共场所接触、共用餐盘或其他工具、蚊子或跳蚤叮咬、双方接触部位皮肤黏膜没有破损的握手、拥抱、浅吻及马桶、浴池、浴巾等都不会传染艾滋病病毒。

（一）主要症状

艾滋病的潜伏期一般为6个月至15年。

艾滋病的感染可分为3个临床期：首先是HIV感染，然后部分人发展为艾滋病相关综合征，最后发展为艾滋病。

据估计艾滋病相关综合征病例为艾滋病病例的10倍，而HIV感染者为其100倍。

由于艾滋病病毒破坏人体的免疫系统，造成机体免疫力下降，在正常人身上不会致病的细菌、病毒等在人体免疫力低下的情况下会乘虚而入，造成感染，因此，艾滋病病人很容易发生各种感染，而且症状没有特异性，表现为复杂多样的综合征。

世界卫生组织关于艾滋病最新监测诊断标准：本标准适用于成年人和年龄大于12岁的青少年，如果HIV（艾滋病病毒）抗体检查阳性，出现一个或更多的下列症状，可诊断为艾滋病：①体重减轻≥10%或恶病质，伴有腹泻或发热，或者两者均有，持续或间歇发热超过1个月以上（排除其他疾病）；②脑膜炎隐球菌感染；③肺结核或肺外结核；④卡波氏肉瘤；⑤神经系统症状，不能独立进行日常活动（排除其他疾病）；⑥食管念珠菌感染；⑦临床诊断有威胁生命的疾病或复发性肺炎（病因明确或不明确）；⑧侵袭性子宫颈癌。

（二）治疗

1. 鸡尾酒疗法：多种抗病毒药物合用，拉米呋啶、苏拉明、三氮唑核苷、A－干扰素。

2. 免疫增强剂：白细胞介素－2、γ－干扰素。

3. 治疗条件致病菌感染：根据不同的病原体选用相应的药物。

4. 相应的抗肿瘤治疗及支持疗法。

（三）预防

遵守性道德，不卖淫嫖娼，不吸毒，不使用未经严格消毒的注射器、手术器械、理发工具，输血时要使用艾滋病病毒抗体检测合格的血，感染了艾滋病病毒的妇女，应避免怀孕和哺乳。

各地医学科研机构、大医院、市卫生防疫站都应能进行艾滋病血液检查和提供有关艾滋病方面的咨询，并对前来接受血液检查或咨询者的所有资料保密。

知识链接

避免感染性传播疾病，关键在预防

性传播疾病（STD）是指经性行为或类似性行为传播的一组传染病。目前，我国重点监测，需做疫情报告的STD有8种：梅毒、淋病、艾滋病、非淋菌性尿道炎、尖锐湿疣、软下疳、性病性淋巴肉芽肿、生殖器疱疹。此外，阴道炎、乙肝、阴虱疥疮也都属STD。各种STD都有各自特有的病原体。

关键的只言片语：

1. 性传播疾病危及社会的各个阶层，无人能想当然地豁免。

2. 性传播疾病不产生免疫，即使体内存在抗体，也会多次感染。

3. 外在征象的强烈性与疾病的严重性并不成正比。

4. 绝大多数性病如能早期发现，及时治疗都是很容易治愈的，错过了时机则可能追悔莫及。

5. 存在一种性传播感染往往增加感染其他性病，尤其是艾滋病的机会。

6. 需要看性病时请务必选择正规医院的专科医生进行诊治，以免延误治疗。

STD除通过性行为传播为主要途径外，还可通过衣物、被褥、浴盆、坐便等的“间接途径”传播，此外还有经血液的“医源性传播”和母婴垂直传播。有时几种STD可同时存在，STD患者感染艾滋病的危险性增大！

女性因其解剖和生理特征，更易发生STD，不但影响健康，也会影响家庭的稳定，并可殃及后代，所以加强性道德修养，学习相关知识、掌握自我防护本领，防患于未然是必要且必须的。

案例分析

某男一次性行为三天后发现小便时龟头部位刺痛并有脓水，其他没有表现。马上到镇卫生院检查结果是性病，但他没敢问到底是哪一种性病。只知道医生给开了三天吃的药和三天的针药，当时就打了一针，医生说不是很严重，可他还是很担心，他可能得的哪种性病？还可能被传染哪种病毒？他的病能很快好起来吗？

第十五章 现代救护与现场基础生命支持

救护新概念是指在现代社会发展和人类生活新的模式结构下，利用科技进步成果，针对生产、生活环境中发生的危重急症、意外伤害，向公众普及救护知识，使其掌握先进的基本救护理念与技能，作为“第一目击者”能在现场及时、有效地开展救护，从而达到“挽救生命、减轻伤残”的目的，为自身及他人安全、为健康生活提供必要的保障。

现场基础生命支持，是自20世纪60年代至今长达半个世纪以来，全球最为推崇也是普及最为广泛的急救技术。因为在紧急救护中没有比抢救心跳呼吸骤停病人更为紧迫重要了。心肺复苏（cardiopulmonary resuscitation，CPR）就是针对骤停的心跳和呼吸采取的“救命技术”，是基础生命支持技术。

第一节　现代救护概述

在人们日常生活中，无论是自然因素或是人为因素，都可能会导致一些意想不到的伤害，伤者需要别人的帮助，甚至需要基本生命支持的帮助，以推迟死神的到来。基本生命支持是指不使用特殊器材和药物的徒手操作，它能使现场和院前抢救水平明显提高，使急诊的死亡率和残疾率明显下降。普及急救常识，使人群之间相互服务，是提高民族素质的一个重要内容，其意义深远。

一、现代救护的特点

人们曾经将抢救危重急症、意外伤害病人的希望完全寄托于医院和医生身上，缺乏对在现场救护伤者的重要性和可实施性的认识，这种传统的观念，往往也就使处在生死之际的病人失去发病之初最宝贵的“救命的黄金时刻”。为此，我们必须要了解现代救护的特点，立足于现场，依靠“第一目击者”（经过短期培训的救护员），才能不失时机地进行有效救护，体现救护新概念的理念和内涵。

（一）概述

20世纪人类以空前的速度建设了现代文明，全球经济、社会以及人们的生活方式都在发生着重大变革。

人类交往日趋频繁，活动空间扩大。在社区中，各种疾病尤其是心脑血管疾病等的发生率明显增加，并往往表现为危重急症而危及生命。人们在出差、旅游途中，发生包括交通事故创伤在内的意外伤害明显增多。各种天灾人祸如地震、雪灾、水灾、火灾等也时有发生。所以，我们面临的不仅仅是日常生活中的危重急症，还有各种意外伤害、突发事件。

面对现代社会的各种危重急症与灾害事故的挑战，传统的救护概念及由此派生出的急救服务运作方式已显得苍白无力，难以完成使命。

传统的救护是指当遇到危重病人往往只做些简单的照顾护理，对外伤做一些止血、包扎等处理，然后尽快地寻找交通工具将病人送到医院急诊室，由医师给予诊断、处理。在现场面对呼吸心搏骤停者，人们常常是一筹莫展，丧失挽救生命的良机。据统计，每年约有 350 万人死于事故造成的损伤、日常生活中的意外和暴力行为，受伤需治疗的人数为上述人数的 100～500 倍，其中约有 200 万名伤者形成永久性伤残。

因此，世界卫生组织在 1993 年 4 月 7 日的世界卫生日，提出了“善待生命——预防意外伤亡和暴力”的口号。

（二）现代救护特点

现代救护是指在事发现场，对病人实施及时、先进、有效的初步救护（见图 15－1）。

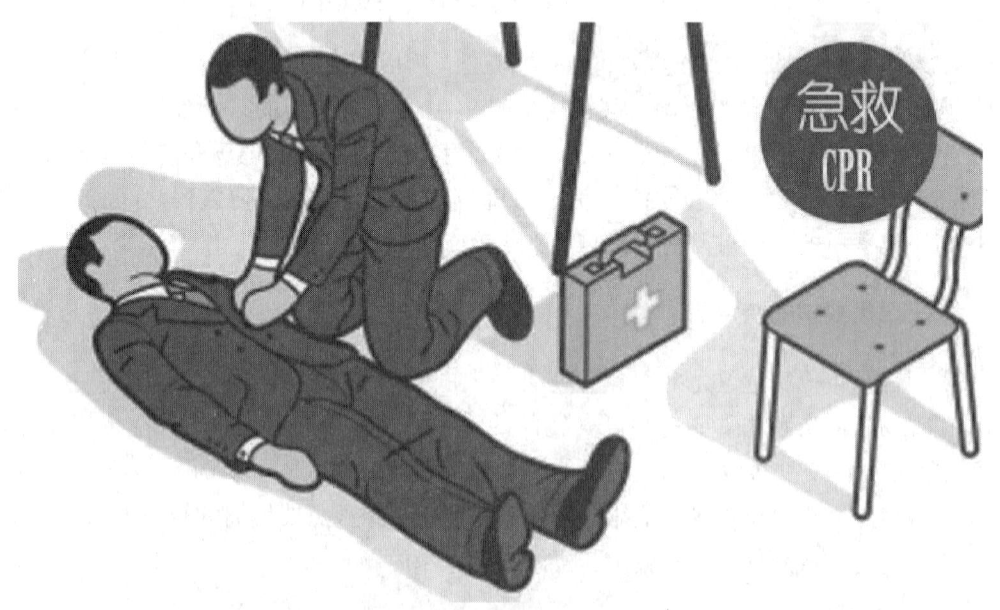

图 15－1　现场心肺复苏

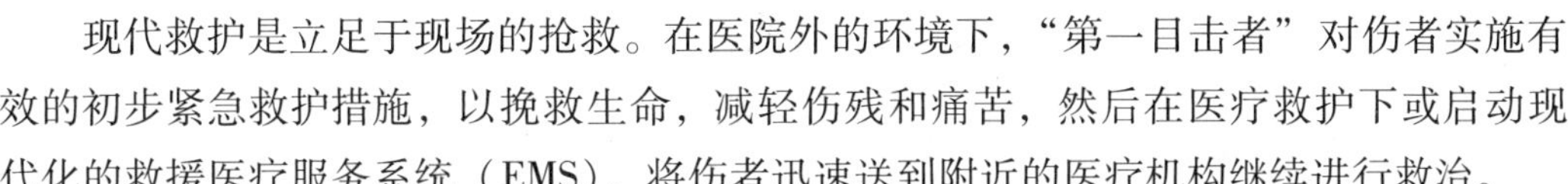

现代救护是立足于现场的抢救。在医院外的环境下，“第一目击者”对伤者实施有效的初步紧急救护措施，以挽救生命，减轻伤残和痛苦，然后在医疗救护下或启动现代化的救援医疗服务系统（EMS），将伤者迅速送到附近的医疗机构继续进行救治。

为了不耽误时间，急救呼救系统应有一个统一的电话号码或易于记忆的专门电话，如美国的“911”、法国的“15”、我国香港特区的“999”和日本的“119”，这些都是集求助于警察、消防与医疗救援为一体的紧急呼救电话。

1986 年我国将“120”定为医疗急救电话。近年来，红十字会系统建立了“999”急救电话。

（三）“第一目击者”

“第一目击者”（first responder）是指在现场为突发伤害、危重急症的病人提供紧急救护的人。

“第一目击者”包括现场伤者身边的人（亲属、同事、EMS 救援人员、警察、消防员、保安人员、公共场合服务人员等），平时参加救护培训并获取相关的培训证书，在事发现场利用所学的救护知识、技能救助病人。

发达国家的社区急救服务侧重于对重点人群的培训，称为对“第一目击者”群体的培训。通过基本的救护知识和救护技能的培训，“第一目击者”已成为热心社会公益事业、无偿服务社会的志愿者队伍中最重要的组成部分，是社会发展和进步的需要。

定期进行基础救护知识、技能的培训与复训，可以将意外伤害、危重急症对人类生命健康的危害减到最低程度。

现代救护仅仅依靠医疗部门是不够的，还需要各相关部门的配合支持，要有一个“大救援”的观念，称为医学救援。

（四）我国红十字会救护工作的前景

我国自 20 世纪 80 年代实施改革开放政策，近年来随着社会主义市场经济体制的逐步完善，国家、政府对红十字会工作十分重视。国家主席亲自担任中国红十字会名誉会长，全国人大常委会副委员长担任会长，中国红十字会及省市红十字会领导对救护培训这一充分体现人道、博爱的传统业务更加关注，对救护培训工作作了远期和近期的规划，大力开展救死扶伤、发扬人道精神的救护知识的普及教育。

随着我国公众对救护知识的学习，为新世纪红十字会的救护工作展示了良好的前景并提出了更新的要求，需要我们树立救护新概念，准确地传授新知识、新技能。

二、现场急救的“生存链”

“生存链”是近十年来才在国际上出现的一个重要的急救专用名词，它很快被社会、专家和公众所接受。它是针对现代社区、生活模式而提出的以现场“第一目击者”为开始，至专业急救人员到达进行抢救的一系列急救措施而组成的“链”。“生存链”

实施得越广泛，危急病人获救的成功率就越高。

（一）概述

20 世纪 80 年代后，院外急救的重要性与普遍性逐渐为社会所认识。发达国家的城市、社区都面临着一个相同而又急迫的问题：越来越多的危重急症发生于社区，尤其是冠心病中的急性心肌梗死、严重心律失常、猝死以及意外伤害事故，现场急救及时与否关乎病人生命安危。

危及生命的急症、伤害等，如以心脏性猝死作为代表的救治来看，从一开始发病到获得有效的医学处理，存在着一系列有规律的步骤。这个抢救序列，美国心脏病学会于 1992 年 10 月在《美国医学杂志》上正式用“生存链”这个词予以描述，2015 年 10 月 15 日，美国心脏协会（AHA）在官方网站及杂志（Circulation）上公布了《2015 心肺复苏指南（CPR）和心血管急救（ECC）指南更新》，更新提供了一个审视救治体系的新视角，区分了院内心脏骤停（IHCA）和院外心脏骤停（OHCA），将 AHA 成人生存链分为两链：院内救治体系和院外救治体系。

（二）“生存链”的五个环节

“生存链”（chain of survival）有五个相互联系的环节序列。分院内心脏骤停（IH-CA）和院外心脏骤停（OHCA）（见图 15－2 生存链）。

1. 院外急救第一环节——识别和启动应急反应系统。“生存链”的第一个环节是识别和启动应急反应系统。这个环节中，包括对病人发病时最初症状的识别，鼓励病人自己意识到危急情况，呼叫当地急救系统，给 EMS 或社区医疗机构拨打电话。这样，急救系统接到呼救电话后能立即作出反应，由调度部门通知救护车系统派出急救力量，迅速赶赴现场。

在这个环节中，急救系统应该担负医学指导，即在专业急救人员尚未到达现场之前，告诉现场人员应该如何进行必要的救护措施，以便不失时机地进行救护。

2. 院外急救第二环节——即时高质量心肺复苏。“生存链”的第二个环节是即时高质量心肺复苏。几乎所有的临床研究都表明，“第一目击者”（如家人、行人等）若具有心肺复苏的技能并能立即实施，对病人的生存起着极其重要的作用，也是在专业急救人员到达现场进行心脏除颤、高级生命支持前，病人所能获得的最好的救护措施。

3. 院外急救第三环节——快速除颤。“生存链”的第三个环节是快速心脏除颤。建议在有心脏骤停风险人群的社区执行公共场所除颤（PAD）方案。“自动体外除颤器”（automated external defibrillator，AED）的结构及使用方法，比在医院中使用的心脏除颤器简便得多，经过较短时间培训即可掌握，这就为现场救护人员广泛地采用快速心脏除颤，提供了重要的保障。

4. 院外急救第四环节——基础及高级急救医疗服务。“生存链”的第四个环节是基础及高级急救医疗服务。对于任何一个心搏骤停的猝死病人，抢救的基本内容都是心肺复苏。在现场经过最早期的“第一目击者”的“基础生命支持（basic life support，BLS)”，如果专业救护人员赶到，越早实施“高级生命支持（advanced life support，ALS)”，对病人的生命就越有利。事实上，心脏除颤的早期采用，也是高级生命支持的内容之一。在这个过程中，采用一些其他的急救技术、药物等，使得生命支持的效果更可靠。

5. 院外急救第五环节——高级生命维持和骤停后护理。为使五个环节得以落实，应完善城镇、社区的急救网络，提供充足的救护车与其他急救装备，开展对公众救护知识技能的培训普及。只有做到急救社会化、结构网络化、抢救现场化、知识普及化，才能使“生存链”发挥重要作用。

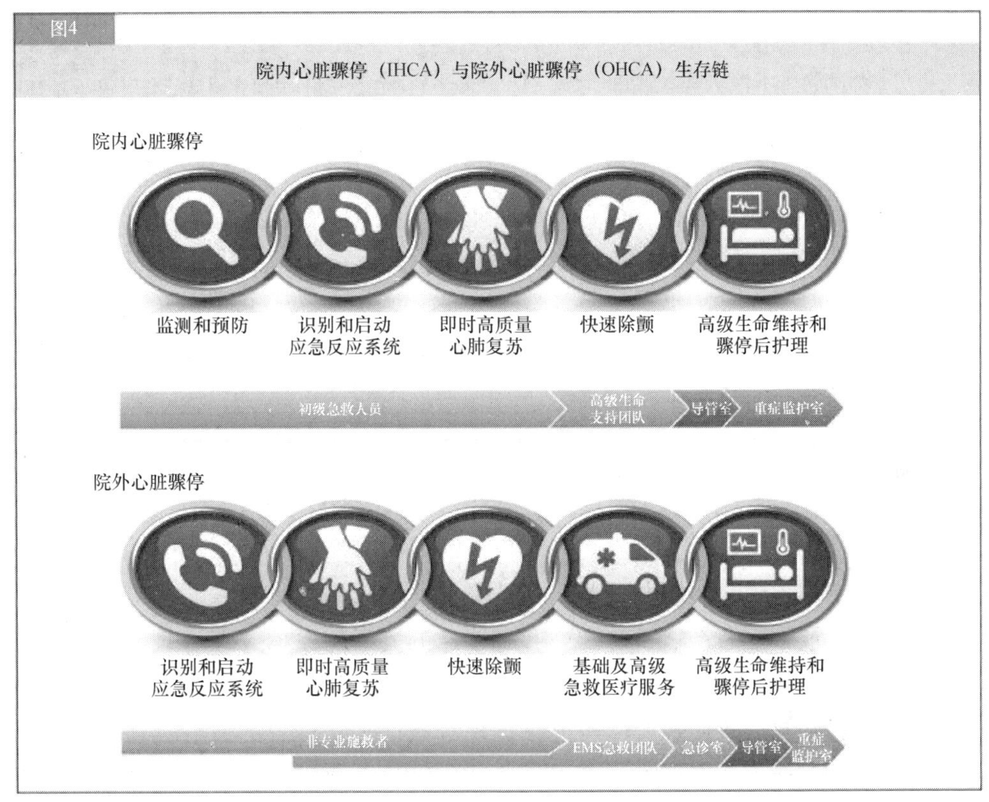

图 15－2　生存链

三、急救现场状况评估和伤情判断与分类

我们面对的危重病人，几乎都是在医院外的各种环境中。有些意外伤害、突发事件甚至发生在动荡不安的现场。因此，作为“第一目击者”首先要评估现场情况，注意安全，对病人所处的状态进行判断，分清病情的轻重缓急。

（一）现场评估

在紧急情况下，通过实地感受、眼睛观察、耳朵听声、鼻子闻味等来对异常情况做出判断，遵循救护行动的程序，并利用现场的人力和物力实施救护。

首先，现场的巡视应注意可能对救护者、病人或旁观者造成伤害的情况及进入现场的安全性；其次，是对各种疾病和损伤的原因进行判断；最后，确定受伤人数。在数秒钟内完成评估，寻求医疗帮助。

1. 评估情况。评估时必须迅速，尽快了解情况，注意控制情绪。现场检查包括现场的安全、引起外伤的原因、受伤人数以及自身、病人及旁观者是否身处险境，伤者是否仍存在生命危险。然后，判断现场可以利用的资源及需要何种帮助、可能采取的救护行动。

2. 保障现场安全。在进行现场救护时，造成意外的原因可能会对救护员产生危险，所以，应首先确保自身安全。如对触电者进行现场救护前必须切断电源，然后才能采取救护措施以保障安全。

在救护中，不要试图兼顾太多工作，以免使病人及自身陷入险境，要清楚明了自己能力的极限，在不能消除存在的危险的情况下，应尽量确保病人与自身的安全，安全救护。

3. 个人防护设备。第一目击者在现场救护当中应采用个人防护用品，防止伤害因素侵害自身。在可能的情况下，用呼吸面罩、呼吸膜等实施人工呼吸，还应戴上医用手套、眼罩、口罩等个人防护品。

个人防护设备必须放在容易获取的地方，以备现场的急用。另外，运用个人防护设备的救护员，必须参加相关知识的培训或按使用说明正确地使用。

（二）伤情判断

迅速对伤情作出正确判断与分类，目的是要尽快了解灾害事故、遇难者及抢救者的整体情况。掌握救治的重点，确定急救和运送的先后次序。灾害事故现场急救要求在有限的时间、空间、人力、物力条件下，发挥急救人员的最大效率，尽可能多地拯救生命、减轻伤残及后遗症。所以需要根据现场条件和遇难者的数量及伤情，按轻重缓急处理。如果发现生命垂危的伤病者后，首先对这部分患者实施紧急抢救，以拯救其生命，而对轻伤的患者则可稍后处理。

判断的主要内容有：气道是否通畅，有无呼吸道堵塞；呼吸是否正常，有无大动脉搏动，有无循环障碍；有无大出血；意识状态如何，有无意识障碍，瞳孔是否对称或有异常。

1. 意识。先判断病人神志是否清醒。在呼唤、轻拍时病人会睁眼或有肢体运动等反应，表明病人有意识。如病人对上述刺激无反应，则表明意识丧失，已陷入危重状态。病人突然倒地，然后呼之不应，情况多较严重（见图 15－3）。

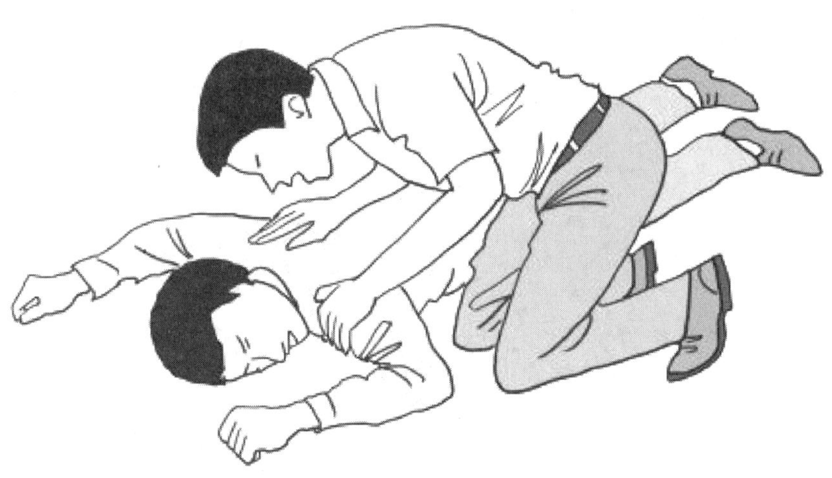

图 15－3　判断意识

2. 气道。保持气道畅通是呼吸的必要条件。如病人有反应但不能说话、不能咳嗽，可能存在气道梗阻，必须立即检查和清除（见图 15－4）。

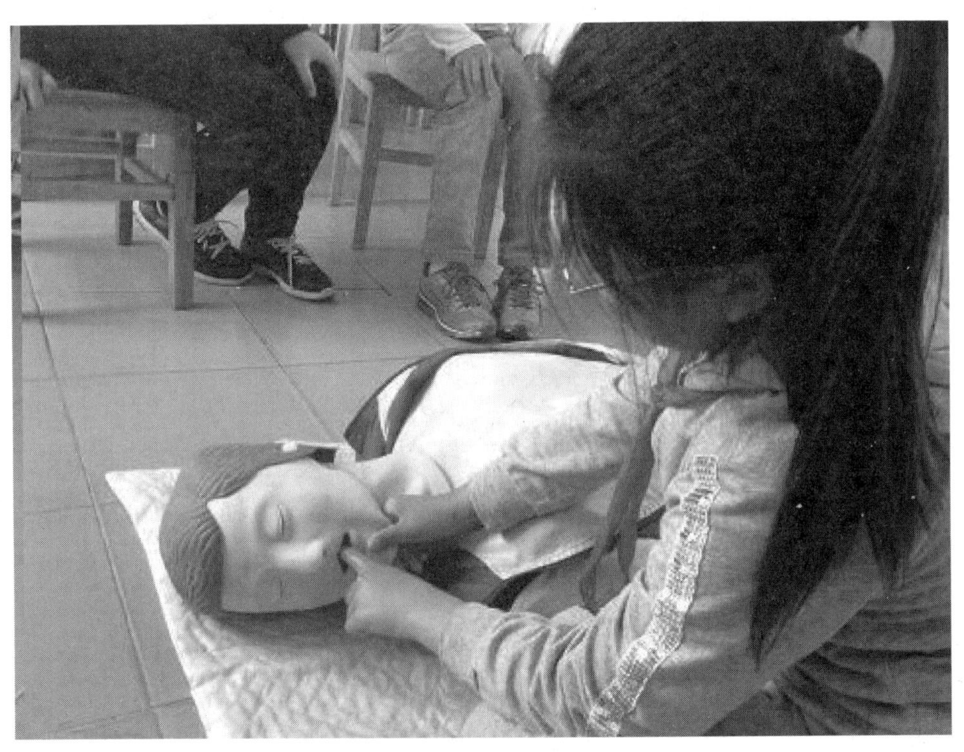

图 15－4　清除气道异物

3. 呼吸。评估呼吸活动。正常人呼吸 12～18 次/分，而危重病人呼吸变快、变浅乃至不规则，呈叹息样。在气道畅通后，对无反应的病人进行呼吸检查（见图15－5），如病人呼吸停止，开放气道（见图15－6），立即进行人工呼吸（见图15－7）。

图15－5　判断呼吸

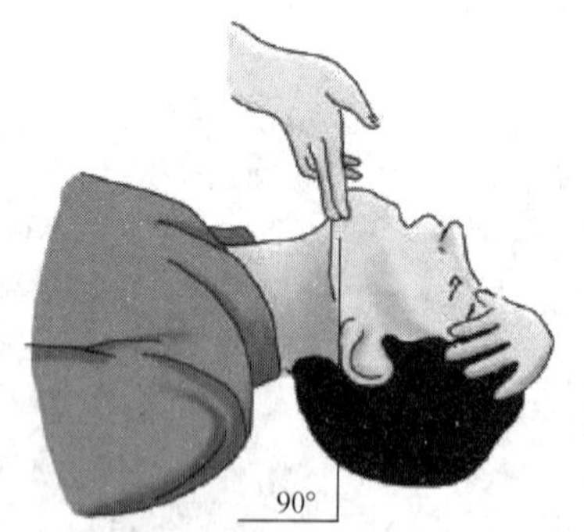

图15－6　开放气道

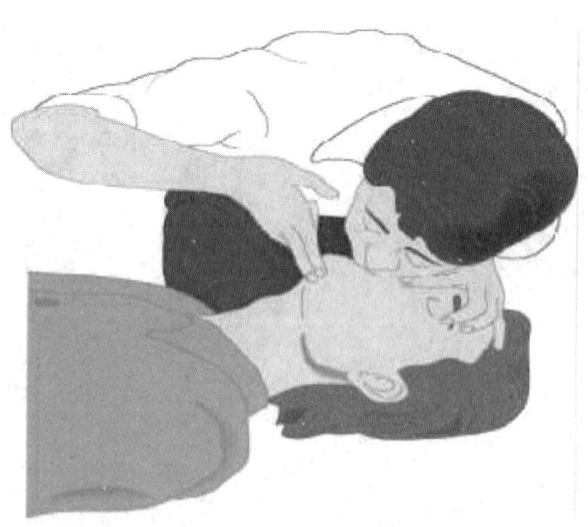

图15－7　人工呼吸

4. 循环体征。在检查病人意识、气道、呼吸之后，应对病人的循环进行检查。可以通过检查循环体征，如呼吸、咳嗽、运动、皮肤颜色、脉搏情况等来进行判断。

正常成人心跳 60～80 次/分。呼吸停止，心跳随之停止；或者心跳停止，呼吸也随之停止，心跳呼吸几乎同时停止也是常见的。心跳反映在手腕处的桡动脉和颈部的颈动脉，后者较易触到（见图 15－8）。

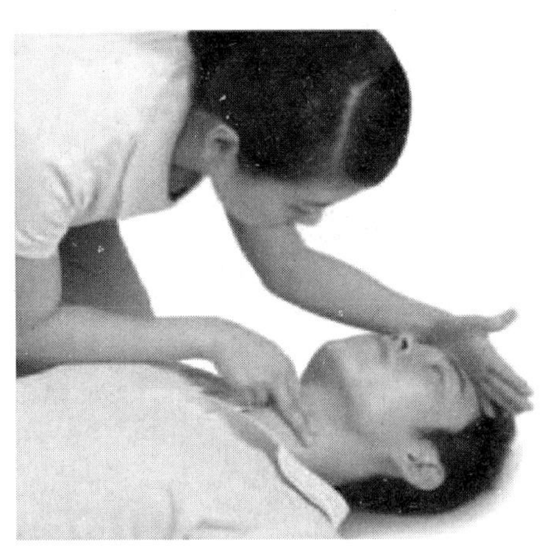

图 15－8　判断脉搏

严重的心脏急症如急性心肌梗死、心律失常以及有严重的创伤、大失血危及生命时，心跳或加快，超过 100 次/分，或减慢，40～50 次/分，或不规则，忽快忽慢，忽强忽弱，均为心脏呼救的信号，应引起重视。

迅速对病人皮肤的温度、颜色进行检查，可以知道皮肤循环和氧代谢情况，如病人的面色苍白或青紫，口唇、指甲发绀、皮肤发冷等。

5. 瞳孔反应。眼睛的瞳孔又称“瞳仁”，位于黑眼球中央。正常时双眼的瞳孔是等大圆形的，遇到强光能迅速缩小，很快又回到原状。用手电筒突然照射一下瞳孔即可观察到瞳孔的反应。当病人脑部受伤、脑出血、严重药物中毒时，瞳孔可能缩小为针尖大小，也可能扩大到黑眼球边缘，对光线不起反应或反应迟钝。有时因为病人出现脑水肿或脑疝，双眼瞳孔一大一小。瞳孔的变化揭示了脑病变的严重性（见图 15－9）。

当完成现场评估后，再对病人的头部、颈部、胸部、腹部、盆腔、脊柱、四肢进行检查，看有无开放性损伤、骨折、畸形、触痛、肿胀等体征，有助于对病人的病情判断。还要注意病人的总体情况，如表情淡漠不语、冷汗口渴、呼吸急促、肢体不能活动等为病情危重的表现。对外伤病人还应观察其神志不清程度，呼吸次数和强弱，脉搏次数和强弱，注意检查有无活动性出血，如有立即止血。如有严重的胸腹部损伤，容易引起休克、昏迷甚至死亡。当发现危重伤者，经过现场评估和病情判断后需要立即救护，并应及时向专业急救机构（EMS）或附近担负院外急救任务的医疗部门、社区卫生单位报告。

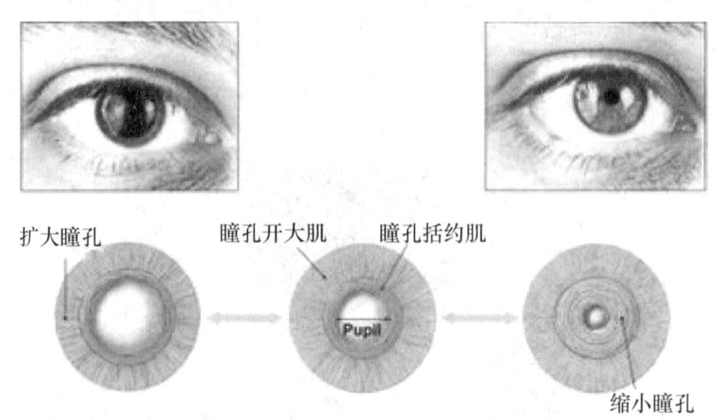

图 15－9　瞳孔反应（左：瞳孔扩大　右：瞳孔缩小）

（三）伤情分类

分类就是用明显的标志来记录传递信息，避免在救治、运送的各项工作中出现重复和遗漏。标志物一般是黑、红、黄、绿色的卡片，分别代表死亡、重伤、中伤、轻伤的病人（见图 15－10）。

图 7－10　现场检伤分类

四、启动呼救

（一）救护启动

救护启动由急救通信称为呼救系统开始。呼救系统的畅通，在国际上被列为抢救危重病人的“生存链”中的“第一环”。有效的呼救系统对保障危重病人获得及时救治至关重要。

应用手机和电话呼救。通常在急救中心配备有经过专门训练的话务员，能够对呼救作出迅速适当应答，并能把电话接到合适的急救机构。根据病人所处的位置和病情，指定附近的急救站去救护病人。这样可以大大节省时间，提高效率，便于病人救援和转运。

（二）呼救电话须知

使用呼救电话，必须要用最精炼、准确、清楚的语言说明病人目前的情况及严重程度、伤者的人数及存在的危险，以及需要何类急救。如果不清楚身处位置的话，不要惊慌，因为救援医疗服务系统控制室可以通过地球卫星定位系统追踪其正确位置。一般应简要清楚地说明以下几点：

1. 报告人电话号码与姓名，以及病人姓名、性别、年龄和联系电话。
2. 病人所在的确切地点，尽可能指出附近街道的交汇处或其他显著标志。
3. 病人目前最危重的情况，如昏倒、呼吸困难、大出血等。
4. 发生灾害事故、突发事件时，说明伤害性质、严重程度、伤者的人数。
5. 现场所采取的救护措施。

注意：不要先放下话筒，要等救援医疗服务系统（EMS）调度人员先挂断电话。

（三）单人及多人呼救

在专业急救人员尚未到达时，如果有多人在现场，一个救护员留在病人身边开展救护，另一人通知 EMS 机构。如属意外伤害事故，要分配好救护员各自的工作，争分夺秒、组织有序地对伤者实施寻找、脱险、医疗救援工作（见图 15－11）。

西方发达国家在“先打电话”，还是“紧急救护后再快打电话”问题上曾有不少讨论与界定。近年来，随着手机及公用电话的普及，在我国的手机使用率明显增加的情况下，这一问题已基本得到解决：在病人心搏骤停的情况下，为挽救生命，抓住“救命的黄金时刻”，可立即进行心肺复苏，然后迅速拨打电话；如有手机，则进行1～2 分钟心肺复苏后，在抢救间隙中快打电话。

如溺水者被救出水面时意识已丧失，必须先进行 1 分钟的心肺复苏，然后给当地的 EMS 机构打电话。大量资料表明，任何年龄的外伤或药物过量或呼吸暂停的病人，都会受益于在通知 EMS 机构前接受的 1 分钟的心肺复苏。

图15－11　拨打电话求助

五、现场救护的原则

在经过现场评估、判断病人危重程度并发出紧急呼救后，专业人员到达现场需要若干分钟甚至更长时间。此时，“第一目击者”必须不失时机地、尽可能地进行现场救护。

现场救护目的是挽救生命，减轻伤残。在生命得以挽救，伤病情得以避免进一步恶化这一最重要、最基本的前提下，同时还要注意减少伤残的发生，尽量减轻病痛，对神志清醒者要注意做好心理护理，为日后病人身心全面康复打下良好基础。

救护原则：无论是在家庭、会场或在马路，还是在情况复杂、危险的现场，发现危重病人时，“第一目击者”对病人的救护原则都必须十分明确清楚。

1. 首先要保持镇定，沉着大胆，细心负责，理智科学地作判断。
2. 评估现场，确保自身与病人的安全。
3. 分清轻重缓急，先救命，后治伤，果断实施救护措施。
4. 可能的情况下，尽量采取减轻病人痛苦的措施。
5. 充分利用可支配的人力、物力协助救护。

第二节　现场救护步骤

“第一目击者”及以有救护人员，乃至未经过培训的民众，应牢记现场救护的首要目的是“救命”。为此，其实施步骤可以概括如下。

一、确保环境安全

现场救护时应对现场环境安全进行评估，以安全防范为主，确保自身安全，做好自身防护。如对触电者进行现场救护前必须切断电源；对交通事故伤员进行现场救护前必须在来车方向150米外设置警示标志，将伤者迅速转移到右侧路肩上；对爆炸现场伤员进行现场救护必须注意风向，向上风较高位置转移等。

图 15－12　环境安全

二、判断意识

用双手轻拍病人的双肩部并在病人两耳边大声呼唤“喂！您怎么啦?”如病人对呼唤、轻拍无反应，可判断其无意识（见图 15－13）。

图 15－13　判断意识

三、立即呼救

当判断病人意识丧失，应该请求他人帮助，在原地高声呼救：“快来人！救命啊！我是救护员，请这位先生（女士）快帮忙拨打急救电话，打了电话将情况告诉我！有会救护的请和我一起来救护。”可互相轮换进行对病人的救护（见图 15－14）。

图 15－14　立即呼救

四、救护体位

对于意识不清者，取仰卧位或侧卧位，便于复苏操作及评估复苏效果，在可能的情况下，翻转为仰卧位（心肺复苏体位）放在坚硬的平面上，救护人员需要在检查后进行心肺复苏。

若病人没有意识但有呼吸和循环，为了防止呼吸道被舌后坠或黏液及呕吐物阻塞引致窒息，对病人应采用侧卧体位（复原体位），液体容易从口中引流。体位应稳定，并易于病人翻转至其他体位。保持利于观察和通畅的气道；超过 30 分钟，翻转病人到另一侧。

注意不要随意移动病人，以免造成伤害，如不要用力拖动、拉起病人，不要搬动和摇动已确定有头部或颈部外伤的病人等。一人在翻转有颈部外伤的病人时，为防止颈髓再次损伤，另一人应保持病人头颈部与身体在同一轴线翻转，做好头颈部的固定。

（一）心肺复苏体位（仰卧位）（见图 15－15）

1. 救护员位于病人的一侧，将病人的双上肢向头部方向伸直。
2. 将病人远离救护员一侧的小腿放在另一侧腿上，两腿交叉。
3. 救护员一只手托住病人的后头颈部，另一只手抓住远离救护员一侧的病人腋下或胯部，将病人向救护员呈整体翻转，呈仰卧位。
4. 救护员一手保护病人的肩关节，一手呈划水式，将病人上肢置于身体两侧。

（二）救护员体位

救护员在实施心肺复苏时，根据现场病人的周围处境，选择病人一侧，将两腿自然分开与肩同宽，跪贴于（或立于）病人的肩、胸部，便于实施操作（见图 15－16）。

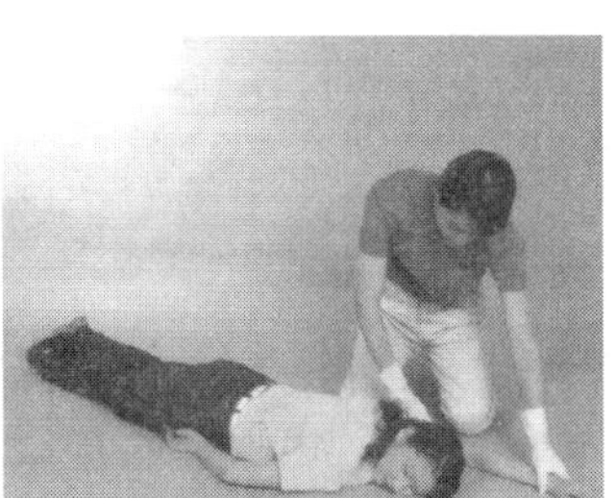
(a) 单侧上臂伸直

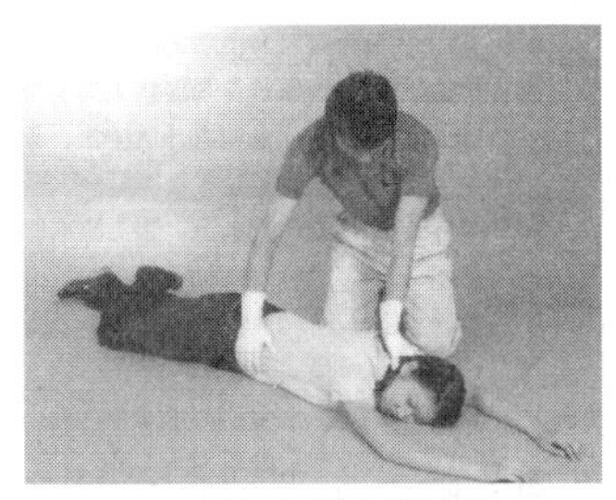
(b) 双侧上臂伸直

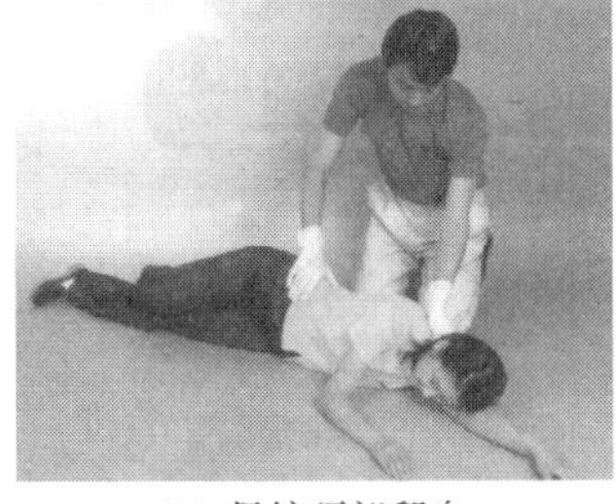
(c) 保护颈部翻身

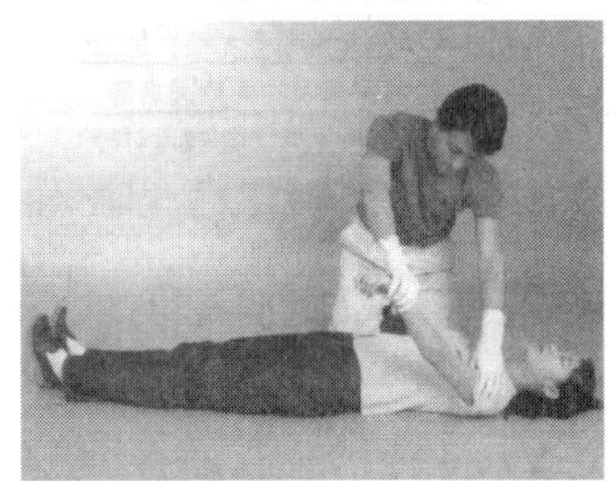
(d) 上肢平放于身体两侧

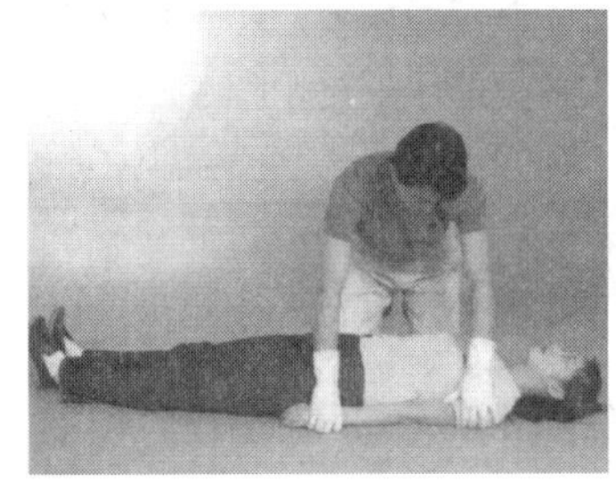
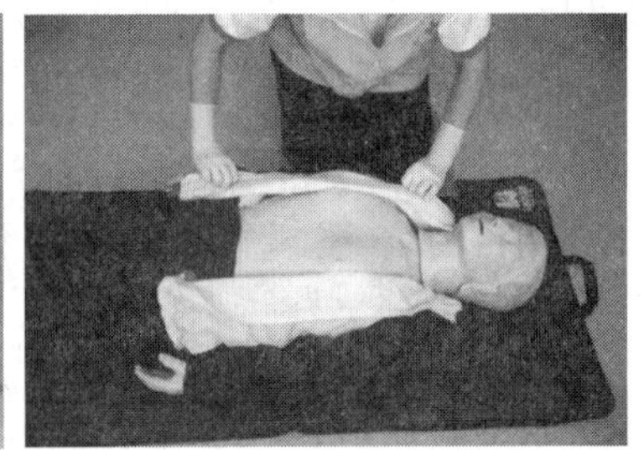

(e) 心肺复苏体位

图 15－15　心肺复苏体位

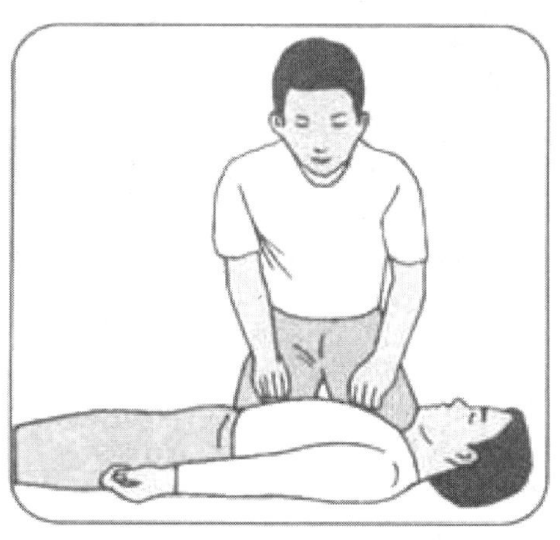

图 15－16　救护员体位

五、即时高质量心外按压

（一）检查循环体征

1. 判断心跳（脉搏）应选大动脉搏动：

（1）颈动脉：用一手食指和中指置于病人颈中部（甲状软骨）中线，手指从颈中线滑向甲状软骨和胸锁乳突肌之间的凹陷，稍加力度触摸到颈动脉的搏动。

（2）肱动脉：肱动脉位于上臂内侧、肘和肩之间，稍加力度检查是否有搏动。

2. 检查颈动脉不可用力压迫，避免刺激颈动脉窦使得迷走神经兴奋反射性地引起心跳停止，并且不可同时触摸双侧颈动脉，以防阻断脑部血液供应。

3. 救护员判断病人已无脉搏搏动或在危急中不能判明心跳是否停止，脉搏也摸不清，不要反复检查耽误时间，而应尽快进行胸外心脏按压。

（二）无脉搏无呼吸，即时进行30次心外按压

1. 成人心外按压按压定位（见图15－17）。胸骨下1/2的位置，救护员一手的中指置于近侧的病人一侧肋弓下缘，中指沿肋弓向上滑到双侧肋弓的汇合点，中指定位于此处，食指紧贴中指。

救护员另一只手的手掌根部贴于第一只手的食指并平放，使手掌根部的横轴与胸骨的长轴重合。

定位之手放在另一只手的手背上，两手掌根重叠，十指相扣，手心翘起，手指离开胸壁。

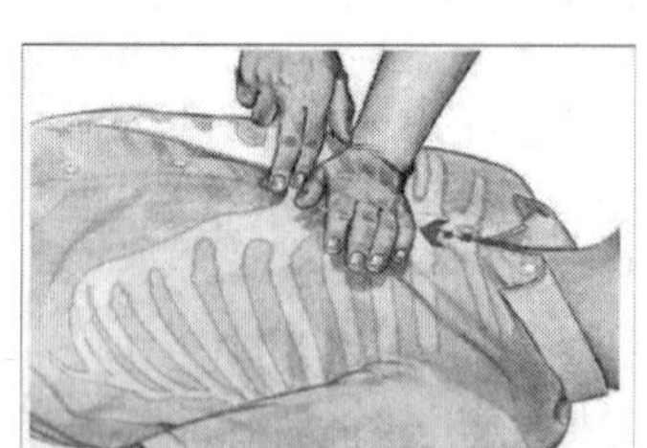

(a) 中指定位　(b) 掌根重合胸骨长轴

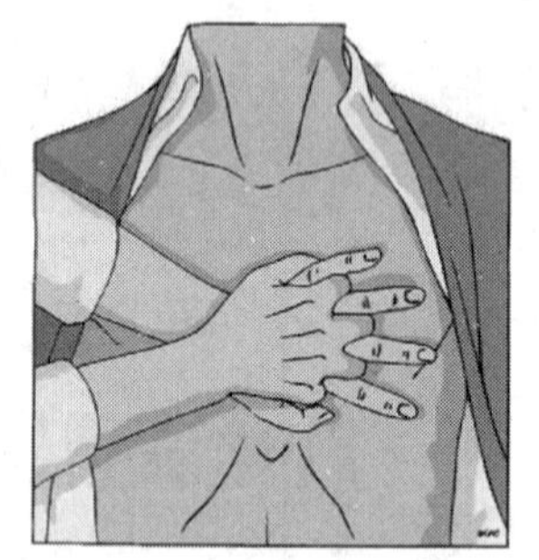

(c) 双手掌根重叠

图15－17　胸外按压定位

2. 婴儿心外按压定位（见图15－18）。

（三）操作要点

1. 救护员的上半身前倾，双肩位于双手的正上方，两臂伸直（肘关节伸直），垂直向下用力，借助自身上半身的体重和肩臂部肌肉的力量进行按压（见图15－19）。

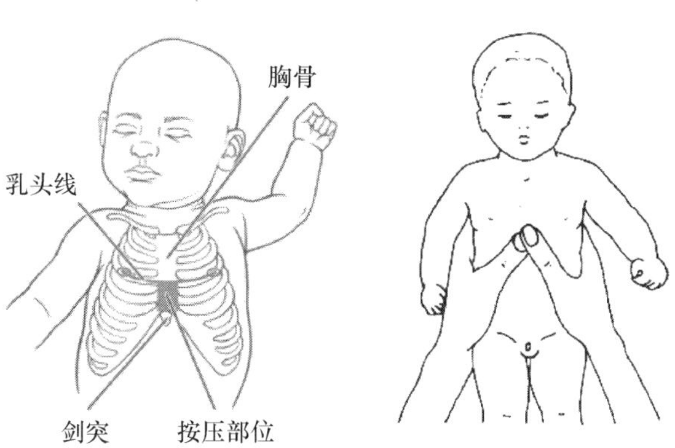

图 15－18　婴儿心外按压

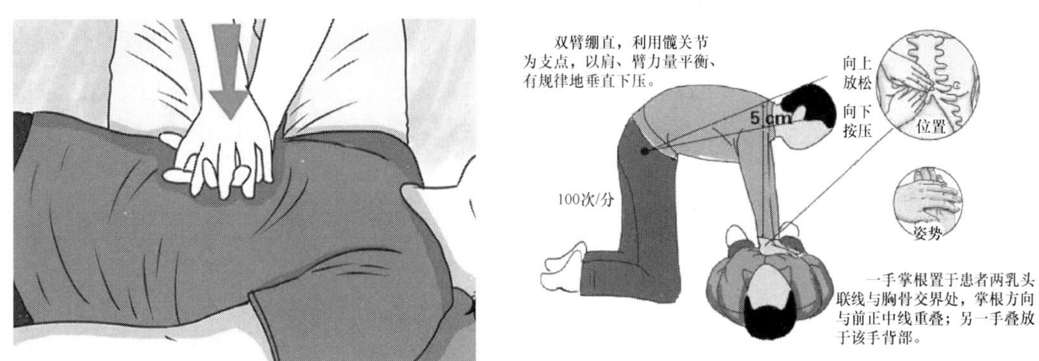

图 15－19　垂直按压

2. 胸骨下压深度 5～6cm。

3. 放松后，掌根不要离开胸壁。

4. 以 100～120 次/分的速度进行按压，并控制节奏，按压与吹气之比 30∶2。

（四）注意事项

1. 确定病人无意识、无咳嗽、无运动、无脉搏，开始胸外心脏按压。

2. 按压用力要均匀，不可过猛。按压和放松所需时间相等。

3. 每次按压后必须完全解除压力，胸部回到正常位置（见图 15－20）。

4. 按压节律、频率不可忽快、忽慢。保持正确的按压位置。

5. 按压时，观察病人反应及面色的改变。

六、开放气道

病人呼吸、心跳停止后，全身肌肉松弛，口腔内的舌肌松弛下坠而阻塞呼吸道。采取开放气道的方法，可使阻塞呼吸的舌根上提，使呼吸道通畅。

用最短的时间先将病人的衣领扣、领带、围巾等解开，戴上手套迅速清除病人口鼻内的污泥、土块、痰、呕吐物等异物（见图15－21），以利于呼吸道畅通，再将气道打开。下面介绍各种开放气道方法的操作要点。

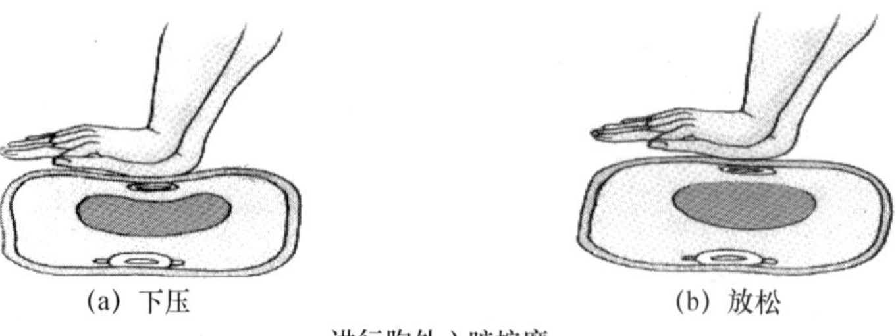

图15－20　胸外心脏按压示意图

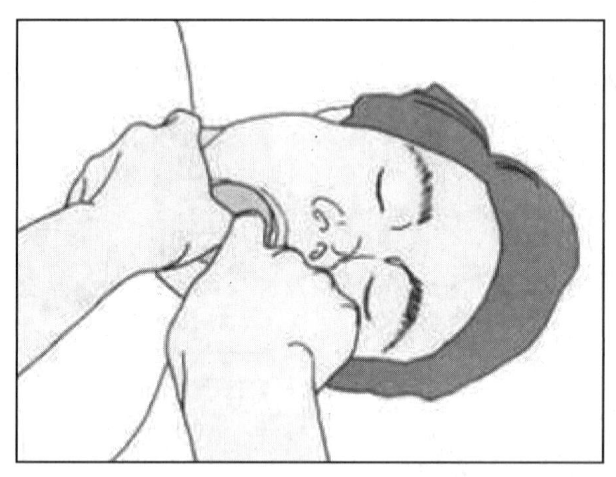

图15－21　清除口腔异物

（一）仰头举颏法（见图15－22）

1. 救护员将一手的小鱼际部位，置于病人的前额并用力使头后仰，另一手的食指、中指置于病人下颏将其下颌骨上提。

2. 救护员手指不要深压颏下软组织，以免阻塞气道。

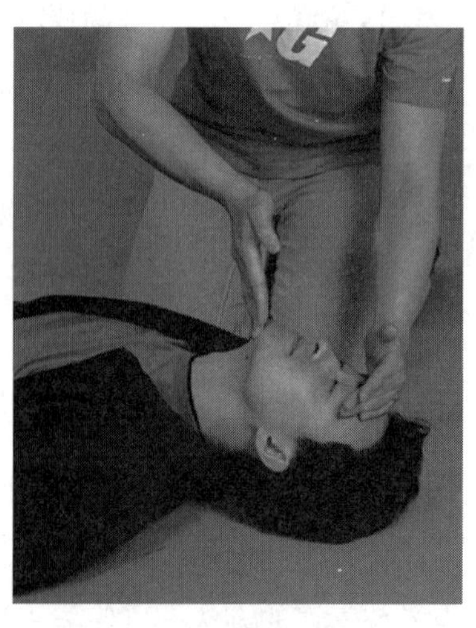

图15－22　仰头举颏法

（二）双下颌上提法（见图15－23）

1. 救护员双手手指放在病人下颌角后（下）方，向前或向上方提起下颌。

2. 使病人的头保持正中位，不能使头后仰，不可左右扭动。

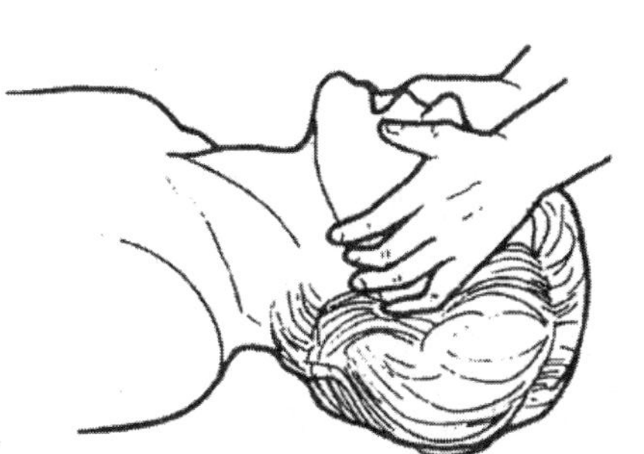

图 15－23　双下颌上提法

3. 此方法适用于怀疑有颈椎外伤的病人。

（三）手钩异物法

1. 如病人无意识，将病人头偏向一侧，两拇指扒开其下颌检查有无异物。

2. 如有异物，救护员用一手的拇指伸入口腔将病人舌头向外压向牙床，并与其余四指一同握住病人下颏，向救护员侧并向下呈45°牵拉下颏，打开口腔，救护员用另一手的食指沿病人一侧口角向口内伸入钩取异物，从另一侧口角出来（见图 15－24）。

3. 对于婴儿，救护员用小指沿婴儿嘴角伸入，钩取抠出固体异物。

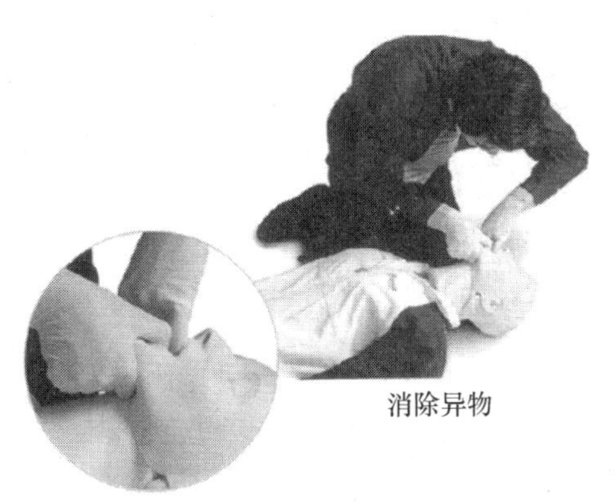

图 15－24　钩取异物

七、人工呼吸

1. 判断呼吸。救护员将病人气道打开后，利用眼视、耳听、面部皮肤感觉，判断病人有无呼吸。侧头用耳听病人口鼻的呼吸声（一听），用眼看病人胸部或上腹部随呼吸而上下起伏（二看），用面颊感觉病人呼吸气流（三感觉）。如果胸廓没有起伏，并且没有气体呼出，即病人停止呼吸，这一评估过程不超过 5～10 秒。

2. 人工呼吸。救护员经检查后，判断病人呼吸停止，条件允许情况下应立即进行口对口（口对鼻、口对口鼻）、口对呼吸面罩等人工呼吸救护措施（图 15－25）。

图 15－25　人工呼吸

八、心肺复苏的终止条件及注意事项

心外按压及人工呼吸按 30∶2 进行 5 轮，然后判断呼吸心跳是否恢复，如未恢复，则继续进行心肺复苏，直到医护人员到来或筋疲力尽、无法进行心肺复苏为止。

（一）心肺复苏有效表现

如救护员实施 CPR 救护方法正确，又有以下征兆时，表明 CPR 有效：

1. 面色、口唇由苍白、紫绀变红润；
2. 恢复可以探知的脉搏搏动、自主呼吸；
3. 瞳孔由大变小，对光反射存在；
4. 病人眼球能活动，手脚抽动，呻吟。

（二）心肺复苏的终止条件

现场的 CPR 应坚持连续进行，CPR 进行期间，在需要检查呼吸、循环体征的情况下，也不能停止超过 10 秒。如有以下各情况可考虑停止：

1. 病人的脉搏恢复及可以自主呼吸；
2. 有他人或专业急救人员到场接替；
3. 有医生到场确定病人死亡；
4. 救护员筋疲力尽而不能继续进行心肺复苏。

（三）注意事项

面对危重病人，救护员在现场一定要争分夺秒，按救护原则及步骤现场紧急救护，但要注意如下几点：

1. 应充满自信，现场救护不要犹豫，要做好个人防护，确保现场安全。
2. 对于危重者，千万不能只等待专业人员的急救。
3. 不要把时间消耗在反复检查心跳、呼吸停止的过程中。

4. 不要做不必要的全身检查。

5. 不要随意搬动病人，注意保护脊柱。

6. 应使用心肺复苏模型进行心肺复苏术的训练，禁止在正常人身上进行操作训练。

7. 救护人员应定期参加心肺复苏的培训学习。

九、急救器械——自动体外除颤器

（一）概述

近十几年来，大量的实践和研究资料表明，对心脏骤停以及其他猝死者的抢救中，早期进行心肺复苏（CPR）虽然重要，但 CPR 对于早期致死性心室纤维性颤动（简称心室纤维或室颤）并无直接除颤作用。等待专业人员到来后进行心脏除颤，往往为时已晚，难以奏效。若能在现场及早进行除颤可提高抢救心脏骤停、猝死病人的成功率。

每延迟除颤 1 分钟，心室纤颤心脏性猝死的生存率以 10% 递减。1 分钟内除颤生存率能达到 70%，5 分钟时为 50%，7 分钟时为 30%，9 ~ 11 分钟为 10%，12 分钟后仅为 2% ~5%。如果“第一目击者”除颤前实施了 CPR，也会提高生存率。

只需经过十几分钟的培训，自动体外除颤器（AED）就能被非医务人员掌握操作。救护员可完全按照 AED 语音提示进行正规操作。

（二）心室纤颤与心脏除颤

当心脏发生了心室纤维性颤动时，心律失常，心室出现杂乱无章的、快速的、每分钟达数百次的颤动，这使心室排血量迅速锐减而无法排血。心室没有收缩能力而陷入无效蠕动状态，使病人处于循环中断。

心肌处于无效活动的状态时，可使用“电冲击”即时除颤。用固定于极短暂的瞬间强大电流通过心脏，除去纤颤，从而使具有高度自律性的窦房结重新发出冲动来控制心脏，使心脏恢复节律性收缩。电除颤对消除心室纤颤、启动心脏正常搏动是十分有效的，除颤实施越早越好。

1. 先决条件。首先要评估病人的情况，即在无意识、无自主呼吸、无心跳、出现心室纤颤、无脉搏、室性心动过速的病人身上使用 AED。

2. 准备工作。救护员将两个有吸力的除颤电极与 AED 接连，然后将电极片放置于病人身上。一个电极片置于病人胸骨上端的右方锁骨之下；另一个置于心尖即乳房的左边腋窝中线上。必须确定电极片要与皮肤接触严实完好，救护员能避免在实施电击时与病人的直接接触。

3. 实施除颤。在电极片固定后，启动 AED 的心律分析按键，AED 即进行心律分析，一般需要约 10 秒。经分析后确认需要除颤，AED 即发出充电信号，当自动充电完毕，再发出指令按动除颤放电键，完成一次除颤。在电击后，AED 进行心律分析，以确定除颤是否成功，是否还需进行除颤，是否需要进行 CPR，一般 3 次除颤为一个过程。

十、复原体位（侧卧位）

救护成功后，把病人从心肺复苏体位恢复到复原体位。这种体味可以保持患者呼吸道通畅，因为患者面部侧向下方，其口腔内的呕吐物和分泌物可随重力作用从口腔流出，减少气道梗阻和误吸的可能性，而患者在此体位下，将侧躺远地侧腿屈曲支撑于地面，有助于保持其体位稳固（见图 15－26）。

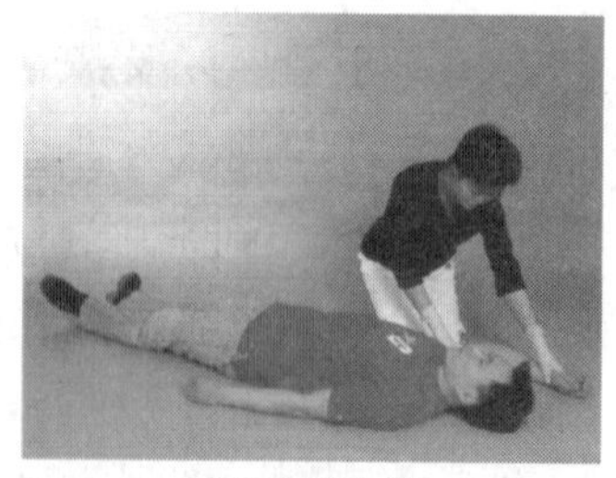

(a) 手臂上举

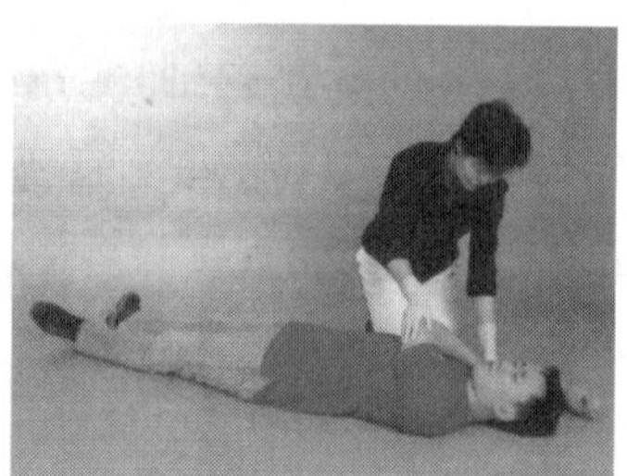

(b) 手臂弯曲搭于对侧肩上

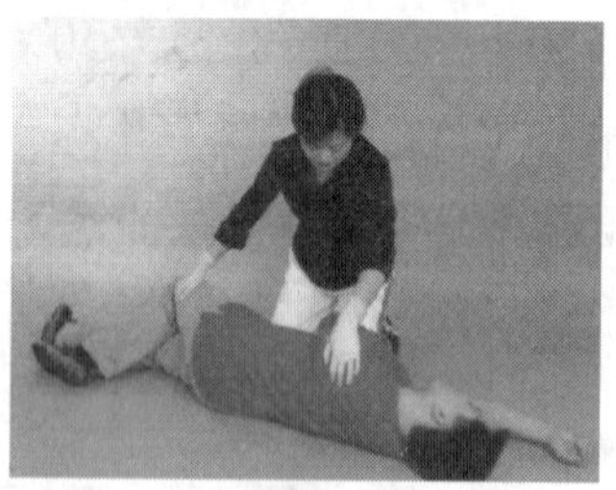

(c) 翻转病人

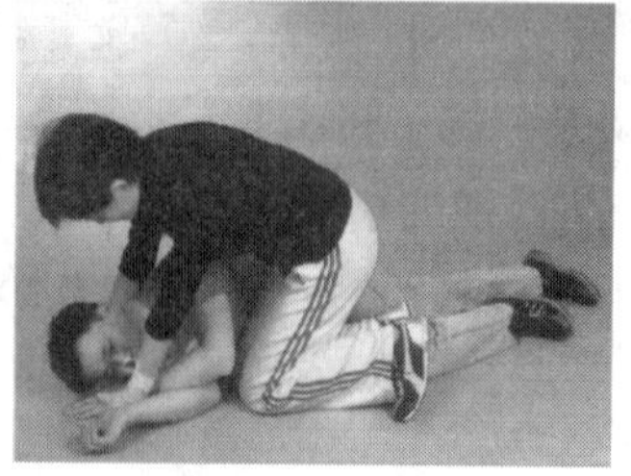

(d) 手置于面颊下方

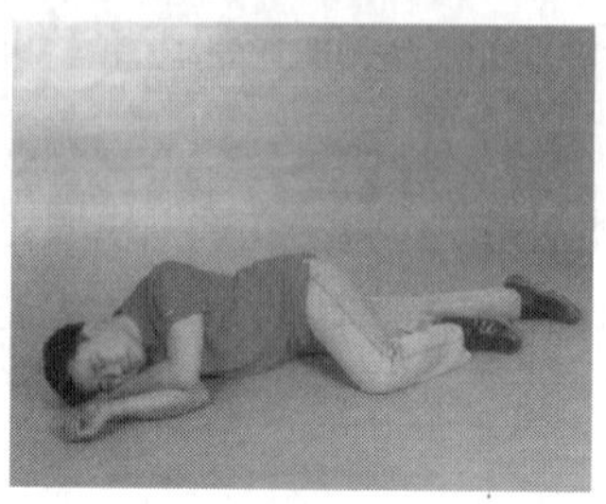

(e) 复原体位

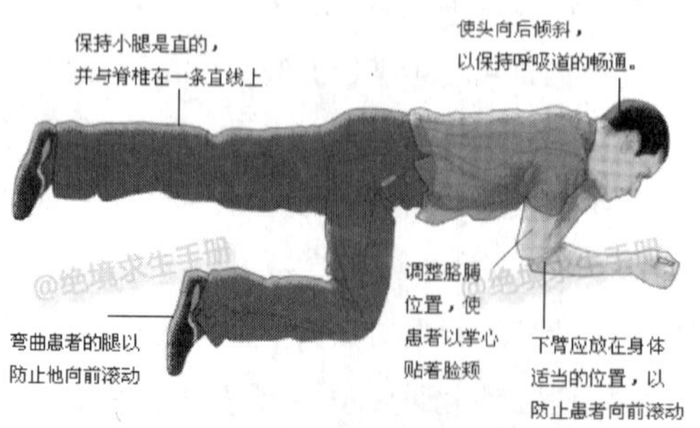

图 15－26　复原体位

第一步，救护员位于病人的一侧，将靠近自身的病人手臂上举置于头部侧方；

第二步，将病人另一手肘部弯曲搭于对侧肩上；

第三步，把病人远离救护员一侧的腿弯曲。救护员用一只手扶住病人肩部，另一手抓住病人膝部，轻转向救护员使病人侧卧；

第四步，将病人上方的手的手心向下，置于面颊下方，以维持头部后仰，防止面部朝下；

第五步，将病人上方弯曲的腿置于伸直腿的前方，稳定病人的身体。

2015 年新指南指出：单一施救者应先开始胸外按压再进行人工呼吸（C－A－B 而非 A－B－C），以减少首次按压的时间延迟。单一施救者开始心肺复苏时应进行 30 次胸外按压后做 2 次人工呼吸（30∶2）。高质量心肺复苏的特点：以足够的速率和幅度进行按压，保证每次按压后胸廓完全回弹，尽可能减少按压中断并避免过度通气，胸外按压这率是 100～120 次/分钟，成人胸外按压幅度是至少 2 英寸（5 厘米），但不超过 2.4 英寸（6 厘米）。[1]

〔1〕 A，airway 的缩写字母，意为打开之道；B，breathing 的缩写字母，意为人工呼吸；C，ciradation 的缩写字母，意为胸外心脏按压。心肺复苏顺序自 2010 年开始调整为 C－A－B，即把胸外心脏按压放在了开放气道的前面，作为心肺复苏的首要步骤，而不是原来的 A－B－C。

第十六章

现代创伤救护

创伤是各种致伤因素作用下造成的人体组织损伤和功能障碍。创伤轻者造成体表损伤，引起疼痛或出血；重者导致功能障碍、残疾，甚至死亡。致伤因素有机械因素，如车祸、塌方、刀扎、枪伤等；物理因素，如烧伤、冻伤、电击、射线等；化学因素，如酸、碱、毒气等；生物因素，如毒蛇、昆虫等。

现代创伤以严重创伤、多发伤和同时多人受伤为特点。严重创伤可造成心、脑、肺和脊髓等重要脏器功能障碍，出血过多会导致休克甚至死亡。创伤现场救护要求快速、正确、有效。正确的现场救护能挽救伤者生命和减轻其痛苦，反之，可加重损伤，造成不可挽回的损失，以致危及生命。

本章主要介绍创伤止血、伤口包扎、骨折固定的现场急救技术和搬运方法，有关心肺复苏技术请参阅相关章节。

第一节　现场创伤救护

创伤是在各种不确定情况下突然发生的，受伤程度和表现各异。加之现场情况十分错综复杂，所以救护工作非常重要而艰巨。

一、常见创伤的原因及特点

（一）交通伤

交通伤占创伤的首要位置。严重的交通伤常可导致人员伤亡，造成伤者多发伤、多发骨折、脊柱脊髓损伤、脏器损伤、开放伤等严重损伤。

（二）坠落伤

随着高层建筑增多，坠落伤的比重逐渐加大。坠落伤通过着地部位直接摔伤和力的传导致伤，以脊柱和脊髓损伤、骨盆骨折为主，也可造成多发骨折、颅脑损伤、肝脾破裂。

（三）机械伤

机械伤以绞伤、挤压伤为主，常导致单侧肢体开放性损伤或断肢、断指、组织挫伤、血管、神经、肌腱损伤和骨折等。

（四）锐器伤

锐器伤的伤口深，易出现深部组织损伤。胸、腹部锐器伤可导致内脏或大血管损伤，出血多，常危及生命。

（五）跌伤

跌伤常见于老年人，造成前臂、骨盆、脊柱压缩性骨折和髋部骨折。青壮年跌伤也可造成骨折。

（六）火器伤

火器伤一般表现为伤口小，但伤口深，常损伤深部组织、器官，也可表现为穿透伤。

二、主要类型

创伤的因素多种多样，全身各种组织、器官都可受到损伤，表现也形式各异。现场救护中应区分以下四种类型：

（一）闭合性损伤

闭合性损伤见于钝器伤、跌伤和撞伤，体表无伤口。受伤处肿胀、青紫，可伴有骨折及内脏损伤。内脏损伤和骨折出血可出现休克。

（二）开放性损伤

开放性损伤见于钝器伤和其他严重创伤，体表有伤口，感染机会增加，失血较多。如有大动脉血管损伤，短期内即出现休克，需要立即止血、包扎。伤口较深污染较重时，应注射破伤风抗毒素预防破伤风的发生。

（三）多发伤

多发伤是指同一致伤因素同时或相继造成一个以上部位的严重创伤。多发伤的组织、脏器损伤严重，死亡率高。现场救护要特别注意呼吸、脉搏及脏器损伤的判断，防止遗漏伤情。

（四）复合伤

复合伤是由不同致伤原因同时或相继造成的不同性质的损伤，如车祸致伤的同时又受到汽车水箱热水的烫伤。复合伤增加了创伤的复杂性，现场救护要针对不同性质的损伤进行相应救护。

三、现场救护目的

创伤现场环境各种各样，均为突发事件，现场条件差，这些情况给现场救护带来困难。因此，明确现场救护目的，有助于迅速选择救护方法，从而正确救护，防止惊慌失措而延缓抢救。

现场救护通常由“第一目击者”或救护员以及院外急救工作人员完成，是将伤者转院进一步治疗的基础，目的是：

（一）抢救、延长伤者生命

伤者由于重要脏器损伤（心脑肺肝脾及颈部脊髓损伤）及大出血导致休克时，可出现呼吸、循环功能障碍。故在循环骤停时，现场救护要立即实施心肺复苏，维持生命，为医院进一步治疗赢得时间。

（二）减少出血，防止休克

严重创伤或大血管损伤时出血量大。血是生命的源泉，现场救护要迅速用一切可能的方法止血，有效的止血是现场救护的基本任务。

（三）保护伤口

开放性损伤的伤口要妥善包扎。保护伤口能预防和减少伤口污染，减少出血，保护深部组织，避免进一步损伤。

（四）固定骨折

现场救护要用最简便有效的方法固定骨折。骨折固定能减少骨折端对神经、血管等组织结构的损伤，同时能缓解疼痛。颈椎骨折如予妥善固定，能防止搬运过程中脊髓的损伤，具有重要意义。

（五）防止并发症

现场救护过程中要注意防止脊髓损伤、止血带过紧造成缺血坏死，胸外挤压用力过猛造成肋骨骨折，以及骨折固定不当造成血管神经损伤及皮肤损伤等并发症。

（六）快速转运

用最短的时间将伤者安全地转运到就近医院。

四、现场救护原则

创伤在各种突发状况下发生，现场救护要根据现场条件和伤情采取不同的救护措施。

五、现场检查

创伤现场救护首先要通过快速、简洁的检查对伤情进行正确判断（见图 16 – 1）。

1. 检查伤者意识。

2. 伤者平卧位，救护员双腿跪于伤者右侧。

3. 检查呼吸、循环体征。

4. 检查伤口。观察伤口部位、大小、出血量。

5. 检查头部。用手轻轻触摸头颅，检查有否出血、骨折、肿胀；检查耳道、鼻孔，有无血液或脑脊液流出，如有考虑为颅骨骨折。

6. 检查脊柱及脊髓功能。令伤者活动手指和脚趾，如无反应考虑为神经系统受损。保持伤者平卧位，用手指从上到下按压颈部后正中，询问是否有压痛，如有即为颈椎骨折；保持脊柱轴线位侧翻伤者，用手指从上到下沿后正中线按压，询问是否有疼痛，如有即为脊柱骨折。

7. 检查胸部。询问疼痛部位，观察胸廓的呼吸运动、胸部形状。救护员双手放在伤者的胸部两侧，然后稍加用力挤压伤者胸部，如有疼痛即为肋骨骨折。

8. 检查腹部。观察有无伤口、内脏脱出及腹部压痛部位。

9. 检查骨盆。询问疼痛部位，双手挤压伤者的骨盆两侧，如有疼痛即为骨折。

10. 检查四肢。询问疼痛部位，观察是否有肿胀、畸形，如有即为骨折。手握腕部或踝部轻轻摆动，观察有否异常活动，如有即为骨折。

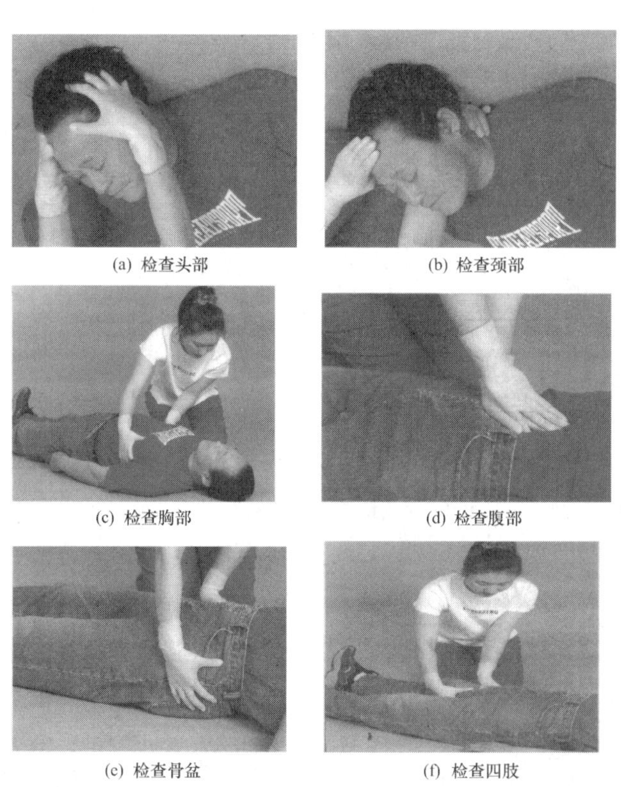
(a) 检查头部　(b) 检查颈部　(c) 检查胸部　(d) 检查腹部　(e) 检查骨盆　(f) 检查四肢

图 16－1　现场检查

六、现场救护程序

创伤作为突发性事件，现场救护情况错综复杂，尤其是同时有多人受伤、多发伤、复合伤等严重创伤时，现场救护更需要快速、有效、有的放矢、有条不紊地进行。下列程序有助于救护人员做到这一点。

1. 了解致伤因素，如交通伤、突发事件，判断危险是否已解除。
2. 及时呼救，拨打急救电话。
3. 观察救护环境，选择就近、安全、平坦的救护场地。
4. 按正确的搬运方法使伤者脱离现场和危险环境。
5. 置伤者于适合体位。
6. 迅速判断伤情，首先判断神志、呼吸、心跳、脉搏是否正常，是否有大出血，然后依次判断头部、脊柱、胸部、腹部、骨盆、四肢活动情况、受伤部位、伤口大小、出血量、是否有骨折。如同时有多个伤者，要做基础的检伤分类，分清轻伤、重伤（见图 16－2）。
7. 有呼吸、心跳停止时，先抢救生命，立即进行心肺复苏，如具备吸氧条件，应立即予以吸氧。
8. 有大血管损伤出血时，应立即止血。
9. 包扎伤口。先包扎头、胸、腹部伤口，然后包扎四肢伤口。
10. 有四肢瘫痪，考虑有颈椎骨折、脱位时，先固定颈部。
11. 固定四肢。
12. 安全、有监护地迅速转运。

图 16－2　现场检伤分类

在各种突发创伤中，常有外伤大出血的紧张场面。因此，止血是创伤现场救护的基本任务。有效地止血能减少出血，保存有效血容量，防止休克的发生。因此，现场及时有效地止血，是挽救生命，降低死亡率，为病人赢得进一步治疗的重要技术。

然而，现场救护条件较差，要想做到既能有效止血，又能因地制宜就地取材，而且使用的止血方法又不会伤及肢体，就必须学习相关的知识和技能，一旦遇到伤者，就能在现场有条不紊地实施救护。

一、概述

血液是维持生命的重要物质。成人的血液约占自身体重的8%，止血的目的是控制出血，保存有效的血容量，防止休克，挽救生命。

（一）失血量估计

失血的速度和数量是影响伤者健康和生命的重要因素。突然失血占全身血容量20%（约800ml）以上时，可造成轻度休克，脉搏增快，可达100次/分钟；失血20%～40%（800～1600ml）时，可造成中度休克，脉搏100～120次/分钟以上；失血40%（1600ml）以上时，可造成重度休克，脉搏细而弱，摸不清。

（二）全身主要动脉分布部位

颈动脉是供应脑的动脉，位于颈部胸锁乳突肌内侧。颞浅动脉位于耳屏前方。

躯干血管粗大，一般位于躯干的深处，不易受损，盆腔内的血管丰富，动脉多在脏器周围形成网，静脉形成丛。外伤后，可造成盆腔脏器损伤及大出血。

上肢的主干动脉为肱动脉，在上臂中部肱二头肌内侧可摸到搏动；肱动脉在肘窝处分支，沿前臂外侧行走为桡动脉，沿前臂内侧行走为尺动脉。

下肢的主干动脉为股动脉，经腹股沟韧带中点内侧的深部，沿大腿前内侧下降，至膝关节后面的腘窝处延续为腘动脉。在大腿根部，腹股沟韧带中点稍内侧的下方，可触及股动脉搏动。

静脉与同名动脉伴行。在手背、足背静脉丰富，形成手背、足背静脉网。

二、出血类型

（一）根据出血部位不同分类

1. 皮下出血。多因跌、撞、挤、挫伤，造成皮下软组织内出血，形成血肿、瘀斑，数天可自愈。

2. 内出血。内出血是深部组织和内脏损伤，血液流入组织内或体内，形成脏器水肿或积血，从外表看不见，只能根据伤者的全身或局部症状来判断，如面色苍白、吐血、腹部疼痛、便血、脉搏快而弱等来判断胃肠等重要脏器有无出血。内出血对伤者的健康和生命威胁很大，必须密切注意。

3. 外出血。人体受到外伤后血管破裂，血液从伤口流出体外。

（二）根据血管损伤的种类及程度分类

依据血管损伤的种类将出血分为：动脉出血（从伤口喷射而出）静脉出血（从伤口处缓慢流出）和毛细血管出血（从伤口点状渗出）。

依据血管损伤的程度通常将出血分为三类，可以根据出血的情况和血液的颜色来判断。

1. 小血管损伤出血。位于体表或肢端的表浅伤口仅损伤小血管和毛细血管，出血速度慢，出血量小。损伤的小血管会很快回缩，并通过自身凝血机制形成血栓而自行凝血。这类出血只需包扎伤口即可达到止血目的。

2. 中等血管损伤出血。较深、较大的伤口，如肌肉断裂、碾锉，长骨干骨折，肢体离断等损伤中等动脉，呈活动性出血，出血较多，可出现休克，如救护及时一般不危及生命。采用指压、包扎止血法可达到止血目的，必要时可上止血带。

3. 大血管断裂出血。颈动脉、股动脉、腋动脉断裂出血呈喷射性，肝脾破裂、骨盆骨折出血量较大，短期内出现休克，甚至死亡。大血管损伤时指压止血是挽救伤者生命的关键措施，可以结合包扎止血法止血。现场急救的同时要紧急呼叫 EMS 并特别说明伤势。

三、失血症状

无论是外出血还是内出血，失血量较多时，伤者面色苍白、口渴、冷汗淋漓、手足发凉、软弱无力、呼吸紧迫、心慌气短。检查时，脉搏快而弱以至摸不到，血压下降，表情淡漠，甚至神志不清。

四、止血材料

常用的止血材料有无菌敷料、创可贴、气囊止血带、表带式止血带。就地取材所用的布料止血带，如用三角巾、毛巾、手绢、布料、衣物等可折成三指宽的宽带以应急需。禁止用电线、铁丝、绳子等替代止血带。

（一）敷料

敷料用来覆盖伤口，为无菌敷料。如没有无菌敷料，可以用干净的毛巾、衣物、布、餐巾纸等替代。目的为控制出血，吸收血液并引流液体，保护伤口，预防感染。

敷料的种类有：

1. 纱布垫，有大小不同的无菌纱布垫。有的纱布垫涂有药物层，用于处理不同的伤口，如吸附烧伤表面的液体分泌物。

2. 创可贴，是无菌敷料和绷带的结合。

3. 创伤敷料，为大而厚的具有吸收能力的无菌敷料。敷料要比伤口大3cm。有厚度、柔软性并对伤口产生均匀的压迫。

（二）止血带

用宽的、扁平的布制材料止血带，有条件时尽可能用医用气囊止血带、表带式止血带。

五、止血方法

止血的方法有包扎止血、加压包扎止血、指压止血、加垫屈肢止血、填塞止血、止血带止血。一般的出血可以使用包扎、加压包扎法止血。四肢的动、静脉止血，如使用其他的止血法能止血的，就不用止血带止血。操作要点如下：

1. 尽可能戴上医用手套，如无，用敷料、干净布片、塑料袋、餐巾纸作为隔离层。

2. 脱去或剪开伤者的衣服，暴露伤口，检查出血部位。

3. 根据伤口出血的部位，采用不同的止血法止血。

4. 不要对嵌有异物或骨折断端外露的伤口直接压迫止血。

5. 不要去除血液浸透的敷料，而应在其上另加敷料并保持压力。

6. 肢体出血应将受伤区域抬高到超过心脏的高度。

7. 如必须用裸露的手进行伤口处理，在处理完成后，尽快用肥皂清水洗手并消毒。

8. 止血带在万不得已的情况下方可使用。

（一）包扎止血

表浅伤口出血损伤小血管和毛细血管时，出血少，适合用包扎止血方法。

1. 黏贴创可贴止血。将创可贴的一边黏贴在伤口的一侧，然后向对侧拉紧黏贴另一侧。

2. 敷料包扎止血。将敷料、纱布覆盖在伤口上，敷料、纱布要有足够的厚度，覆盖面积要超过伤口至少3cm。可选用不黏伤口、吸收性强的敷料。

3. 就地取材止血。选用三角巾、手帕、纸巾、清洁布料等包扎止血。

（二）加压包扎止血

适用于全身各部位的小动脉、静脉、毛细血管出血。用敷料或洁净的毛巾、手帕、三角巾等覆盖伤口，加压包扎达到止血目的。

1. 直接加压法。通过直接压迫出血部位而止血。操作要点如下：

（1）使伤者处于卧位，抬高伤肢（骨折除外）。

（2）检查伤口是否有异物，如无异物，用敷料覆盖伤口，敷料要超过伤口至少3cm，如果敷料已被血液浸湿，再加上另一敷料。

（3）用手施加压力直接压迫5～10分钟。

（4）有条件尽早用绷带、三角巾等包扎。

2. 间接加压法。操作要点如下：①使伤者处于卧位；②若伤口有异物，须在伤口边缘将异物固定；③用绷带加压包扎。

（三）指压止血法

用手指压迫伤口近心端的动脉，阻断动脉血运，能有效地达到快速止血目的。指压止血法用于出血多的伤口。操作要点：①准确掌握动脉压迫点；②保持伤处肢体抬高；③压迫力度要适中，以伤口不出血为准；④压迫10～15分钟，仅是短时急救止血。

1. 颞浅动脉压迫点。用于头顶部出血，一侧头顶部出血时，在同侧耳前，对准耳屏上前方1.5cm处，用拇指压迫颞浅动脉止血（见图16－3）。

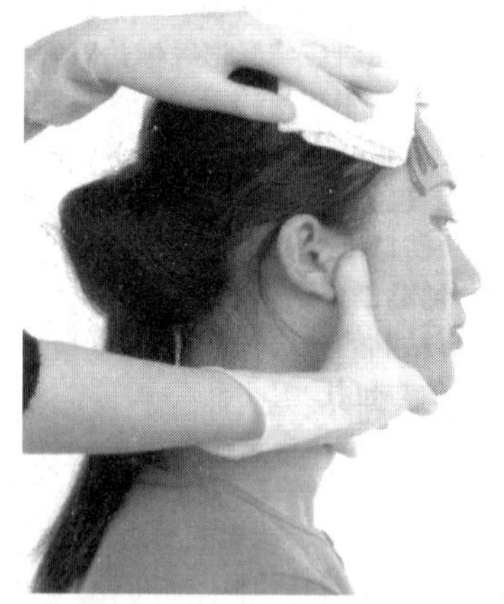

图16－3　颞浅动脉压迫点

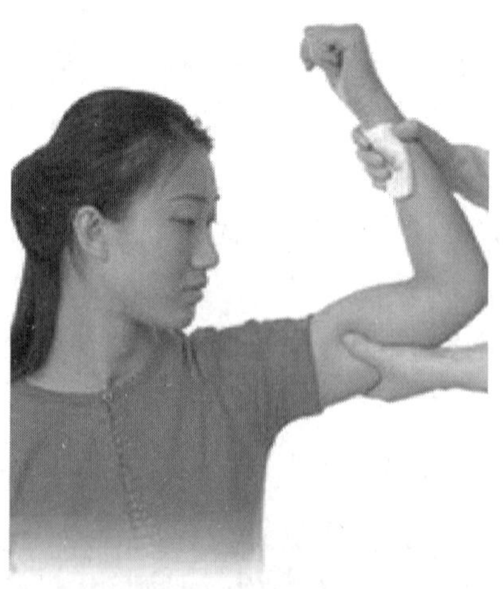

图16－4　肱动脉压迫点

2. 肱动脉压迫点。肱动脉位于上臂中段内侧，位置较深。前臂及手出血时，在上臂中段的内侧摸到肱动脉脉搏动后，用拇指按压可止血（见图 16－4）。

3. 桡、尺动脉压迫点。桡、尺动脉在腕部掌面两侧。腕及手出血时，要同时按压桡、尺两条动脉方可止血（见图 16－5）。

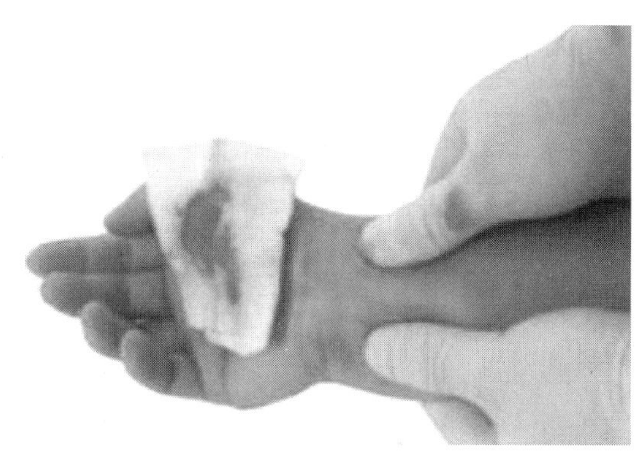

图 16－5　桡、尺动脉压迫点

4. 股动脉压迫点。在腹股沟韧带中点偏内侧的下方能摸到股动脉强大搏动，用拇指或掌根向外上压迫，用于下肢大出血。股动脉在腹股沟处位置表浅，该处损伤时出血量大，要用双手拇指同时压迫出血的远近两端。压迫时间也要延长。如转运时间长可试行加压包扎（见图 16－6）。

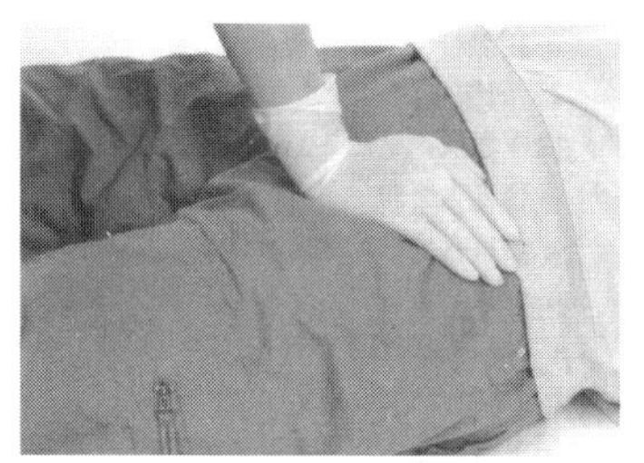

(a) 按压股动脉互救手法

(b) 按压股动脉自救手法

图 16－6　股动脉压迫点

5. 腘动脉压迫点。在腘窝中部摸到腘动脉搏动后用拇指向腘窝深部压迫，用于小腿及以下严重出血。

6. 胫前、后动脉压迫点。足部出血，可压迫胫前动脉和胫后动脉。用两手的拇指分别按压于内踝与跟骨之间和足骨皮肤皱纹的中点（见图 16－7）。

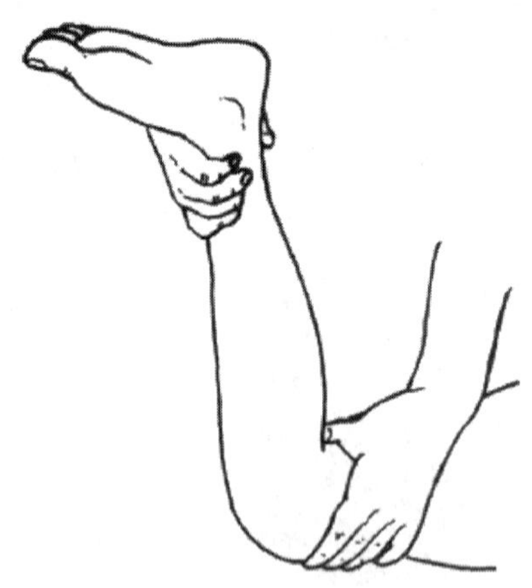

图 16 –7 胫前、后动脉压迫点

7. 指（趾）动脉压迫点。用拇指和食指紧压住指趾的两侧（见图 16 –8）。

（四）加垫屈肢止血

对于外伤出血量较大，肢体无骨折损伤者，用此法。注意肢体远端的血液循环，每隔 50 分钟缓慢松开 3 ~5 分钟，防止肢体坏死。

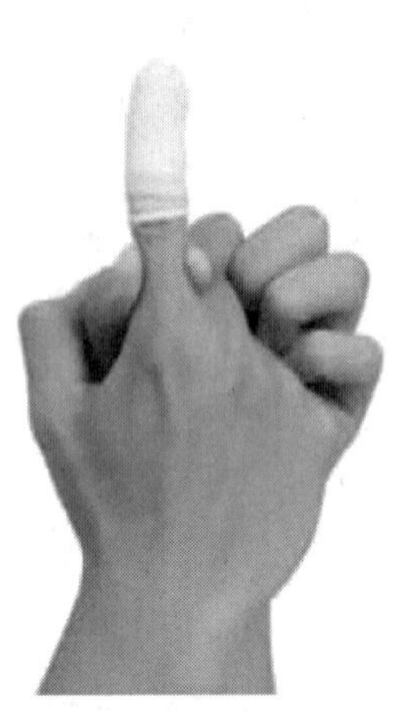
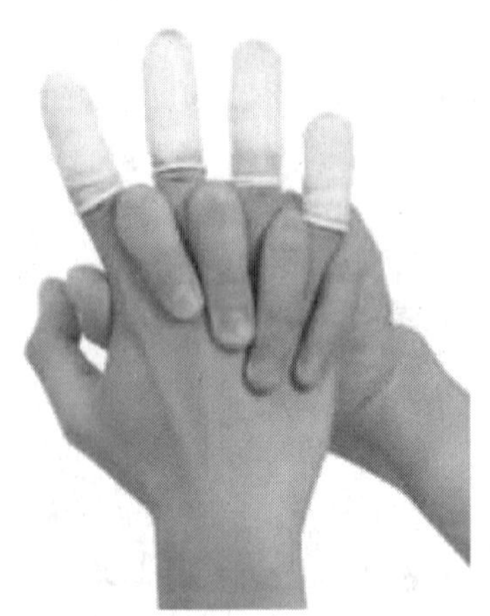

图 16 –8　指动脉压迫点

1. 上肢加垫屈肢止血。

（1）前臂出血：在肘窝处放置纱布垫或毛巾、衣物等物，肘关节屈曲，用绷带或三角巾将屈肘位固定。

（2）上臂出血：在腋窝加垫，使前臂屈曲于胸前，用绷带或三角巾将上臂固定在胸前。

2. 下肢加垫屈肢止血（见图 16 –9）。

（1）小腿出血：在腘窝加垫，膝关节屈曲，用绷带或三角巾将屈膝位固定。

（2）大腿出血：在大腿根部加垫，屈曲髋、膝关节，用三角巾或绷带将腿与躯干固定。

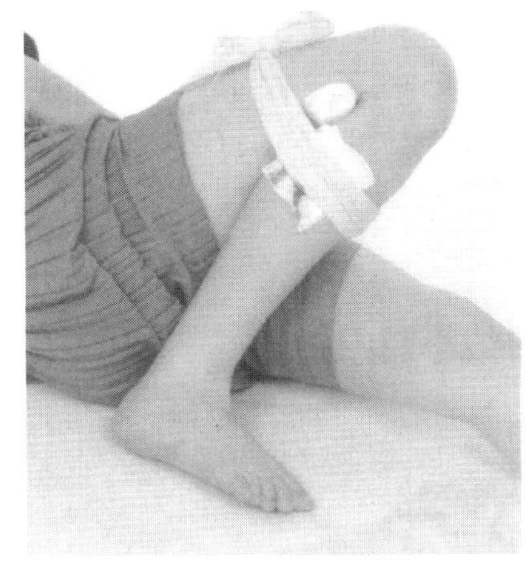
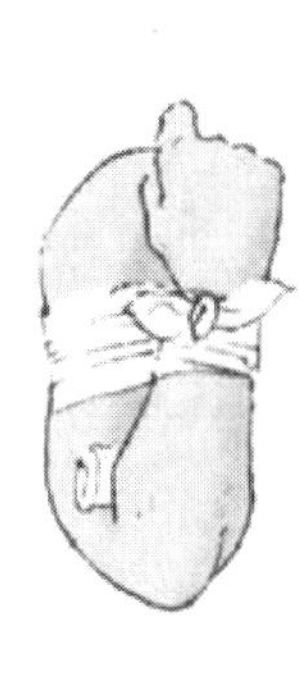
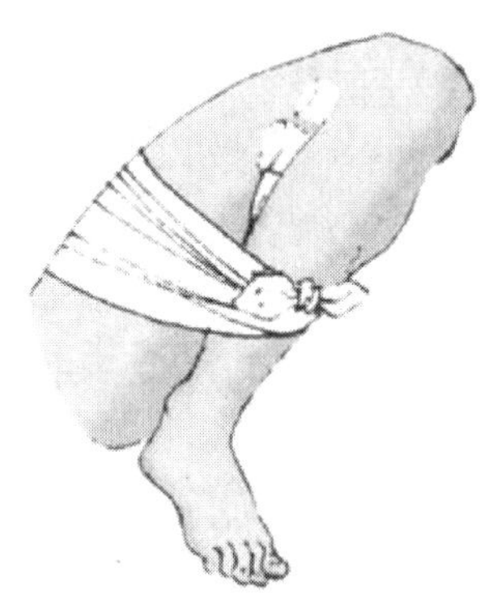

图 16－9　下肢加垫屈肢止血

（五）填塞止血

对于伤口较深较大，出血多，组织损伤严重的应紧急现场救治。用消毒纱布、敷料（如无，用干净的布料替代）填塞在伤口内，再用加压包扎法包扎（见图 16－10）。

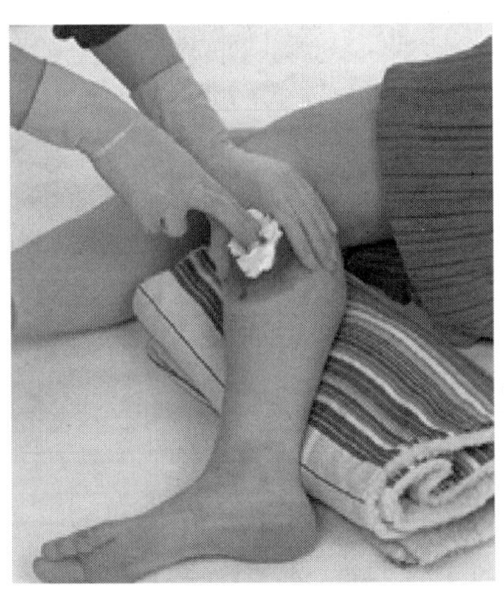

图 16－10 填塞止血

（六）止血带止血

四肢有大血管损伤或伤口大、出血量多时，采用以上止血方法仍不能止血，方可选用止血带止血的方法。操作要点：①肢体上止血带的部位要正确；②上止血带部位要有衬垫；③记录上止血带的时间，每隔 40 ~ 50 分钟放松一次，每次 3 ~ 5 分钟；④放松止血带期间，要用指压法、直接压迫法止血，以减少出血。

1. 气囊止血带止血。

（1）在上臂的上 1/3 段或大腿中上段垫好衬垫（绷带、毛巾、平整的衣物等）。

（2）将止血带缠在肢体上，为防止止血带松脱，上止血带后再缠几圈绷带加强。

（3）打开充气阀开关，用充气杆充气至压力表指针到 300mmHg（上肢）或 600mmHg（下肢）。

（4）然后关紧充气阀，记录时间及压力值。

2. 表带式止血带（见图 16 – 11）。

（1）将伤肢抬高，将上臂的上 1/3 段或大腿中上段垫好衬垫（绷带、毛巾、平整的衣物等）。

（2）将止血带缠在肢体上，一端穿进扣环，并拉紧至伤口不出血为度。

（3）最后记录止血带安放时间。

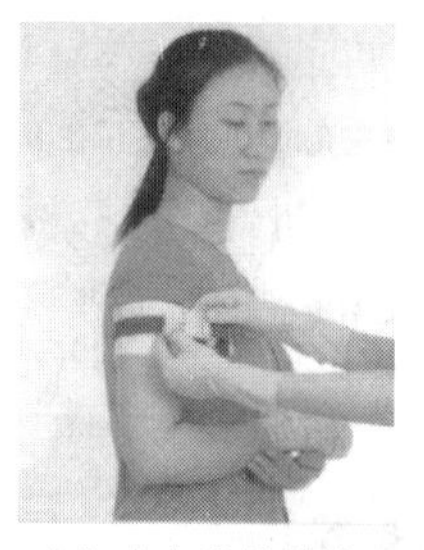
(a) 止血带缠肢体

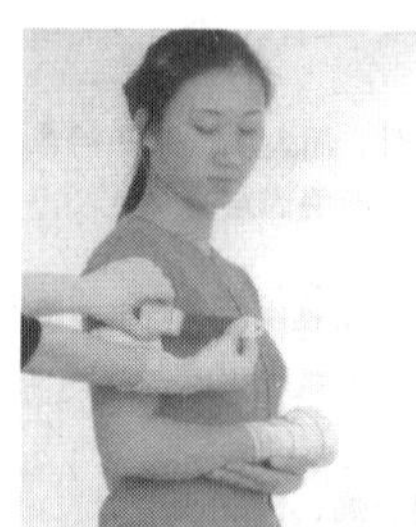
(b) 拉紧扣环

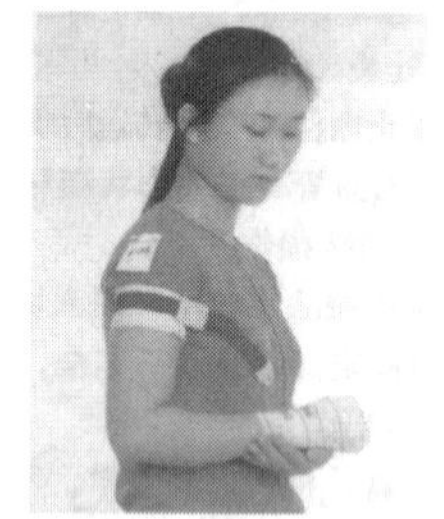
(c) 标明时间

图 16 – 11 表带式止血带

3. 布料止血带（见图 16 – 12）。仅限于在没有上述两种止血带的紧急情况时临时使用。因布料止血带弹性差，止血效果不理想。止血带如果过紧会造成肢体损伤或缺血坏死，因此，仅可谨慎短时间使用。禁忌用钢丝、绳索、电线等作为止血带使用。操作要点如下：

（1）将三角巾或床单等布料折叠成带状，在上臂的上 1/3 段或大腿中上段垫好衬垫（绷带、毛巾等）。

（2）用制好的布料带在衬垫上加压绕肢体一周，两端向前拉紧，打一个活结。

（3）取绞棒插在布带的外圈内，提起绞棒绞紧。

（4）将绞紧后的棒的另一端插入活结小圈内固定。

（5）最后记录止血带安放时间，定时放松止血带，放松时用其他方法临时止血。

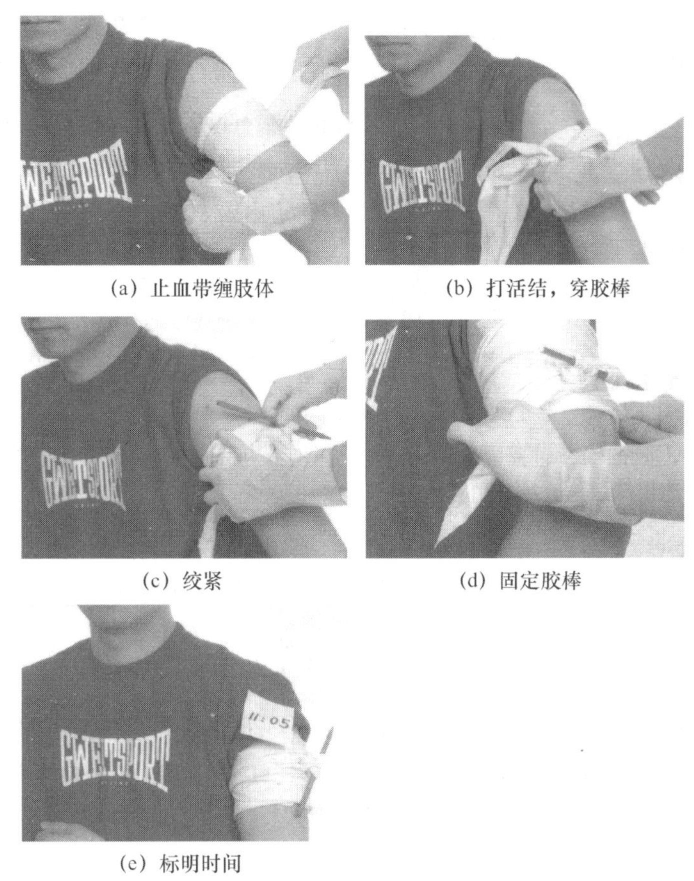

(a) 止血带缠肢体　(b) 打活结，穿胶棒

(c) 绞紧　(d) 固定胶棒

(e) 标明时间

图 16－12　布料止血带

（七）不同部位的止血法

1. 颈动脉损伤。颈动脉损伤出血首先用指压止血，用大拇指压迫出血的下段，再用无菌纱布填塞伤口，并迅速拨打急救电话。转运时间长时，可用大块干净布料或多条三角巾卷成团，压在出血部位。使伤者头部向出血侧侧屈，同侧上臂抬高，压迫颈部，用绷带或三角巾等经头及上臂缠绕固定。

2. 腹股沟处股动脉损伤。迅速用指压止血法止血，转运时间长时，用大块干净布料或多条三角巾卷成团，压在出血部位，充分屈曲髋、膝关节压迫血管，三角巾将腿和腰部缠绕固定。

3. 腘窝处腘动脉损伤。迅速用指压止血法止血后，用大块干净布料卷团压在腘窝处，将膝关节屈曲，用绷带、三角巾固定。如止血不完全，可在大腿用止血带。

4. 头部伤口出血。头皮血管丰富，损伤后出血多，不易止血。纱布压在伤口上，将尼龙头套套在头上或用绷带、三角巾等包扎。

5. 手指伤口出血。手指两侧有两条小动脉供血，血运丰富。用拇指和食指掐住伤指根部两侧的指动脉，用一块小纱布压在伤口上，用尼龙指套套在伤口上固定纱布，或用绷带缠绕固定。可用纸巾、手帕或其他布料代替纱布和绷带。

6. 深部伤口出血。伤口较深较大，组织损伤严重，可能损伤中等血管，出血多。将纱布打开，轻轻塞进伤口，将伤口填实，压迫止血，用纱布覆盖伤口，用绷带绕肢体加压包扎。如出血严重可加用止血带，可用三角巾或其他干净布料代替纱布、绷带。

（八）注意事项

1. 首先要准确判断出血部位及出血量，决定采取何种止血方法。

2. 大血管损伤时常需几种方法联合使用。颈动脉和股动脉损伤出血猛，首先要采用指压止血法，并及时拨打急救电话。转运时间长时应行加压包扎法止血。

3. 无论使用哪种止血带均要记录时间，注意定时放松，放松止血带要慢，防止再出血。

4. 布料止血带因弹性差，要特别注意防止肢体损伤，不可一味增加压力。

第三节　现场包扎

快速、准确地将伤口用创可贴、尼龙网套、纱布、绷带、三角巾或其他现场可以利用的布料等包扎，是外伤救护的重要一环。它可以起到快速止血、保护伤口、防止进一步污染、减轻疼痛的作用，有利于转运和进一步治疗。

一、概述

伤口是细菌侵入人体的门户，如果伤口被细菌感染，就可能引起化脓或并发败血症、气性坏疽、破伤风，严重损害健康，甚至危及生命。所以，受伤以后，如果没有条件做清创手术，在现场要进行包扎。

包扎的目的：保护伤口，防止进一步污染，减少感染机会；减少出血，预防休克；保护内脏和血管、神经、肌腱等重要解剖结构。

二、伤口种类

（一）割伤

组织被刀、玻璃等锋利的物品整齐切开，如伤及大血管，伤口大量出血（见图16－13）。

（二）瘀伤

由于受硬物撞击或压伤、钝物击伤，使皮下组织出血，伤处瘀肿（见图16－14）。

（三）刺伤

被尖锐的小刀、针、钉子等刺伤，伤口小而深，易引起内层组织受损（见图16－15）。

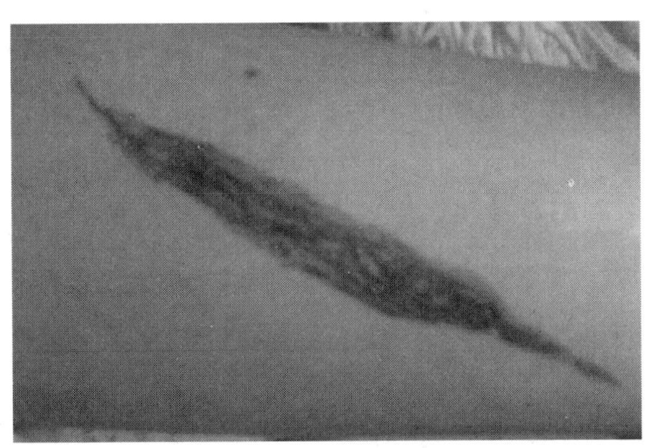

图 16－13　割伤

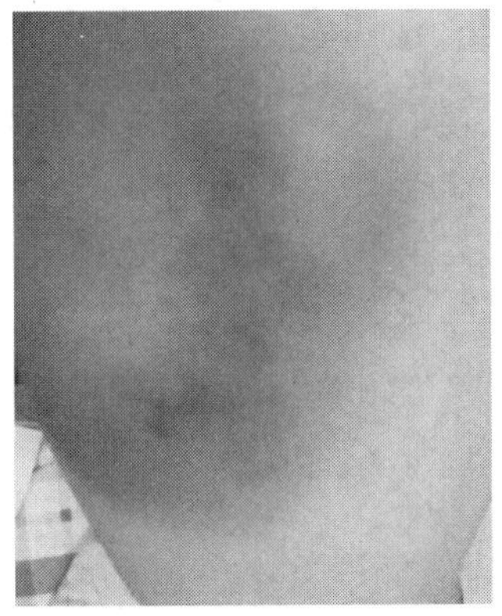

图 16－14　瘀伤

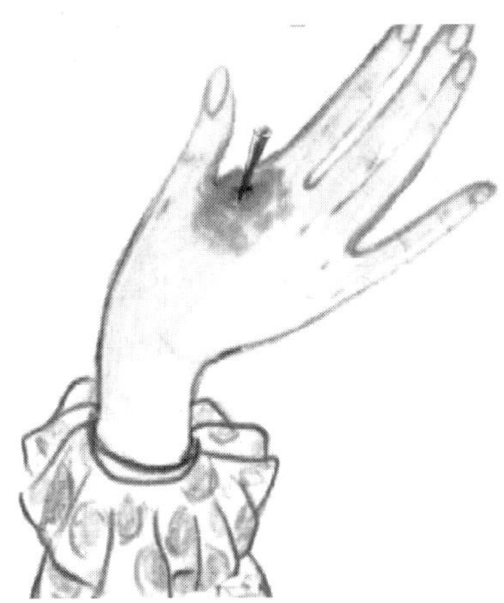

图 16－15　刺伤

（四）枪伤

子弹可穿过身体而出或停留体内，因此，身体可见1~2个伤口。体内组织、脏器等受伤（见图16－16）。

（五）挫裂伤

伤口表面参差不齐，血管撕裂出血，并黏附污物。

三、伤口判断

现场处理时，要仔细检查伤口的位置、大小、深浅、污染程度及异物特点。

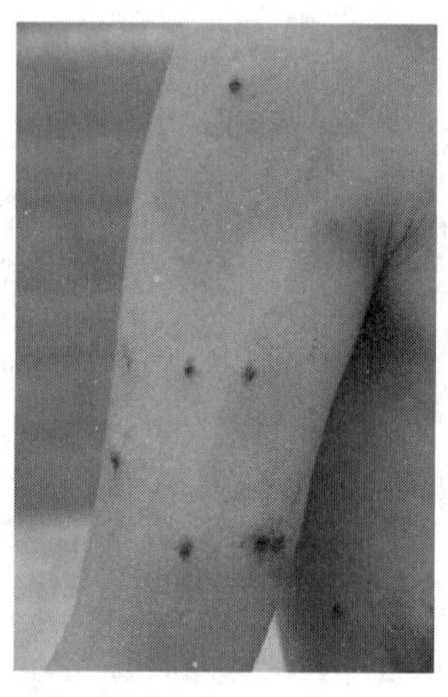

图16－16　枪伤

1. 伤口深，出血多，可能有血管损伤。
2. 胸部伤口可能有气胸。
3. 腹部伤口可能有肝脾或肠胃损伤。
4. 肢体畸形可能有骨折。
5. 异物扎入人体可能损伤大血管、神经或主要脏器。

四、包扎材料

常用的包扎材料有创可贴、尼龙网套、三角巾、弹力绷带、纱布绷带、胶条及就地取材如毛巾、头巾、衣服等。

（一）创可贴

有各种大小不同规格，弹力创可贴适用于关节部位损伤。

（二）绷带

卷状绷带具有不同的宽度、长度及不同的材料。如用于手指、手腕、上肢等身体不同部位损伤可选用不同宽度的绷带。纱布绷带利于伤口渗出物的吸收，高弹力绷带用于关节部位损伤。一头卷起的为单头带，两头同时卷起的为双头带，把绷带两端用剪刀剪开即为四头带。

（三）就地取材

干净的衣物、毛巾、床单、领带等作为临时性的包扎材料。

（四）胶带

具有多种宽度，呈卷状，用于固定绷带、辅料块。对一般胶带过敏的，应采用纸胶带。

（五）三角巾

1. 三角巾展开形态规格底边为 135 厘米，两斜边均为 85 厘米，有顶角与两个底角。

2. 折叠成条形即先把三角巾的顶角折向底边中央，然后根据需要折叠成三横指或四横指宽窄的条带。

3. 燕尾式将三角巾的两底角对折重叠，然后将两底角错开，并形成夹角。燕尾巾的夹角大小，可根据包扎部位的不同而定。

4. 环形圈垫用三角巾折成带状或用绷带的一端在手指周围缠绕两次，形成环状，将另一端穿过此环，并反复缠绕拉紧。

五、包扎要求与操作要点

（一）要求

包扎伤口动作要快、准、轻、牢。包扎时部位要准确、严密、不遗漏伤口；包扎动作要轻，不要碰撞伤口，以免增加伤者的疼痛和出血；包扎要牢靠，但不宜过紧，以免妨碍血液畅通和压迫神经。

（二）操作要点

1. 尽可能带上医用手套，如无，用敷料、干净布片、塑料袋、餐巾纸作为隔离层。
2. 脱去或剪开伤者的衣服，暴露伤口，检查伤情。
3. 伤口封闭要严密，防止污染伤口。
4. 动作要轻巧而迅速，部位要准确，伤口包扎要牢固，松紧适宜。
5. 不用水冲洗伤口（化学伤除外）。
6. 不要对嵌有异物或骨折断端外露的伤口直接包扎。
7. 不要在伤口上用消毒剂或消炎粉。

8. 如必须用裸露的手进行伤口处理，处理完成后，清洁消毒手部。

六、包扎方法

（一）尼龙网套、自黏创可贴包扎法

用于表浅伤口、头部及手指伤口的包扎。现场使用方便、有效。

1. 尼龙网套包扎。尼龙网套具有良好的弹性，使用方便，头部及肢体均可用其包扎。先用敷料覆盖伤口，再将尼龙网套套在敷料上。

2. 自黏性各种规格的创可贴。自黏创可贴透气性能好，还有止血、消炎、止疼、保护伤口等作用，使用方便，效果佳。

（二）绷带包扎法

1. 环行包扎法（见图 16－17）。此法是绷带包扎中最常见的，适用于肢体粗细较均匀处伤口的包扎。操作要点如下：

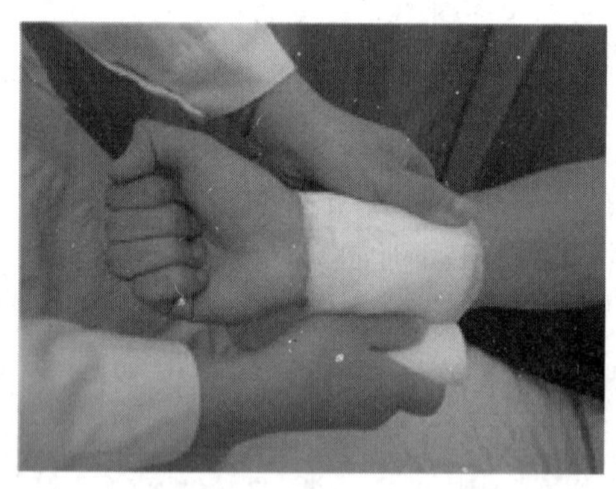

图 16－17　环行包扎法

（1）先将伤口用无菌敷料覆盖，用左手将绷带固定在敷料上，右手持绷带卷绕肢体紧密缠绕。

（2）将绷带打开一端稍作倾斜状环绕第一圈，将第一圈斜出的一角压入环形圈内，环绕第二圈。

（3）加压绕肢体环形缠绕 4～5 层，每圈盖住前一圈，绷带缠绕范围要超出敷料边缘。

（4）最后用胶布黏贴固定，或将绷带尾从中央纵形剪开形成两个布条，两布条先打一结，然后两者绕肢体打结固定。

2. 回反包扎法（见图 16－18）。适用于头部或断肢伤口包扎。操作要点如下：

（1）先用无菌敷料覆盖伤口。

（2）将绷带做环形固定两圈。

（3）左手持绷带一端于后头中部，右手持绷带卷，从头后向前到前额。

（4）然后再固定前额处绷带向后反折，反复呈放射状反折，直至将敷料完全覆盖。

（5）最后环形缠绕两圈，将上述反折绷带端固定。

3. “8”字包扎法（见图16－19）。手掌、踝部和其他关节处伤口用“8”字绷带包扎，选用弹力绷带。操作要点如下：

图16－18　回反包扎法

（1）先用无菌敷料覆盖伤口。

（2）包扎脚时从踝部开始，先环形缠绕两圈，然后经脚和踝“8”字形缠绕。

（3）最后绷带尾端在踝部固定。

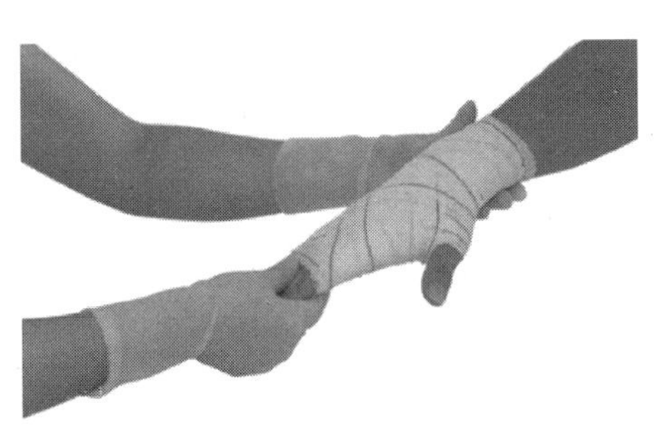

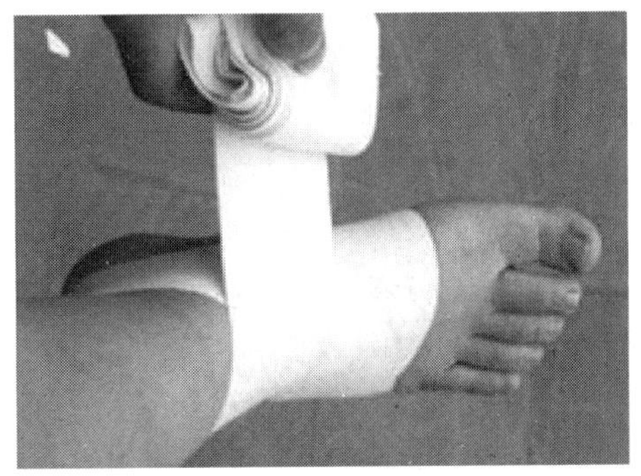

图16－19　“8”字包扎法

4. 螺旋包扎法。适用于上肢、躯干的包扎。先用无菌敷料覆盖伤口；将绷带做环形缠绕两圈，从第三圈开始，环绕时压住上圈的1/2或1/3，最后用胶布黏贴固定。

5. 螺旋反折包扎法（见图16－20）。适用于粗细不等部位的包扎，如小腿、前臂等。操作要点如下：

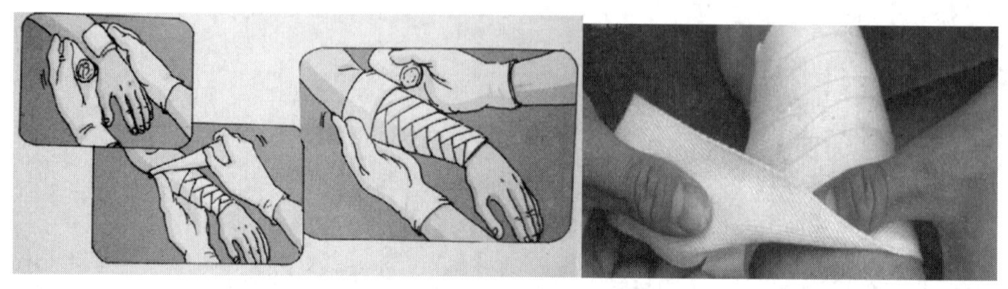

图16－20 螺旋反折包扎法

（1）先用环形法固定始端。

（2）螺旋方法每圈反折一次，反折时，以左手拇指按住绷带上面的正中处，右手将绷带向下反折，向后绕并拉紧，反折处不要在伤口上。

（三）三角巾包扎法

使用三角巾时，注意边要固定，角要抓紧，中心伸展，敷料贴实。在应用时可按需要折叠成不同的形状，运用于不同部位的包扎。下面介绍几种三角巾包扎法的操作要点。

1. 头顶帽式包扎法（见图16－21）。

（1）将三角巾的底边叠成约两横指宽，边缘置于伤者前额齐眉，顶角向后拉盖于脑后。

（2）三角巾的两底角经两耳上方拉向头后部交叉并压住顶角，再绕回前额相遇时打结。

（3）顶角拉紧，掖入头后部交叉处内。

图16－21 头部帽式包扎法

2. 肩部包扎法。

（1）单肩（见图16－22）：①三角巾折叠成燕尾式，燕尾夹角约90°，大片在后压小片，放于肩上，燕尾夹角对准侧颈部。②燕尾底边两角包绕上臂上部并打结。③拉紧两燕尾角，分别经胸、背部至对侧腋下打结。

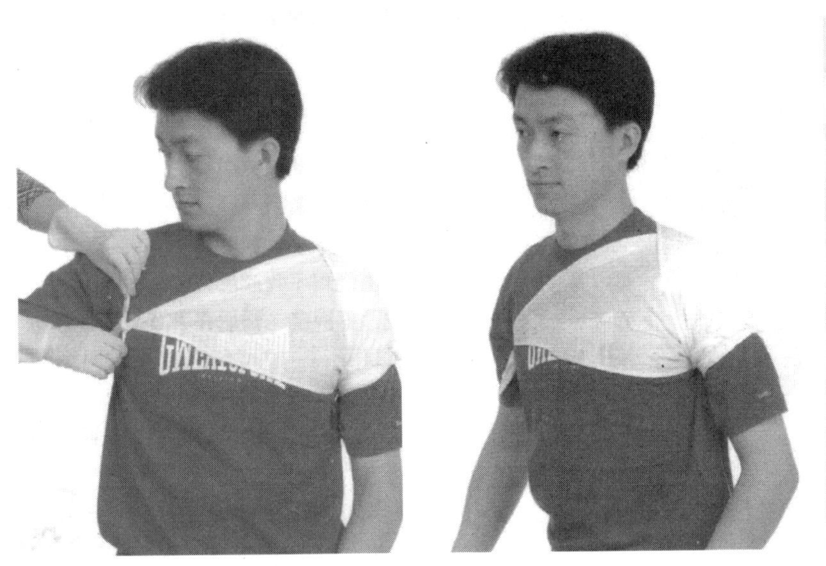

图16－22 单肩包扎法

（2）双肩：①三角巾折叠成燕尾式，燕尾夹角约120°。②燕尾披在双肩上，燕尾夹角对准颈后正中部。③燕尾角过肩，由前往后包肩于腋下，与燕尾底边打结。

3. 胸部包扎法（见图16－23）。

图16－23 胸部包扎法

（1）三角巾折叠成燕尾式，燕尾夹角约100°，置于胸前，夹角对准胸骨上凹。

（2）两燕尾角过肩于背后，将燕尾顶角系带，围胸在背后打结。

（3）然后将一燕尾角系带拉紧绕横带后上提，再与另一燕尾角打结。

（4）背部包扎时，把三角巾燕尾调到背部即可。

4. 腹部包扎法（见图16－24）。

（1）三角巾底边向上，顶角向下横放在腹部，两顶角围绕到腰部后打结。

（2）顶角由两腿间拉向后面与两底角连接处打结。

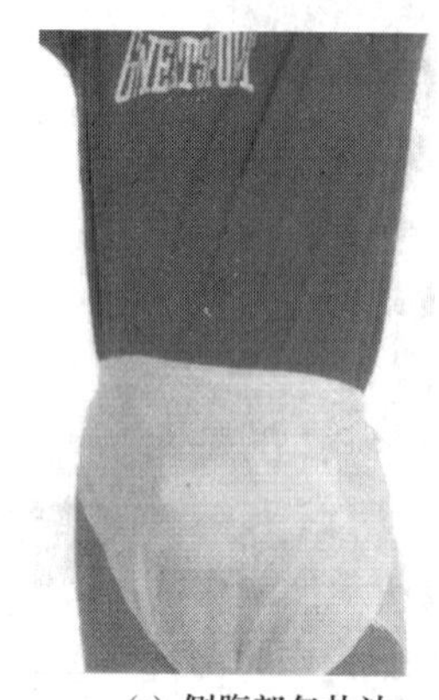

(a) 侧腹部包扎法

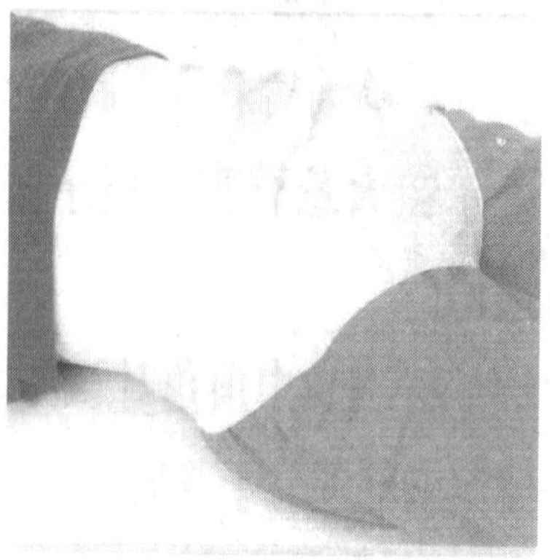

(b) 全腹部包扎法

图16－24　腹部包扎法

5. 单侧臀部包扎法。

（1）三角巾叠成燕尾式，夹角约60°朝下对准外侧裤线。

（2）伤侧臀部的后大片压着前面的小片。

（3）顶角与底边中央分别过腹腰部到对侧打结。

（4）两底角包绕伤侧大腿根打结。

6. 手（足）包扎法（见图16－25）。

（1）三角巾展开，手指或足趾尖对向三角巾的顶角，手掌或足平放在三角巾的中央。

（2）指缝或足缝间插入敷料。

（3）将顶角折回，盖于手背或足背，两底角分别围绕到手背或足背交叉。

（4）再在腕部或踝部围绕一圈后在手背或足背打结。

7. 膝部带式包扎法（见图16－26）。

（1）将三角巾折叠成适当宽度的带状。

（2）将中段斜放于伤部，两端向后缠绕，返回时两端分别压住中段上下两边。

（3）包绕肢体一周打结。

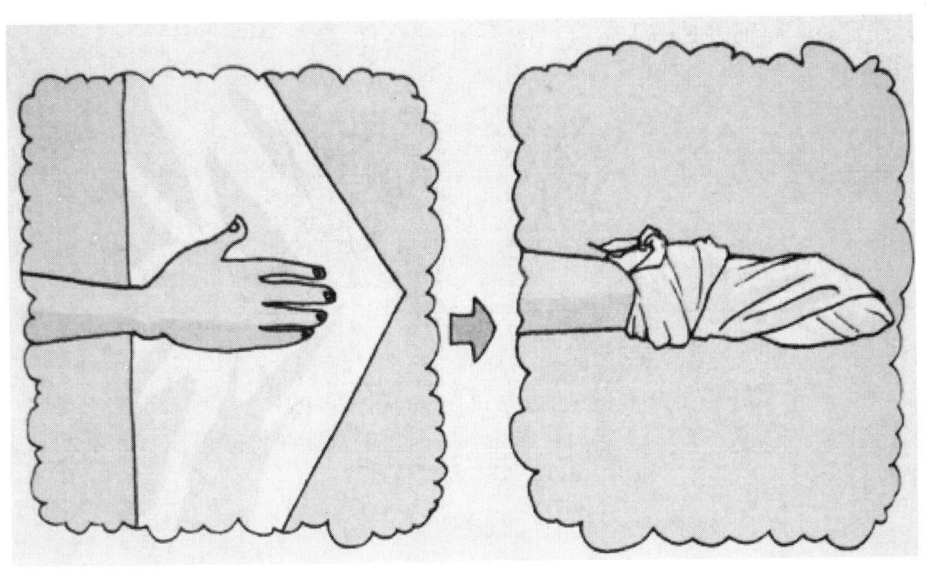

图 16－25　手（足）包扎法

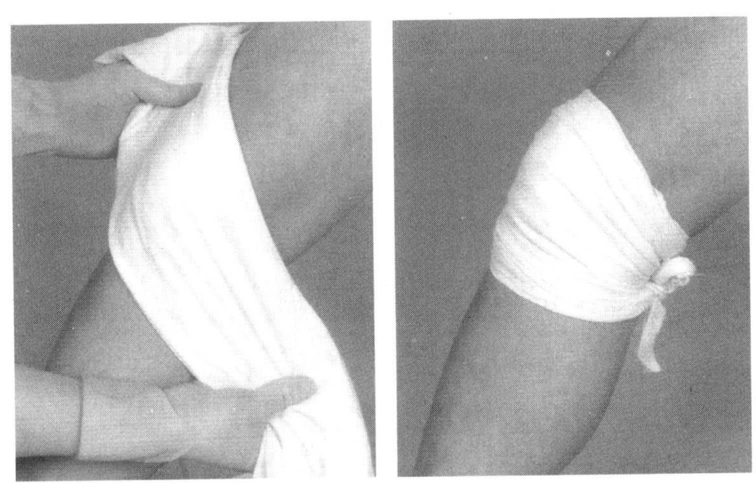

图 16－26　膝部带式包扎法

8. 悬臂带悬吊（见图 16－27）。

（1）小悬臂带悬吊：用于锁骨、肱骨骨折及上臂、肩关节损伤。操作要点：①将三角巾折叠成适当宽带，中央放在前臂的下 1/3 处；②一底角于健侧肩上，另一底角于伤侧肩上并绕颈与健侧底角打结；③将前臂悬吊于胸前。

（2）大悬臂带悬吊：用于前臂、肘关节的损伤。操作要点：①将三角巾顶角对着伤肢肘关节；②一底角置于健侧胸部过肩于背后；③伤臂屈肘（功能位）放在三角巾中部，另一底角包绕伤臂反折至伤侧肩部；④两底角在颈后打结，顶角向肘前反折，用别针固定；⑤将前臂悬吊于胸前。

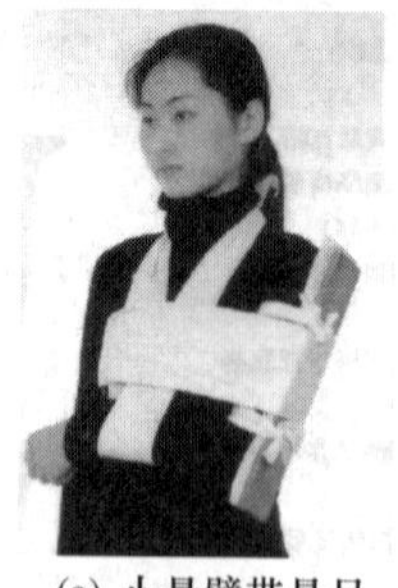

(a) 小悬臂带悬吊

(b) 大悬臂带悬吊

图 16－27　悬臂带悬吊

（四）注意事项

1. 伤口上要加盖敷料，不要在伤口上应用弹力绷带。

2. 不要将绷带缠绕过紧，经常检查肢体血运。

3. 有绷带过紧的体征时，如手、足的甲床发紫，绷带缠绕肢体远心端皮肤发紫，有麻木感或感觉消失，应立即松开绷带，重新包扎。

4. 包扎时不要将绷带缠绕手指、足趾末端，除非有损伤。因为此处在循环不良时需观察甲床颜色变化。

第四节　现场骨折固定

一、骨折判断

（一）局部瘀血肿胀

出血和骨折端的错位、重叠，都会使伤处呈现瘀血肿胀。

（二）剧烈疼痛

突出表现是剧烈疼痛，受伤处有明显的压痛点，移动时有剧痛，安静时则疼痛减轻。根据疼痛的轻重和压痛点的位置，可以大体判断是否骨折和骨折的部位。

（三）畸形

无移位的骨折只有疼痛没有畸形，但局部可有肿胀或血肿。发生完全骨折时有些骨折部位肢体会发生畸形。

（四）功能障碍

原有的运动功能受到影响或完全消失。

循环、神经损伤的检查。上肢损伤检查桡动脉有否搏动，下肢损伤检查足背动脉有否搏动；触压伤者的手指或足趾，询问有何感觉，手指或足趾能否自主活动。

二、骨折类型

（一）根据骨折断端与外界是否相通分类

1. 闭合性骨折。骨折断端与外界或体内空腔脏器不相通。骨折处的皮肤没有破损。

2. 开放性骨折。骨折断端与外界或体内空腔脏器相通。骨折局部皮肤破裂损伤，骨折端与外界空气接触，暴露在体外。

（二）根据骨折的程度分类

1. 完全性骨折。骨完全断裂。骨断裂成3块以上的碎块又称为粉碎性骨折。

2. 不完全性骨折。骨未完全断裂。

3. 嵌顿性骨折。骨折两端断骨相嵌在一起。

三、固定材料

（一）脊柱部位固定器材

1. 设备运用。

（1）颈托：为颈部固定器。将受伤颈部尽量制动，保护受伤的颈椎免受进一步损害。应用方法如下（见图16－28）：①救护员位于伤者的背后，用手固定伤者头部于正中位；②选择颈托，将手指并拢，小指侧置于伤者的肩峰，测量到颌骨角下距离的手指宽度；③将手指宽度置于颈托边缘，调节颈托于合适高度；④上颈托时先将固定红点对准一侧下颌角；⑤固定颈托于下颌部，另一侧从颈后环绕，与另一端黏贴固定。

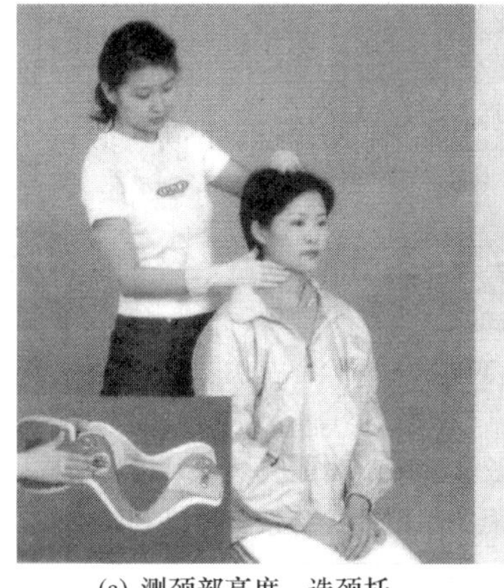

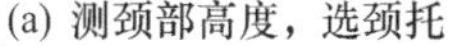

(a) 测颈部高度，选颈托

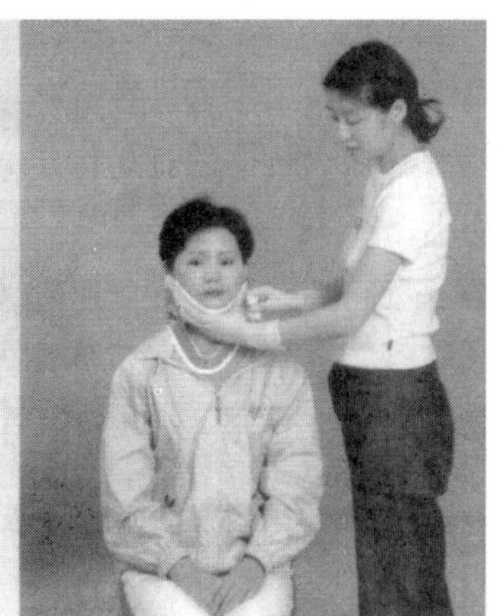

(b) 上颈托并固定

图16－28　利用颈托固定

（2）铝芯塑型夹板：将夹板弯曲，用来固定颈椎。

（3）脊柱板、头部固定器：脊柱板是由一块纤维板或木板制造而成，长约180cm，板四周有相对的孔用于固定带的固定、搬运。脊柱板应用中要配合颈托、头部固定器及固定带。适用于脊柱受伤者。

（4）躯干夹板：专用于狭窄或细小的空间，一般用于坐位的脊柱损伤者。佩戴颈托，保持伤者的躯干、头部和脊柱处于正中位置。如将伤者从汽车座位中抬出。应用方法如下：①带上颈托，确保颈部制动。②将躯干夹板放于伤者的背后，其正中位置紧贴脊柱。③围住伤者身体，上端贴住腋窝。④躯干夹板上的固定带绕过身体前面固定套在另一边扣上。⑤依次绑好前额、下颌、胸前的绑带，将髋骨、膝部、足部固定。

2. 现场制作。

（1）用报纸、毛巾、衣物卷成卷，从颈后向前围于颈部。颈套粗细以围于颈部后限制下颌活动为宜。

（2）表面平坦的木板、床板，以大小超过伤者的肩宽和人体高度为宜，配有绷带及布带用于固定。

（二）夹板类

1. 设备运用。

（1）充气式夹板：此为塑料制品。用于四肢骨折，也可用于止血、防止进一步感染和水肿。救护员先将夹板套于伤肢，拉上拉链，再将夹板气囊阀门拉起拉开，口吹气至膨胀坚硬，再同时将气囊阀门下压即关闭阀门。解脱夹板先将气阀上拉，再拉开拉链。

（2）铝芯塑型夹板：用于四肢骨折，可调节夹板的长度。

（3）四肢各部位夹板：分有上臂、前臂、大腿、小腿的固定板，并带有衬垫和固定带。

（4）锁骨固定带：用于锁骨骨折固定。

（5）小夹板：用于肢体的骨折固定，对肢体不同部位有不同组合的夹板，对局部皮肤肌肉损伤小。

2. 现场制作。可用杂志、硬纸板、木板块、折叠的毯子、树枝、雨伞等作为临时夹板。

3. 自体固定（骨折现场）。将受伤上肢缚在胸廓上，将受伤下肢固定于健肢上。

四、固定原则

1. 首先检查意识、呼吸、脉搏及处理严重出血。

2. 用绷带、三角巾、夹板固定受伤部位。

3. 固定时，夹板的长度应能包括骨折断端的上、下两个关节。

4. 如骨折断端暴露，不要拉动，不要送回伤口内。

5. 暴露肢体末端以便观察血运。

6. 固定伤肢后，如可能应将伤肢抬高。

7. 如现场对生命安全有威胁要移至安全区再固定。

8. 预防休克。

五、固定方法

（一）概述

要根据现场的条件和骨折的部位采取不同的固定方式。固定要牢固，不能过松、过紧。在骨折和关节突出处要加衬垫，以加强固定和防止皮肤压伤。根据伤情选择固定器材，如以上提到的一些器材，也可根据现场条件就地取材。操作要点如下：

1. 置伤者于适当位置，就地施救。

2. 夹板与皮肤、关节、骨突出部位加衬垫，固定时操作要轻。

3. 先固定骨折的上端，再固定下端，绑带不要系在骨折处。

4. 前臂、小腿部位的骨折，尽可能在损伤部位的两侧放置夹板固定，以防止肢体旋转及避免骨折断端相互接触。

5. 固定后，上肢为屈肘位，下肢呈伸直位。

6. 应露出指（趾）端，便于检查末梢血运。

（二）锁骨骨折

锁骨骨折多由摔伤或车祸引起。可见锁骨变形，有血肿，肩部活动时疼痛加重。

1. 锁骨固定。

（1）伤者坐位，双肩向后正中线靠拢。

（2）安放锁骨固定带。

2. 前臂悬吊固定。如无锁骨固定带，现场可不做“8”字固定，因不了解骨折类型，尽量减少对骨折的刺激，以免损伤锁骨下血管，只用三角巾屈肘位悬吊上肢即可，如无三角巾可用围巾代替，或用自身衣襟反折固定。

（三）上肢骨折

1. 肱骨干骨折。肱骨干骨折由摔伤、撞伤和击伤所致。可见上臂肿胀、瘀血、疼痛，有移位时出现畸形，上肢活动受限。桡神经紧贴肱骨干，易损伤。固定时，骨折处要加厚垫保护以防止桡神经损伤（见图 16－29）。

（1）铝芯塑型夹板固定：①按上臂长度将夹板制成 U 型，屈肘位套于上臂，用绷带缠绕固定。②前臂用绷带或三角巾悬吊于胸前。③指端露出，检查甲床血液循环。

（2）木板固定：①两块木板，一块木板放于上臂外侧，从肘部到肩部，另一块放于上臂内侧，从肘部到腋下。②放衬垫，用绷带或三角巾固定上下两端，屈肘位悬吊前臂。③指端露出，检查甲床血液循环。

(a) 木板固定

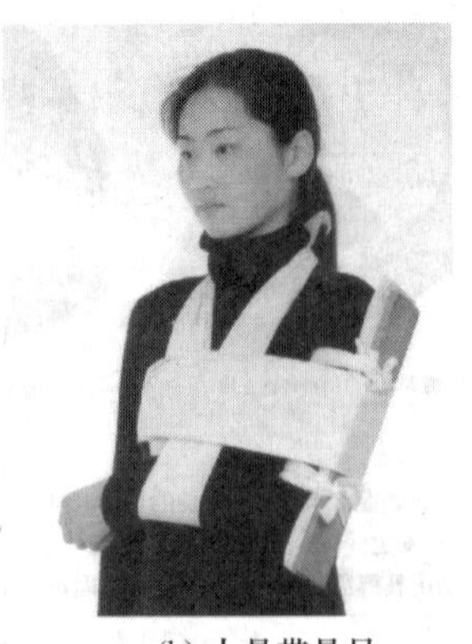
(b) 小悬带悬吊

图 16－29　肱骨干骨折固定

（3）纸板固定现场如无小夹板和木板可用纸或杂志、书本代替。应用方法如下：①将纸板或杂志的上边剪成弧形，将弧形边放于肩部包住上臂。②用布带捆绑固定，可起到暂时固定作用，固定后同样屈肘位悬吊前臂。③指端露出，检查甲床血液循环。

（4）躯干固定现场无夹板或其他可利用物时，则用三角巾或宽布带将上臂固定于胸廓。应用方法如下：①用宽布带或将三角巾折叠成宽带后通过上臂骨折上、下端，绕过胸廓在对侧打结固定。②屈肘 90°前臂悬吊于胸前。

2. 肱骨髁上骨折。肱骨髁上骨折位置低，接近肘关节，局部有肱动脉和正中神经，容易损伤。骨折后局部肿胀、畸形，肘关节半屈位。肱骨髁上骨折现场不宜用夹板固定，因可增加血管神经损伤的机会。

（1）方法一：直接用三角巾或围巾等固定于胸部，适用于肘部不可屈曲的情况下（见图 16－30）。

图 16－30　肱骨髁上骨折固定

（2）方法二：前臂悬吊于半屈位。

3. 前臂骨折。前臂骨折可为桡骨或尺骨骨折或桡尺骨双骨折。前臂骨折相对稳定，血管神经损伤机会较小。可见前臂疼痛、肿胀，不能旋转。

（1）充气夹板固定将充气夹板套于前臂，通过充气孔充气固定。

（2）夹板固定（见图 16－31）：①用两块木板固定，加垫，分别置于前臂的外侧、内侧，用三角巾或绷带捆绑固定；②屈肘位大悬臂吊于胸前；③指端露出，检查甲床血液循环。

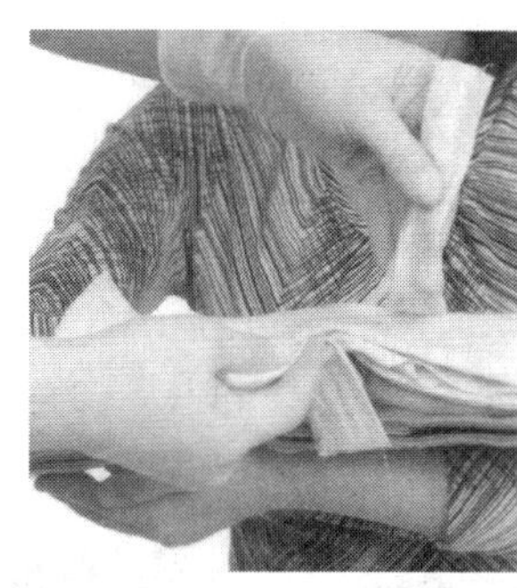

(a) 固定骨折上、下端

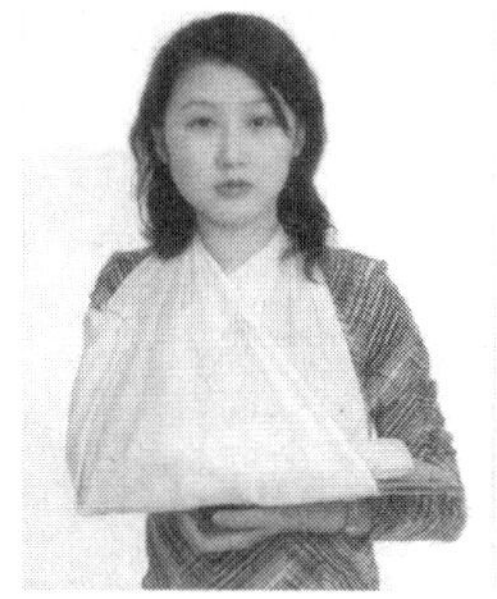

(b) 大悬带悬吊伤肢

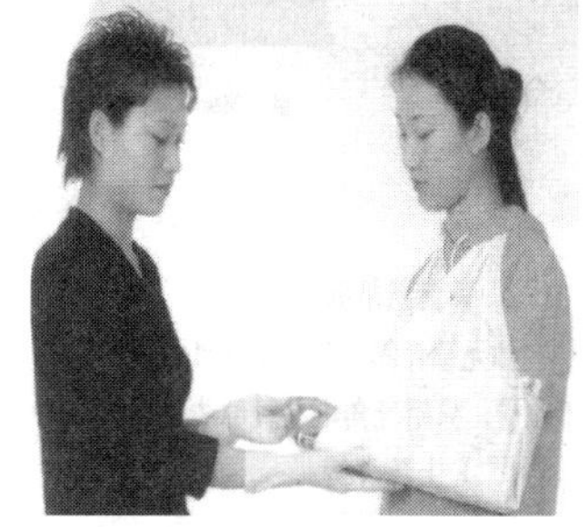

(c) 检查甲床血液循环

图 16－31 前臂骨折夹板固定

（3）杂志、书等固定（见图 16－32）：①可用书本垫于前臂下方，超肘关节和腕关节，用布带捆绑固定；②屈肘位大悬臂吊于胸前；③指端露出，检查甲床血液循环。

（四）下肢骨折

1. 大腿骨折。大腿骨干粗大，骨折常由巨大外力，如车祸、高空坠落及重物砸伤所致，损伤严重，出血多，易出现休克。骨折后大腿肿胀、疼痛、变形或缩短，不能抬腿，不能行走及站立。

（1）木板固定（见图 16－33）：①用两块木板，一块长木板从伤侧腋窝到外踝，一块短木板从大腿根部内侧到内踝。②在腋下膝关节、踝关节骨突部放棉垫保护，空隙处用柔软物品填实。③用 7 条宽带固定，先固定骨折上下两端，然后固定膝、踝、腋

图 16－32　前臂骨折无夹板固定

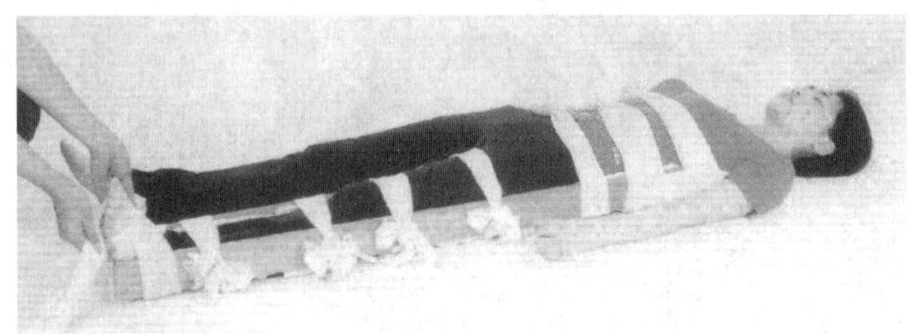

(a) 两块木板固定

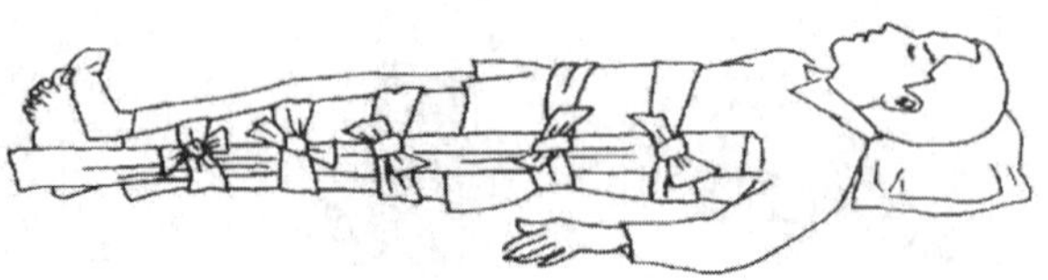

(b) 一块木板固定

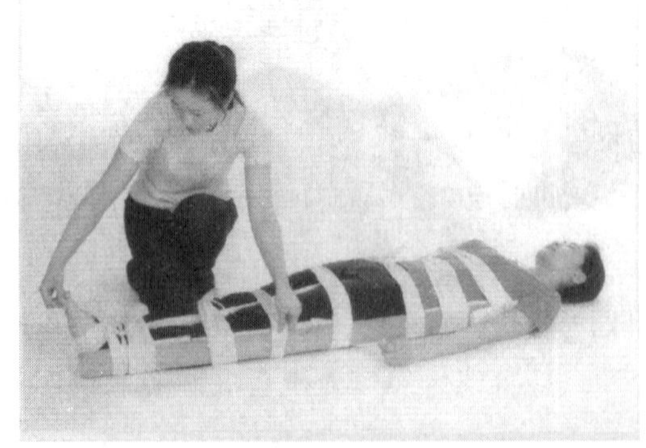

(c) 检查血液循环

图 16－33　大腿骨折木板固定

下和腰部，如只有一块夹板则放于伤腿外侧，从腋下到外踝，固定方法同上。④用“8”字法固定足踝，将宽带置于踝部，绕至足背两端交叉，再经足底中部绕回至足背打结。⑤趾端露出，检查甲床血液循环。

（2）健肢固定（见图 16－34）：①用三角巾、腰带、布带等 7 条宽带将双下肢固定在一起。②两膝、两踝及两腿间隙之间垫好衬垫。③用“8”字法固定足踝。④趾端露出，检查甲床血液循环。

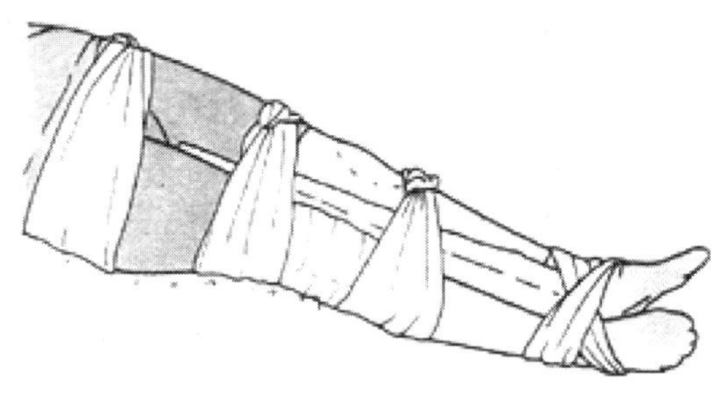

图 16－34 大腿骨折健肢固定

2. 小腿骨折。小腿骨折时，可见小腿疼痛、肿胀、畸形，不能站立；骨折端易刺破小腿前方皮肤，造成骨外露。因此，在骨折处要加厚垫保护。出血、肿胀严重时会导致骨筋膜室综合征，造成小腿缺血、坏死。小腿骨折固定时切忌固定过紧。

（1）铝芯塑型夹板固定：①按小腿长度将夹板制成 U 型，置于小腿两侧，用绷带或三角巾固定；②趾端露出，检查甲床血液循环。

（2）充气夹板固定：①将充气夹板套于小腿，通过充气孔充气固定。②趾端露出，检查甲床血液循环。

（3）木板固定：①两块木板，长度分别为一块长木板从伤侧髋关节到外踝，一块短木板从大腿根部内侧到内踝，分别放于伤肢的内侧和外侧。②在膝关节、踝关节骨突部放棉垫保护，空隙处用柔软物品填实。③用宽带固定，先固定骨折上下两端，然后固定膝、踝。④再用“8”字法固定足踝，使踝关节呈 90°位。⑤趾端露出，检查甲床血液循环。

（4）健肢固定：伤者仰卧，方法参照木板固定（见图 16－35）。

3. 髌骨骨折。髌骨骨折时，可见膝关节处疼痛、肿大或凹陷，不能伸屈，不能抬小腿。其固定方法见大腿骨折的固定方法。

（五）脊柱骨折

脊柱损伤在创伤中十分常见。地震、塌方以及交通事故、房屋倒塌、建筑工程各种意外都可造成脊柱损伤，其危害性在于易造成截瘫，给伤者带来终身严重残疾。脊柱骨折可发生在颈椎和胸腰椎。骨折部位移位压迫脊髓能造成瘫痪。

图 16－35　小腿骨折健肢固定

1. 现场救护。凡由高处摔下或撞车（追尾），颈部、胸腰部受到直接、间接暴力等，均应认为或可疑为脊柱损伤。对此伤者，严禁随意搬动、抱扶、试作行走，应就地等候救护。操作要点如下：

（1）呼救寻求帮助，拨打急救电话。

（2）检查意识、呼吸、脉搏，若伤者呼吸停止，应立即对其进行人工呼吸。

（3）先做好颈部固定，用颈托或临时制作颈套。

（4）救护员应按医学救护原则搬动伤者（四人搬运法）。

（5）脊柱损伤伤者均应置于脊柱板、铲式担架或木板等硬质平整的担架上。

（6）最后，将伤者连同担架一并固定。

（7）专业医务人员监护运送。

2. 颈椎骨折。头部朝下摔伤或高速行车时突然刹车，受伤后颈部疼痛，四肢瘫痪，可导致伤者呼吸肌麻痹而丧失呼吸能力，窒息死亡。应考虑有颈椎损伤，要立即固定。

（1）脊柱板固定（见图 16－36）：①双手牵引伤者的头部恢复颈椎轴线位，上颈托或自制颈套固定。②保持伤者身体长轴一致侧翻，放置脊柱固定板，将伤者平移至脊柱固定板上。③将伤者头部固定，将其双肩、骨盆、双下肢及足部用宽带固定在脊柱板上，以免运输途中颠簸、晃动。

（2）木板固定：①用一长、宽与伤者身高、肩宽相仿的木板做固定物，并作为搬运工具。②动作要轻柔，并保持伤者身体长轴一致侧卧，放置木板。③使伤者平卧，保持其身体平直抬于木板上，头颈部、足踝部及腰后空虚处垫实。④将伤者的双肩、骨盆、双下肢及足部用宽带固定于木板上，避免运输途中颠簸、晃动，双手用绷带固定放于腹部。

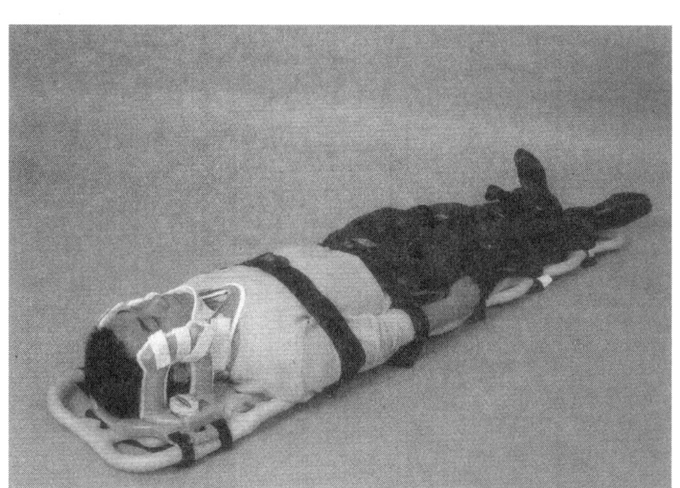

图 16－36　脊柱板固定

3. 胸腰部骨折。坠落伤、砸伤、交通伤等严重创伤后腰背疼痛，尤其有双下肢瘫痪及排便功能丧失时应考虑胸腰椎骨折。疑有胸腰椎骨折时，禁止坐起或站立，以免加重损伤。固定方法同颈椎固定。

（六）骨盆骨折

常见于交通事故或高空坠下，骨盆受到强大的外力碰撞、挤压而发生骨折。可见受伤部位疼痛、肿胀、青紫或有擦伤痕；可能有骨盆两侧不对称、下肢不等长；骨盆由两侧向中间挤压时疼痛加剧。严重的骨盆骨折可伤及膀胱、直肠及尿道，甚至导致内出血。

当发生盆腔内脏损伤合并出血时，伤者有休克表现、腹痛、腹胀，腰、会阴部出现大面积的肿胀和瘀斑；合并膀胱损伤表现为下腹剧烈疼痛，触压时疼痛加剧，有尿意又排不出，或排出少量血尿。

1. 现场救护。

（1）让伤者处于仰卧屈膝位，呼救寻求帮助，拨打急救电话。

（2）对伤者进行骨折固定，并按医学救护原则搬运伤者。

（3）用担架抬送伤者，在专业医务人员监护下运送至医院作进一步治疗。

2. 固定方法（见图 16－37）。

（1）让伤者处于仰卧位，两膝下放置软垫，膝部屈曲以减轻骨盆骨折的疼痛。

（2）用宽布带从臀后向前绕骨盆，捆扎紧，在两腿间或一侧打结固定。

（3）两膝之间加放衬垫，用宽绷带捆扎固定。

（4）两踝间加放衬垫，用宽绷带“8”字捆扎固定。

（七）开放性骨折

开放性骨折时，肢体皮肤有伤口、出血，甚至骨外露，损伤肌腱、神经、血管，表现为伤口以下的肢体不能动弹和屈曲、无知觉并影响运动，皮肤发凉，面色苍白等症状。固定方法如下：

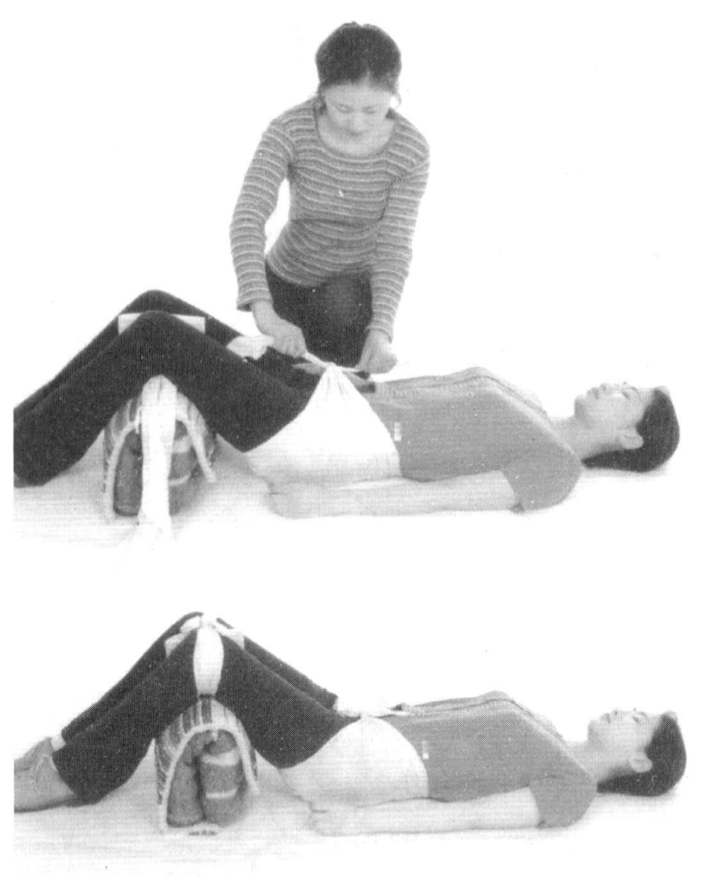

图 16－37　骨盆骨折固定

1. 敷料覆盖外露骨及伤口，在伤口周围放置环行衬垫，用绷带包扎固定。

2. 用夹板固定骨折处。

3. 如出血多需要上止血带，不要将外露的骨端还纳，以免污染伤口深部，造成血管、神经的再损伤。

（八）注意事项

1. 开放性骨折禁止用水冲洗，不涂药物，保持伤口清洁。

2. 肢体如有畸形，可按畸形位置固定。

3. 临时固定的作用只是制动，严禁当场整复。

第五节 伤者的搬运

一、概述

伤者的搬运护送包括如何将伤者从受伤现场搬出，以及现场救护车护送到医院两个方面。如从汽车驾驶室、倒塌的物体下、狭窄的坑道、旅游景点、家庭住宅区等搬出伤者。

搬运伤者的目的为：

1. 使伤者脱离危险区，实施现场救护。
2. 尽快使伤者获得专业医疗。
3. 防止损伤加重。
4. 最大限度地挽救生命，减轻伤残。

二、搬运方法

（一）徒手搬运法

1. 单人徒手搬运法。单人徒手搬运法适用于伤势比较轻、体重较轻、伤病情许可的伤病员，采取扶行、背负、手抱、拖行或爬行等方法进行搬运（如图 16－38～图 16－42）

图 16－38 扶行法

图 16－39 背负法

图 16－40 手抱法

2. 双人徒手搬运法。双人徒手搬运法适用于伤病情较轻、体重较重、无骨折、不能活动的伤病员，在不影响伤病情的情况下采用四手坐抬法（图 16－43）、前后扶持法（又称拉车法，如图 16－44）等进行搬运。

3. 三人搬运法。三人搬运法适用于骨折，尤其是脊柱骨折伤病员的搬运。具体方法：伤病员平躺，三名救员位于伤伤病员一侧（也可两名救护员位于伤病员一侧，一员救护位于伤病员另一侧），三名救护员同时单腿跪地，将手臂分别插入伤病员肩、腰；腰、臀；膝关节、踝关节下方，位于中间的救护员喊口令，三名救护员同时将伤病员轻抬至大腿上，然后再同时站立轻抬至硬板担架上。（如图 16－45）

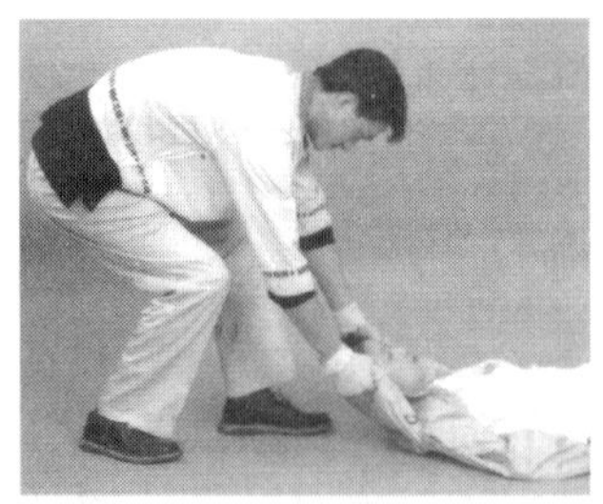

(a) 拖衣法

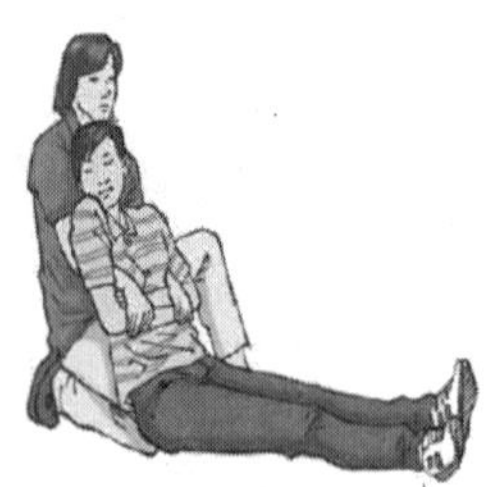

(b) 拖肩法

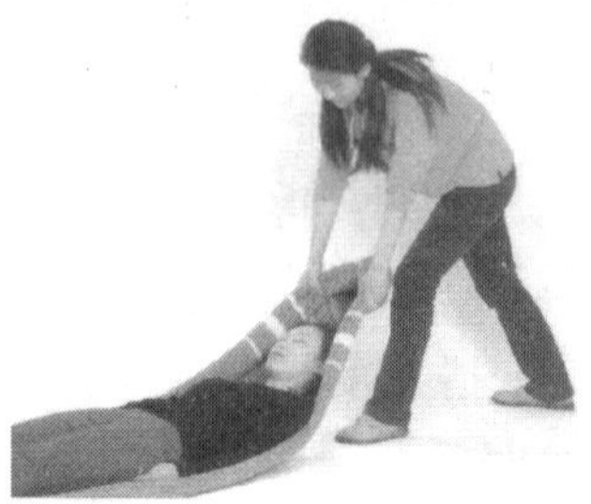

(c) 拖毯法

图 16－41　拖行法

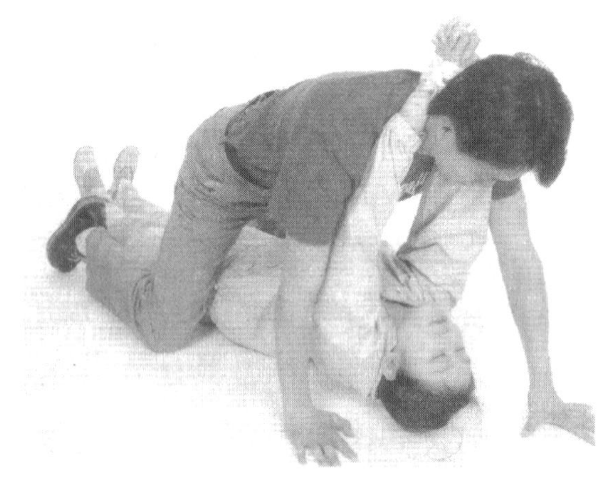

图 16－42　爬行法

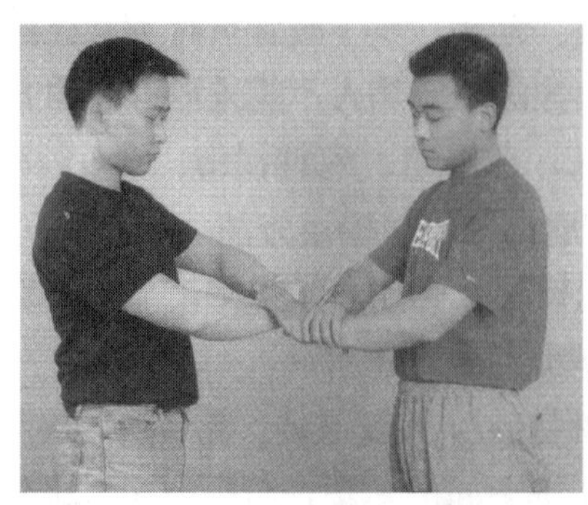

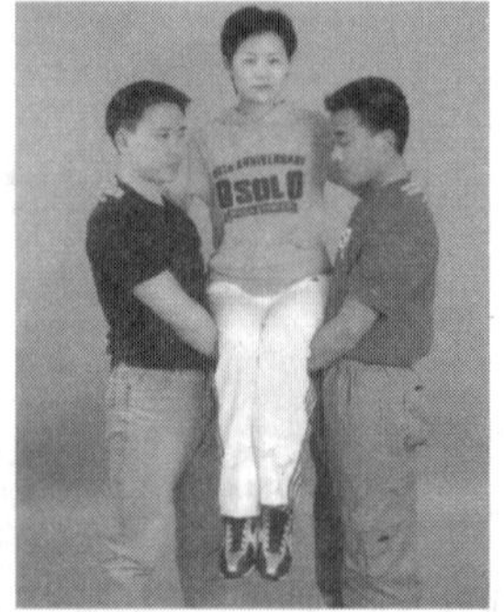

图 16－43　四手坐抬法

图 16－44　前后扶持法

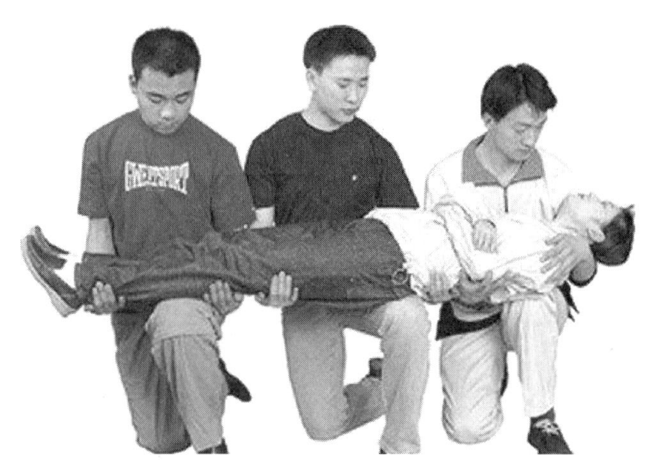

图 16－45　三人徒手搬运法

4. 多人搬运法。多人搬运法适用于伤情危重及颈、脊柱骨折的伤病员，通常需要4～6人一起搬运，其中1～2人固定头颈部（有条件的可用颈托），使其始终保持与躯干成直线的位置，其余救护员分站伤病员两侧，托住伤病员肩、腰、臂、下肢，协调一致地将伤病员平直放列硬板担架上，并在颈、胸窝处放一小枕头，头部两侧用软垫沙袋固定。

（二）器械搬运法

器械搬运法适用于病情严重、路途遥远又不适用于徒手搬动的伤病员。是应用担架（包括帆布担架、折叠铲式担架、漂浮式吊篮担架）等现代器械或者因陋就简利用床担、毛毯、被褥、衣物、竹木椅、木板等作为搬运器械的一种搬运方法。最常用的是担架搬运。

当遇到危重伤病员，尤其是有脊柱、脊髓损伤、脑、胸、腹腔部损伤休克昏迷的伤病员，要选择合适的担架和体位，注意头部、颈部的固定，搬运时用力要一致，搬运途中应注意观察伤病员的呼吸，保持呼吸道通畅。

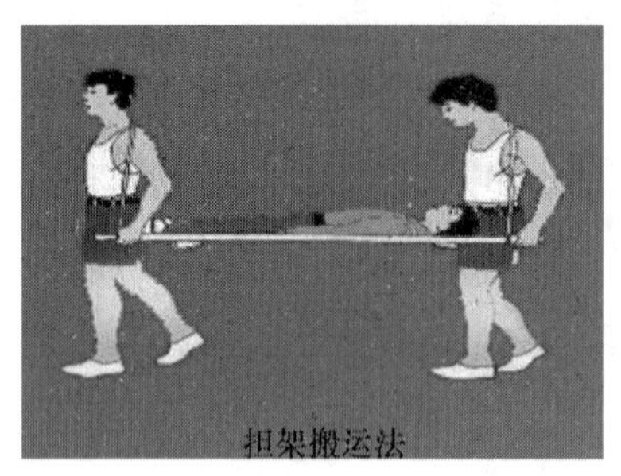

图 16－46　抬担架法

第六节　开放伤现场救护

一、概述

外伤后常在体表形成伤口，成为开放伤，有时合并血管、神经损伤，甚至骨折。严重开放伤可合并颅脑、心肺、腹腔脏器损伤。开放伤不仅有出血，也可有细菌、异物进入伤口，引起感染。血管、神经、骨骼甚至内脏会通过开放伤口外露，这些都需要得到现场的及时处理。

伤口处理的目的为：

1. 保护伤口，防止进一步污染，减少感染机会。
2. 减少出血，预防休克。
3. 保护内脏和血管、神经、肌腱等重要解剖结构。

二、伤口判断

通过对外伤伤口的检查，认识创伤的类型，如擦伤、撕裂伤、切割伤、截断伤、刺伤。大致了解损伤的程度，如伤口深，出血多，可能有血管损伤；胸部伤口可能有气胸；腹部伤口可能有肝脾或胃肠损伤；肢体畸形可能有骨折；异物扎入人体可能损伤大血管或重要脏器。

三、伤口现场处理

在检查伤口时，要注意判断伤口的位置、大小，深浅及污染程度和异物特点，实施相关的处理。操作要点如下：

1. 尽可能带上医用手套，如无，可用敷料、干净布片、塑料袋、餐巾纸作为隔离层。

2. 脱去或剪开伤者的衣服，暴露伤口，检查伤口的部位。

3. 用敷料覆盖伤口，对嵌入异物保持原位。

4. 用妥善的方法止血、包扎。

5. 如必须用裸露的手进行伤口处理，处理完成后，尽快清洗消毒手部。

（一）一般伤口

一般表浅伤口，无嵌入性异物，不伴有血管神经损伤，容易止血。

现场有条件时，用生理盐水冲洗伤口后，伤口周围皮肤用75%酒精消毒（注意不要让酒精进入伤口），然后用无菌敷料包扎；现场无条件时，可以就地取材，伤口可用洁净布料、毛巾、衣物等包扎，快速转送到医院进行清创。

（二）头部伤口

头皮血运丰富、出血较多，常伴有颅骨骨折和颅脑损伤。现场救护要点如下：

1. 头部伤口要尽快用无菌敷料或洁净敷料压迫止血。用尼龙网套固定敷料，包扎。

2. 如有耳、鼻漏液说明有颅底骨折，这时禁止堵塞耳道和鼻孔，以防颅内感染及颅内压力增高。现场如有条件，先用无菌敷料擦净耳、鼻周围的血迹及污染物，用酒精消毒。如无上述物品，可用清洁的毛巾、纸巾等将耳朵、鼻孔周围擦拭干净。

（三）手指离断伤

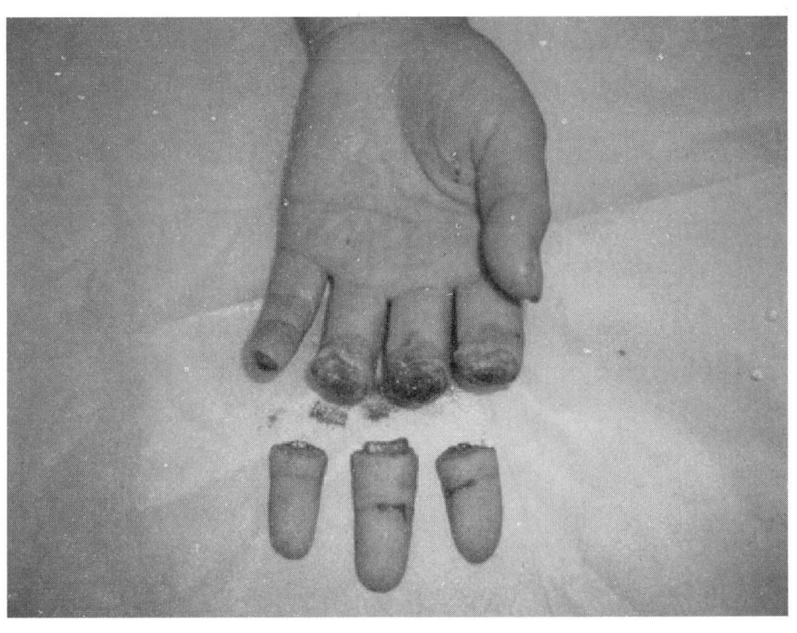

图16－47 手指离断伤

多见于机器碾扎及刀伤所致（见图 16－47）。现场救护要点如下：

1. 立即掐住伤指根部两侧防止出血过多。

2. 用回反式绷带包扎手指残端。不要用绳索、布条绑扎手指，以免加重手指损伤或造成手指缺血坏死。

3. 离断的手指要用清洁物品如手帕、毛巾等包好，外套塑料袋或装入小瓶中。

4. 转送距离较远时，应将装有离断手指的塑料袋或小瓶放入装有冰块的容器中，无冰块可用冰棍代替。

5. 不要将离断手指直接放入水中或冰中，以免影响手指再植成活率。

（四）肢体离断伤

严重创伤，如车祸、机器碾扎伤可造成肢体离断，伤者伤势重。现场救护要点如下：

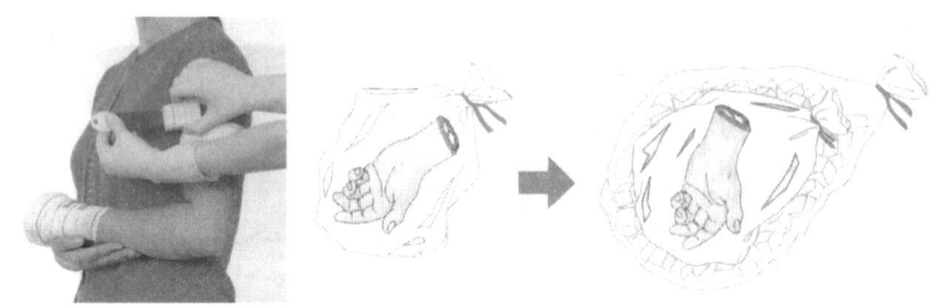

图 16－48　肢体离断伤的处理

1. 现场首先止血。多数肢体离断伤组织碾锉较重，血管很快回缩，并形成血栓，出血并非喷射性，这时仅行残端包扎即可。如果出血多，呈喷射性，先用指压止血法止血，然后上止血带，再行包扎。

2. 用大量纱布压在肢体残端，用回反式包扎法加压包扎，用宽胶布从肢端开始向上拉紧黏贴，以加强加压止血和防止敷料脱落。

3. 离断的肢体要用布料包好，外面套一层塑料袋，放在另一装有冰块或冰棍的塑料袋中保存（见图 16－48）。

4. 如果离断的肢体尚有部分组织相连，则直接包扎，并按骨折固定法进行固定；如有大块骨块脱出，应同时包好，一同送医院，不能丢弃。

（五）开放式气胸

严重创伤或刀扎伤等可造成胸部开放伤，伤口与胸膜腔相通。伤者感觉呼吸困难，伤口伴随呼吸可有气流声发出。现场救护要点如下（见图 16－49）：

1. 一经发现开放式气胸，应立即用纱布或清洁敷料压在伤口上，用纱布将敷料固定。

2. 将伤侧手臂抬高，用三角巾折成宽带，绕胸固定，于健侧打结，或用四条四指宽带，绕胸固定，于健侧分别打结。

3. 让伤者处于半卧位。

图 16－49　开放式气胸的处理

（六）腹部内脏脱出

发现腹部有内脏脱出，不要将脱出物送回腹腔，以免引起腹腔感染。现场救护要点如下（见图 16－50）：

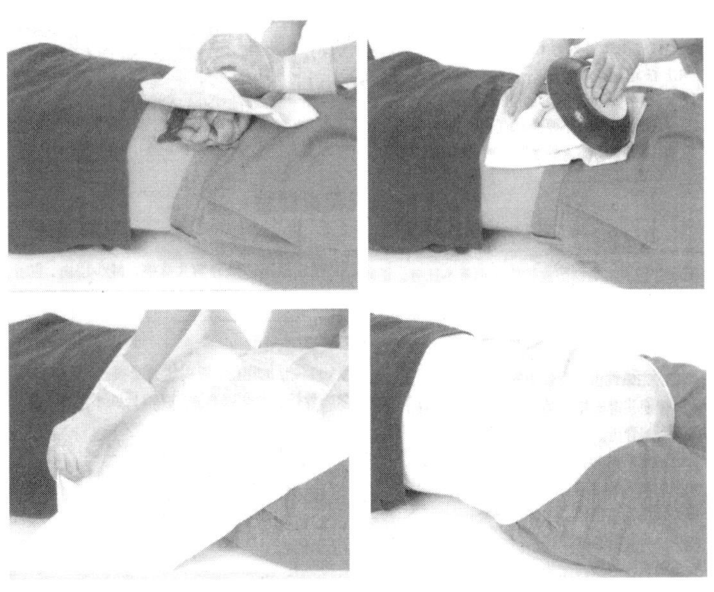

图 16－50　腹部内脏脱出的处理

1. 立即用大块敷料覆盖伤口。

2. 用三角巾做环形圈，圈的大小以能将腹内脱出物环绕为宜，将环行圈环绕脱出物，然后用饭碗或茶缸将环行圈一并扣住。

3. 用三角巾进行腹部包扎。

4. 让伤者平卧，双腿屈曲，用脊柱板搬运。

（七）伤口异物的处理

伤口表浅，异物可以去除，然后包扎伤口。如异物为尖刀、钢筋、木棍、尖石块，并扎入伤口深部，不要轻易去除，因可引起大出血及神经损伤。这时应作如下处理（见图 16－51）：

1. 维持异物原位不动，在敷料上剪洞，套过异物并置于伤口上。

2. 然后用敷料套圈放在异物两侧，将异物固定。

3. 用敷料或者三角巾包扎，待转入医院后处理。

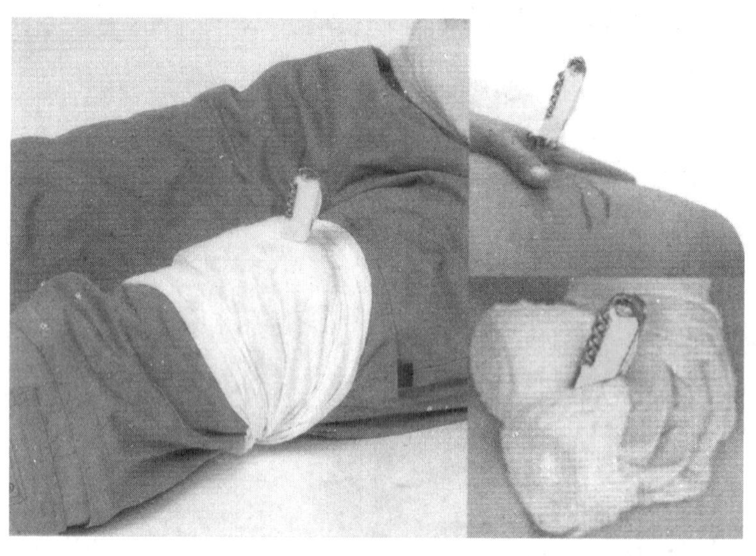

图 16－51　伤口异物的处理

（八）伴有大血管损伤的伤口

严重创伤、刀砍伤等造成大血管断裂，出血多，易造成出血性休克。伴有大血管损伤的伤口较深，出血多，伤口远端动脉搏动消失，肢体远端苍白、发凉，伤口内可见血管断端喷血，肌肉断裂外露。伴有大血管损伤的伤口的处理方法有以下几种：

1. 手指压迫止血。这是最简便、有效的方法。先用手指触摸血管搏动处，然后用手指压迫伤口上方（或近心端）的血管。

2. 迅速用纱布压迫伤口止血。如伤口深而大，用纱布填塞压实止血。放置纱布范

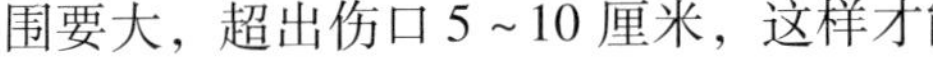

围要大，超出伤口 5 ~ 10 厘米，这样才能有效止血。

3. 用绷带加压包扎。

4. 如肢体出血仍然不止，立即采取止血带止血法。

（九）注意事项

1. 现场不要对伤口进行清创。

2. 在伤口的表面不要涂抹任何药物。

3. 密切观察伤者的意识、呼吸、循环体征。

第七节　身体重要部位损伤的救护

创伤造成身体的出血、骨折、闭合或开放性损伤等，对各种伤害的处理原则如前面章节所述。但具体到身体的某一部位损伤，则往往是综合的，伤者的反应也不可能仅以单一伤害而出现症状、体征。在实际生活中，救护是以身体受伤的部位及程度来决定如何采取相应的措施，以挽救生命，减轻伤残，安全转运。

一、颅脑损伤

颅脑损伤是创伤中十分常见的。车祸、地震、塌方、战伤以及摔伤、锐器均可造成颅脑损伤。

（一）症状

损伤轻者，仅出现头皮血肿、裂伤；重者出现颅骨骨折、颅内血肿、脑挫裂伤。脑组织受损可出现意识障碍；严重者可出现头痛、面色苍白、出汗、呕吐、脉搏缓慢、意识丧失、瞳孔缩小或散大或双侧瞳孔不等大、偏瘫、失语、感觉异常、视觉改变、听觉障碍等。

伤后昏迷：有受伤后清醒数分钟或数小时后再度昏迷；还有受伤后昏迷，30 分钟内清醒，然后再度昏迷者。有的伤者清醒后对受伤时及伤前片刻的情况不能回忆。

（二）现场救护

现场应尽可能戴医用手套实施救护。

1. 头皮血肿。一般不需包扎，应护送到医院作进一步检查，以排除颅骨骨折和颅脑损伤。

2. 头皮裂伤。

（1）局部出血及损伤，迅速包扎伤口（见图 16 – 52）。

（2）包扎后，用手压迫伤口以促进止血。

（3）应护送病人到医院进行清创缝合，肌肉注射破伤风抗毒素，防止破伤风发生，并作进一步检查。

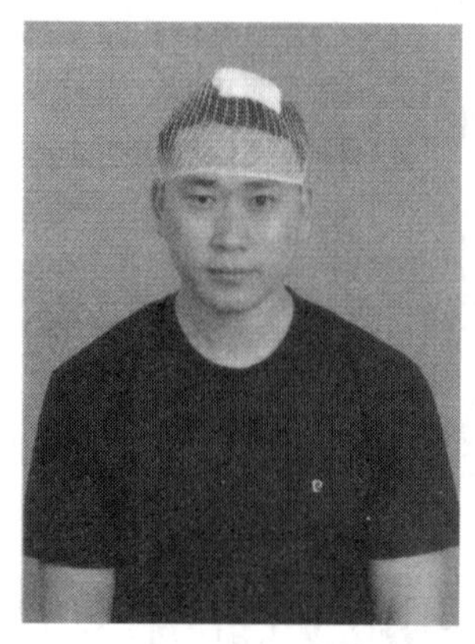
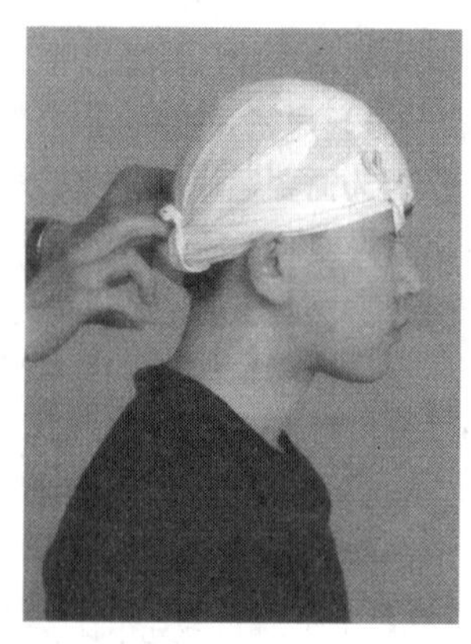

图 16－52　头皮裂伤的处理

3. 颅骨骨折及脑挫伤。

（1）让伤者平卧，立即启动 EMS。

（2）检查意识、呼吸、脉搏。①对昏迷伤者要迅速清除口鼻异物，头偏向一侧，以保持呼吸道通畅；②对呼吸心跳停止者，立即进行心肺复苏；③头皮外伤出血者，应迅速加压包扎伤口；④对耳、鼻出血者（脑脊液漏），应让其侧卧，出血侧向下，头部略垫高，不要堵塞；⑤对脑组织膨出者，盖上敷料，外套环行圈，再将瓷碗等物扣在脱出组织周围，保护脑组织不受压迫和损伤。伤者头部应固定。

（3）应用铲式担架或木板担架搬运，取头垫高 15°平卧位，固定头部。

（4）禁食、禁水。

（5）尽早获得专科治疗。

4. 对头盔的处理。如头部受伤，伤者戴有头盔，并妨碍呼吸，有呕吐，应尽可能由伤者自己取下头盔或两人合作安全摘下头盔，确保有一人固定病人的头部和颈部。头盔内可能附有医疗警告卡，一定要保存好头盔。

（1）卸除只遮盖头部的头盔。①先松开扣环或割断套住下颌的皮带。②用力将头盔的边向外扳开，解除夹住头部的压力，然后再把头盔向上及向后托起，即可摘下。③注意固定病人颈部。

（2）卸除遮盖头与脸的面罩型头盔。①一人把手放在头盔底部边缘，将手指尽量张开，牢牢地托住伤者头部及下颌。②另一人先将头盔向后翘起，轻轻用力，使它脱离下颌，然后把头盔向前翘过后脑，举起卸下。

二、胸部损伤

胸部损伤的常见原因是车祸、挤压伤以及摔伤和锐器伤。胸部损伤包括胸部挫伤、裂伤、肋骨骨折、气胸、血胸、肺挫伤，有时还合并腹部损伤。

（一）症状

胸部挫伤时，局部出现血肿、青紫、皮肤损伤。胸壁裂伤时，胸壁出现伤口，如伤口与胸膜腔相通，伤口处有气泡或“吱吱”声，称为开放性气胸，可出现呼吸困难，甚至窒息。肋骨骨折时，可单根或多根骨折，发生在一侧或双侧。表现有胸壁凹陷，呼吸、咳嗽时由于胸廓活动，骨折处疼痛加重，合并血胸，引起呼吸困难。出现血胸和气胸时，是由于肋骨骨折刺伤周围组织造成。

（二）现场救护

尽可能佩戴个人防护物品，实施救护。救护要点如下：

1. 检查意识、呼吸、脉搏，立即启动 EMS。
2. 老年伤者呼吸困难，要保持伤者安静。
3. 对开放式气胸进行包扎，其方法见本章第六节“开放式气胸”。
4. 胸部挫伤要注意检查肋骨骨折及脏器损伤。
5. 肋骨骨折固定，其固定方法参照气胸包扎的方法。
6. 担架搬运，迅速转运，获得专科救治。

三、腹部损伤

腹部损伤包括开放性和闭合性腹部损伤。开放性腹部损伤可有肠管膨出。闭合性腹部损伤可有肝、脾等脏器损伤，引起内出血，可导致失血性休克。胃肠等空腔脏器穿透伤能引起腹膜炎，腹痛明显。

（一）症状

腹壁损伤无裂口时，腹部损伤部位肿胀或凹陷，大范围的腹痛和触压痛，有恶心及呕吐；腹部损伤有裂口出血时，若与腹腔相通，肠管可膨出；腹部内脏器官损伤时，可出现休克，表现为面色苍白、冷汗肢凉、脉搏快而弱、腹部剧痛、胀气、恶心、呕吐、腹肌紧张，多见胃肠道损伤；肝、脾脏器损伤时，腹痛不很明显，内出血量多时表现为腹胀、休克。

（二）现场救护

现场救护尽可能佩戴个人防护用品。救护要点如下：

1. 让伤者平卧，检查意识、呼吸、脉搏。
2. 立即启动 EMS。
3. 保持伤者安静，避免不必要的搬动。
4. 禁食、禁水。
5. 用无菌纱布或三角巾包扎伤口。
6. 有肠外露时，不要将膨出物送回腹腔，以免引起腹腔感染。

7. 让伤者平卧，双腿屈曲。用脊柱板等担架搬运。
8. 迅速转送医院治疗，途中严密观察病情变化。

四、多发伤和复合伤

多发伤是在严重创伤情况下，同一致伤因素导致的一个以上解剖部位的严重损伤，如多发骨折、骨折合并颅脑、胸腹部损伤等。现场救护要特别注意呼吸、脉搏及脏器损伤的判断，并防止遗漏伤情。

复合伤是由不同致伤原因，同时或相继造成的不同性质的损伤，如车祸致伤的同时又受到汽车水箱热水的烫伤。复合伤增加了创伤的复杂性。现场救护要针对不同性质的损伤进行相应救护。

（一）特点

1. 组织、脏器损伤严重，伤情复杂。
2. 容易漏诊，死亡率高。

（二）现场救护

1. 迅速了解受伤经过，及时拨打急救电话。
2. 迅速将伤者搬出现场。
3. 首先检查呼吸、脉搏及神志。
4. 如呼吸、心跳停止立即做心肺复苏。
5. 检查疼痛部位及四肢活动，判断是否有脊柱、脊髓损伤，如有，立即固定脊柱。
6. 检查伤口及出血情况，快速止血、包扎伤口。
7. 根据肢体疼痛、肿胀、畸形部位判断是否有骨折，如有，进行妥善固定。
8. 在专业医务人员监护下迅速转运。

参考文献

1. 胡正明主编：《新编大学生心理健康训练教程》，北京师范大学出版社 2011 年版。

2. 陈国梁主编：《大学生心理健康教育》，华南理工大学出版社 2009 年版。

3. 许国彬、黄秀娟：《 大学生心理测查与行为指导》，科学出版社 2012 年版。

4. 陈楚瑞、耿永红主编：《大学生心理发展与健康教育》，东北财经大学出版社 2011 年版。

5. 黄群瑛主编：《大学生心理素质训练》，湖南师范大学出版社 2011 年版。

6. 章明明主编：《 大学生生理与心理健康教育》，科学出版社 2009 年版。

7. 张旭东、车文博：《 挫折应对与大学生心理健康》，科学出版社 2005 年版。

8. 宋专茂：《大学生心理与生理健康教程》，暨南大学出版社 2009 年版。

9. 高兰、向纯主编：《大学生心理健康教育新编》，教育科学出版社 2015 年版。

10. 邱鸿钟主编：《大学生心理健康教育》，广东高等教育出版社 2004 年版。

11. 李江雪主编：《大学生情绪管理与辅导》，北京师范大学出版社 2010 年版。

12. 蒋湘祁：《爱的感性与理性——大学生婚恋与性心理调适》，湖南师范大学出版社 2011 年版。

13. 黄希庭主编：《大学生心理健康教育》，华东师范大学出版社 2004 年版。

14. 杨亚琴主编：《心理疾病的测量与治疗》，东方出版社 1999 年版。

15. 莫雷主编：《教育心理学》，广东高等教育出版社 2002 年版。

16. ［英］约翰·麦克里奥德：《心理咨询导论》，潘洁译，上海社会科学院出版社 2006 年版。

17. 王玲：《大学生常见心理问题及疏导》，暨南大学出版社 2005 年版。

18. 易法建、倪泰一、杨丹燕编著：《心理医生》，重庆大学出版社 1998 年版。

19. 王登峰、张伯源主编：《大学生心理卫生与咨询》，北京大学出版社 1992 年版。

20. B. E. Gilliland，R. K. James：《危机干预策略》，消水源等译，中国轻工业出版社 2000 年版。

21. 王恩惠、龚剑、庞振宇主编：《大学生健康教育教程》，现代教育出版社 2014 年版。

22. 赵玉主编：《新编大学生健康教育与急救教程》，中国水利水电出版社 2014

年版。

23. 中国红十字会总会编:《救护师资培训教材》，社会科学文献出版社 2009 年版。

24. 冯峻、李玉明主编:《大学生健康教育》，四川大学出版社 2015 年版。

25. “2015 版美国心肺复苏指南”，载医学论坛网，http://eccguidelines. heart. org。